湖北省学术著作出版专项资金资助项目

中国科举文化通志 主编 陈文新

唐代科举与试赋

詹杭伦 著

武汉大学出版社
WUHAN UNIVERSITY PRESS

图书在版编目(CIP)数据

唐代科举与试赋/詹杭伦著．—武汉：武汉大学出版社，2015.12
中国科举文化通志/陈文新主编
ISBN 978-7-307-16841-1

Ⅰ.唐…　Ⅱ.詹…　Ⅲ.科举制度—研究—中国—唐代　Ⅳ.D691.3

中国版本图书馆 CIP 数据核字(2015)第 222450 号

责任编辑:李　琼　　责任校对:汪欣怡　　版式设计:马　佳

出版发行：**武汉大学出版社**　(430072　武昌　珞珈山)
(电子邮件：cbs22@whu.edu.cn　网址：www.wdp.com.cn)
印刷：武汉中远印务有限公司
开本：787×1092　1/16　印张:20.25　字数:442 千字　插页:4
版次:2015 年 12 月第 1 版　　2015 年 12 月第 1 次印刷
ISBN 978-7-307-16841-1　　定价:120.00 元

《中国科学文化通志》总序

陈文新

（一）

科举是中国古代最为健全的文官制度。它渊源于汉，始创于隋，确立于唐，完备于宋，兴盛于明、清两代。如果从隋大业元年（605）的进士科算起，到清光绪三十一年（1905）被废除，科举制度在中国有整整1300年的历史。科举制度还曾“出口”越南、朝鲜等国，扩大了汉文化的影响。始于19世纪的西方文官考试制度，其创立也与中国科举的启发相关。孙中山在《五权宪法》等演讲中反复强调：中国的科举制度是世界各国中所用以拔取真才之最古最好的制度。胡适也说：“中国文官制度影响之大，及其价值之被人看重”，“是我们中国对世界文化贡献的一件可以自夸的事”。①

科举制度具有如此强大的生命力，其原因在于，它在保证“程序的公正”方面具有空前的优越性。官员选拔的理想境界是“实质的公正”，即将所有优秀的人才选拔到最合适的岗位上。但这个境界人类至今未达到过。不得已而求其次，“程序的公正”就成为优先选择。“中国古代独特的社会结构是家族宗法制，家长统治、任人唯亲、帮派活动、裙带关系皆为家族宗法制的派生物，在重人情与关系的社会文化背景下，若没有可以操作的客观标准，任何立意美妙的选举制度都会被异化为植党营私、任人唯亲的工具，汉代的察举推荐和魏晋南北朝的九品官人法走向求才的死胡同便是明证。”“古往今来科举考试一再起死回生的历史说明：自古以来，中国就是一个人情社会，人情与关系在社会生活中起着重要的作用，为了防止人情的泛滥，使社会不至于陷入无序的状态，中国人发明了考试，以考试作为维护社会公平和社会秩序的调节阀。悠久的科举历史与普遍的考试现实一再雄辩地证明，考试选才具有恒久的价值。”② 从这一角度看，科举制度不但在诞生之初有着巨大的进步意义，而且在整个中国历史和世界历史上，都是一个了不起的创造。较之前代的选官制度，如汉代的察举、征辟制和魏文帝时开始推行的九品中正制等，科举制度都更加公正合理。

---

① 胡适：《考试与教育》，《胡适文集》第12册，北京大学出版社1998年版，第508页。

② 刘海峰：《科举学导论》，华中师范大学出版社2005年版，第113、136页。

作为一项从整体上影响国民生活的官员选拔制度，科举制度对于维护我们这个幅员辽阔的多民族国家的统一稳定，其作用是无论怎样估计也不会过高的。胡适这位新文化运动的领袖，虽然一再愤愤不平地说到中国文化的种种不是，但在《考试与教育》一文中，他也毫不含糊地指出：在古代那种交通极为不便的情形下，中央可以不用武力来维持国家的统一是由于考试制度的公开和公平。胡适所说的公平，包括三种含义：一是公开考选，标准客观。二是顾及各地的文化水准，录取的人员，并不偏于一方或一省，而是遍及全国。三是实行回避制度，“就是本省的人不能任本省的官吏，而必须派往其他省份服务。有时候江南的人，派到西北去，有时候西北的人派到东南来。这种公道的办法，大家没有理由可以反对抵制。所以政府不用靠兵力和其他工具来统治地方，这是考试制度影响的结果”①。这些话出于胡适之口，足以说明，即使是文化激进主义者，只要具有清明的理性，也不难看出科举制度的合理性。

作为一项从整体上影响国民生活的官员选拔制度，科举制度不仅具有历史研究的价值，而且有助于我们思考当今人事制度的改革问题。2005 年，任继愈曾在《古代中国科举考试制度值得借鉴》一文中提出设立“国家博士”学位的设想。其立论前提是：我国目前由各高校授予的博士学位缺少权威性和公正性。之所以不够权威和公正，不外下述几个原因。其一，“各校有自己的土标准，执行起来宽严标准不一，取得学位后，它的头衔在社会上流通价值都是同等的”，这当然不公平。其二，研究生入学后，第一年大部分时间用在外语上，第二年大部分时间忙于在规定的某种等级的刊物上发论文，第三年忙于找工作，这样的情形，怎么可能培养出货真价实的博士？其三，几乎所有名牌大学都招收“在职博士生”，有的博士研究生派秘书代他上课，甚至不上课而拿文凭，这样的博士能说是名副其实的吗？只有设立“国家博士”学位，采用统一标准选拔人才，这样的“博士学位”才具有权威性和公正性。而国家在高级人才的选拔方面统一把关，不仅可以避免“跑”博士点和博士生扩招带来的许多弊病，有助于社会风气的改善，而且，由于只管考而不必太多地管教，还可以节省大量开支。就这一点而言，中国古代的科举制度的确是值得参考借鉴的。任继愈的这篇文章现已收入《皓首学术随笔·任继愈卷》（中华书局 2006 年版），有心的读者不妨一阅。

与任继愈的呼吁相得益彰，早在 1951 年，钱穆就发表了《中国历史上的考试制度》一文。针对民国年间（1911—1949）人事管理腐败混乱的状况，他痛心疾首地指出：科举制“因有种种缺点，种种流弊，自该随时变通，但清末人却一意想变法，把此制度也连根拔去。民国以来，政府用人，便全无标准，人事奔竞，派系倾轧，结党营私，偏枯偏荣，种种病象，指不胜屈。不可不说我们把历史看轻了，认为以前一切要不得，才聚九州铁铸成大错”②。钱穆的意思是明确的：参考借鉴科举制度，有助于人事管理的规范化和公正性。1955 年，他在《中国历代政治得失》一书中进一步指出：“无

① 胡适：《胡适文集》第 12 册，北京大学出版社 1998 年版，第 506 页。

② 钱穆：《国史新论》，东大图书公司 1984 年版，第 114~115 页。

论如何，考试制度，是中国政治制度中一项比较重要的制度，又且由唐迄清绵历了一千年以上的长时期。中间递有改革，递有演变，在历史进程中逐渐发展，这绝不是偶然的。直到晚清，西方人还知采用此制度来弥缝他们政党选举之偏陷，而我们却对以往考试制度在历史上有过上千年以上根柢的，一口气吐弃了，不再重视，抑且不再留丝毫顾惜之余地。那真是一件可诧怪的事。”① 现代中国的人事管理理应借鉴源远流长的科举制度，这是毫无疑问的。至于如何借鉴，则是我们需要认真思考的问题。

（二）

作为一项从整体上影响国民生活的官员选拔制度，科举制度以其“程序的公正”为国家选拔了大量行政官员，在提高全民族的文化水准和维护我们这个多民族国家的统一稳定方面，发挥了直接而巨大的作用，这是其显而易见的功能；它还有其他不那么显著却同样值得重视的功能，即意识形态功能和人文教育功能：科举制度以其对社会的整体影响力将儒家经典维持世道人心的作用发挥到极致。我们试就此略作讨论。

明清时代有一项重要规定：科举以《四书》《五经》为基本考试内容。这一规定是耐人寻味的。《论语》《孟子》等儒家经典是秦汉以来中国传统社会维系人心、培育道德感的主要读物。我们经常表彰“中国的脊梁”，一个毋庸置疑的事实是，秦汉以降，“中国的脊梁”大多是在儒家经典的教育下成长起来的。以文天祥为例，这位南宋末年的民族英雄，曾在《过零丁洋》诗中说：“人生自古谁无死？留取丹心照汗青。”“丹心”，就是蕴蓄着崇高的道德感的心灵。他还有一首《正气歌》，开头一段是：“天地有正气，杂然赋流形。下则为河岳，上则为日星。于人曰浩然，沛乎塞苍冥。皇路当清夷，含和吐明庭。时穷节乃见，一一垂丹青。”身在治世，正气表现为安邦定国的情志；身在乱世，则表现为忠贞坚毅的气节。即文天祥所说：“当其贯日月，生死安足论。”1282年，他在元大都（今属北京）英勇就义，事前他在衣带中写下了这样的话：“孔曰‘成仁’，孟曰‘取义’。惟其义尽，所以仁至。读圣贤书，所学何事？而今而后，庶几无愧。”《四书》《五经》的教诲，确乎是他的立身之本。

文天祥是宝祐四年（1256）状元。这是一个值得关注的事实。它表明：进士阶层在实践儒家的人格理想方面，其自觉性远远高于社会的平均水平。宋代如此，明代如此，甚至连元代也是如此。清代史学家赵翼曾论及“元末殉难者多进士”这一现象：“元代不重儒术，延祐中始设科取士，顺帝时又停二科始复。其时所谓进士者，已属积轻之势矣，然末年仗节死义者，乃多在进士出身之人。”（赵翼《廿二史劄记》卷三十《元末殉难者多进士》）接下来，赵翼列举了余阙、泰不华、李齐、李黼、王士元、赵琏、周镗、聂炳元、刘耕孙、丑闾、彭庭坚、普颜不花、月鲁不花、迈里古思等死难进

① 钱穆：《中国历代政治得失》，三联书店2001年版，第89页。

士，最后归结说："诸人可谓不负科名者哉，而国家设科取士亦不徒矣。"① 在元末殉难的进士中，余阙（1303—1358）是最早战死的封疆大臣。他的朋友蒋良，一次和他谈起国难，余阙推心置腹地说："余荷国恩，以进士及第，历省居馆阁，每愧无报。今国家多难，授予兵戎重寄，岂余所堪。然古人有言：'为子死孝，为臣死忠。'万一不幸，吾知尽吾忠而已。"余阙殉难后，蒋良作《余忠宣公死节记》，开篇即强调说："有元设科取士，中外文武著功社稷之臣历历可纪。至正辛卯，兵起淮、颍，城邑尽废，江、汉之间能捍御大郡、全尽名节者，守豫帅余公廷心一人而已。"② 在余阙"擢高科"的履历与他忠勇殉节的人格境界之间，人们确认有其内在联系。无独有偶，《元史·泰不华传》在记叙元末另一著名的死节之臣泰不华（1305—1352）时，也着重指出：其人生信念的基本依据是他作为"书生"所受的儒家经典教育。在与方国珍决战前夕，泰不华曾对部从说过一番词气慷慨的话："吾以书生登显要，诚虑负所学。今守海隅，贼甫招徕，又复为变。君辈助我击之，其克则汝众功也，不克则我尽死以报国耳。""书生""所学"与捐躯"报国"之间关系如此密切，足见以《四书》《五经》作为基本考试教材的科举制度，它在维持世道人心方面的作用的确是巨大而深远的。

儒家经典维持世道人心的功能不仅泽及宋元，泽及明清，甚至泽及已经废除了科举制度的现代。其实这并不令人感到奇怪。原因在于，不少现代名流的少年时光是在科举时代度过的，他们系统地受过这种教育，耳濡目染，其人生观在早年即已确立并足以支配一生。儒家经典的生命力由此可见。科举制度的余泽亦由此可见。

这里我想特别提及五四新文化运动的领袖胡适，并有意多引他的言论。之所以关注他，是因为，世人眼中的胡适，只是一个文化激进主义者，以高倡"打倒孔家店"著称。人们很少注意到，胡适在表面上高呼"打倒孔家店"，但在内心里仍对孔子和儒家保留了足够的敬意，是儒家人生哲学的虔诚信奉者和实行者。唐德刚编译《胡适口述自传》，第二章有胡适的如下自白："有许多人认为我是反孔非儒的。在许多方面，我对那经过长期发展的儒教的批判是很严厉的。但是就全体来说，我在我的一切著述上，对孔子和早期的'仲尼之徒'如孟子，都是相当尊崇的。我对十二世纪'新儒学'（Neo-Confucianism）（'理学'）的开山宗师的朱熹，也是十分崇敬的。""在这场伟大的'新儒学'（理学）的运动里，对那（道德、知识；也就是《中庸》里面所说的'诚则明矣，明则诚矣'的）两股思潮，最好的表达，便是程颐所说的：'涵养须用敬，进学则在致知。'后世学者都认为'理学'的真谛，此一语足以道破。"同一章还有唐德刚的一段插话："'要提高你的道德标准，你一定要在"敬"字上下功夫；要学识上有长进，你一定要扩展你的知识到最大极限。'适之先生对这两句话最为服膺，他老人家不断向我传教的也是这两句。一次我替他照相，要他在录音机边作说话状，他说的便是这两句。所以胡适之先生骨子里实在是位理学家。他反对佛教、道教乃至基督教，都是从

① 赵翼著，王树民校证：《廿二史劄记校证》，中华书局1984年版，第706页。

② 杨讷等编：《元代农民战争史料汇编》中编第一分册，中华书局1985年版，第268页。

‘理学’这条道理上出发的。他开口闭口什么实验主义的，在笔者看来，都是些表面账。吾人如用胡先生自己的学术分期来说，则胡适之便是他自己所说的‘现代期’的最后一人。”① 胡适是在少年时代接受儒家经典教育的，在经历了废止科举、“打倒孔家店”等种种变故后，儒家的人生哲学仍能贯彻其生命的始终，由此不难想见，在中国传统社会尤其是科举时代，儒家经典对社会精神风貌的塑造可以发挥多么强大的功能。虽然生活中确有教育目标与实际状况两歧的情形，但正面的成效仍是不容忽视的。

“精神文明”是中国人常用的一个概念。“精神文明”是相对物质文明而言的，就个人而言，需要长期的修养，就民族而言，需要长期的培育。中国古人对这一点体会很深，所以常常强调“潜移默化”，经由耳濡目染的长期熏陶，价值内化，成为一种道德规范。如果这种道德规范大体近于人情，既“止乎礼义”而又“发乎性情”，它对社会的稳定，对人类精神境界的提升，都将发挥重要作用。这就是文化的功能。目前教育界所说的“深厚的人文知识素养，有助于塑造高尚的精神世界，提高健康的审美能力”，与这个意思是相通的。《四书》《五经》作为科举时代的基本读物，人文教育功能是其不容抹杀的价值，并因制度的保障而得到了充分的发挥。

美国学者罗兹曼认为：科举制在中国传统社会结构中居于中心的地位，是维系儒家意识形态和儒家价值体系正统地位的根本手段。科举制在 1905 年被废止，从而使这一年成为新旧中国的分水岭：它标志着一个时代的结束和另一个时代的开始，其划时代的重要性甚至超过辛亥革命；就其现实和象征性的意义而言，科举革废代表着中国已与过去一刀两断，这种转折大致相当于 1861 年沙俄废奴和 1868 年的日本明治维新后不久的废藩。② 罗兹曼的意见也许是对的。而我想要补充的问题是：在科举制废止之后，如何保证《四书》《五经》的人文教育功能继续得到发挥？

（三）

科举制度曾经有过辉煌的历史，科举制度对现代中国的发展更有足资借鉴的意义。整理与研究历代科举文献，其意义也需要从历史与现实两个角度加以说明：一方面是传承文化，传承文明，让这份丰厚的遗产充分发挥塑造民族精神的作用，另一方面是去粗取精，古为今用，让它在现实的中国社会重放异彩，成为人事制度改革的重要智力资源。这是我们编纂出版《中国科举文化通志》的初衷，也是我们不辞劳苦从事这一学术工作的动力。

《中国科举文化通志》重点包括下述内容：

1. 整理、研究反映科举制度沿革、影响及历代登科情形的文献。

---

① 胡适：《胡适文集》第 1 册，北京大学出版社 1998 年版，第 418、433 页。

② ［美］吉尔伯特·罗曼兹主编，国家社会科学基金“比较现代化”课题组译：《中国的现代化》中译本，江苏人民出版社 1988 年版，第 335、635 页。

从《新唐书》开始，历代正史多有《选举志》。历代《会要》、《实录》、《纪事本末》等史传、政书之中，相当一部分是关于科举制度沿革的资料。还有黄佐《翰林记》、陆深《科场条贯》、张朝瑞《明贡举考》、冯梦祯《历代贡举志》、董其昌《学科考略》、陶福履《常谈》等一批专书。历代《登科录》和杂录类书籍，也保存了大量关于科举的材料。唐代登科记多已散失亡佚，有清代徐松的《登科记考》可供参考。宋元登科记保存稍多，明清有关文献尤为繁富。

2. 整理、研究与历代考试文体相关的教材、试卷、程文及论著等。

八股文是最引人注目的考试文体。八股文集有选本、稿本之分。重要的选本，明代有艾南英编《明文定》、《明文待》，杨廷枢编《同文录》，马世奇编《澹宁居文集》，黎淳编《国朝试录》等；清朝有纪昀《房行书精华》，王步青编《八法集》；还有《百二十名家集》，选文3000篇，以明代为主；《钦定四书文》，明文4集，选文480余篇，清文1集，选文290余篇。稿本为个人文集。明清著名的八股大家，如明代的王鏊、钱福、唐顺之、归有光、艾南英，清代的刘子壮、熊伯龙、李光地、方苞、王步青、袁枚、翁方纲等人，均有稿本传世。相关著述数量也不少。清梁章钜《制义丛话》等，是研究八股文的重要论著。其他考试文体，如试策、试律等，也在我们关注的范围之内。这些科举文献，一般读者不易见到，或只能零零星星地见到一些，或虽然见到了也难以读懂，亟待系统地整理出版，以供研究和阅读。

《中国科举文化通志》包括以下数种：《历代制举史料汇编》、《历代律赋校注》、《唐代试律试策校注》、《八股文总论八种》、《七史选举志校注》、《四书大全校注》、《游戏八股文集成》、《明代科举与文学编年》、《明代状元史料汇编》、《钦定四书文校注》、《翰林掌故五种》、《贡举志五种》、《〈游艺塾文规〉正续编》、《钦定学政全书校注》、《梁章钜科举文献二种校注》、《〈清实录〉科举史料汇编》、《二十世纪科举研究论文选编》、《明代科举与文学编年》、《〈礼部韵略〉与宋代科举》、《元明科举与文学考论》、《游戏八股文研究》、《明代八股文选家考论》、《唐代科举与试赋》、《〈儒林外史〉的现代误读》、《科举废止前后的晚清社会与文学》等。我们这套《中国科举文化通志》，以涵盖面广和分量厚重为显著特征，可以从多方面满足阅读和研究之需。而在整理、研究方面投入的心力之多，更是有目共睹。我们的目的是为推进学术作出力所能及的贡献。

《中国科举文化通志》是一项规模宏大、任务艰巨、意义深远的大型出版文化工程。编纂任务主要由武汉大学专家承担，并根据需要从中国人民大学、南京大学、中国艺术研究院、厦门大学、华中师范大学、陕西师范大学、扬州大学、中南民族大学、中南财经政法大学等高校或科研院所聘请了若干学者。南京大学卞孝萱先生、中华书局傅璇琮先生、中国社会科学院邓绍基先生等在学术上给我们提供了若干指导；参与这一工程的各位专家不辞辛苦，努力工作，保证了编纂进度和质量；武汉大学出版社鼎力支持《中国科举文化通志》的出版；所有这些，我们将永远铭记在心。

2015年4月13日

于武汉大学

目　　录

绪　论

“唐代辞赋通史”是本人承担的香港政府研究资助局研究计划(项目编号：RGC GRF 756910)。在此计划的执行过程中，笔者体会到，与其撰写一部一般意义上泛泛而谈的“通史”，不如深入作专题的研究，切实为唐代文学研究中的薄弱环节增添创新的学术成果。根据清编《全唐文》统计，唐代传世的以赋为名的作品有1419篇；中国台湾地区新编《全唐赋》加上了一些楚辞体及赋体文作品，收录作品为1714篇。① 鉴于唐代赋作大部分属于律赋或骈赋，或多或少都与唐代的科举试赋制度有关；同时，唐代作为当时汉字文化圈的中心，它的科举试赋制度辐射到周边国家和地区，于是决定将研究的着力点集中在两个专题上，研究的成果形成上下两编：上编为《唐代科举与试赋》，下编为其他论题。本书作为笔者唐代辞赋研究的系列成果之一先行面世。

赋是一种中国独特的文学体裁。按照中国传统的“有韵为文，无韵为笔”(《文心雕龙·总术》)的二分法，韵文类有诗、词、曲、赋等，前三种中国有，西方也有，唯有赋这种韵文为中国独有。(“独有”的概念在此主要强调与西方文学体裁对比所呈现的独特性，其实，受中国汉文化影响的古代朝鲜、日本、越南等国也有赋作与赋学存在，而且与中国相比，也有一些当地文化的特性。这方面的研究成果，将呈现在下编之中)按照当代文学体裁的四分法，一般分成诗歌、散文、小说、戏曲，赋只能划归散文类，但一般的散文，中国有，西方也有，赋这种特殊的文体则中国独有。“物以稀为贵”②，独特的文体，当然是最具有民族性的文体，而最具有民族性的东西也最容易得到世界性的关注，所以中国的赋学也得到了世界性的关注。从1989年至今，在中国大陆、香港、台湾、新加坡等地，已经召开了多次国际性辞赋学学术研讨会。美国学者华盛顿州立大学的康达维教授说：“若是想给赋下个定义，就像是个植物学家想分辨一种植物的名称一般。事实上，若把‘赋’一词和中国原产的一种植物——石楠花相比的话，我觉得这是个十分近似的比喻，而我也常喜欢把赋当作中国文学中的石楠花。石楠花有好几种不同的品种：有中国原产的，有交配而成并且常见的新品种。但有些品种甚至不叫石楠

① 简宗梧、李时明主编，詹杭伦副主编：《全唐赋》，台湾里仁书局2011年版。

② 白居易：《小岁日喜谈氏外孙女孩满月》：“物以稀为贵，情因老更慈。”载《白氏长庆集》卷三四，文渊阁《四库全书》，台湾“商务印书馆”1986年版，第3~4页。

花，而叫杜鹃花，表面上既不像石楠花，也不像交配的新品种。中国文学中的‘赋’正如石楠花一般，也包括了几种不同的种类。”①既然外国学者都喜爱中国赋，那么，作为中国人，更应该对自己祖国独特的赋体文学有所了解并且能够应用、能够欣赏。当代“百城赋”、“名校赋”、“名胜赋”、“名品赋”等创作风气正盛，足见古老的赋体文学仍然具有鲜活的生命力。但是，毋庸讳言，与我国辉煌的赋学传统相比，当代社会的赋体文学创作尚未达到一流的水平。“相今宜鉴古，无古不成今。”当代赋体文学创作者急需借鉴前人佳作，对唐代科举与辞赋关系的研究于是应运而生。在本研究开展之前，学术界已有相当多有关的研究成果，择其要者叙述于下。

从科举角度看，唐代科举已经有了一批可观的研究成果。如王勋成《唐代铨选与文学》，中华书局 2001 年版。该书对唐代铨选制度有相当清楚的揭示。吴宗国的《唐代科举制度研究》，北京大学出版社 2010 年版。此书详细描述了唐代科举程序的整个过程。与唐代科举研究直接相关的主要有：一是清代徐松(1781—1848)的《登科记考》，此书是唐代科举研究的奠基之作，曾收入《皇清经解》，中华书局 1984 年出版赵守俨点校本。二是陈尚君的《〈登科记考〉正补》，载于《陈尚君自选集》，广西师范大学出版社 2000 年版。该文对于补正《登科记考》贡献良多。三是孟二冬的《登科记考补正》，北京燕山出版社 2003 年版。该书是补正徐松之书的集大成者。四是王洪军的《登科记考再补正》，广西师范大学出版社 2010 年版，该书利用新出土墓志等材料对此前考证成果有所补充。五是许友根的《〈登科记考补正〉考补》，南京大学出版社 2011 年版。该书可算是一部分析、订正、补充《登科记考补正》的著作。

从赋学角度看，唐代赋学也有许多学者在辛勤耕耘。最早的有铃木虎雄著《赋史大要》，台湾正中书局 1942 年出版殷石臞译本。该书将唐代命名为“律赋时代”，对后来的研究启发很大。马积高著《赋史》，上海古籍出版社 1987 年版，此书为研究唐以后赋学打开了新的局面。郭维森、许结著《中国辞赋发展史》，江苏教育出版社 1996 年版，对唐代赋学的发展作了动态的描述。专论律赋的著作有尹占华著《律赋论稿》，巴蜀书社 2001 年版。断代的赋学专著有笔者著《唐宋赋学研究》，中国社会科学出版社、华龄出版社 2004 年版；《唐宋赋学新探》，台湾万卷楼出版公司 2005 年版。彭红卫著《唐代律赋考》，社会科学文献出版社 2009 年版。韩晖著《隋及初唐赋风研究》，广西师范大学出版社 2002 年版。值得高兴的是，近年有一大批硕士、博士选择将唐代赋学作为学位论文研究方向。如何易展《初唐四杰赋研究》，四川师范大学 2008 年硕士论文；毛锦裙《初唐辞赋研究》，湖南大学 2008 年硕士论文；姜子龙《初唐赋研究》，中国人民大学 2009 年博士论文(由我指导)；吕海波《中唐试赋研究》，内蒙古师范大学 2010 年硕士论文；赵俊波《唐赋分体研究》，武汉大学 2005 年博士论文；王京华《〈历代赋汇〉唐赋文献研究》，河北师范大学 2009 年硕士论文；张岑远《徐寅律赋研究》，中国人民大学 2006 年硕士论文(由我指导)，等等。中国台湾学术界也有多篇有关唐赋的硕博士论文，

---

① 康达维：《论赋体的源流》，《文史哲》1988 年第 1 期。

如马宝莲《唐律赋研究》，中国文化大学1993年博士论文；陈成文《唐代古赋研究》，政治大学1998年博士论文；胡淑贞《白居易赋研究》，逢甲大学2003年硕士论文；陈铃美《王棨律赋研究》，逢甲大学2005年硕士论文；黄雅琴《王起律赋研究》，逢甲大学2006年硕士论文；陈汉鄂《黄滔律赋研究》，逢甲大学2009年硕士论文（上述几篇律赋论文选题和撰写期间，我恰好在逢甲大学担任客座教授，曾参与提供一些意见）；王良友《中唐五大家律赋研究》，台湾师范大学2006年博士论文；陈芳汶《中晚唐咏史赋研究》，政治大学2008年博士论文，等等。

对本课题研究方法影响较大的可举出以下著作：一是傅璇琮著《唐代科举与文学》，山西人民出版社2007年版。此书采用史学与文学相互渗透或沟通的方法，是研究唐代科举与文学关系的开创之作。二是王士祥著《唐代试赋研究》，上海古籍出版社2012年版。该书对唐代试赋作了较为系统的考察与探索，选题具有敢于突破的学术敏锐性。三是王兆鹏著《唐代科举考试诗赋用韵研究》，齐鲁书社2004年版。该书从语言学角度研究唐代科举试赋的用韵，具有科学的实证精神。邝健行先生的三部著作：《诗赋与律调》，中华书局1994年版；《科举考试文体论稿》，台湾书店1999年版；《诗赋合论稿》，江苏古籍出版社2002年版，也是本书写作常备案头的参考书。

上述既有研究成果对本课题研究都有所启发，但毋庸讳言，从科举角度探索的学者对赋学专业领域不太熟悉，从赋学角度研究的年轻学者在文献考证方面则功底有所欠缺，这为唐代科举与律赋学术领域留下了许多值得深入探索的学术空间。笔者从20世纪90年代初期开始研究唐以后的赋学，在本专题的研究中，力图在唐代科举考试与律赋关系的两个方面，即史的脉络和赋作的定位与分析两个方面有切实的突破和创新。为了达到这个目的，在研究的过程中，总结归纳出几种行之有效的研究方法：

1.“丝牵绳贯”法

传承下来的《唐登科记总目》只有某年考中进士多少人的简略记载，为《唐登科记》补充诗赋题目和登第进士，就成为学者考证的热门领域。自徐松以来，已经成熟地运用了一种可命名为“丝牵绳贯”的考证方法，即首先通过可靠的文献考定某年的一位进士或诗赋题目（此为“丝牵”），然后考察《文苑英华》中与这位进士同题同韵共作诗赋的作者，再将同题共作的作者列为该年的进士（此为“绳贯”）。如果没有反证，一般认为用“丝牵绳贯”法补充的进士及其诗赋题目都是可靠的。例如，笔者采用这种考证方法，检索到可靠方志记载周匡物为元和十一年（816）进士，得知当年省试赋题为《学殖赋》、诗题为《莺出谷诗》，由此论定张泰的《学殖赋》不是初唐的作品，而是元和十一年的进士赋作，并进而发现《文苑英华》载钱可复、张鹭、刘庄物、刘得仁四人同题共作的《莺出谷诗》，于是考察各人的有关材料，认定《登科记考》该年可补入四位进士：张泰、钱可复、张鹭、刘庄物，以及一位与科场有关的诗人刘得仁，并补入一篇省试赋和四首省试诗。

2. “以史定赋”法

此前关于《唐登科记》的研究，一般只能根据有关文献确有记载，才可认定某人为某年进士。笔者在对唐代科举与赋作的研究中发现，无需仅仅依赖传世文献中对某人中举的记载，还可以通过史料旁证而确定《文苑英华》中某些赋作与科举考试的关系。例如，《文苑英华》卷一百三十四载托名杜甫的《越人献驯象赋》，以“辞林邑，望国门”为韵。由其题下限韵可知，这是针对林邑国向唐王朝献驯象而写作的歌颂朝政的赋。那么，这篇赋作必然要适应两种情况：第一，这是一篇以参加科举考试为目的而作的赋，或者是为准备科举考试而私下做的练习，或者就是朝廷知贡举的官员颁布的科举考试试题。第二，朝廷发生了林邑国献驯象的事件，这篇赋应当作于这件事情发生之后不久，否则就失去了歌颂朝政的现实意义。考察《唐会要》和《册府元龟》，可知在玄宗开元二十三年(735)八月，发生了林邑国遣使献驯象的事件，再考察杜甫的行踪，可知他确实参加了开元二十四年(736)的进士考试。这就可以间接证实：《越人献驯象赋》为开元二十四年进士赋题。

3. “天象印证”法

中国古代信奉“天人合一”的哲学，对天象的观测和记录一直未曾中断，唐代史家也记录了天象呈现的吉祥或灾异变化。根据《新唐书》的记载，唐代“五星聚合”的天象虽多，但在星象家看来大部分非祥瑞征兆，只有天宝九载(750)八月和大历三年(768)七月这两次五星聚合，被认为有祥瑞的征兆。《新唐书》卷三十三《天文志三》“五星聚合”条记载：“天宝九载八月，五星聚于尾、箕，荧惑先至而又先去。尾、箕，燕分也。占曰：‘有德则庆，无德则殃。’”韦展的《日月如合璧赋》原被误定为初唐作品，本书则运用“天象印证”法，论定其为天宝九载博学宏词科试赋。又《新唐书》卷三十三《天文志三》“五星聚合”条记载：“大历三年七月壬申，五星并出东方。占曰：‘中国利。’”大历三年睹此祥瑞天象，大历四年(769)博学宏词科以此出题，正合时宜，所以，《文苑英华》关于大历四年博学宏词科试《五星同色赋》的记载，应当可以成立，可定张叔良与崔淙同题同韵的《五星同色赋》为本年博学宏词科试赋。

4. “域外参照”法

例如：徐松《登科记考》贞元二年(786)未载诗赋试题，本年进士有刘辟，《文苑英华》卷三十二载刘辟、白敏中、卢肇三篇《如石投水赋》，其中刘辟赋以“仁义忠信，公平能谏”为韵，白敏中、卢肇赋以“圣奖忠直，从谏如流”为韵，知刘辟赋与其他两篇非同时所作。日藏唐抄本《赋谱》引用《如石投水赋》“石至坚兮水至清。坚者可投之必中，清者可受而不盈”比“义兮如君臣之叶德，事兮因谏纳而垂名”。这篇《如石投水赋》的赋句不见于上述三篇同题赋作，而其用韵与刘辟赋之“平”字韵相同。可见，《赋谱》引用的《如石投水赋》与刘辟赋是同题同韵之作，由此可以证明，刘辟赋是一篇省试赋作。

徐松《登科记考》咸通十五年(874)未载诗赋试题，孟二冬《登科记考补正》也未予补充。按：咸通十五年进士有新罗人崔致远(857—?)，《韩国文集丛刊》第一辑载崔致远《孤云先生集》，卷一有《咏晓赋》。此赋以四平四仄押韵，分为八段，题下限韵虽然脱落，但将各段押韵字排比，可推测出此赋应当是以“明月疏落，苍色浅开”为韵。此赋之妙处在于，全篇不出“晓”字，但字字句句都是写“晓”景。赋作写景清丽，音韵和谐，完全是一篇科举试赋典范作品，应为咸通十五年进士赋题。在唐代科举试赋的影响下，周边的高丽(朝鲜)、日本、越南等都在不同程度上推行了诗赋取士的制度。域外资料作为唐代科举试赋的“二重证据”，应当引起研究者的充分关注。

综合运用上述诸种研究方法，笔者对唐代科举试赋逐年作考证，发现唐开元三年(715)、开元四年(716)、开元九年(721)、开元二十一年(733)、开元二十四年(736)、天宝二年(743)、天宝三载(744)、天宝四载(745)、天宝九载(750)、天宝十载(751)、上元二年(761)、大历四年(769)、大历十年(775)、大历十二年(777)、大历十三年(778)、贞元二年(786)、贞元四年(788)、贞元五年(789)、贞元六年(790)、贞元十年(794)、贞元十一年(795)、贞元十二年(796)、贞元十三年(797)、贞元十五年(799)、贞元十八年(802)、元和元年(806)、元和四年(809)、元和六年(811)、元和七年(812)、元和十一年(816)、元和十二年(817)、元和十三年(818)、长庆二年(822)、大和二年(828)、开成元年(836)、开成五年(840)、会昌元年(841)、会昌三年(843)、大中十一年(857)、大中十二年(858)、咸通六年(865)、咸通十二年(871)、咸通十三年(872)、咸通十五年(874)、乾符四年(877)、景福二年(893)、乾宁三年(896)，后梁开平二年(908)，后唐长兴三年(932)，南唐保大十二年(954)、保大十三年(955)，宋乾德元年(963)、乾德三年(965)、开宝四年(971)、开宝五年(972)，总计五十余年的府试、进士或博学宏词科试赋情况可以得出新的结论。这一研究成果相信具有更新唐代试赋史的创新意义。

唐代科举与试赋的研究建立在前人雄厚的研究基础之上，有一些新的发现颇不容易，本书的考订成果只是阶段性的，并非最终定论，文献或许遗漏，判断可能武断，本着对学术负责的态度，自己比较有把握的考证成果，小标题上加上三角符号Δ；只是暂定的成果，则加上星号※，以待进一步考察确定。读者若发现不妥之处，请不吝赐正。

第一章　赋体概说

第一节　赋的名义

《楚辞·九章·悲回风》："窃赋诗之所明。"王逸注："赋，铺也；诗，志也。言己守高眇之节，不用于世，则铺陈其志，自证明也。"①《周礼·春官·大师》："教六诗……二曰赋。"郑玄注："赋之言铺，直铺陈今之政教善恶。"②显然，汉人言赋，主要指一种写作方法，并没有明显地将"赋"与文章的体裁相联系，首次将六义之赋与赋体相提并论的情况见于晋朝皇甫谧为《三都赋》写的《序》，其云："诗人之作，杂有赋体，子夏序诗曰：一曰风，二曰赋，故知赋者，古诗之流也。"③其后挚虞《文章流别论》说："赋者，敷陈之称，古诗之流也。"④诸人之说，逐渐从诗杂有赋体——即铺陈之体的角度立论，由此肯定赋出于诗之说。这一脉相沿到刘勰的《文心雕龙·诠赋》篇："赋者，铺也，铺采摛文，体物写志也。"⑤以铺释赋，早有依据，即此成论，即赋体是由铺陈的写诗法发展而来，并逐渐独立，蔚成大国。刘勰说赋的文体特点是"铺采摛文，体物写志"，即铺陈事义，挥洒文采，描状事物，抒写情志，指出赋写作的对象包括向外描状事物和向内抒写情志两个方面。前此陆机《文赋》说："诗缘情而绮靡，赋体物而浏亮。"⑥如果不把这两句理解成互文见义的话，那就很容易理解成诗与赋各自有不同的表现对象；相比起来，刘勰的归纳就要全面一些。就赋史观察，事实上既有体物的诗，也有缘情的赋。根据刘勰所说，可以给赋下一个定义：赋是一种讲究文彩，既擅长以铺陈方式描写事物性状，又可抒写情志的文体。这就比较全面地表达了赋体的特点和功用。

---

① 王逸：《楚辞章句》卷四，文渊阁《四库全书》，第26页。
② 郑玄注，贾公彦疏：《周礼注疏》卷二三，文渊阁《四库全书》，第20页。
③ 萧统编，李善注：《文选》卷四五，文渊阁《四库全书》，第35页。
④ 李昉等：《太平御览》卷五八七，文渊阁《四库全书》，第6页。
⑤ 范文澜注：《文心雕龙注》卷二，人民文学出版社1962年版，第134页。
⑥ 萧统编，李善注：《文选》卷一七，文渊阁《四库全书》，第6页。

第二节　赋的起源

关于赋的起源，学术界已经有多种讲法，笔者不拟重复叙述，在此，主要结合刘勰与王芑孙的理论，谈谈笔者认可的一种观点。

刘勰《文心雕龙·诠赋》云：

《诗》有六义，其二曰“赋”。“赋”者，铺也，铺采摛文，体物写志也。昔邵公称：“公卿献诗，师箴瞍赋。”《传》云：“登高能赋，可为大夫。”《诗序》则同义，《传》说则异体；总其归途，实相枝干。刘向云：“不歌而颂。”班固称：“古诗之流也。”至如郑庄之赋“大隧”，士蒍之赋“狐裘”；结言短韵，词自己作，虽合赋体，明而未融。及灵均唱《骚》，始广声貌。然“赋”也者，受命于诗人，拓宇于《楚辞》也。于是荀况《礼》、《智》，宋玉《风》、《钓》，爰锡名号，与“诗”画境；六义附庸，蔚成大国。遂客主以首引，极声貌以穷文。斯盖别“诗”之原始，命“赋”之厥初也。①

刘勰在这一段里主要讨论赋的起源，结合清人王芑孙《读赋卮言》的看法，可以更加清楚地认识赋学源流。王芑孙在《读赋卮言·导源》中论述道：

荀况赋论言：“请陈佹诗。”班固言：“赋者，古诗之流。”曰“佹”，旁出之辞；曰“流”，每下之说。夫既与诗分体，则义兼比兴，用长箴颂矣。单行之始，椎轮晚周。别子为祖，荀况、屈平是也；继别为宗，宋玉是也；追其统系，《三百篇》其百世不迁之宗矣。下此则两家歧出：有由屈子分支者，有自荀卿别派者。昭明序《选》，所以云荀、宋表前，贾、马继后，而慨然于源流自兹也。相如之徒，敷典摛文，乃从荀法；贾傅以下，湛思妙虑，具有屈心。抑荀正而屈变，马愉而贾戚，虽云一毂，略已殊途。②

从刘勰到王芑孙所揭示的赋学源流可以图示如下：

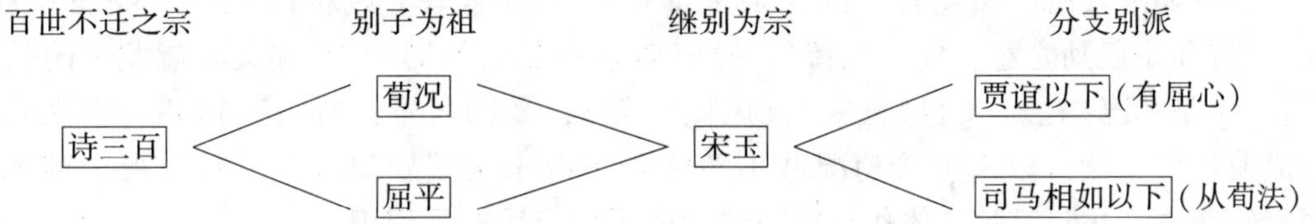

---

① 范文澜注：《文心雕龙注》卷二，人民文学出版社1962年版，第134页。

② 王冠辑：《赋话广聚》第三册，北京图书馆出版社2006年版，第302~303页。

这一赋学源流图的意义可以从以下几个方面来观察：

1. 坚持“赋自《诗》出，分歧异派”的一元论

今之论者或以赋名之骚体、散体、诗体分别溯源，以为其各有所自，不相统摄，其说虽自有道理，但未能周全，其弊正如周祖谟所说“作为总名之赋体之渊源无所依归矣”①。程章灿也认为：“赋者古诗之流说，若从某一特定方面看，自有其似非而是之处。刘熙载在《艺概·赋概》中指出：‘赋起源于情事杂沓，诗不能驭，故为赋以铺陈之，斯于千态万状，层见迭出者，吐无不畅，畅无或竭。’是很精辟的。”②其实，王芑孙指出赋乃《诗》之“旁出之辞”、“每下之说”，已在一定程度上对此有先见之明。今之论者批驳赋为古诗之流说，或谓诗六义说出现于赋体产生之后，不得视为赋体渊源；或谓赋有二义，一为修辞法门，实为动词，二为文体，实为名词，貌同心异；或谓赋体兼用比兴，与文义之赋专指铺陈不同。诸说虽辩，但王芑孙早已指出“赋既与诗分体，则义兼比兴”，这说明赋出于《诗》，是一种文体脱胎于另一种文体，绝不仅仅是继承了一种修辞手法；若就艺术手法而论，赋体可谓全盘继承了诗体，以赋为主，比、兴兼而有之。因此，赋为古诗之流说是难以动摇的。

2. 荀况与屈平同居赋学始祖的地位

《汉志·诗赋略》以荀卿赋、屈原赋、陆贾赋并列为三家。陆贾为汉人，可置而不论，荀况、屈平理所当然为辞赋之祖。今之论者，或仅以荀赋为诗体赋、四言赋之所出；或认为荀赋亦出自楚辞，始祖仅有屈赋一家，皆有意无意地贬低了荀赋的历史地位。王芑孙则从儒家的义理出发，认为虽然“飙流所始，同祖风骚”，但“荀正而屈变”，荀赋继承了纯正的风雅传统，“《礼》、《智》之篇，义征载道，《箴》、《蚕》之作，理在前民，附庸六义者也”。而屈骚则对《诗三百》的传统有所变异，“屈变”之说，出自刘勰，《文心雕龙·序志》篇即有“变乎骚”之论；《辨骚》篇更摘《离骚》“同乎风雅”者四事，“异乎经典者”四事，两相对照，以明其变之迹。当然，王芑孙对“屈变”也并不贬低，而是主张一正一变相辅而行，共同享有辞赋始祖的地位。

3. 宋玉赋是荀、屈赋与汉赋之间的中介

今之论者，多以宋玉为屈原弟子，自以屈、宋连言，认为宋玉仅仅承袭了屈赋的传统。王芑孙则以荀、宋连言，认为宋玉继荀况之后继承了风雅传统，“《高唐》、《神女》，有孔子殷勤之意，犹之风诗”。这一观点也受到刘勰影响，《文心雕龙·诠赋》有云：“于是荀况《礼》、《智》，宋玉《风》、《钓》，爰锡名号，与‘诗’画境，六义附庸，蔚成大国。”当然，以宋玉接荀况并不意味着不以宋玉接屈原，宋玉赋应视为继承荀、屈赋的合体，并向汉赋二体作出投射的一座承前启后的里程碑。

---

① 周祖谟：《从〈汉书·艺文志·诗赋略〉所录早期作家之籍贯、身份推测赋体之来源》，《新亚学术集刊》1994 年第 13 期，第 74 页。

② 程章灿：《魏晋南北朝赋史》，江苏古籍出版社 1992 年版，第 6 页。

4. 汉赋二体与荀、屈之关系

王芑孙论及的汉赋二体，指以贾谊为代表的骚体赋和以司马相如为代表的散体文赋。今之论者有分汉赋为三体或五体者，分类标准不统一，似难据信。不少学者仍然支持二体的分法，如程千帆指出：汉赋主要有两类，“一则畸于抒情，乃汉赋之别派；一则畸于写实，乃汉赋之正宗。作者或兼具二长，或专攻一体”①。周祖谟也指出：就现存的司马相如之前赋作考察，“概而论之，可分两类：一为楚辞体，纯抒情之作；一为散体，皆是体物之辞”②。

汉赋二体既明，需要进一步论证的是汉赋二体与荀、屈之关系。王芑孙指出“相如之徒，敷典摛文，乃从荀法；贾傅以下，湛思妙虑，具有屈心”，是有其根据的。盖荀赋以体物为主，采用主客问答的格式，并具有“事数自环”的骋辞特色，这些为汉代散体赋家所继承；而贾谊与屈原心心相通，情感合拍，更是不争之事实。难之者以为，屈原《橘颂》乃体物佳构，而《卜居》、《渔父》亦设主客问答，故当以汉代散体之源归之屈原。其实，屈原的代表作当数《离骚》，他对汉赋之影响亦主要在此而不在彼也。王芑孙在指示“相如之徒，乃从荀法”时还特别指出，“马既腾声，扬旋飞躅，《子虚》《上林》《甘泉》《羽猎》，锵洋鸿丽，有《清庙》《噫嘻》之响，《般》《桓》《甫》《草》之音，抑亦雅颂之亚也”。可见他是从接轨《诗三百》正宗之角度来体认汉代散体赋与荀赋关系的。当然，指出相如从荀法，贾谊有屈心，并不意味着相如便不受屈原影响，也不意味着贾谊便不受荀况影响，实质上这只是一个主要次要、孰轻孰重的问题。因为相如、贾谊接受荀、屈影响之间还通过了宋玉的中介，所以这已是经历了综合基础之上的分歧，正如东西方人结合而产生的混血儿，尽管也有黄头发、黑头发的分别，实质上已有许多的共通之处，难以分辨得一清二楚。不从这个角度看问题，就难以理解《文心雕龙·辨骚》所谓“枚贾追风以入丽，马扬沿波而得奇”了。

综上所述，从刘勰到王芑孙所揭示的赋学源流关系，比较符合赋学发展的历史事实，具有一定的合理性，迄今为止，仍不失为在对赋学源流的探讨中值得重视的一家之言。

第三节　赋的功用

关于赋之功用，学术界也早有丰富的论述，笔者在此主要谈谈“赋学”与“官学”之间的联系。

所谓“登高能赋，可为大夫”，源出《诗经·墉风·定之方中》“升彼虚矣，以望楚矣，望楚与堂，景山与京，降观于桑，卜云其吉，终然允臧”。毛传云：“建邦能命龟，田能施命，作器能铭，使能造命，升高能赋，师旅能誓，山川能说，丧纪能诔，祭祀能语，君子能此九者，可谓有德音，可以为大夫。”③从《定之方中》原诗描述“升高望楚”的情景来看，所谓“升高能赋”，确实有登上高处、展望风光、能够赋写情怀的含义。

---

① 程千帆：《赋之隆盛与旁衍·汉赋流别》，《闲堂文薮》，齐鲁书社 1984 年版，第 142 页。

② 周祖谟：《从〈汉书·艺文志·诗赋略〉所录早期作家之籍贯、身份推测赋体之来源》，《新亚学术集刊》1994 年第 13 期，第 75 页。

③ 孔颖达等：《毛诗注疏》卷四，文渊阁《四库全书》，第 23 页。

不过，班固《汉书·艺文志》在引录《毛传》时作了新的阐释：“《传》曰：‘不歌而诵谓之赋，登高能赋可以为大夫。’言感物造端，材知深美，可与图事，故可以为列大夫也。古者诸侯、卿大夫交接邻国，以微言相感，当揖让之时，必称诗以谕其志，盖以别贤不肖而观盛衰焉。故孔子曰‘不学诗，无以言’也。春秋之后，周道寖坏，聘问歌咏不行于列国，学诗之士逸在布衣，而贤人失志之赋作矣。大儒孙卿及楚臣屈原离谗忧国，皆作赋以风，咸有恻隐古诗之义。其后宋玉、唐勒，汉兴枚乘、司马相如，下及扬子云，竞为侈丽闳衍之词，没其风谕之义。是以扬子悔之，曰：‘诗人之赋丽以则，辞人之赋丽以淫。’如孔氏之门人用赋也，则贾谊登堂，相如入室矣，如其不用何！自孝武立乐府而采歌谣，于是有代赵之讴，秦楚之风，皆感于哀乐，缘事而发，亦可以观风俗，知薄厚云。”颜师古注解“感物造端”说：“端……因物动志，则造辞义之端绪，可与图事，故可以为列大夫也。”①班固之说，本有感物而动、赋写情怀的含义，但班固接下来又引入卿大夫交接邻国时“称诗谕志”之说，这就直接启发了章太炎《国故论衡·辨诗》的解释：“登高孰谓？谓庙堂之上揖让之时。赋者孰谓？谓微言相感，歌诗必类。”因此，“登高能赋”就有了两种解释：一则谓登上高处，赋写情怀的能力；二则谓庙堂之上，称诗言志的能力。其实，两种解释都指向在上位之人必须具有一定的文学才能，所以，“登高能赋，可为大夫”就成为“赋学”与“官位”之间的口实和纽带。《隋书·经籍志·集部序》云：“文者，所以明言也。古者登高能赋，山川能祭，师旅能誓，丧纪能诔，作器能铭，则可以为大夫。言其因物骋辞，情灵无拥者也。”②通过测试士人的赋学，可以考察其人是否具备为官的基本素质，这就为将来的“科举试赋”打开了方便之门。

第四节　赋的体裁

赋的体裁划分，前此学术界有多种看法，略述于下。我国传统文学的体裁大致可以分成“有韵为文，无韵为笔”(《文心雕龙·总术》)两种。在韵文之中，诗歌与辞赋是主要的代表性文类。辞赋的体裁，前人有多种分类方法，如马积高在《历代辞赋研究史料概述》一书中所指出的那样：“有二分、三分、四分、五分，乃至六分者。”③汉代扬雄即有二分法，其在《法言·吾子》篇中将赋分为“诗人之赋”与“辞人之赋”。其他学者用大赋与小赋、古赋与今赋、新体赋与旧体赋、雅赋与俗赋、古体赋与律体赋等论析赋体，也可视为二分法。三分法以清人陆葇为代表，其在所著《历朝赋格》中将赋分为文体、骚体、骈体三类。林联桂《见星庐赋话》继承这种三分法，将古赋之体分为文赋体、骚赋体、骈赋体三种。今人马积高主张按照赋体起源之不同，可分为骚体赋、诗体赋、文体赋。④ 四分法以明代徐师曾《文体明辨》为代表：“故今分为四体：一曰古赋，二曰俳赋，三曰文赋，四曰律赋。”⑤清人王敬禧《复小斋赋话·跋》认为：“赋缘六义，而实兼之。昔人分为四体，然骚体矫厉而为古，古体整炼而为律，律体流转而为文，势有所

---

① 班固：《汉书》卷三〇，文渊阁《四库全书》，第 45 页。

② 魏徵：《隋书》卷三五，文渊阁《四库全书》，第 42 页。

③ 马积高：《历代辞赋研究史料概述》，中华书局 2001 年版，第 12 页。

④ 马积高：《赋史》，上海古籍出版社 1987 年版，第 4~9 页。

⑤ 徐师曾著，罗根泽校点：《文体明辨序说》，人民文学出版社 1998 年版，第 100~101 页。

趋，理归一贯。”①将赋体分为骚体、古体、律体、文体，也是四分法。五分法以元人祝尧为代表，其在《古赋辩体》中按照时代分为楚辞体、两汉体、三国六朝体、唐体、宋体。六分法以清人王之绩为先，其在《铁立文起》中引王懋公曰：“赋有古、俳、文、律、大、小诸体之分，固截然无容混。”②日本学者铃木虎雄《赋史大要》按照时代分赋体为骚赋、辞赋、骈赋、律赋、文赋和八股文赋，也是一种六分法。曹明纲《赋学概论》则依赋与诗文关系之深浅，首先将赋分成诗体赋与文体赋两大类，然后在诗体赋中再分骚体、诗赋、律体，在文体赋中再分辞赋、俳赋、文体。③ 这是二分法与六分法的结合形态。

上述各家的赋体分类固然各有所见，但仍然不能令人满意。古代赋家以明代徐师曾的四分法影响最大。徐氏的分类说明尽管洋洋洒洒，但是并未能理清赋体分类的源流正变，反而造成了两点混淆：一是徐氏所谓的“古赋”，包括两种赋体：贾谊的骚体赋，司马相如、扬雄的文体大赋，若混合不分，不免将骚体赋与文体赋混为一谈；二是按照徐氏的分类法，我们需要在古赋、俳赋、律赋之外，来找文赋，这就给辞赋辨体造成很大的困惑。考察起来，徐氏的这种分法，其实是对元祝尧《古赋辩体》之误读。祝尧《古赋辩体》卷七《唐体》云：“尝观唐人文集及《文苑英华》所载唐赋，无虑以千计，大抵律多而古少。夫古赋之体其变久矣，而况上之人选进士以律体，诱之以利禄耶？盖俳体始于两汉，律体始于齐梁，俳者律之根，律者俳之蔓。后山云：四六之作始自徐庾，俳体卑矣而加以律，律体弱矣而加以四六，此唐以来进士赋体所由始也。”④这一段话中出现了“古赋”、“俳体”、“律体”三个概念，为徐师曾赋体分类所本。祝尧《古赋辩体》卷八《宋体》还说：“宋时名公于文章必辩体，此诚古今的论，然宋之古赋往往以文为体，则未见其有辩其失者。”⑤祝尧这段论述把所谓宋人以文为体之赋列入古赋之中，徐师曾视而不见，反而另外列出“文赋”的名称。我们需要明白，祝尧其实是把俳赋和律体以前的赋体皆称古赋，这就像诗歌中有古体和近体的称呼一样。古赋实际上包含了俳体以前的骚体和文体，而不能与文体并列。换言之，宋代的“文体”有一条从先秦以来一直发展演变的脉络，而不是一种在律体之后突然出现的新赋体。

当代赋学研究者不满徐师曾之说，各自对赋体作了新的分类尝试，以马积高、曹明纲二家的分类对当代赋学界影响较大，但仍然不能令人满意。马积高的分法，将骈体、律体都纳入文体之中，不便于辨析文体与骈体各自的特点。曹明纲将辞与骚分开，让律体属于诗体，俳赋属于文体，也并不合理。这不仅因为辞、骚一体，难以分割，而且律体就其本质来讲，是一种限韵的骈体，没有理由让二者分属诗、文两体。

以上各种赋体分类的分歧，表现出历代赋学者赋学观念不同，分类标准不一，难以依从。笔者检讨了上述各家赋体分类的优劣，认为按照文体特色，可将赋体分成骚体赋、文体赋、骈体赋、律体赋四种，简称为骚赋、文赋、骈赋、律赋。⑥ 骚体赋和文体

---

① 王冠辑：《赋话广聚》第四册，北京图书馆出版社2006年版，第781页。

② 王之绩：《铁立文起》清康熙刻本，前编卷九。

③ 曹明纲：《赋学概论》，上海古籍出版社1998年版，第59页。

④ 祝尧：《古赋辩体》卷七，文渊阁《四库全书》，第1页。

⑤ 祝尧：《古赋辩体》卷八，文渊阁《四库全书》，第1页。

⑥ 参见詹杭伦：《宋代辞赋辨体论》，《逢甲人文社会学报》2003年第7期，第1~16页。

赋是从先秦战国到汉代形成的文体，骈体赋是六朝形成的文体，律赋是唐代形成的文体。唐代及其以后各个朝代，骚、文、骈、律四种赋体都有所发展，根据社会功能和个人爱好，逐渐有所分工，正如清代赋家侯心斋所说：“今之作者，遇大典礼或用古赋(按：包括文赋和骈赋)；言情适志之作或杂用骚赋、文赋，考试所用皆律赋也。”①认为赋体之选择，是由表现内容的需要所决定的。辞赋可以分成骚体赋、文体赋、骈体赋、律体赋四种体裁，这四种体裁在历朝历代有着源远流长的发展脉络。可用列表形式把赋体分类源流展示(如表1.1)：

表1.1　**赋体分类发展源流表**

骚体赋	先秦(屈原骚体赋)—汉朝(拟骚)—六朝—唐朝—宋、金—元、明、清
文体赋	先秦(屈原文体赋《卜居》、《渔父》，荀况赋，宋玉赋)—汉代文体大赋—汉末文体小赋—六朝文体小赋—唐朝仿汉大赋、文体小赋—宋朝仿汉大赋、一般文体赋、欧苏新文体赋—元、明、清文体赋
骈体赋	六朝—唐—宋—元、明、清
律体赋	唐—宋、金—清

由表1.1可见，骚体赋从先秦到清代源流不断，只是有屈原骚体赋和后世拟骚体的区别；文体赋从先秦到清代也是源流不断的，不是到宋代才突然出现一种文体赋；骈体赋从六朝诞生，其发展史一直贯通到清朝；律赋与科举考试制度内容变化相关联，出现在唐朝、宋金和清朝三个时段。

律赋在唐代、宋代和清代是与科举考试相结合的一种文体，所以在这三个朝代都得到迅猛的发展。据《全唐文》统计，唐代流传下来的赋作大约有一千五百篇，其中大约有一千篇是律赋。据《全宋文》统计，宋代流传下来的赋作大约有一千四百篇，其中大约有八百篇是律赋。据《赋海大观》统计，清代流传下来的赋作约一万篇，其中大约七千篇是律赋。所以可以说，自唐以后，仅从数量上来看，我国的赋体文学以律赋为主体。由于参加科举考试的需要，古代士人不得不从小练习作赋，熟能生巧，因此名篇佳作，代不乏人。如唐代李程的《日五色赋》、宋代范仲淹的《金在熔赋》、清代吴锡麒的《伏波铜柱赋》等，均脍炙人口。笔者曾主要以唐、宋、清三代赋作为主，编选《历代律赋校注》②，该书对每位入选作者都撰写作者小传，尽量利用学术界编选总集已经规整的资料，体现当代学术成就，提供读者知人论世之需；每篇入选赋作，都撰写题解，揭示赋题的来历，并简要归纳赋作内容，或提供前贤评论资料，有话则长，无话则短。若有作者疑问或韵字脱落，则加以考订，以待识者；意在为后续解读赋作者搭建阶梯，并留有充分发挥之余地。书后附录有《唐抄本〈赋谱〉校证》、宋代《〈声律关键〉校正》、清代《〈赋学指南〉校正》等赋论资料。

① 程祥栋编：《东湖草堂赋钞》清刻本，初集卷首。

② 詹杭伦等校注：《历代律赋校注》，武汉大学出版社2009年版。

第二章　赋的律化

第一节　声律论的产生

关于中国诗歌如何走上格律的道路，已有许多研究成果，而辞赋如何演变为律赋，则较少有人专门加以研究。声律论产生在南朝齐永明年间，声律论最重要的材料是以下两条：一是萧子显《南齐书·陆厥传》记载："永明末，盛为文章。吴兴沈约、陈郡谢朓、琅邪王融，以气类相推毂，汝南周颙，善识声韵，约等文皆用宫商，以平上去入为四声，以此制韵，不可增减，世呼为永明体。"①二是沈约《宋书·谢灵运传论》记载："夫五色相宣，八音协畅。由乎玄黄律吕，各适物宜。欲使宫羽相变，低昂互节。若前有浮声，则后须切响。一简之内，音韵尽殊；两句之中，轻重悉异。妙达此旨，始可言文。"②李延寿《南史·陆厥传》则将上两条予以综合："时盛为文章，吴兴沈约，陈郡谢朓，琅邪王融，以气类相推毂。汝南周颙，善识声韵。约等文皆用宫商，将平上去入四声，以此制韵。有平头、上尾、蜂腰、鹤膝。五字之中，音韵悉异；两句之内，角徵不同，不可增减。世呼为永明体。"③上述声律原典的要义可以表述为：一句之内，节奏点平仄交替；两句(一联)之间，节奏点平仄背反。

沈约运用声律的赋例见于姚思廉《梁书·王筠传》：

> 约制《郊居赋》，构思积时，犹未都毕，乃要筠示其草。筠读至"雌霓(五激反)连蜷"，约抚掌欣抃曰："仆尝恐人呼为霓(五鸡反)。"次至"坠石磓星"及"冰悬坎而带坻"，筠皆击节称赞。约曰："知音者希，真赏殆绝，所以相要，政在此数句耳。"④

---

① 萧子显：《南齐书》卷五二，文渊阁《四库全书》，第 10 页。

② 沈约：《宋书》卷六七，文渊阁《四库全书》，第 43 页。

③ 李延寿：《南史》卷四八，文渊阁《四库全书》，第 10 页。

④ 姚思廉：《梁书》卷三三，文渊阁《四库全书》，第 21 页。

沈约的《郊居赋》现存《梁书》本传，有一联“驾雌霓之连蜷，泛天江之悠永”①，其中“霓”字有仄声(五激反)和平声(五鸡反)两种读法，若读作仄声，可表述为“□□仄□□平，□□平□□仄”，一句之中，节奏点的平仄交替；两句之间，节奏点的平仄背反，完全符合“一简之内，音韵尽殊；两句之中，轻重悉异”的声律原则。正如顾炎武《唐韵正》所说：“按约赋云‘驾雌霓之连蜷，泛天江之悠永’，读平读入皆通，约特以前切后浮为谐合耳。”②其他“坠石磓星，岑崟崥屼”(平平仄仄，仄仄平平)、“冰悬坎而带坻，雪萦松而蔽野”(□□仄□□平，□□平□□仄)等，也是声律和谐的句式。值得注意的是，“坻”字在《广韵》中也有平声(直尼反)和仄声(都礼反)两种读法，读平声则意义同“低”，读上声则意义同“底”，这里是形容冰带下垂的状况，应当读如“低”。

由上可见，在沈约、王筠心目中，赋句内部的声律平仄是必须讲究的。

第二节　律赋句式的骈文化

学术界有人认为，赋的律化是赋体“诗化”的结果。根据笔者的研究，这一观点是值得商榷的，因为诗与赋都是韵文，赋的律化并非是由散文转化成韵文，而是赋体自身的格律化；换言之，律赋是格律化的赋，而不是格律化的诗。笔者认为，律赋句式之形成，不是赋体的“诗化”，而是赋体自身格律化的结果，用公式表示如下：

骈赋+骈文的隔句对偶句式+限韵=律赋

所谓“骈赋”之骈，是两马并肩奔跑的意思，六朝以来的骈赋，大多数是两两相对的句式，如庾信《哀江南赋》，其正文云：

> 禀嵩华之玉石，润河洛之波澜。居负洛而重世，邑临河而晏安。逮永嘉之艰虞，始中原之乏主。民枕倚于墙壁，路交横于豺虎。值五马之南奔，逢三星之东聚。彼凌江而建国，始播迁于吾祖。分南阳而赐田，裂东岳而胙土。诛茅宋玉之宅，穿径临江之府。水木交运，山川崩竭。家有直道，人多全节。

而隔句对偶的句式，则见于骈文的“赋序”之中：

> 潘岳之文彩，始述家风；陆机之词赋，先陈世德。
>
> 畏南山之雨，忽践秦庭；让东海之滨，遂餐周粟。
>
> 荆璧睨柱，受连城而见欺；载书横阶，捧珠盘而不定。

---

① 姚思廉：《梁书》卷一三，文渊阁《四库全书》，第16页。

② 顾炎武：《唐韵正》卷一七，文渊阁《四库全书》，第30页。

孙策以天下为三分，众才一旅；项籍用江东之子弟，人唯八千。

并吞六合，不免轵道之灾；混一车书，无救平阳之祸。

陆士衡闻而抚掌，是所甘心；张平子见而陋之，固其宜矣。

庾信《哀江南赋》的正文是骈赋，而序言是骈文。在六朝时期，骈赋中很少有隔句对，骈文中则颇多。在初唐，骈赋与骈文在句式上交融起来，就形成了律赋的句式。我们看唐代典型的律赋，正是由壮句、紧句、长句和隔句对等各种赋句错综交织构成。唐抄本《赋谱》曾将各类赋句的用途用人的身体作了一个形象的比喻："凡赋以隔(隔句对)为身体，紧(四字句)为耳目，长(五字至九字句)为手足，发(句首语)为唇舌，壮(三字句)为粉黛，漫(首尾不对之句)为冠履。苟手足护其身，唇舌协其度，身体在中而肥健，耳目在上而清明，粉黛待其时而必施，冠履得其美而即用，则赋之神妙也。"①

由上可知，律赋之形成，是由骈赋的句式加上骈文的句式，再加上限韵而构成的。当然，也有少数的律赋不用隔句对，主要见于初唐律赋初起之时；后世也有"以古为律"的赋家，有意地不用隔句对，但并不多见。典型的律赋采用的隔句对分上下两联，上联末字少数入韵，多数不入韵，不入韵者不可列入全篇用韵来分析。必须明白这个要点，否则，容易造成误解。例如：《文苑英华》卷三四载石岑《海水不扬波赋》，以"平上去入倒用"为韵；又卷二〇载田沉《明赋》，以"从入至平"为韵。邝健行先生在《诗赋合论稿》中认为，田沉赋与石岑赋用韵相同，都是入、去、上、平四声依次押韵。② 邝先生这一观察本来是正确无误的，但是王士祥在《唐代试赋特殊韵类考述》中却批评邝先生的"这一结论是有欠周详的" ③。王士祥误解的原因即在于认为田沉《明赋》的第二段用了两个韵："至如桂花未魄，虞泉敛暝；幽室何观，空堂静听。飞落木于轩砌，吟暮虫于行径。则有银烛初然，兰膏未罄。昭昭耀耀，亦何其盛。"虽然"暝"字属于平声青韵，"听"、"径"、"罄"、"盛"属于去声劲韵，但此段起首即用了一联隔句对，上联末尾的"暝"字是不入韵的，所以全段只用了去声劲韵，并未用平声青韵。

诗、赋皆属于"有韵之文"，而"格律"是诗、文皆有的形式特征，律赋讲究格律，不是赋体"诗化"的现象，而是赋体引进骈文元素的现象；换言之，律赋是赋体本身格律化的结果，而不是"律诗化"的结果。

以上所论为句式，下面再比较律诗和律赋的平仄格律特点。

第三节　律赋与律诗平仄节奏点之差异

节奏点是律句音节或音步的重音所在之处，一般五言律诗(绝句)音节为二二一，

① 詹杭伦：《唐宋赋学研究》，中国社会科学出版社、华龄出版社 2004 年版，第 69 页。

② 邝健行：《诗赋合论稿》，江苏古籍出版社 2002 年版，第 187 页。

③ 王士祥：《唐代试赋研究》，上海古籍出版社 2012 年版，第 462 页。

节奏点在二四五字上，如王之涣《登鹳雀楼》：

白日依山尽，黄河入海流(诗句)
□仄□平仄，□平□仄平(节奏点，二四五)
欲穷千里目，更上一层楼(诗句)
□平□仄仄，□仄□平平(节奏点，二四五)

而律赋五字句音节的重音所在之处，一般在三字五字或二字五字上，如白行简《望夫化为石赋》：

石以表其贞，变以彰其义(赋句)
□□仄□平，□□平□仄(节奏点，三五)

王昌龄《公孙弘开东阁赋》：

君臣有际会，屠钓无终穷
□平□□仄，□仄□□平(节奏点，二五)

宋人《声律关键》：

藏器以待时，躬耕而乐道(赋句)
□仄□□平，□平□□仄(节奏点，二五)

六言绝句，节奏点在二字四字六字，如王维《闲居》：

桃红复含宿雨，柳绿更带春烟(诗句)
□平□平□仄，□仄□仄□平(节奏点，二四六)
花落家僮未扫，莺啼山客犹眠(诗句)
□仄□平□仄，□平□仄□平(节奏点，二四六)

六言赋句，节奏点在三字六字，如张说《进白乌赋》：

感上仁于孝道，合中瑞于祥端(赋句)
□□平□□仄，□□仄□□平(节奏点，三六)

王起《獭皮书袋赋》：

始杀身于河涘，卒成器于书囊(赋句)
□□平□□仄，□□仄□□平(节奏点，三六)

七言绝句，节奏点在二字四字六字七字，如李白《早发白帝城》诗：

朝辞白帝彩云间，千里江陵一日还(诗句)
□平□仄□平仄，□仄□平□仄平(节奏点，二四六七)
两岸猿声啼不住，轻舟已过万重山(诗句)
□仄□平□仄仄，□平□仄□平平(节奏点，二四六七)

七言赋句，节奏点在二字四字七字，第六字非节奏点，如杨炯《卧读书架赋》：

开卷则气杂香芸，挂编则色连翠竹(赋句)
□仄□仄□□平，□平□仄□□仄(节奏点，二四七)

秦观《郭子仪单骑见虏赋》：

至威无恃于张皇，大智不资于恢诡(赋句)
□平□仄□□平，□仄□平□□仄(节奏点，二四七)

从赋句平仄声律的角度分析，律赋之平仄与骈体文相近，而与律诗、绝句之平仄不同。清代赋论家徐斗光在《赋学仙丹·律赋秘诀》中曾引王勃的《滕王阁序》来讲律赋的平仄，其文云：

凡律赋中所论平仄，则可于歇断读处调度。若果为字字论之，《滕王阁序》，四六体也，其调协者，可一举似之。如句有上截两字，下截两字者，上两字用平平，则下两字用仄仄；或上两字用仄仄，则下两字用平平。若“星分翼轸，地接衡庐”是也。或上两字平仄，下两字仄平；上两字仄平，下两字平仄。若“无路请缨，有怀投笔”是也。然四字犹易，究不必拘拘若是之难，而至于概不能行也，要只可于歇断处调之。如“层峦耸翠，上出重霄”固也，而“飞阁流丹，下临无地”，有不必逐字因类细讲者，但求“阁”字“丹”字、“临”字“地”字，仄平、平仄相协耳。故句有上三字下三字为两截者，如“临帝子之长洲，得仙人之旧馆”，只讲“子洲、人馆”四字“仄平、平仄”相协。“抚凌云而自惜，奏流水以何惭”，只讲“云惜、水惭”四字“平仄、仄平”相协。“地势极而南溟深，天柱高而北辰远”，只讲“极深、高远”四字“仄平、平仄”相协是也。句有上两字中两字下两字分三停者，如

"响穷彭蠡之滨，声断衡阳之浦"，只讲"穷蠡滨、断阳浦"六字"平仄平、仄平仄"相调。且如已涂去两字之六实字句"落霞孤鹜齐飞，秋水长天一色"，只讲"霞鹜飞、水天色"六字"平仄平、仄平仄"相调是也。句有上两字，中三字，下两字，亦三停者，如"龙光射牛斗之墟，徐孺下陈蕃之榻"，只讲"光斗墟、孺蕃榻"六字"平仄平、仄平仄"相调是也。他或三字句，仅讲尾字；五字短句，有上二下三、上三下二者；长句，又有上三中二下二者，有上二中二下三者，有夹有语助不算者，且更有腰折者，法亦殊难缕述。观《仙丹》之十赋，自可反隅。①

这一段论述之要旨在于阐明：律赋之调平仄与骈文乃至律诗之调平仄原则上是一致的，仍然遵循一句之中，平仄交替、两句之内，平仄背反之常规。把握的要点在于认识赋句的"可歇断读处"，乃是赋句之音步节奏点，如四字句的第二字第四字，五字句的上二下三式或上三下二式，六字句的两截式或三停式等，都是协调平仄的关键之处，不得违背规律。更值得注意的是，徐斗光所指出的律赋句法节奏点，与律诗又是有所不同的。如五言律诗二二一句式，节奏点在二四五字之上，而律赋的五字句，则只有上二下三或上三下二两种句式，节奏点在二五字或三五字上。掌握这一点，便可以根据句子的平仄声调来区分何为诗句，何为赋句。

律赋是要讲平仄格律的，但清以前赋家语焉不详。在此之前，吴锡麒《论律赋》、顾南雅《律赋必以集》曾简略地论及赋句平仄问题，《赋学仙丹》则全面而深入地论及各种赋句的平仄格律，应该引起研治律赋者高度重视。徐斗光为什么要利用一篇骈文来讲解律赋的声律？这是一个耐人寻味的问题。笔者设想可能有两个理由：其一，唐代律赋四六隔句对偶形式受南朝骈文句式影响最大，这一点邝健行先生在《初唐题下限韵律赋形式的审查及引论》一文中已加以证明。在徐斗光的心目中，也认为四六骈文调平仄的方法与律赋无异。其二，当时的学者对骈文尤其是王勃的《滕王阁序》非常熟悉，用初学者熟悉的形式来引导他们掌握不大熟悉的律赋声律，是一种比较好的教学方法。

综合上述，仅从句法平仄角度来看，律赋也就是一种押韵的骈文，它的平仄规则与骈文一致(关于骈文平仄节奏规则，可参看王力《古代汉语》通论第二十六《骈体文的构成》下)。而五七言律诗的平仄节奏点与律赋是有所不同的，如五律之平平仄仄平，仄仄平平仄，其节奏点在二、四、五字之上；七律之平平仄仄平平仄，仄仄平平仄仄平，其节奏点在二、四、六、七字之上。而赋句之五言两截句，节奏点在二、五字上，或三、五字上；赋句之七言三截句，节奏点在二、五、七字或二、四、七字之上。因此，由句子之平仄节奏点差异，可以区分出何为律赋句、何为律诗句。这应该就是徐斗光在《赋学仙丹·律赋秘诀》中"论句法"所说的："凡五字七字句法，不可数成诗体。"同时，笔者还联想到王芑孙在《读赋卮言·审体》中所说的"七言五言，最坏赋体"，在某种意义上恐怕也是告诫赋家不要用五、七言诗句的平仄格律破坏赋句的平仄格律。

律赋产生的最大意义是为唐代科举试赋准备了合适的文体。

---

① 徐斗光：《赋学仙丹》(清道光柳深处草堂家塾刻本)，卷首。

第三章　唐代科举试赋的来源

唐代科举试赋，其来有自，应当从唐代以前探求其来源。

第一节　科举制度的雏形

一个社会是由管理者和被管理者构成的，管理者即各级官员，官员如何产生？这是社会贤达不断思考的问题。早在春秋时代，子夏已经提出“学而优则仕”(《论语·子张》)的任官原则，但是，这一原则在社会上达成共识并在制度层面得到实施，在中国历史上却经历了一个漫长的过程。

在尧、舜时期，传说有“禅让”制度。这个制度要求在位者具有非常高的道德修养和识鉴能力，后世实在难以实施。秦朝以前，中国社会一般实行“世卿世禄”制度，即最高统治者按照血缘关系将爵位和土地分封给亲属，这一制度具有“血缘世袭”的特征，显然不符合公平正义的原则。汉朝实行“察举”制度，由各级地方官员向朝廷举荐官员，这一制度容易导致“官官相卫”的弊端。魏晋时期实行“九品中正制”，这一制度将地方官举荐的权力收归朝廷指派的“中正”，可见是对“察举”制的改良。但是，上有政策，下有对策，“中正”官一旦腐化堕落，必然导致“下品无高门，上品无贱族”①的现象。

社会要得到有效的治理，必须依赖一大批有真才实学的官员，官员最好通过相对公平的科目考试而选拔产生，这逐渐成为朝廷的最高统治者和社会贤达的共识。经过长期的酝酿和实践，在南北朝晚期，已出现了科举制的“萌芽”。如《册府元龟》记载，南朝宋明帝泰始三年(467)，大臣讨论策问录取的方法：“都令史骆宰议《策秀孝格》：‘五问并得为上，四、三为中，二为下，一不合与第。’尚书郎谢超宗议以为：‘片辞折狱，寸言挫众。鲁史褒贬，孔论兴言，皆无俟繁而后秉裁。夫表事之渊，析理之会，岂必委牍，方切治道？非患对不尽问，患以恒文弗奇，必使一通峻正，宁劣五通而常，与其俱奇，一亦宜采。’诏从宰议。”②骆宰认为，策问秀才孝廉，需要五道试题全数回答上来，

---

① 沈约：《宋书》卷九四，文渊阁《四库全书》，第 2 页。

② 王钦若等：《册府元龟》卷六三九，文渊阁《四库全书》，第 17 页。

始可列为上等。谢超宗则认为，无需五题全数回答，只要有一题回答得特别精彩，也应录取。宋明帝决定依从骆宰的建议。值得注意的是，并非宋明帝创设《策秀孝格》，这个考试规格早在宋孝武帝(454—464 在位)时已经实施了。唐人许嵩《建康实录》记载："豫章太守谢超宗，陈郡阳夏人。祖灵运，父凤。宋元嘉中因事徙广州，超宗元嘉末方还。好学有文章，与惠休道人往来。孝武出《策秀孝格》五问，并得为上。作《殷淑仪诔》，孝武见叹曰：'超宗殊有凤毛。'"①由此可见，谢超宗正是在宋孝武帝时，通过《策秀孝格》五问考试而进入仕途的，到宋明帝时，他已担任尚书郎的官职，并参与对《策秀孝格》的讨论，这说明《策秀孝格》在刘宋时代(至少在宋孝武帝到宋明帝时期)已经成为策问秀才、孝廉的基本考试规格。无独有偶，北朝对秀才也举行策问考试，《北齐书》记载，武成帝河清初年(562)，刘昼"举秀才入京，考策不第"②。后周宣政元年(578)八月诏制九条，宣下州郡，其八曰："州举高才博学者为秀才，郡举经明行修者为孝廉。上州上郡岁三人，下州下郡岁一人。"无论是南朝还是北朝都有秀才、孝廉举人，还有针对秀才及第与否的策问考试，这说明南北朝时期的确出现了科举制的"萌芽"。

隋朝统一南北之后，逐渐确立了通过科举考试选拔官员的制度。隋文帝在开皇年间(581—600)废除九品中正制，将选官任人的权力收归中央。杜佑《通典》记载："南朝至于梁、陈，北朝至于周、隋，选举之法，虽互相损益，而九品及中正，至隋开皇中方罢。"③隋文帝多次下诏要求各地方官员向中央举荐人才，据《隋书》记载，开皇二年(582)正月，"诏举贤良"④。开皇七年(587)正月，"制诸州岁贡三人"⑤。开皇十八年(598)七月，"诏京官五品以上，总管、刺史，以志行修谨、清平干济二科举人"⑥。在这里，隋文帝首次运用了"二科举人"的提法，这是正史中有关分科推举人才的明确记载。关于这一时期选拔人才的发展状况，杜佑《通典》有这样的概括："当时之制，尚书举其大者，侍郎铨其小者，则六品以下官吏，咸吏部所掌。自是，海内一命以上之官，州郡无复辟署矣。"⑦由上可见，隋文帝在科举制度发展上的贡献，一是任命官吏的权力收归中央，二是分科选士。

在隋文帝分科选士的基础上，隋炀帝为推动科举作出了进一步的努力。《隋书·文学传序》表彰隋炀帝的文学造诣云："炀帝初习艺文，有非轻侧之论，暨乎即位，一变其风。其《与越公书》、《建东都诏》、《冬至受朝诗》及《拟饮马长城窟》，并存雅体，归于典制。虽意在骄淫，而词无浮荡，故当时缀文之士，遂得依而取正焉。所谓能言者未

① 许嵩：《建康实录》卷一六，文渊阁《四库全书》，第 5 页。
② 李百药：《北齐书》卷四四，文渊阁《四库全书》，第 12 页。
③ 杜佑：《通典》卷一四，文渊阁《四库全书》，第 21 页。
④ 魏徵：《隋书》卷一，文渊阁《四库全书》，第 21 页。
⑤ 杜佑：《通典》卷一四，文渊阁《四库全书》，第 21 页。
⑥ 魏徵：《隋书》卷二，文渊阁《四库全书》，第 16~17 页。
⑦ 杜佑：《通典》卷一四，文渊阁《四库全书》，第 21 页。

必能行，盖亦君子不以人废言也。”①

隋炀帝即位后，于大业元年(605)七月下诏：

> 方今宇宙平一，文轨攸同。十步之内，必有芳草；四海之中，岂无奇秀。诸在家及见入学者，若有笃志好古，耽悦典坟，学行优敏，堪膺时务，所在采访，具以名闻，即当随其器能，擢以不次。②

大业三年(607)四月，隋炀帝又下诏：

> 夫孝悌有闻，人伦之本；德行敦厚，立身之基；或节义可称，或操履清洁，所以激贪励俗，有益风化；强毅正直，执宪不挠；学业优敏，文才美秀；并为廊庙之用，实乃瑚琏之资。才堪将略，则拔之以御侮；膂力骁壮，则任之以爪牙。爰及一艺可取，亦宜采录；众善毕举，与时无弃。以此求治，庶几非远。文武有职事者，五品已上，宜依令十科举人。有一于此，不必求备。朕当待以不次，随才升擢。③

在唐代以前的文献中，迄今并未发现隋炀帝设立进士科的直接证据，而这道诏书中的“学业优敏，文才美秀”二科举人，或许与明经科和进士科有关。在唐人的记述中，则有不少认定隋炀帝设立进士科的材料。如《新唐书》记载，武则天天授三年(692)，左补阙薛登上疏：“炀帝始置进士等科，后生复相驰竞，赴速趋时，缉缀小文，名曰策学，不指实为本，而以浮虚为贵。”④又代宗广德元年(763)杨绾上疏：“近炀帝始置进士之科，当时犹试策而已。”⑤又郑樵《通志》记载：“炀帝始建进士科。”⑥元和年间(806—820)，刘肃《大唐新语》载：“隋炀帝改置明(经)进(士)二科，国家因隋制，增置秀才、明法、明字、明算，并前为六科。”⑦唐末五代时，王定保《唐摭言》载：“进士科始于隋大业中，盛于贞观、永徽之际。”⑧此外，在隋、唐的史书中，人们发现一些在隋代及第的进士，如房玄龄、侯君素、孙伏伽、杨纂、张损之、温彦博等。根据上述材料，史学界中多数人认为进士科首创于隋，并把它作为科举制度建立的主要根据。⑨ 这一论证的依据还来自于对唐代科举制度的研究，既然唐高祖武德四年(621)已经复置明

---

① 魏徵：《隋书》卷七六，文渊阁《四库全书》，第 3 页。
② 魏徵：《隋书》卷三，文渊阁《四库全书》，第 7 页。
③ 魏徵：《隋书》卷三，文渊阁《四库全书》，第 11 页。
④ 欧阳修等：《新唐书》卷一一二，文渊阁《四库全书》，第 13 页。
⑤ 刘昫：《旧唐书》卷一一九，文渊阁《四库全书》，第 2 页。
⑥ 郑樵：《通志》卷五八，文渊阁《四库全书》，第 25 页。
⑦ 刘肃：《大唐新语》卷一〇，文渊阁《四库全书》，第 7 页。
⑧ 王定保：《唐摭言》卷一《散序进士》，古典文学出版社 1957 年版，第 4 页。
⑨ 参见张希清：《科举制的定义与起源申论》，《河南大学学报》(社会科学版)2007 年第 5 期。

经、进士等科而首开科举(详下章)，即可由此反推科举制度创始于隋。

第二节 “投献赋”与“奉诏作赋”

就赋学发展史来看，文士向朝廷投献赋和奉帝王诏令作赋，应是科举试赋的前身。汉代司马相如曾经献赋和奉诏作赋。《史记·司马相如传》记载：

> 蜀人杨得意为狗监，侍上。上读《子虚赋》而善之，曰：“朕独不得与此人同时哉！”得意曰：“臣邑人司马相如自言为此赋。”上惊，乃召问相如。相如曰：“有是。然此乃诸侯之事，未足观，请为天子游猎之赋。”上令尚书给笔札，相如以“子虚”，虚言也，为楚称；“乌有先生”者，乌有此事也，为齐难；“亡是公”者，亡是人也，欲明天子之义。故虚借此三人为辞，以推天子诸侯之苑囿。其卒章归之于节俭，因以风谏。奏之天子，天子大说。①

扬雄也曾献赋。《汉书·扬雄传》记载：

> 雄年四十余，自蜀来至游京师，大司马车骑将军王音奇其文雅，召以为门下史，荐雄待诏，岁余，奏《羽猎赋》，除为郎，给事黄门，与王莽、刘歆并。②

枚皋曾受诏作赋。《汉书》卷五一《贾邹枚路传》记载：

> 皋字少孺，乘在梁时，取皋母为小妻。乘之东归也，皋母不肯随乘，乘怒，分皋数千钱，留与母居。年十七，上书梁共王，得召为郎。三年，为王使，与冗从争，见谗恶遇罪，家室没入。皋亡至长安。会赦，上书北阙，自陈枚乘之子。上得大喜，召入见待诏，皋因赋殿中。诏使赋平乐馆，善之。拜为郎，使匈奴。皋不通经术，诙笑类俳倡，为赋颂好嫚戏，以故得媟黩贵幸，比东方朔、郭舍人等，而不得比严助等得尊官。武帝春秋二十九乃得皇子，群臣喜，故皋与东方朔作《皇太子生赋》及《立皇子禖祝》，受诏所为，皆不从故事，重皇子也。初，卫皇后立，皋奏赋以戒终。皋为赋善于朔也。从行至甘泉、雍、河东，东巡狩，封泰山，塞决河宣房，游观三辅离宫馆，临山泽，弋猎射驭狗马蹴鞠刻镂，上有所感，辄使赋之。为文疾，受诏辄成，故所赋者多。③

---

① 司马迁：《史记》卷一一七，文渊阁《四库全书》，第4页。
② 班固：《汉书》卷八七，文渊阁《四库全书》，第24页。
③ 班固：《汉书》卷五一，文渊阁《四库全书》，第35页。

李尤曾受诏作赋。《后汉书·文苑传》记载：

> 李尤字伯仁，广汉雒人也，少以文章显。和帝时，侍中贾逵荐尤有相如、扬雄之风，召诣东观，受诏作赋，拜兰台令史。稍迁，安帝时为谏议大夫，受诏与谒者仆射刘珍等俱撰《汉记》。后帝废太子为济阴王，尤上书谏争。顺帝立，迁乐安相，年八十三，卒。所著诗、赋、铭、诔、颂、七叹、哀典凡二十八篇。①

《艺文类聚》卷六三存其《东观赋》残文："东观文艺，孽孽洋洋。上承重阁，下属周廊。步西蕃以徙倚，好绿树之成行。历东崖之敞座，庇蔽芾之甘棠。前望云台，后匝德阳。"②

投献赋和奉诏作赋固然还不能视为考试作赋，而贡举加试赋则显然与考试有关了。到了隋朝，作赋体现在贡举过程的"加试"之中。《隋书·杜正玄传》记载："杜正玄，字慎徽，其先本京兆人，八世祖曼，为石赵从事中郎，因家于邺。自曼至正玄，世以文学相授。正玄尤聪敏，博涉多通。兄弟数人，俱未弱冠，并以文章才辨籍甚三河之间。开皇末，举秀才，尚书试方略，正玄应对如响，下笔成章。仆射杨素负才傲物，正玄抗辞酬对，无所屈挠，素甚不悦。久之，会林邑献白鹦鹉，素促召正玄，使者相望。及至，即令作赋。正玄仓卒之际，援笔立成。素见文不加点，始异之。因令更拟诸杂文笔十余条，又皆立成，而辞理华赡，素乃叹曰：'此真秀才，吾不及也！'授晋王行参军，转豫章王记室，卒官。"③

《北史·杜正玄传》载此事更详："正玄字知礼，少传家业，耽志经史。隋开皇十五年，举秀才，试策高第。曹司以策过左仆射杨素，怒曰：'周、孔更生，尚不得为秀才，刺史何忽妄举此人？可附下考。'乃以策抵地，不视。时海内唯正玄一人应秀才，余常贡者随例铨注讫，正玄独不得进止。曹司以选期将尽，重以启素，素志在试退正玄，乃手题使拟司马相如《上林赋》、王褒《圣主得贤臣颂》、班固《燕然山铭》、张载《剑阁铭》、《白鹦鹉赋》。曰：'我不能为君住宿，可至未时令就。'正玄及时并了，素读数遍，大惊曰：'诚好秀才。'命曹司录奏，属吏部选期已过，注色今还，期年重集。素谓曹司曰：'秀才杜正玄至。'又试《官人有奇器赋》，并立成，文不加点。素大嗟之，命吏部优叙曹司，以拟长宁王记室参军。时素情背，曹官及见曰：'小王不尽其才也。'晋王广方镇扬州，妙选府僚，乃以正玄为晋王府参军。"④

宋洪迈《容斋随笔》议论此事：

---

① 范晔：《后汉书》卷八〇，中华书局 1965 年版，第 2616 页。

② 欧阳询：《艺文类聚》卷六三，文渊阁《四库全书》，第 14 页。

③ 魏徵：《隋书》卷七六，文渊阁《四库全书》，第 23~24 页。

④ 李延寿：《北史》卷二六，文渊阁《四库全书》，第 32 页。

秀才之名，自宋、魏以后，实为贡举科目之最，而今人恬于习玩，每闻以此称之，辄指为轻己。因阅《北史·杜正玄传》载一事云："隋开皇十五年，举秀才，试策高第，曹司以策过左仆射杨素，素怒曰：'周、孔更生，尚不得为秀才，刺史何忽妄举此人！'乃以策抵地不视。时海内唯正玄一人应秀才，曹司重以启素，素志在试退正玄，乃使拟相如《上林赋》、王褒《圣主得贤臣颂》、班固《燕然山铭》、张载《剑阁铭》、《白鹦鹉赋》，曰：'我不能为君住宿，可至未时令就。'正玄及时并了。素读数遍，大惊曰：'诚好秀才！'命曹司录奏。"盖其重如此。又正玄弟正藏，次年举秀才，时苏威监选试，拟贾谊《过秦论》、《尚书·汤誓》、《匠人箴》、《连理树赋》、《几赋》、《弓铭》，亦应时并就，文无点窜。然则可谓难矣。《唐书·杜正伦传》云："隋世重举秀才，天下不十人，而正伦一门三秀才，皆高第。"乃此也。①

杜家兄弟试策的成绩虽佳，但仍然不能得到认可，直到他们加试赋和其他有韵之文以后，方才得到认可，可见在主司和时人心目之中，存在着"重文轻笔"的思想倾向。对六朝士人"重文轻笔"的思想倾向，笔者曾撰文加以讨论。② 这种思想倾向影响到唐代的进士考试文体，详见下节。

第三节 "同题共作赋"与"限韵赋"

如果说"投献赋"与"奉诏作赋"体现了文士与帝王的互动，那么，"同题共作赋"与"限韵赋"则为科举试赋的形式提供了演习的模式。《三国志·魏志·陈思王植传》记载：

陈思王植字子建。年十岁余，诵读《诗》，《论》及辞赋数十万言，善属文。太祖尝视其文，谓植曰："汝倩人邪？"植跪曰："言出为论，下笔成章，顾当面试，奈何倩人？"时邺铜爵台新成，太祖悉将诸子登台，使各为赋。植援笔立成，可观，太祖甚异之。③

《艺文类聚》载曹丕、曹植《登台赋》，曹丕序曰："建安十七年，春游西园，登铜雀台，命余兄弟并作。"④

同题共作赋在建安时期是一种普遍的现象。据程章灿《魏晋南北朝赋史》所载《建安同题共作赋表》统计，建安作家涉及同题共作赋者有18人，赋作126篇，占传世作者总

① 洪迈：《容斋随笔·三笔》卷二，文渊阁《四库全书》，第14页。

② 参见詹杭伦：《〈文心雕龙〉"文笔"说辨析——附论"集部"之分类沿革》，《文艺研究》2009年第1期，第48~56页。

③ 陈寿：《三国志》，中华书局1959年版，第557页。

④ 欧阳询：《艺文类聚》卷六二，文渊阁《四库全书》，第18页。

数的100%，赋作总数的68%。①

在“同题共作”的基础上加上“限韵”，则科举试赋的形式就呼之欲出了。《艺文类聚·杂文部》载梁武帝等《赋体》五首：

梁武帝《赋体》曰：

草回风以照春，木承云以含化。芳竞飞于阳和，花争开于日夜。乐万类之得所，岂此心之云舍。欣分竹其厉精，惭戎车之屡驾。

任昉《赋体》曰：

俶征侣兮舣行舟，奉君命兮不俟驾。属轩轨之易循，值尧民之可化。惭孺雉之声朝，恶细鱼之在夜。奉玉检之陆离，待金罍之云舍。

王僧孺《赋体》曰：

杂沓兮翠旌，容与兮龙驾。新桐兮始华，乳雀兮初化。思治兮终朝，求人兮仄夜。竟大德之未德酬，何飞光之徒舍。

陆倕《赋体》曰：

奉钦明之睿后，沐隆平之玄化。参振鹭之充庭，侍长徒之曾舍。冀无恨于终南，豫告成于芝驾。虽就列而陈力，终胡颜于长夜。

柳憕《赋体》曰：

飞辔竦兮不停阴，徂川逝兮无暂舍。白日出兮烁晚辰，春雷奋兮动兰夜。窃匪服于储闱，叨鸿恩于良驾。何眇身之多幸，濯微缨于唐化。②

五人的作品皆押“化、夜、舍、驾”四韵，任昉赋中明言“奉君命兮不俟驾”，证明其他四人皆是奉梁武帝之命而作的限韵赋。

梁武帝君臣的同题限韵赋，具有开唐代科举试赋限韵先河的意义。

---

① 程章灿：《魏晋南北朝赋史》，江苏古籍出版社1992年版，第46页。

② 欧阳询：《艺文类聚》卷五六，文渊阁《四库全书》，第28~29页。

第四章　初唐科举制度

第一节　初唐科举制度的建立

唐初是怎样建立科举制度的？王定保(870—940?)《唐摭言》卷一《统序科第》有所阐述：

> 我唐沿隋法汉，孜孜矻矻，以事草泽。琴瑟不改，而清浊殊涂；丹漆不施，而丰俭异致。始自武德辛巳岁(四年，621)四月一日，敕诸州学士及早有明经及秀才、俊士、进士，明于理体，为乡里所称者，委本县考试，州长重复，取其合格，每年十月随物入贡。斯我唐贡士之始也。①

《唐摭言》卷一五《杂记》又云：

> 高祖武德四年(621)四月十一日，敕诸州学士及白丁，有明经及秀才、俊士，明于理体，为乡曲所称者，委本县考试，州长重复，取上等人，每年十月随物入贡。至五年(622)十月，诸州共贡明经一百四十三人，秀才六人，俊士三十九人，进士三十人。十一月引见，敕付尚书省考试；十二月吏部奏付考功员外郎申世宁考试，秀才一人，俊士十四人，所试并通，敕放选与理入官；其下第人各赐绢五匹，充归粮，各勤修业。自是考功之试，永为常式。②

武德四年(621)至五年(622)首开科举一事，唐人多有记载。如德宗贞元十七年(801)校书郎赵傪在《李弈登科记序》中说："武德五年，帝诏有司特以进士为选士之目，仍古道也。"③僖宗光启二年(886)登进士第的苏鹗说："武德四年，复置秀才、进士两

---

① 王定保：《唐摭言》卷一，古典文学出版社1957年版，第1页。
② 王定保：《唐摭言》卷一五，古典文学出版社1957年版，第159页。
③ 李昉等：《文苑英华》卷七三七，文渊阁《四库全书》，第17页。

科，秀才试策，进士试诗赋，其后秀才合为进士一科。”①唐宣宗时，右补阙裴庭裕说：“大中十年(856)，郑颢知举后，宣宗索科名记，颢表曰：‘自武德已后，便有进士诸科，出莺谷而飞鸣，声华虽茂；经凤池而阅视，史策不书。所传前代姓名，皆是私家记录。虔承圣旨，敢不讨论。臣寻委当行祠部员外赵璘采访诸家科目记，撰成十三卷，自武德元年至朝，谨专上进士，方俟无疆。’敕宜付翰林，自今放榜后，并写及第人姓名及所试诗赋题目进入内，仍仰所司，逐年编次。”②五代时，牛希济《贡士论》说：“国家武德初，令天下冬季集贡士于京师，天子制策，考其功业辞艺，谓之进士。”③

根据《唐摭言》和唐人有关记载可知，武德四年至五年的考试选官活动具有三个要素，第一，应举人既有生徒(“学士”)，又有乡贡(“白丁”)，可以自由报考；第二，设有明经、进士等科；第三，州县考试合格方能贡于朝廷，吏部考试合格才能赐第、授官。这就足以表明：进士科以及科举制度至迟在唐高祖武德四年(621)已经完全确立。

第二节　初唐进士试策考

《新唐书·选举志》记载，唐初“凡秀才试方略策五道，以文理通粗为上上、上中、上下、中上，凡四等为及第”④。“凡进士试时务策五道，帖一大经，经、策全通为甲第，策通四、帖过四以上为乙第。”⑤由于这一时期的秀才策文无一传世，所以傅璇琮著《唐代科举与文学》认为：“所谓方略策，具体何所指，由于没有策文传下来，已不能确知其详情。”⑥然而，“方略策”与“时务策”的具体区别何在？唐代是否真的没有“方略策”流传下来？都是值得探讨的学术问题。如果不走进寻找秀才策文的死胡同，而转换一个角度看问题，答案可能会有所不同。

班固《汉书·艺文志》说：“仲尼有言，礼失而求诸野。”颜师古注：“言都邑失礼，则于外野求之，亦将有获。”本着“礼失而求诸野”的方法，对于中土流传文献记载不详之处，应该参考周边国家流传古籍的有关记载。笔者在从事相关课题研究时，检阅一些中日汉籍，参考中国台湾学者高明士发表《日本没有实施过科举吗?》一文⑦、日本学者伊泽美绪发表《日本秀才科方略策小考》一文⑧，对于唐代方略策与时务策的有关问题，获得一些新的认识，写出来向方家请教。

---

① 苏鹗：《苏氏演义》卷上，文渊阁《四库全书》，第11页。

② 裴庭裕：《东观奏记》卷上，文渊阁《四库全书》，第11~12页。

③ 李昉等：《文苑英华》卷七六〇，文渊阁《四库全书》，第22页。

④ 欧阳修等：《新唐书》卷四四，文渊阁《四库全书》，第4页。

⑤ 欧阳修等：《新唐书》卷四四，文渊阁《四库全书》，第4页。

⑥ 傅璇琮：《唐代科举与文学》，陕西人民出版社1986年版，第28页。

⑦ 高明士：《日本没有实施过科举吗?》，《玄奘人文学报》2004年第3期，第1~32页。

⑧ 伊泽美绪：《日本秀才科方略策小考》，《文教资料》2010年4月号，第108~110页。

一、日本文献的启发

唐朝的贡举制度曾影响周边的国家，如日本、韩国、越南等。日本在8世纪至10世纪，曾引进唐朝的贡举律令，颁布本国的贡举律令，实施了贡举制度。具有标志性的事件是：公元701年，颁布《大宝令》，规定以秀才、明经、进士三科举行任官考试。公元718年，颁布《养老令》，增加明法、医、针三科，形成总共六科考试的格局。《养老令》是在《大宝令》的基础上修成的，因其完成于日本元正天皇养老二年(718)，故以为名。《大宝令》和《养老令》的单行本已经失传，不过日本在天长十年(833)曾修成《养老令》的注释书《令义解》十卷，不仅将《养老令》条文基本保留下来，而且其中对律令的解释是官定的，具有与令同等的法律效力。日本贞观(859—877)年间，又编成《令集解》三十卷，今存二十五卷，其中引用了《大宝令》的注释，加上当时著名学者的注释，成为日本律令的集大成著作。这里先将日本《养老令》中的有关条文引录于下：

《考课令》第七十“秀才条”：

> 凡秀才，试方略策二条。文理俱高者，为上上；文高理平、理高文平，为上中；文理俱平，为上下；文理粗通，为中上。文劣理滞，皆为不第。

《考课令》第七二“进士条”：

> 凡进士，试时务策二条。帖所读《文选》上袟七帖，《尔雅》三帖。其策文词顺序，义理惬当，并帖过者，为通。事义有滞，词句不伦，及帖不过者，为不。帖、策全通，为甲。策通二，帖过六以上，为乙。以外皆为不第。

对比《唐六典》卷二《吏部尚书》的规定：

> 其秀才试方略策五条，文、理俱高者为上上，文高理平、理高文平者为上中，文、理俱平者为上下，文、理粗通为中上，文劣理滞为不第。
>
> 其进士帖一小经及《老子》(皆经、注兼帖)，试杂文两首，策时务五条，文须洞识文律，策须义理惬当者为通。(若事义有滞、词句不伦者为不。其经、策全通为甲，策通四、帖通六已上为乙，已下为不第。)

两相比较可以见出，日本的律令基本移植于唐律令，只是稍稍有所改动。其一，唐制试策为五条，日制试策为两条，这说明日制较唐制减轻了分量。其二，唐制进士“帖一小经及《老子》”，说明唐制较重视儒、道二家之说。当时规定的经书有九部，《礼记》、《左传》为大经，《毛诗》、《周礼》、《仪礼》为中经，《周易》、《尚书》、《公羊传》、《穀梁传》为小经。日制进士帖《文选》、《尔雅》，说明日制较重视语言文学。至于唐制进士有“试杂文”，日制却没有。这不能说明日本贡举制度不考诗赋，反之，日本《本朝文粹》中所收录的律诗律赋，有些很可能与考试有关。此问题笔者另有文章作专门研究，这里先按下不表。

值得重视的是《令义解》和《令集解》对何为“方略策”，何为“时务策”作了解释，可供研究者参考。

《令义解》“秀才条”解释“方略策”云：

> 谓方，大也；略，要也。大事之要略也。

《令集解》“秀才条”解释“方略策”云：

> 师说云：方略，无端也。多闻博雅之士所知无端大事，假如“颜渊短命，盗跖长生，福善淫何其爽欤”之类也。《古记》云：秀才，谓文章士也。方略，谓无端大事也。多闻博览之士知无端，故试以无端大事也。假令试问云：“何故周代圣多，殷时贤少？”如此事类二条试问耳。一云问云：何故马者大行之后闻地，犬者小行之时上足？是亦为无端事也。

既然日本学者将方略解释为“无端大事”，那就说明秀才科考试所注重考查的是考生在博学基础上的宏观思辨能力。值得庆幸的是，日本秀才科的方略策有不少流传于世。日本《本朝文粹》卷三“对策”类所收13篇策问，据信是平安朝秀才科考试的“方略策”，录目如下：

1. 神仙类
参议正四位下行式部大辅春澄朝臣善绳问
文章得业生正六位上行播磨大目都宿祢言道(良香)对
2. 漏克类
参议正四位下行式部大辅春澄朝臣善绳问
文章得业生正六位上行播磨大目都宿祢言道(良香)对
3. 立神祠类
正六位上行少内记三善宿弥清行问
4. 鸟兽言语类
从五位下行大内记兼周防权介三统宿祢理平问
散位正六位上菅原朝臣淳茂对
5. 论运命类
正五位下行式部权少辅藤原朝臣博文问
文章得业生正六位上大江朝臣朝纲对

6. 辨山水类

从五位上行文章博士橘朝臣直干问

文章得业生正六位上大江朝臣澄明对

7. 寿考类

正四位下行式部大辅兼文章博士尾张权守菅原朝臣文时问

文章得业生正六位上行越前大掾大江朝臣匡衡对

8. 陈德行类

从五位上行式部少辅播磨纪朝臣淑信问

正六位上行尾长掾田口(纪)朝臣齐名对

9. 详春秋类

正六位上行少内记藤原朝臣惟贞问

文章生正六位上弓削(大江)宿祢以言对

10. 松竹类

治部少辅从五位下弓削(大江)宿祢以言问

文章得业生正六位上行近江大掾藤原朝臣广业对

11. 辨耆儒类

参议从三位行式部大辅兼近江守菅原朝臣辅正问

文章得业生正六位上行播磨少椽大江朝臣举周对

12. 详循吏类

参议从三位行式部大辅兼近江守菅原朝臣辅正问

文章得业生正六位上行播磨少椽大江朝臣举周对

13. 辨散乐类

邑上御制(村上天皇)

散乐得业生正六位上行兼腋阵吉上秦宿祢氏安对

从这些试策的题目来看，主要有两个特点：一是所涉及的题材非常广阔，天地人事物，无所不包；二是注重论辩和推敲，从题目上的“辨”、“详”等字，便可知要求考生具有很高的论辩能力和追根溯源的博学功底。从这些试策的文体来看，无论是策问还是对策，基本上都是工整雅丽的骈体文，这需要考官和考生双方都具有很高的文学才能。从这些试策的作者来看，出题者都是中央政府从五位(品)以上的官员，最高的出题者可以是皇上。对策者，都是正六位(品)以上的地方官员，他们通过考试之后，可以获得进阶和到中央政府担任要职的机会。这些考生在官位之前还有“文章得业生”或“文章生”的名目，说明他们参加考试得到了当时日本的中央官学“大学寮”或地方官学“国学”的举荐。

为了对方略策有更加直接的了解，下面来看《本朝文粹》卷三收录的一篇方略策实例：

正五位下行式部权少辅藤原博文提问：

问：下愚上智，耆夭无定者人伦；福善祸淫，穷通难知者天道。遂使脍肝铺肉之暴戾，能极逸乐而纵情；矩步规行之谦恭，犹在栖遑而没齿。李萧远之通论，未足发明；司马迁之宏才，甚感冥昧。方今欲劝普天于善道，遍开福祜之庭；防率土之淫心，尽削祸败之辙。若言禀之星辰，则教化终无其效验；定谓备于骨相，则倚伏何得以依违？如彼夏后入家，子男断足之殃合契；吴王让国，兄弟晦身之愿同符。斯固大阁命薄，为当结于胞胎；上帝听卑，殆似依其祈祷。亦死者更生，良药可改彼太山之籍；居者必害，凶宅何利于稚川之方？全失嫡孙之财，宋主可怪；共随王父之命，赵军持疑。已曰圆通，岂滞方略？

这篇策问希望考生探讨人生的命运问题，他认为古代司马迁、李康之流，都没把此问题论证清楚；古人常谈命运不济，难得遇合；当今朝廷欲劝善佑民，如何推行教化，如何让大众树立信心？结尾他希望考生尽量发挥，自圆其说，不要受方略策格式的限制。既然策问中有“方略”一词，证明这是一道确切无疑的方略策问。

文章得业生正六位上大江朝纲对策：

对：窃以漆园傲吏，初发有涯之谈；四科英贤，爰驰在天之说。方圆修短之质，性灵群分；贵贱荣枯之姿，毛骨区别。神理不远，逆顺之征相符；天鉴孔明，祸福之兆如契。故修善余庆，播芳烈于缣缃；积恶受殃，传警戒于竹帛。景公言德，法星反守心之躔；王霸怀忠，坚冰结流澌之水。

且汉文之明智，贾生损躯于长沙；光武之英雄，敬通失志于穷巷。颜子渊者，孔门之贤人也；郑康成者，汉室之儒士也。三千人之里，先逢短命之忧；七十年之余，才应秀才之举。李将军之苦战殊绩，不遇封侯；扬执戟之博物奇才，长疲下位。产犊之怪，遂免难于天气之殃；失马之嗟，还脱害于烟尘之乱。先啼后笑，不达其道者生疑；乐尽哀来，不知其理者多惑。刘孝标之著论，密其本而疏其枝；郭子玄之置词，淡于源而浓于派者也。

今圣主驭宸，贤佐在位；普天之下，福庭遍开；率土之滨，祸胎无闻。故禀之星辰，教化犹可致效验；备于骨相，倚伏岂敢有依违。何则尧舜之民，以尧舜之心为心；禹汤之国，以禹汤之虑为虑。已居可封之屋，谁遗不遇之愁乎？

至于彼夏少康子男，断足之痛混迹；吴太伯兄弟，晦身之愿同符。是则大阁定薄，命于胞胎；上帝许卑，听于祈祷。崔文子之卖药救疫，得存活者万计；王僧绰之筑室立意，遇祸难者数人。然而命有长短，泰山之籍何刊；宅无吉凶，稚川之方可用。宋高祖之嫡孙，劭浚两失财禄之法；赵长平之军士，国命共余压溺之悲。籍冕之书，理窟卷雾；王充之论，义渊收波。

朝纲才惭墨妙，聪谢青精。笔有苦耕，虽叹进退之为牛后；词无警策，何思文章之立骆前。况乎晓梦难成，未尝皇侃之唾；夜月易上，还惊江泌之魂。谨对。

这篇对策可分为五段，首段言先秦道家、儒家皆有命运问题的慨叹和思考。第二段谈论汉代和六朝许多贤士曾命运不济，不少作家著论也未能清晰地分析人生命运问题。第三段颂扬圣上，谓当今贤士无不遇之虞。第四段谓命运问题内蕴神秘，一般人若求转运，也可借助求神问卦的方术。末段表达自谦之意。这篇对策辞气畅达，展现出博学与文才，其要旨似乎并不在于为君臣遇合问题提出具体的解决方案。

再看日本进士考试的“时务策”。《令义解》“进士条”解释“时务策”云：

谓时务者，治国之要务也。假如“既庶又富，其术如何”之类也。

《令集解》“进士条”解释“时务策”云：

时务，谓治国之要道耳。《吕氏春秋》，一时之务是。假如“使无盗贼，其术如何”之类。《古记》云：时务，谓当时可行时务是非也。策，谓试板之名也。案：《魏徵时务策》：

问：“乡邑何因无孝子、顺孙、义夫、节妇？”

答：“九族之说，著在虞书；六顺之言，显于鲁册。

故义夫彰于郄缺，节妇美于恭姜；孝子则曾参之徒，顺孙则伯禽之辈。自兹已降，往往间出，石奋父子慈孝著名，姜肱兄弟恩义显誉。

当今天地合德，日月齐明。万国会同，八表清温。然上之化下，下之必从，若影逐标，如水随器。

但能导之以德，齐之以礼，教之以义，怀之以仁，则孝子顺孙，同闾如市；义夫节妇，连袂成帷。荡荡之化可期，魏魏之风斯在。”

穴云：治国要道是也。问：任职之后治体有方者，依《选叙令》更进阶哉？而不？答：进耳。

《魏徵时务策》在《新唐书·艺文志》著录五卷，《宋史·艺文志》著录一卷，在中土已经亡佚，《令集解》存此一条，弥足珍贵。高明士以为“《令集解》在《考课令》、《赋役令》等处共收录《魏徵时务策》三条”，恐怕不对。因为此条的“穴云”之后，是穴氏的注解之文，而不是另一条魏徵的时务策。穴氏之注解常用自问自答的形式，这在《令集解》中是常见的。查《赋役令》中所引《魏徵时务策》，亦只是节录本条的“义夫彰于郄缺，节妇美于恭姜；孝子则曾参之徒，顺孙则伯禽之辈”数句，所以，《魏徵时务策》在《令集解》中仅存一道。

这篇《魏徵时务策》可分四段，首段引典，声明立论依据；次段回溯历史上孝子、顺孙、义夫、节妇的著名人物，第三段表彰当今朝廷政治清明，末段提出对策“导之以德，齐之以礼，教之以义，怀之以仁”，认为这样做了，就可以扭转社会风气。《魏徵时务策》的这种四段论模式事实上为日本的时务策树立了样本。在《魏徵时务策》的影响下，日本进士所考时务策基本上都是采用这样的四段论模式。

《魏徵时务策》是唐代传来的范式，日本学者学习得怎样？《经国集》卷二十收录日本平城朝学者下毛野虫麻吕的进士时务策《惩兹何用策》，提问者佚名，引录如下：

> 问：既号天龙，无足而走；还称地马，无翼而飞。虽逐时文异，如泉利同。岂可起诈之子，擅放西蜀之伪；乾没之夫，专行东吴之私。斯滥群小，因冒公司。屡烦丹笔，徒阒黄沙。谓尔进士，应识公方。惩兹不轨，用何能尔？

这道策问中的“天龙、地马”是铜钱的俗称。胡我琨《钱通》卷二十八引录李峤《钱》诗：“汉日五铢建，姬年九府流。天龙带泉宝，地马列金沟。赵壹囊初定，何曾箸欲收。金门应入论，玉井冀来求。”又节录杜甫《岁晏行》诗句：“往日用钱捉私铸，今许铅锡和青铜。刻泥为之最易得，好恶不合长相蒙。”提问者希望参加考试的进士生员就如何惩治私铸铜钱、欺诈百姓的不轨之徒提出对策。下毛野虫麻吕回答道：

> 对：窃闻“沙石化为珠玉，良难可以疗饥；仓囷实其坻京，唯易逮以济命”。是知写图而前，犹事血饮；调律而后，谁不食谷。
>
> 自太公开九府之制，管父通万钟之式。龙文错于郭里，龟册入于币间。白金驰其奸情，朱仄竞其滥制。西蜀铜岳，徒擅佞幸之门；东晋金沟，遂满夸奢之室。姬景舍轻，单穆陈拥子之讥；刘文放铸，贾生致转祸之谈。实由弃耕桑之务，争锥刀之末。
>
> 伏惟圣朝握天镜，纽地锌。德音被于有载，至教翔于无垠。衔禾之兽屡臻，见穰之鳞荐集。
>
> 今欲既停起诈之功，终折冶镕之途。诚使三农叶节，千箱盈庾。淮阳高枕，追长孺之芳趣；耶谷送归，发祖荣之清辙。则铢文曷惑，镪贯无讹。顿屏磨屑之风，永绝炭挟之俗。谨对。

这篇对策可分四段，首段引用哲言，声明理论依据；次段回溯历史，举出史上铸钱的著名人物事迹；第三段表彰当今朝廷圣明；末段提出“既停起诈之功，终折冶镕之途”的对策，并展望风俗清明的前景。行文的程式和内在理路，显然取于《魏徵时务策》。

对比日本贡举考试的方略策与时务策，确实有着无端与具体、宏观与微观的差别，之所以出现这样的差别，是因为日本贡举制度对于选拔不同的人才有不同的要求。日本《养老令·选叙令》第廿九“秀才、进士条”注明：“凡秀才，取博学高才者。明经，取学通二经以上者。进士取明闲时务，并读《文选》、《尔雅》者。明法，取通达律令者。皆须方正清循，名行相副。”说明秀才科之所以考试“方略策”，是要从“博学高才”的角度选拔人才，这样的人才进入中央政府之后，可以从宏观政策方面为皇上出谋划策。进士科之所以考试“时务策”，是要从“明闲时务”的角度选拔人才，这样的人才进入各级政府之后，可以为朝廷推行具体政策，成为精明强干的官吏。这些认识对于考察唐代流传的方略策和时务策，颇有启发意义。

二、唐前的“方略策”与上官仪的对策

唐人封演《封氏闻见记》卷三“贡举条”记载：“旧例：试杂文者，一诗一赋，或兼试颂论，而题目多为隐僻。策问五道，旧例：三通为时务策，一通为商(略)，一通为征事。近者商略之中或有异同。大抵非精博通赡之才，难以应乎兹选矣。”根据《唐语林》卷八的引述：“策问五道，旧例：三道为时务策，一道为方略，一道为征事；近者方略之中，或有异同，大抵非精究博赡之才，难以应乎兹选矣。”说明《封氏闻见记》中的“商略”就是“方略”。封演于天宝十五载(756)登进士第，根据封演的记述，唐前期，至少在封演登第之前，进士所试的时务策五道之中，应该有一道是属于“方略策”。根据前文对日本贡举的考察，我们已经知道，“方略策”与“时务策”在写作形式上其实并无区别，只是在出题的范围方面，前者趋向于宏观思辨，后者倾向于具体实用。那么，我们其实可以从传世的进士“时务策”中，辨认出那些趋向“宏观思辨”的题目，将其甄别为“方略策”。当然，这样的甄别需要有一些旁证，以免泛滥无归。

徐松《登科记考》卷一著录贞观元年(627)的两道进士策问，据董诰等编《全唐文》卷一五五《上官仪》二，前者题作《对用刑宽猛策》，后者题作《对求贤策》。考察来源，前者出自《文苑英华》卷四九七《策》二一《刑法》上，后者出自《文苑英华》卷五〇二《策》二十六《求贤》。先引前一道策问于下：

> 问：狱市之寄，自昔为难；宽猛之宜，当今不易。缓则物情恣其诈，急则奸人无所容。曹相国所以殷勤，路廷尉于焉太息。韦弦折衷，历代未闻。轻重浅深，伫承嘉议。

就这道策问来看，不但要求强烈的思辨用刑宽猛的适当界限，而且范围广大，从“自昔”到“当今”都在论述的范围之内，看来比较切近“方略策”的出题原则。在策问之后，分别收有上官仪的两道对策。先引其《对用刑宽猛策》如下：

> 对：攘袂九流，披怀万古，览七书之奥义，觌金简之遗文。睹皇王临御之迹，详政术枢机之旨，莫不则乾纲而张礼乐，法霆震而置威刑。纵使轩去鼎湖，非无涿鹿之戮；舜辞雷泽，遂有崇山之诛。
>
> 自皋繇不嗣，忿生长往。甫侯设法，徒有说于轻重；子产铸书，竟无救于衰败。是知风淳俗厚，草艾而可惩；主僻时昏，黥凿而犹犯。
>
> 我君出震继天，承国宰化，孕十尧而遐举，吞九舜而上征。犹以为周书三典，

既疏远而难从；汉律九章，已偏杂而无准。方当采韦弦于往古，施折衷于当今。

若能诏彼刑章，定金科之取舍；征其张赵，平丹书之去留。必使楚国受金，不为庄生所责；长陵盗土，必用张子之言。谨对。

上官仪的对策大致可分为四段，首段检讨历史，观察历史的文献和帝王的遗迹，从正反两方面证明用刑应当宽猛得宜。次段阐述后世用刑宽猛不当，也有“主僻时昏”的乱世。第三段表彰当今圣上已经指定用刑宽猛得宜的国策。末段提出自己的建议，一是“诏彼刑章”，即下诏修订宽猛得宜的法令；二是“征其张赵”，即任命执行刑罚宽猛得宜的官吏，认为只要这样做了，就能够产生朝廷用刑宽猛得宜的效果。这篇对策既体现出作者的博学多闻，又体现出清晰的思辨能力，还表现出工整雅丽的文风，既是一篇合格的对策，也可以体认为朝廷可以采纳的方略策。

将上官仪的这篇对策甄别为“方略策”还有一个重要的旁证。《文苑英华》卷四九七《刑法》，在上官仪的这篇对策之上，收录北齐天保八年(557)策秀才《罢刑狱策》，其策问是以当时皇上的名义提出的：

问：帝王之柄，赏罚为首。虽三代损益，百代可知。未有舍此二途，而能弘风阐化。圣贤为治，咸出斯道。明狱讼之来，非关叔世。孔子三日而诛少正卯，太公下车而戮华士。康王(疑作诰)文王作罚，刑兹无赦。明措刑由于用刑，非去杀而刑清也。然子产相郑，唯杀一人；子文治兵，刑遂无用。伯禹引罪自归，武王见辜而泣。虽政治不殊，而理亦相反。朕恭临万国，祗御兆人。视之如伤，有同赤子。未能以理代刑，舍其律宪，亦轻罚缓死，渐就蠲除，去凝脂之网，收刺骨之怨。临麦秋而生惆怅，望穷冬而载怀思。使画服象刑，同唐虞之世；罢狱息罪，等成康之时。循酷俱治，宜有辨析。诚有未遂，想望其中。

北齐的帝王手持赏罚二柄，他希望追踪唐虞、成康等上古帝王，成就伟业，但对如何做到赏罚适中，希望对策者能够给出建议。撰写对策者是北齐著名的文士李德林，在《隋书》本传中时人称其：“今岁所贡秀才李德林者，文章学识，固不待言，观其风神器宇，终为栋梁之用。至如经国大体，是贾生、晁错之俦；雕虫小技，殆相如、子云之辈。”李德林的对策写道：

对：逖听风声，企踵文武，未之逮也，而有志焉。大道之行，结绳而治，无德之世，有罪更惭。殆是天爱昔人，唯令设教神化(一作仇)，末俗要须密网。又岂淳风已降，同往者之不追；浇法自然，遂确乎而不变。

然而成康之众，逮幽厉而为毁；嬴项之人，至文景而刑措。方知桀纣居羲昊之世，亦比屋可诛；勋华处桓灵之时，即垂衣而治。唯应宣尼去杀，必期之以百年；周人太平，会资之以三世。

我国家之杀龙斩蛇，断鳌猎雉。牧羊驱鸡之法，烹鲜放马之功。莫不因冥冥之心，受苍苍之命。十轩九舜，千尧万禹。抑特扬榷，俱何足称？至于约法凭威，行师用武。怨起后征之地，哀切自犯之辜。故上下千官，遐迩兆庶。风化之所遵达，政教之所抑扬，皆肃肃然若严刑之在侧矣。

但皋陶之类，常问黄沙；定国之流，恒持丹笔。分陕有棠阴之德，剖符致蒲鞭之美。梁狱决疑，不假陶朱之璧；楚国以理，无用庄生之金。稍简刑书，渐行礼教。使驮騠远至，悬感仁心；貐豸来仪，不知所触。然后升东岳而揖群后，望西方以谢圣人，复何如也？谨对。

这篇对策也可分成四段，首段提出原则，指明赏罚二柄，关乎治乱，帝王不可偏废。次段回溯历史，既有赏罚不明的乱世，也有垂衣而治的盛世。第三段表彰当今帝王"约法凭威，行师用武"，已经使得严刑肃然，官民知所畏惧。末段提出正面的建议，主张"稍简刑书，渐行礼教"，用仁爱之心感化百姓，有望与上古帝王看齐。

将上官仪的对策与李德林的对策比较，由于策问的重点关系，可见两者论述的重点稍有不同，李德林重点论述的是"稍简刑书"之法，上官仪重点论述的是"宽猛得宜"之法。不过，两篇对策的结构和内在理路，具有高度的同一性。换言之，上官仪在写作这类对策之时，其脑海中自有前代同类的优秀对策作为范本，李德林的对策自然有其曾经参考的范式。我们知道，李德林是秀才应试方略策及第的，上官仪是进士应试时务策及第的，但上官仪这篇对策既然与李德林的对策在内容和形式上都如此相近，那么，为什么不能把上官仪的对策也看成是一篇方略策呢？

问：棘津登辅，不因阶于尺木；莘郊作相，岂凭资于累迁？盖道有攸存，时无可废。爰暨浇讹，必修班序。先容乃器，因地拔萃。共相沿袭，遂成标准。今圣上务切悬旌，心摇启繇。虽衣冠华裔，已齐迁于周列；而衡泌幽人，罕遥集于魏鼎。岂英灵不孕于山泽，将物理自系于古今？无蔽尔辞，切陈其致。

这道策问标明"今圣上"，明白要求考生为当今圣上如何求贤献计献策，看来比较切近"时务策"的出题原则。

上官仪的《对求贤策》如下：

对：凤德方亨，必资英辅；龙光未骋，实俟明君。既藏器以须时，亦虚襟而待物。莫不理符灵应，道叶冥通。类霜降而钟鸣，同云蒸而础润。

秘策赴之如投水，神心应之若转规。用能感会一时，抑扬千古。是以沉鳞暂跃，遂游泳于天汉；坠羽才迁，乃腾骧于日陆。宏心体之妙旨，播舟水之嘉谟。义列丹青，德融金璧。

迨乎时钟季叔，化渐浇讹。拔萃之惠罕流，因地之阶愈笃。使西都金子，奕叶称荣；东国袁生，八公为贵。廷尉之明穷识理，十载无知；黄门之妙极摛文，八迁宁进。徒使乾星秀气，永翳穷尘。照庑奇光，长湮幽石。

自可循风市马，袭轨画龙。三反不亏，七年无废。戋戋束帛，指丘园而毕陈；翘翘车乘，望林泉而载辖。则材摽海若，雾集丹墀。德表星精，云飞紫阙。岂直高尚之士，遥集于台司；衡泌之俦，乔迁于鼎识。谨对。

上官仪的这篇对策也可作四段解读：首段提出总的原则，君臣际会是双方的需要，帝王需要贤才辅佐，才子需要明君关照。次段描绘君臣遇合的理想状况，"感会一时，抑扬千古"。第三段批判历史上一些"世胄蹑高位，英俊沉下僚"的社会现实。四段提出求贤之术，要如九方皋相马一样，发掘丘园林泉的隐居贤士，让其毕集朝廷，为当今社会服务。

依据日本文献所说，方略策论无端的大事，时务策论治国之要务，对比上官仪的两篇对策，显然，《对用刑宽猛策》与方略策接近，《对求贤策》与时务策接近。

第三节　初唐进士"试杂文"之始

初唐进士起初仅试策，逐渐才过渡到试杂文。《唐摭言》卷一《试杂文》记载：

进士科与隽、秀同源异派，所试皆答策而已。两汉之制，有射策、对策二义者何？射者，谓列策于几案，贡人以矢投之，随所中而对之也。对则明以策问授其人而观其臧否也。如公孙宏、董仲舒，皆由此而进者也。有唐自高祖至高宗，靡不率由旧章。垂拱元年，吴师道等二十七人及第后，敕批云："略观其策，并未尽善。若依令式，及第者唯只一人；意欲广收其材，通三者并许及第。"后至调露二年，考功员外刘思立奏请加试帖经与杂文，文之高者放入策。寻以则天革命，事复因循。至神龙元年方行三场试，故常列诗赋题目于榜中矣。①

《册府元龟》卷六三九《贡举部·条制一》：

调露二年四月，刘思立除考功员外郎。先时进士但试策而已，思立以其肤浅，奏请帖经及试杂文。自后因以为常。②

《唐大诏令集》载高宗永隆二年(681)八月《条流明经进士诏》：

---

① 王定保：《唐摭言》，中华书局1985年版，第7页。

② 王钦若等：《册府元龟》卷六三九，文渊阁《四库全书》，第22页。

学者立身之本，文者经国之资，岂可假以虚名，必须征其实效。如闻明经射策，不读正经，抄撮义条，才有数卷；进士不寻史传，唯诵旧策，共相模拟，本无实才。所司考试之日，曾不拣练，因循旧例，以分数为限。至于不辨章句，未涉文词者，以人数未充，皆听及第。其中亦有明经学业该深者，唯许通六；进士文理华赡者，竟无甲科。铨综艺能，遂无优劣。试官又加颜面，或容假手，更相属请，莫惮纠绳。由是侥幸路开，文儒渐废。兴廉举孝，因此失人；简贤任能，无方可致。自今已后，考功试人，明经每经帖试，录十帖得六已上者。进士试杂文两首，识文律者，然后并令试策。仍严加捉搦，必材艺灼然，合升高第者，并即依令。其明法并书等贡举人，亦量准此例，即为恒式。①

陈飞认为，刘思立的上奏与高宗下诏是“发生在不同时间里的两回事”②。时间固然不同，不过这上奏和下诏其实是有内在紧密联系的，欧阳修和宋祁就是将二者混合阐述，《新唐书》卷四四《选举志上》：“永隆二年，考功员外郎刘思立建言，明经多抄义条，进士唯诵旧策，皆亡实才，而有司以人数充第。乃诏自今明经试帖，粗十得六以上，进士试杂文二篇，通文律者，然后试策。”③将刘思立上奏和高宗下诏，完全合为一谈。因为高宗下诏是针对刘思立上奏而来，所以二者其实是一回事，标志初唐进士试杂文之始。

唐代的进士考试有“杂文试”，其“杂文”所指为何种文体？徐松《登科记考》卷二说：“按杂文两首，谓箴、铭、论、表之类。”④徐松的讲法是不对的，唐人“杂文”的概念来自于六朝，根据刘勰《文心雕龙·总术》篇所说：“今之常言，有文有笔，以为无韵者笔也，有韵者文也。”⑤考察唐代科举考试中的“杂文”，其实就是“有韵者为文”之“文”，徐松将“论、表”类“无韵之笔”混同在唐人科举“杂文”之中，并不妥当。唐人体认的“文、笔”各有哪些文体？这在《文镜秘府论》西卷引《文笔式》中说得非常清楚：“制作之道，唯笔与文：文者，诗、赋、铭、颂、箴、赞、吊、诔等是也；笔者，诏、策、移、檄、章　奏、书、启等也。即而言之，韵者为文，非韵者为笔。文以两句而会，笔以四句而成。文系于韵，两句相会，取于谐合也；笔不取韵，四句而成，在于变通。故笔之四句，比文之二句，验之文笔，率皆如此也。”⑥在“有韵之文”中，“诗赋”是具有代表性的文体；在“无韵之笔”中，“策”是具有代表性的体裁。

南北朝盛行“有韵为文，无韵为笔”之说，当时不少人流露出“重文轻笔”的思想倾

---

① 宋敏求：《唐大诏令集》卷一〇六，文渊阁《四库全书》，第26~27页。按：《册府元龟》卷六三九亦载此诏，文渊阁《四库全书》，个别文字据以校订。

② 陈飞：《唐代试策考述》，中华书局2002年版，第36页。

③ 欧阳修等：《新唐书》卷四四，文渊阁《四库全书》，第7页。

④ 徐松：《登科记考》，中华书局1984年版，第70页。

⑤ 范文澜注：《文心雕龙注》，人民文学出版社1962年版，第655页。

⑥ 王利器注：《文镜秘府论校注》，中国社会科学出版社1983年版，第474页。

向。如萧绎在《金楼子·立言》中说："笔退则非谓成篇，进则不云取义，神其巧惠，笔端而已；至如文者，维须绮縠纷披，宫徵靡曼，唇吻遒会，情灵摇荡。"①六朝时，"文"与"笔"都属于"集部"，萧绎谈论的是"文"与"笔"的差异，显然不可以理解为他认识到了"纯文学"的特征，而应当理解为他有"重文轻笔"的倾向。又如《北齐书·魏收传》记载："收以温子升全不作赋，邢虽有一两首，又非所长，常云：'会须作赋，始成大才士。唯以章表碑志自许，此外更同儿戏。'"②此事又载丘悦《三国典略》："齐魏收以温子升、邢绍不作赋，乃云：'会题作赋，始成大才，唯以章表自许，此同儿戏！'"③魏收对温子升、邢绍能笔不能文的批评，与萧绎对阎纂"不便为诗"，伯松"善为章奏"的批评其实是一样的，都是"重文轻笔"思想的表现。

唐代科举之进士科，早先只试策。唐杜佑《通典》曰："自是士族所趣向，唯明经、进士二科而已。其初止试策，贞观八年(634)，诏加进士试读经史一部。"④王定保《唐摭言》曰："调露二年(即永隆元年，680)，考功员外刘思立奏请加试帖经与杂文，文之高者放入策。寻以则天革命，事复因循。至神龙元年(705)，方行三场试，故常列诗赋题目于榜中矣。"⑤所谓三场，即帖经、杂文和策。唐代科举，在贞观八年之前"止试策"，说明当时朝廷只是注重专长"笔"类文体的实用性人才。到神龙元年以后，进士科施行三场考试，说明朝廷开始注重既有经史功底，又擅长"文、笔"的人才。陈飞认为，《唐摭言》所云神龙元年行三场试的说法不够准确，开元二十五年(737)的《条制考试明经进士诏》，才是唐代进士科"三项试"制度确立的法令标志。⑥ 按：陈飞之说恐怕太晚，玄宗开元二十五年所下《条制考试明经进士诏》，只是规整既有的三场试，而非新确立。《条制考试明经进士诏》说："其进士宜停小经准明经例帖大经十帖取通四已上然后准例试杂文及策考通与及第。"徐松对此理解得很清楚："旧例：帖一小经并注通六已上，帖老子兼注通三已上，然后试杂文两道，时务策五条。至开元二十五年，依明经帖一大经，通四已上。余如旧。"⑦所以，仍应以《唐摭言》所说，神龙元年(705)为进士三场试的开端。

虽然在考"杂文"之前，举子按例得先通过"帖经"一关，但天宝初年已有"赎帖"的权宜措施，可让文名高而帖经不合格者以试诗补救。《封氏闻见记》记载："天宝初，达奚珣、李严相次知贡举，进士文名高而帖落者，时谓试时(诗)放过，谓之赎帖。"⑧贞元十四年(798)进士吕温《吕衡州集》卷二有《河南府试赎帖赋得乡饮酒诗》。可见，进

① 萧绎：《金楼子》卷四，文渊阁《四库全书》，第32页。
② 李百药：《北齐书》卷三七，文渊阁《四库全书》，第13页。
③ 《太平御览》卷五八七，文渊阁《四库全书》，第11页。
④ 杜佑：《通典》卷一五，文渊阁《四库全书》，第2页。
⑤ 王定保：《唐摭言》卷一，古典文学出版社1957年版，第9页。
⑥ 陈飞：《唐代进士科"止试策"考论》，《历史研究》2002年第3期。
⑦ 徐松：《登科记考》，中华书局1984年版，第1160页。
⑧ 封演：《封氏闻见记》卷三，文渊阁《四库全书》，第2页。

士科以文学为去取标准已成惯例。杜佑《通典》记载："天宝元年，明经停《老子》，加习《尔雅》。十一载，进士所试一大经及《尔雅》，帖既通而后试文，试('诗')赋各一篇，文通而后试策，凡五条。三试皆通者为第。"①这样看来，终玄宗之世，还是以杂文为次场。不过中唐以后，情况便改观了。中唐以后，朝廷索性将进士科"杂文"一场调至"帖经"之前，成为头场把关的要冲。例如李观为德宗贞元八年(792)进士，其于《帖经日上侍郎书》曰："昨者奉试《明水赋》、《新柳诗》，平生也，实非甚高。"②足见杂文考试在帖经之前。而唐末牛希济的《贡士论》亦明言："天子制策，考其功业辞艺，谓之进士……大率以三场为试：初以词赋，谓之杂文，复对所通经义，终以时务为策目。"③《唐摭言》甚至记载了黎逢、李程因律赋而荣登状元的故事，卷五"以其人不称才，试而后惊"条："黎逢气貌山野，及第年，初场后至，便于帘前设席。主司异之，诮其生疏，必谓文词称是，专令人伺之，句句来报。初闻云：'何人徘徊。'曰：'亦是常言。'既而将及数联，莫不惊叹，遂擢为状元。"④又卷八"已落重收"条："贞元中，李缪公先榜落矣。……於陵深不平，乃于故策子末缮写而斥其名氏，携之以诣主文，从容给之曰：'侍郎今者所试赋，奈何用旧题?'主文辞以非也。於陵曰：'不止题目向有人赋，次韵脚亦同。'主文大惊。於陵乃出程赋示之，主文赞赏不已，於陵曰：'当今场中若有此赋，侍郎何以待之?'主文曰：'无则已，有则非状元不可。'於陵曰：'苟如此，侍郎已遗贤矣，乃李程所作。'亟命取程所纳面对，不差一字。主文因而致谢，於陵于是请擢为状元。"⑤当时的状况，正如赵匡《举选议》所说："主司褒贬，实在诗赋，务求巧丽，以此为贤。"⑥这种状况显示出由六朝发端的"重文轻笔"思想在唐代发酵，愈演愈烈。

首先，六朝以刘勰为中心的"文笔"说，对唐代科举考试影响颇大。唐代进士考试中的"杂文试"，其实就是沿袭六朝"有韵为文"的文类标准。唐代进士考试中以"诗赋"为"文"类的代表，以"策"为"笔"类的代表。进士"三场试"的确立，以及"诗赋"考试变为首场和录取与否之关键，反映了"重文轻笔"思想在唐代的发展与深化。六朝的"文笔"观念，尤其是"重文轻笔"的思想倾向，对唐人的科举考试产生了深远的影响。

其次，唐代进士科"三场试"制度的确立，为考查官员的素质确立了客观而全面的标准。帖经：考查士子对经书的熟悉程度，即考查未来的官员对儒家记载治国原理的经典文献的把握程度。杂文：主要撰写试帖诗和律赋，考查士子的文学才华；诗：考查未来官员的抒情能力；赋：考查未来官员对全局铺叙掌控的能力，即考查未来官员的情商

---

① 杜佑：《通典》卷一五，文渊阁《四库全书》，第5页。

② 董诰等：《全唐文》卷五三三，中华书局1983年版，第5415页。

③ 董诰等：《全唐文》卷八四六，中华书局1983年版，第8891页。

④ 王定保：《唐摭言》卷五，古典文学出版社1957年版，第61页。

⑤ 王定保：《唐摭言》卷八，古典文学出版社1957年版，第90页。

⑥ 董诰等：《全唐文》卷三五五，中华书局1983年版，第3602页。

和智商。策：也称策论，论说文，针对政治、经济、刑法等问题的答问，即考查未来官员的处置事务的才能。

科举的意义是建立了一个相对公平合理的选官制度，破除了官僚世袭的特权，为平民进入社会上层提供了机会。

第五章　唐代科举试赋的层次

第一节　唐代科举的概念术语

李肇《唐国史补》记载："进士为时所尚久矣，是故俊乂实集其中。由此出者，终身为闻人。故争名常切，而为俗亦弊。其都会谓之举场。通称谓之秀才。投刺谓之乡贡。得第谓之前进士。互相推敬谓之先辈。俱捷谓之同年。有司谓之座主。京兆府考而升者谓之等第。外府不试而贡者谓之拔解。将试各相保任谓之合保。群居而赋谓之私试。造请权要谓之关节。激扬声价谓之还往。既捷，列书其姓名于慈恩寺塔，谓之题名会。大燕于曲江亭子，谓之曲江会。籍而入选，谓之春关。不捷而醉饱，谓之打毷氉。匿名造谤，谓之无名子。退而肄业，谓之过夏。执业而出，谓之夏课。挟藏入试，谓之书策。此是大略也。"①其中涉及一些唐代科举的概念术语，疏释如下：

举场：张籍《送李馀及第后归蜀》诗："十年人咏好诗章，今日成名出举场。"②

秀才：唐初曾与明经、进士并设为举士科目。《唐六典》云："其秀才试方略策五条，文理俱高者为上上，文高理平、理高文平者为上中，文理俱平者为上下，文理粗通为中上，文劣理滞为不第。"注云："此条取人稍峻，自贞观后遂绝。"③后来曾以其指代进士科，或凡应举者皆称秀才。唐代贡举中"秀才科"设立制度、存废等相关问题，学术界已经有不少讨论，可参看余子侠《唐代秀才科考论》④、刘海峰《再论唐代秀才科的存废》⑤、陈飞《唐代秀才科考辨》⑥等文。

乡贡：唐代不经学馆考试而由州县推荐应举的士子。《新唐书·选举志上》："唐制，取士之科，多因隋旧，然其大要有三：由学馆者曰生徒，由州县者曰乡贡，皆升于

---

① 李肇：《唐国史补》卷下，上海古籍出版社 1957 年版，第 55~56 页。

② 彭定求等：《全唐诗》卷三八五，文渊阁《四库全书》，第 2 页。

③ 李林甫等：《大唐六典》卷二，三秦出版社 1991 年版，第 48 页。

④ 余子侠：《唐代秀才科考论》，《历史研究》1997 年第 5 期。

⑤ 刘海峰：《再论唐代秀才科的存废》，《历史研究》1999 年第 1 期。

⑥ 陈飞：《唐代秀才科考辨》，《文献》2002 年第 3 期。

有司而进退之。……其天子自诏者曰制举，所以待非常之才焉。”①王定保《唐摭言·统序科第》：“武德辛巳岁四月一日，敕诸州学士及早有明经及秀才、俊士、进士明于理体、为乡里所称者，委本县考试，州长重复，取其合格，每年十月随物入贡。斯我唐贡士之始也。”②

等第：唐代科举，由京兆府考试后选送前十名升入礼部再试。王定保《唐摭言·京兆府解送》：“神州解送，自开元、天宝之际，率以在上十人，谓之等第，必求名实相副，以滋教化之源。”③

拔解：唐时应进士第，不经州府考试，而由地方官府直接送礼部考试。王谠《唐语林·补遗三》：“令狐绹罢相，其子滈进士，在父未罢相前拔解及第。”④

合保：陆心源《唐文拾遗》卷六十《南曹见行条件公事状》：(显德五年闰七月吏部流内铨)“铨司先准格例：今后才南曹镤宿后，先榜示选人，预纳家状，其合保文状，或识官司使印，限开曹后两日内赴铨送纳，须得齐足。如限内不纳到家状保状试纸人，便具姓名落下，不在续纳之限。”⑤

私试：唐宋时进士聚集举行的私下考试。多与“公试”相对。李调元《雨村赋话》卷二：“《文苑英华》所载律赋，至多者莫如王起，其次则李程、谢观，大约私试所作而播于行卷者，命题皆冠冕正大。逮乎晚季，好尚新奇，始有《馆娃宫》、《景阳井》及《驾经马嵬坡》、《观灯西凉府》之类，争妍斗巧，章句益工，而《英华》所收，顾从其略，取舍自有定则，固以雅正为宗也。元和、长庆以后工丽密致而又不诡于大雅，无逾贾相者矣。”⑥

关节：指暗中勾通主考官吏的事。唐苏鹗《杜阳杂编》卷上：“瑶英善为巧媚，(元)载惑之，怠于尘务，而瑶英之父曰宗本，兄曰从义，与赵娟递相出入，以构贿赂，号为关节。”⑦

还往：与当道者交往以激扬声价。李白《少年行》：“遮莫枝根长百丈，不如当代多还往；遮莫姻亲连帝城，不如当身自簪缨。”⑧

行卷：唐代习尚，应举者在考试前把所作诗文写成卷轴，投送朝中显贵以延誉。李商隐《与陶进士书》：“文尚不复作，况复能学人行卷耶?”⑨程大昌《演繁露·唐人行卷》：“唐人举进士必行卷者，为缄轴，录其所著文以献主司也。”⑩

---

① 欧阳修等：《新唐书》卷四四，文渊阁《四库全书》，第1页。
② 王定保：《唐摭言》卷一，古典文学出版社1957年版，第1页。
③ 王定保：《唐摭言》卷二，古典文学出版社1957年版，第13页。
④ 王谠：《唐语林》卷七，清《惜阴轩丛书》本。
⑤ 陆心源编：《唐文拾遗》卷六〇，清光绪刻本。
⑥ 詹杭伦等校证：《雨村赋话校证》，新文丰出版公司1993年版，第25页。
⑦ 苏鹗：《杜阳杂编》卷上，文渊阁《四库全书》，第10页。
⑧ 彭定求等：《全唐诗》卷二四，文渊阁《四库全书》，第23页。
⑨ 董诰等：《全唐文》卷七七六，中华书局1983年版，第8092页。
⑩ 程大昌：《演繁露》卷七，清《学津讨原》本。

题名会：唐代进士同年，集会于长安慈恩寺塔，列书姓名，以资纪念。王定保《唐摭言·慈恩寺题名》："进士题名，自神龙之后，过关宴后，率皆期集于慈恩塔下题名，故贞元中，刘太真侍郎试《慈恩寺望杏园花发诗》。"①

曲江会：王定保《唐摭言》卷三："曲江游赏虽云自神龙以来，然盛于开元之末，何以知之？案《实录》：天宝元年，敕以太子太师萧嵩私庙逼近曲江，因上表请移他处。敕令将士为嵩营造。嵩上表谢，仍让令将士创造。敕批云：'卿立庙之时，此地闲僻；今傍江修筑，举国胜游，与卿思之深避喧杂，事资改作。遂命官司承已拆除，终须结构。已有处分，无假致辞。'"②

春关：唐时进士于礼部考试登第之后，赴吏部登记候选官吏，谓之春关。吏部发给的凭证，亦称春关。姚合《酬卢汀谏议》诗："遥贺来年二三月，彩衣先辈过春关。"③王定保《唐摭言·述进士下》："籍而入选，谓之'春关'。"④胡仔《苕溪渔隐丛话后集·王禹玉》引《蔡宽夫诗话》："自闻喜宴后，始试制(判)两节于吏部，其名始隶曹，谓之关试，犹今之参选。关试后始称前进士。"⑤

打毷氉：下第者以酒浇愁，解除郁闷。韦庄《买酒不得》诗："停尊待尔怪来迟，手挈空瓶毷氉归。"⑥孙棨《北里志·杨妙儿条》注："京师以宴下第者，谓之打毷氉。"⑦

夏课：唐代举子，落第后寄居京师过夏，课读为文，谓之"夏课"，亦指其间所作诗文。韩偓《夏课成感怀》诗："凄凉身事夏课毕，濩落生涯秋风高。"⑧王定保《唐摭言·述进士下篇》："执业以出，谓之夏课。"自注："亦谓之秋卷。"⑨王谠《唐语林·补遗三》："卢司空钧，为郎官守衢州。有进士贽谒，公开卷阅其文十余篇，皆公所制也。语曰：'君何许得此文？'对曰：'某苦心夏课所为。'公云：'此文乃某所为，尚能自诵。'客乃伏言：'某得此文，不知姓名，不悟员外撰述者。'"⑩

前进士：梁章钜《称谓录·学政》："唐代有举人、进士之名，特为不第者之通称。……及第者及称前进士。程大昌《雍录》引唐人诗云'曾题名处添前字'，此为及第者称前进士之确据。"⑪

先辈：程大昌《雍录·慈恩寺》条："其相推尚亦以先得第者为先辈。先辈之语虽起

---

① 王定保：《唐摭言》卷三，古典文学出版社1957年版，第28页。

② 王定保：《唐摭言》卷三，古典文学出版社1957年版，第29页。

③ 彭定求等：《全唐诗》卷五〇一，文渊阁《四库全书》，第10页。

④ 王定保：《唐摭言》卷一，古典文学出版社1957年版，第4页。

⑤ 胡仔：《苕溪渔隐丛话后集》卷二一，人民文学出版社1962年版，第151页。

⑥ 彭定求等：《全唐诗》卷七〇〇，文渊阁《四库全书》，第6页。

⑦ 孙棨：《北里志》，《香艳丛书》本，第7页。

⑧ 彭定求等：《全唐诗》卷六八二，文渊阁《四库全书》，第6页。

⑨ 王定保：《唐摭言》卷一，古典文学出版社1957年版，第4页。

⑩ 王谠：《唐语林》卷七，清《惜阴轩丛书》本。

⑪ 梁章钜：《称谓录》，《续修四库全书》第1253册，上海古籍出版社2001年版，第459~460页。

唐时，然其来已久。汉宣帝制学生通二经者补文学掌故，其不能通二经者须后试复随辈试，试通亦得为文学掌故。唐语之谓先辈、前进士者，取其得第在先，故以为言也。"①其实，唐人所称"先辈"之含义有三：其一，谓先得第之前辈，如许浑有《赠桐庐房明府先辈》诗云："帝城春榜谪灵仙，四海声华二十年。阙下书功无后辈，卷中文字掩前贤。"②其二，为进士同年间互相推敬之辞，如杜荀鹤有诗《晚春寄同年张曙先辈》即是。其三，对朋辈之泛称。如杜牧有《春日寄许浑先辈》诗，杜牧是大和二年(828)进士，许浑是大和六年(832)进士，二人乃互相推敬之诗友，不以得第先后排座次。

同年：唐代同榜进士、宏词称"同年"，明清以后此称谓扩大，乡试、会试同榜登科者皆称"同年"。某些清代科考先后中式者，其中式之年甲子相同，亦戏称"同年"。计有功《唐诗纪事》载："元微之《酬歌舒少府寄同年科第》云：'前年科第偏年少，未解知羞最爱狂。九陌争驰好鞍马，八人同看彩衣裳。'注云：'同年科第，宏词吕二炅、王十一起，拔萃白二十二居易，平判李十一复礼、吕四频、歌舒大垣、崔十一八元亮，逮不肖八人，皆奉荣养。'"③

座主：唐时进士称主试官为座主。《旧唐书·令狐峘传》："衢州刺史田敦，峘知举时进士门生也。初，峘当贡部，放榜日贬逐，与敦不相面。敦闻峘来，喜曰：'始见座主。'迎谒之礼甚厚。"④

门生：与座主相对的称呼。王定保《唐摭言·关试》条："吏部员外，其日于南省试判两节，诸生谢恩，其日称门生，谓之一日门生，自此方属吏部矣。"⑤

无名子：指科举考试中不得志而匿名造谤的人。王谠《唐语林·文学》："飞书造谤，谓之无名子。"⑥《唐摭言》卷十三《无名子谤议》："崔淡试《以至仁伐至不仁赋》，时黄巢方炽，因为无名子嘲曰：'主司何事厌我皇，解把黄巢比武王。'"⑦

守选：《东雅堂昌黎集注》卷十八《应科目时与人书》注："唐举子礼部及第，例须守选。选未满，或就制举，或书判拔萃，方获出仕。"⑧王勋成《唐代铨选与文学》提出唐代及第进士必须守选三年方能释褐授官之说。陈铁民、李亮伟发表《关于守选制与唐诗人登第后的释褐时间》⑨一文，认为"守选"之说大抵符合中晚唐授官状况，初盛唐则不成立。

---

① 程大昌：《雍录》卷一〇，明《古今逸史》本。

② 彭定求等：《全唐诗》卷五三六，文渊阁《四库全书》，第8页。

③ 王仲镛校笺：《唐诗纪事校笺》卷三九，巴蜀书社1989年版，第1051页。

④ 刘昫：《旧唐书》卷一四九，文渊阁《四库全书》，第10页。

⑤ 王定保：《唐摭言》卷三，古典文学出版社1957年版，第27页。

⑥ 王谠：《唐语林》卷二，清《惜阴轩丛书》本。

⑦ 王定保：《唐摭言》，古典文学出版社1957年版，第152~153页。

⑧ 廖莹中注：《东雅堂昌黎集注》卷一八，文渊阁《四库全书》，第5页。

⑨ 陈铁民，李亮伟：《关于守选制与唐诗人登第后的释褐时间》，《文学遗产》2005年第3期，第107~119页。

第二节　唐代试赋的场合

《新唐书》卷四四《选举志上》记载："唐制取士之科，多因隋旧，然其大要有三：由学馆者曰生徒，由州县者曰乡贡，皆升于有司而进退之。其科之目，有秀才，有明经，有俊士，有进士，有明法，有明字，有明算，有一史，有三史，有开元礼，有道举，有童子，而明经之别有五经，有三经，有二经，有学究一经，有三礼，有三传，有史科，此岁举之常选也。其天子自诏者曰制举，所以待非常之才焉。"①这里所说的"大要有三"，包括生徒考试、乡贡考试和制举考试。这三种又可一分为二，即"常选"和"制举"。在这些考试中涉及试赋的场合计有解试赋(县试赋、府试赋)、省试赋、博学宏词试赋、制科试赋四种，以下分别述之。

一、解试赋

《新唐书》卷四四《选举志上》又载："诏诸州明经、秀才、俊士、进士，明于理体，为乡里所称者，县考试，州长重复，岁随方物入贡。"②由此可见，县试是第一级考试，州府试是第二级考试。这两级考试在韩愈的《赠张童子序》中也有清楚的描述："天下之以明二经举于礼部者，岁至三千人。始自县考试定其可举者，然后升于州若府，其不能中科者不与是数焉。州若府总其属之所升又考试之如县，加察详焉，定其可举者，然后贡于天子，而升之有司，其不能中科者，不与是数焉，谓之乡贡。有司者总州府之所升而考试之，加察详焉，第其可进者以名上于天子，而藏之属之吏部，岁不及二百人，谓之出身。能在是选者，厥惟艰哉！"③韩愈所说的虽然是明经科推荐的情况，但进士科也可以类推。不过，县级考试和州府考试在推荐人才的过程中却不一定是必须举行的，前引李肇《国史补》提道："京兆府考而升者谓之等第，外府不试而贡者谓之拔解。"如何理解"不试而贡"呢？王定保《唐摭言》在引录李肇《国史补》下加了一条小注："然拔解亦须预托人为词赋，非谓白荐。"④这就是说，某些县或州府虽然没有正式举行考试，但举子需要事先行卷，将平时所写诗赋送给县官、州官，让其相信被荐者的水准值得推荐。由于县试不一定举行，即使举行，县试赋作也被府试、省试掩盖而难以留存，所以目前能够看到的唐人县试赋极少。

(一)县试赋

目下所知，现存赋作题上标明县试的仅有《文苑英华》卷一三二收录的吕鏄、王起

---

① 欧阳修等：《新唐书》卷四四，文渊阁《四库全书》，第1页。

② 欧阳修等：《新唐书》卷四四，文渊阁《四库全书》，第6页。

③ 廖莹中注：《东雅堂昌黎集注》卷二〇，文渊阁《四库全书》，第3页。

④ 王定保：《唐摭言》卷一，古典文学出版社1957年版，第4页。

《万年县试金马式赋》两篇。据《全唐文》卷五九四《吕鏄小传》："镈，贞元十四年进士。"(伦按："镈"当作"鏄"，说详下。①)《旧唐书》卷一百六十四《王播传》："弟起，字举之，贞元十四年擢进士第，释褐集贤校理，登制策直言极谏科，授蓝田尉。"按照唐代的科举制度推算，士子通过解试，一般在擢进士第的前一年，故可定吕鏄、王起《万年县试金马式赋》为贞元十三年县试赋。

另外，郑方坤《全闽诗话》卷一载："潘存实，字镇之，漳浦人。初应举，以《晨光丽仙掌赋》及《双陆子赋》得名。元和十三年，庾承宣侍郎下试《礼耕情田赋》及《玉声如乐诗》，入格登第，初授东宫左庶子，累迁户部侍郎。浦人登第，自存实始。"据此所述，潘存实的《晨光丽仙掌赋》，应当是一篇元和十二年(817)县试赋，《双陆子赋》则可能是一篇府试赋。《晨光丽仙掌赋》今存《文苑英华》卷二十八，以"有如攀青天捧白日"为韵。

(二)府试赋

唐代诸州解送进士有名额限制，据《唐六典》卷三〇记载："凡贡举人有博识高才，强学待问，无失俊选者，为秀才；通二经已上者，为明经；明闲时务，精熟一经者，为进士；通达律令者，为明法；其人正直清修，名行孝义，旌表门闾，堪理时务，亦随宾贡为孝弟力田。凡贡人，上州岁贡三人，中州二人，下州一人，若有茂才异等，亦不抑以常数。"②《唐摭言》卷一《贡举厘革并行乡饮酒》亦载："开元二十五年二月敕：应诸州贡士，上州岁贡三人，中州二人，下州一人，必有才行，不限其数。所宜贡之人，解送之日，行乡饮礼，牲用少牢，以官物充。"③这是开元年间的情况。但京兆府和河南府则不止选送三人。《唐摭言》卷二《京兆府解送》条："神州解送，自开元天宝之际，率以在上十人谓之等第，必求名实相副，以滋教化之源。小宗伯倚而选之，或至浑化，不然十得其七八。苟异于是，则往往牒贡院，请落由。"④又《元和元年登科记京兆等第榜序》："天府之盛，神州之雄，选才以百数为名，等列以十人为首。起自开元天宝之世，大历建中之年，得之者拤跃云衢，阶梯兰省，即六月冲霄之渐也。今所传者始于元和景戌岁，次序名氏，目曰《神州等第录》。"⑤由此可见，在中唐元和年间，京兆府选送每年达到"以百数为名"，而前十名等第进士"或至浑化"，《太平广记》卷一七八《贡举一》引作"或悉中第"。据《新唐书·地理志》统计，唐开元二十八年(740)全国共有州府 328 个。地方选送六七百人，加上国子监选送生员，京兆府、河南府等解送人才，大约每年送到礼部待考的举子有一千人。

中晚唐时期，唐代地方行政单位由州、县两级改为道、州、县三级，各地解送名额

---

① "镈"当作"鏄"。王昶《金石萃编》卷一一五(清嘉庆十年刻本)"金部员外郎"有"吕鏄"。

② 李林甫等：《大唐六典》卷三〇，三秦出版社 1991 年版，第 525 页。

③ 王定保：《唐摭言》，古典文学出版社 1957 年版，第 1 页。

④ 王定保：《唐摭言》，古典文学出版社 1957 年版，第 13 页。

⑤ 王定保：《唐摭言》，古典文学出版社 1957 年版，第 13 页。

也相应发生变化。唐武宗会昌五年(845)颁布新修《举格节文》：

公卿百寮子弟及京畿内士人、寄客外州府举士人等，修明经、进士业者，并隶名所在监及官学，仍精加考试。所送人数，其国子监明经，旧格每年送三百五十人，今请送三百人。进士依旧格送三十人。其隶名明经，亦请送二百人。其宗正寺进士，送二十人。其东监、同华、河中所送进士，不得过三十人，明经不得过五十人。其凤翔、山南西道东道、荆南、鄂岳、湖南、郑滑、浙西、浙东、鄜坊、宣商、泾邠、江南、江西、淮南、西川、东川、陕虢等道，所送进士不得过一十五人，明经不得过二十人。其河东、陈许、汴、徐泗、易定、齐德、魏博、泽潞、幽孟、灵夏、淄青、郓曹、兖海、镇冀、麟胜等道，所送进士不得过一十人，明经不得过十五人。金汝、盐丰、福建、黔府、桂府、岭南、安南、邕容等道，所送进士不得过七人，明经不得过十人。其诸支郡所送人数，请申观察使为解都送，不得诸州各自申解。诸州府所试进士杂文，据元格并合封送省。准开成三年五月三日敕，落下者今缘自不送。所试以来举人公然拔解，今诸州府所试，各须封送省司检勘。如病败不近词理，州府妄给解者，试官停见任用阙。①

这个敕令照顾到辖地大小及其经济文化差异，全国每年解送人数有所压缩，进士、明经合计为2000人左右。在会昌之前，每年解送的人数大约进士1000人，明经2000人。通过礼部省试及第的比例，杜佑《通典》卷一五《选举三》记载：“其进士大抵千人，得第者百一二；明经倍之，得第者十一二。”②意谓每年进士及第二十余人，明经及第二百余人。清代学者赵翼《陔余丛考》卷二八《进士》条也作过比较：“后世放进士多至三四百人，少亦百余人，唐则每岁放进士不过三四十人。”③

由于本贯名额限制，加之京兆府及其临近州府解送人才存在录取的优势，唐时举子都愿意冒籍京城或赴临近的同、华等州取解，如《唐摭言》卷二《争解元》所说：“同、华解最推利市，与京兆无疑，若首送，无不捷者。”柳宗元《送辛生下第序略》感慨道：“自命乡论士之制坏而不复，士莫有就绪，故丛于京师。京兆尹岁贡秀才，常与百郡相抗。登贤能之书或半，天下取其殊，尤以为举首者，仍岁皆上第。过而就黜，时谓怪事。有司或不问能否而成就之。”④

检查有关文献，今可明确的唐代府试赋有如下十一例：

1. 托名刘知幾《京兆试慎所好赋》

此赋载《文苑英华》卷九二，未署作者；《历代赋汇》卷六八，作阙名。《全唐文》卷

① 王定保：《唐摭言》卷一，古典文学出版社1957年版，第2页。

② 杜佑：《通典》，中华书局1988年版，第357页。

③ 赵翼：《陔余丛考》，河北人民出版社2003年版，第559页。

④ 董诰等：《全唐文》卷五七八，中华书局1983年版，第5842页。

二七四盖涉前首刘知幾《思慎赋》而将此赋误收刘知幾名下。洪业曾就《全唐文》所辑录的刘知幾三篇赋作《思慎赋》、《韦弦赋》和《慎所好赋》予以考定，认为《韦弦赋》、《慎所好赋》的风格与《思慎赋》并不相同，且《韦弦赋》并不避刘知幾父亲的名讳，加之，刘知幾并非应京兆试，当时并未以赋为科考方式，诗赋亦并未限用八韵，故《韦弦赋》、《慎所好赋》绝非刘知幾应试之作。① 洪业的考证是对的，但他并未论定此赋属于其他哪位作者，故应归于阙名。《京兆试慎所好赋》以"重译献珍，信非宝也"为韵。《唐大诏令集》卷一二八载宪宗元和十四年(819)正月《放吐蕃使归国敕》："朕临御万邦，推布诚信，西戎纳款，积有岁时，中或亏违，亦常包贷。我有殊德，宁不是思，重译贡珍，道途相继，申恩示礼，曾无阙焉。昨者蕃使奉章人至京輦，将君长之命，陈和好之诚，临轩召见，馆饩加厚，复以信币，谕之简书，亦既言旋，才及郊甸，遽闻蚁聚，来犯封陲，河曲之间，颇为暴扰，背惠弃约，斯谓无名，公议物情，咸请诛绝。朕深惟德化之未被，岂虑夷俗之不宾，其国失信，其使何罪？释其维絷以遂性，示之弘覆以志怀。予衷苟孚，庶使知感。其使论矩立藏等并后般来使，并宜放归本国。仍委凤翔节度使以此意晓谕。"②这篇敕令中有"重译贡珍，道途相继"之说，又有"公议物情，咸请诛绝"之说，可见《京兆试慎所好赋》也许产生在宪宗元和时期中外矛盾氛围之中。

2. 白居易贞元十五年(799)宣州试《射中正鹄赋》

宋人陈振孙《白氏文公年谱》考订："贞元十五年，是岁举进士于宣州，试《射中正鹄赋》、《窗中列远岫诗》，公预荐送，有《伤远行赋》云：'分微禄以归养。'自鄱阳而归洛阳。又云：'今我来兮，秋风其凉。'盖公既被荐，乃归省，而其家当复自徐徙寓洛也。"③由此可见，白居易是在家乡洛阳取解无望的情况下，投靠在宣州做官的叔父，通过获取宣州解送，才得以在贞元十六年(800)进士登第的。

3. 邵说天宝十载(751)河南府试《筌蹄赋》

《全唐文》卷四五二《邵说小传》："说，相州安阳人，天宝中进士。为史朝义判官，朝义败，降郭子仪，累授长安令，秘书少监，迁吏部侍郎，太子詹事。建中三年，坐为朱泚草奏讼严郢冤，贬归州刺史，卒。"邵说有《让吏部侍郎表》云："微臣积衅，殃祸所钟，十六而孤，长于母手，誓心坟史，不出户庭。迨至天宝年中，谬忝词场擢第，适会老母弃背，服丧河洛。及禄山之至，礼制当终。臣愚不脱缞麻，更逾再岁。而贼中言议，往往纷然，臣惧凶党不容，寓游洛魏。"④伦按：根据此文所述，可推断邵说进士及

① 洪业：《〈韦弦〉、〈慎所好〉二赋非刘知幾所作辨》，《中央研究院历史语言研究所集刊》卷28，1957年版。

② 宋敏求编：《唐大诏令集》卷一二八，文渊阁《四库全书》，第6页。

③ 陈振孙：《白氏文公年谱》，《北京图书馆藏珍本年谱丛书》第11册，北京图书馆出版社1999年版，第379页。

④ 董诰等：《全唐文》卷四五二，中华书局1983年版，第4617页。

第的年份。安禄山起兵于天宝十四载(755)十一月，此时邵说服母丧当终。按照《大唐开元礼》，服母丧为三年。往前推三年，邵说及第当在天宝十一载(752)，则其河南府试《筌蹄赋》取解，当在天宝十载(751)。

4. 李子卿大历十年(775)《府试授衣赋》

《全唐诗》卷三〇五《李子卿小传》称："李子卿，大历末与崔损同第。"①《文苑英华》卷六四收李子卿、崔损《饮至赋》，皆以"破敌有功"为韵。王士祥《唐代试赋研究》推测其当为大历十一年(776)进士赋题②，可以信从。《文苑英华》卷一一三收录李子卿《府试授衣赋》，以"霜降此时，女工云就"为韵，应当是大历十年府试赋题。又同卷收录张何《授衣赋》，与李子卿赋限韵相同，应为同时府试赋题。

5. 乔彝大历十二年(777)解试《渥洼马赋》

乔彝试赋有一个著名的故事，唐张固《幽闲鼓吹》记载："乔彝京兆府解试时，有二试官，彝日午叩门，试官令引入，则已醺醉，视题曰《幽兰赋》，不肯作，曰：'两个汉相对，作此题？'速改之，为《渥洼马赋》，曰：'校些子。'奋笔斯须而就，警句云：'四蹄曳练，翻瀚海之惊澜；一喷生风，下胡山之乱叶。'便欲首送，京尹曰：'乔彝峥嵘甚。宜以解副荐之。'"③这个故事近似小说家言，唐时士子对考官的态度恐怕不敢这样傲慢。清代陈鸿墀《全唐文纪事》也引用这则故事，并下了按语："今所传《渥洼马赋》'惊澜'作'霜华'，'乱叶'作'木叶'，又有《幽兰赋》，以'远芳袭人，终古无绝'为韵。考唐人《幽兰赋》共五首，限韵俱同，当是应试之文。此云乔彝不肯作者，恐传闻之异也。"④权德舆《唐故尚书司门员外郎仲君墓志铭并叙》载仲子陵"大历十三年，举进士甲科"⑤。《文苑英华》卷一四七载乔彝、陈有章、韩伯庸、仲子陵、李公进五篇《幽兰赋》，皆以"远方袭人，终古无绝"为韵，当是本年进士赋题。王士祥《唐代试赋研究》怀疑《幽兰赋》与《渥洼马赋》皆为大历十二年解试赋。⑥ 非是。事实上，乔彝既有《渥洼马赋》，又有《幽兰赋》，两赋俱传，前者是其解试赋，后者是其省试赋，不得混淆。

6. 高郢上元二年(761)解试《沙洲独鸟赋》

唐人冯贽《云仙杂记》引《湘潭记》"石鳖衔赋题"条："高郢夜课于丰亭，忽见一鳖在案上，视之石也。郢异其事，取千题散置楮中，祷祝，令石鳖衔之，以卜来事。既而

---

① 彭定求等：《全唐诗》，中华书局 1960 年版，第 3474 页。

② 王士祥：《唐代试赋研究》，上海古籍出版社 2012 年版，第 204~205 页。

③ 李昉：《太平广记》卷一七九《贡举二》引，文渊阁《四库全书》。

④ 陈鸿墀：《全唐文纪事》卷三二，清同治十二年方功惠广州刻本。

⑤ 权德舆：《权载之文集》卷二四，《四部丛刊》景清嘉庆本。

⑥ 王士祥：《唐代试赋研究》，上海古籍出版社 2012 年版，第 134~135 页。

石鳖举头，乃是《沙洲独鸟赋》。题出，果然。其年首选。”①五代王定保《唐摭言》卷二《争解元》条：“高贞公郢就府解后，时试官别出题目曰《沙洲独鸟赋》，即援笔而成曰：‘欥有飞鸟，在河之洲。一饮一啄，载沉载浮。赏心利涉之地，浴质至清之流。’其年首送。”②《新唐书》卷一六五《高郢传》载其“宝应初，登进士第”。徐松《登科记考》以宝应元年(762)正月，肃宗驾崩，停贡举，系高郢登第于宝应二年(763)。③ 由此可见，高郢府试取解，当在上元二年(761)。《文苑英华》卷一三七载高郢此赋全文。

7. 马植等元和十三年(818)华州府试《登山采珠赋》

《唐摭言》卷二《争解元》条：“同、华解最推利市，与京兆无异。若首送，无不捷者。元和中，令狐文公镇三峰时，及秋赋，榜云：特加置五场。盖诗、歌、文、赋、帖经为五场。常年以清要书题求荐者，率不减十数人，其年莫有至者。虽不远千里而来，闻是皆寝去。唯卢弘正尚书独诣华请试。公命供帐，酒馔侈靡于往时。华之寄客，毕纵观于侧。弘正自谓独步文场，公命日试一场，务精不务敏也。弘正已试两场，而马植下解。植将家子弟，从事辈皆窃笑。公曰：‘此未可知。’既而试《登山采珠赋》，略曰：‘文豹且异于骊龙，采斯疏矣；白石又殊于老蚌，剖莫得之。’公大服其精当，遂夺弘正解元。后弘正自丞郎将判鹾，俄而为植所据。弘正以手札戏植曰：‘昔日华元，已遭毒手；今来鹾务，又中老拳。’复日试《破竹赋》。”④伦按：华岳有三峰，“令狐文公镇三峰”，即令狐楚任华州刺史。据《旧唐书》卷一七二《令狐楚传》：“元和十三年四月出为华州刺史，其年十月，皇甫镈作相，其月以楚为河阳怀节度使。”《旧唐书》卷一七六《马植传》载：“植，元和十四年进士擢第，又登制策科。”则其以《登山采珠赋》取解元当在元和十三年(818)四月至十月令狐楚任华州刺史之时。王士祥《唐代试赋研究》以为此年府试之赋，既有《登山采珠赋》，又有《破竹赋》⑤，恐怕非是。盖王士祥未留意判读此段末尾的“鹾务”一词之意，鹾是盐的别名。《礼记・曲礼下》：“盐曰咸鹾。”郑玄注：“大咸曰鹾。”所谓“判鹾”是指担任盐铁转运使。据《旧唐书》卷一六三《卢简辞传附卢弘正传》：“(弘正)大中初转户部侍郎，充盐铁转运使。前是安邑解县两池盐法积弊，课入不充。弘正令判官司空舆(伦按：其人即司空图之父，见《旧唐书》卷一九〇下《司空图传》)至池务检察，特立新法，仍奏舆为两池使，三年课入加倍，其法至今赖之。”又《旧唐书》卷四九《食货志下》记载：“开成三年至大中壬申，凡一十五年，多任以元臣，以集其务。崔珙自刑部尚书拜，杜悰以淮南节度领之，既而皆践公台。薛元赏、李执方、卢弘正、马植、敬晦五人，于九年之中相踵理之。植亦自是居相位。大中五年二月，以户部侍郎裴休为盐铁转运使，明年八月以本官平章事。”由此可见，《唐摭言》所

① 冯贽：《云仙杂记》卷四，《四部丛刊续编》景明本。

② 王定保：《唐摭言》卷二，古典文学出版社 1957 年版，第 19 页。

③ 徐松：《登科记考》，中华书局 1984 年版，第 358 页。

④ 王定保：《唐摭言》卷二，古典文学出版社 1957 年版，第 17 页。

⑤ 王士祥：《唐代试赋研究》，上海古籍出版社 2012 年版，第 136~138 页。

说的“自丞郎将判鹾，俄而为植所据”，就是指马植先于卢弘正担任盐铁转运使，所以卢弘正“复日试《破竹赋》”，只是发泄对马植总是压住自己一头的不满而已，并非是说其华州取解曾试《破竹赋》。

8. 徐凝等长庆二年(822)杭州解试《长剑倚天外赋》

范摅《云溪友议》卷中《钱塘论》条：“致仕尚书白舍人初到钱唐，令访牡丹花。独开元寺僧惠澄近于京师得此花栽，始植于庭，栏圈甚密，他处未之有也。时春景方深，惠澄设油幕以覆其上，牡丹自此东越分而种之也。会徐凝自富春来，未识白公，先题诗曰：‘此花南地知难种，惭愧僧闲用意栽。海燕解怜频睥睨，胡蜂未识更徘徊。虚生芍药徒劳妒，羞杀玫瑰不敢开。惟有数苞红幞在，含芳只待舍人来。’白寻到寺看花，乃命徐生同醉而归。时张祜榜舟而至，甚若疏诞，然张、徐二生未之习隐，各希首荐焉。中舍曰：‘二君论文，若廉白之斗鼠穴，胜负在于一战也。’遂试《长剑倚天外赋》、《余霞散成绮诗》，试讫解送，以凝为先，祜其次耳。张曰：‘祜诗有地势遥尊岳，河流侧让关。多士以陈后主日月光天德，山河壮帝居，此徒有前名矣。’又祜《题金山寺诗》曰：‘(此寺大江中)树影中流见，钟声两岸闻。虽綦毋潜云：塔影挂青汉，钟声和白云。此句未为佳也。祜《观猎》四句及宫词，白公曰：‘张三作猎诗以较王右丞，予则未敢优劣也。’王维诗曰：‘风劲角弓鸣，将军猎渭城。草枯鹰眼疾，雪尽马蹄轻。忽过新丰戍，还归细柳营。回看失雁处，千里暮云平。’张祜诗曰：‘晓出禁城东，分围浅草中。红旗开向日，白马骤临风。背手抽金镞，翻身控角弓。万人齐指处，一雁落寒空。’白公又以《宫词》四句之中皆数对，何足奇乎？然无徐生云‘今古长如白练飞，一条解破青山色’。徐凝赋曰：‘谯周室里，定游夏于立虔；马守帷中，分易礼于卢郑。如我明公荐，岂唯偏党乎？’张祜曰：‘虞韶九奏，非瑞马之至音；荆玉三投，伫良工之必鉴。且鸿钟运击，瓦缶雷鸣。荣辱纠绳，复何定分？’祜遂行歌而迈，凝亦鼓枻而归。二生终身偃仰，不随乡赋者乎？”①据陈振孙《白氏文公年谱》，白居易于长庆二年(822)七月自中书舍人出守杭州，长庆四年(824)三月改苏州刺史。徐凝与张祜在杭州取解，正是长庆二年之事。胡可先《〈登科记考〉匡补》据《乾隆杭州府志》卷一〇七《选举志》论证徐凝为长庆三年(823)癸卯郑冠榜进士，其长庆二年于杭州取解无疑。② 孟二冬《登科记考补正》据以补充徐凝为长庆三年(823)进士。清嵇曾筠《(雍正)浙江通志》卷一八二引《万历严州府志》谓徐凝：“分水人，与施肩吾同时，举进士，官至金部侍郎。”③《唐才子传校笺》卷六“徐凝”条引《万历严州府志》未能断句，作“与施肩吾同时举进士”④。王士祥《唐代试赋研究》据以论证徐凝与施肩吾皆元和十五年(820)举进士，而其参加解试最晚

① 范摅：《云溪友议》卷中，文渊阁《四库全书》，第12~14页。

② 胡可先：《〈登科记考〉匡补》，《文献》1988年第1期。

③ 嵇曾筠等：《(雍正)浙江通志》，文渊阁《四库全书》卷一八二《文苑五》，第2页。

④ 傅璇琮等校笺：《唐才子传校笺》卷六，第三册，中华书局1990年版，第93页。

为元和十四年(819)，故怀疑《云溪友议》载徐凝取解事有误。① 此乃于无疑处滋生疑窦，不可取信。

9. 王棨、宋言等大中十一年(857)府试《三箭定天山赋》

黄璞《王郎中传》："初就府荐，冯涯为试官，《三箭定天山赋》当意，为涯所知，欲显滞遗，明设科第，以宋言为解头，公为第二。时毅夫中丞尹京兆怒涯不取旨扮，命收榜，扱破名第申省。其年等第虽破，公道益彰。凡曾受品题，数年之间，及第殆尽。前今舆论，莫不美冯公之善得其材，荣公之获任其选。"②范摅《云溪友议》卷下《去山泰》条："宋言端公近十举而名未播，大中十一年将取府解。言本名岳，因昼寝，似有人报云：'宋二郎秀才若头上戴山，无因成名，但去其山，自当通泰。'觉来便思去之，不可名狱，遂去二犬，乃改为言。及就府试，冯涯侍郎作掾而为试官，以解首送言也。时京兆尹张大夫毅夫以冯参军解送举人有私，奏谴澧州司户，再试退解头宋言为第六十五人。知闻来唁，宋曰：'来春之事，甘已参差。'李潘舍人放榜，以言为第四人及第。言感恩最深，而为望外也。乃服冯涯知人，寻亦获雪。"③

10. 倪曙等乾符四年(877)京兆府解试《火中寒暑退赋》

王定保《唐摭言》卷二《置等第》："乾符四年，崔涓为京兆尹，复置等第。差万年县尉公乘亿为试官，试《火中寒暑退赋》、《残月如新月诗》。李时(文公孙)、韦硎、沈驾、罗隐、刘纂、倪曙、唐骈、周繁(池人，善赋)、吴廷隐、贾涉(其年所试八韵，涉擅场，而屈其等第)。"④清梁廷枏《南汉书》卷九列传第三《倪曙传》："倪曙字孟曦，福州侯官人。唐乾符四年举进士，试于京兆。故事：神州解选，自开元天宝之际，率以在上十人谓之等第。必求名实相副者，送小宗伯，倚而选之。时制已久停，至是崔淯为京兆尹，复置焉。以万年县尉为试官，试《火中寒暑退赋》、《残月如新月诗》，曙名列第五。"⑤

11. 徐寅景福二年(893)《京兆府试入国知教赋》

徐松《登科记考》卷二四将徐寅列人景福元年(892)进士。孟二冬《登科记考补正》认为，徐寅为乾宁元年(894)进士，试《止戈为武赋》、《东风解冻诗》。其依据的主要材料如下：黄滔《司直陈公墓志铭》云："(公)讳峤，字延封。……闽岳江山，莆阳为灵秀之最。贞元中林端公藻冠东南之科，第十年而许员外稷继翔。……公追二贤之后，七

① 王士祥：《唐代试赋研究》，上海古籍出版社 2012 年版，第 138~139 页。

② 董诰等：《全唐文》卷八一七，中华书局 1983 年版，第 8603 页。

③ 范摅：《云溪友议》卷下，文渊阁《四库全书》，第 3 页。

④ 王定保：《唐摭言》卷二，古典文学出版社 1957 年版，第 14~15 页。

⑤ 梁廷枏：《南汉书》卷一〇，清《藤花亭十五种》本。

年而徐正字寅捷，八年而愚捷。”①(原缺“捷”字，据《唐才子传校笺》补)据《登科记考》卷二二，陈峤于僖宗光启二年(886)登进士第，下推七年即是昭宗乾宁元年(894)。又黄滔自称在徐寅后一年登第，而黄滔于乾宁二年(895)中进士，上推一年即为乾宁元年。《永乐大典》引宋《莆阳志》云：“乾宁元年，徐寅、陈乘登进士第。”②刘克庄《跋徐先辈集》也说：“公元年乾宁登第。”③综合以上材料，可以断定徐寅当在乾宁元年(894)举进士第，则其京兆府取解当在景福二年(893)。《文苑英华》卷六十九载徐寅《京兆府试入国知教赋》，以“观光上国，化洽文明”为韵，应为该年府试赋题。

二、省试赋及停举年份考察

唐代开元元年之前，目前可确认的试赋仅有武则天垂拱元年(685)试《高松赋》、垂拱二年(686)进士试《君臣同德赋》、长安二年(702)试《东堂画壁赋》，除了《君臣同德赋》之外，其他两次考试的赋作都未留存下来。开元二年(714)之后的进士省试赋作，详见本书后续各章考察。唐代科举正常情况下，每年都有省试，若有特殊原因，则当年停试。本节仅叙述唐代科举停试的状况，各年试赋情况详见后续各章。

(一)唐开元以后六年停举

据马端临《文献通考》卷二九载《唐登科记总目》和徐松《登科记考》统计，自唐开元元年(713)至天祐四年(907)一百九十余年之间，有六年停科举：宝应元年(762)，肃宗李亨驾崩，停举；贞元二十年(804)，京师雨雪，畿内不稔，停举；咸通十一年(870)，以庞勋盗据徐州，久屯戎卒，连年飞挽，物力方虚，因诏权停贡举一年；中和四年(884)天下大荒，停举；天复二年(902)停举；天复三年(903)车驾出京，停举。

(二)五代五年停举

据马端临《文献通考》卷三〇载《五代登科记总目》和徐松《登科记考》统计，五代共五十二年，期间仅有后梁乾化四年(916)停举，贞明七年(921)停举，龙德三年(923)停举；后晋天福四年(939)、五年(940)停举。马端临按：“五代五十二年，其间惟梁与晋各停贡举者二年(伦按：梁为三年)，则降敕以举子学业未精之故，至于朝代更易，干戈攘抢之岁，贡举固未尝废也。”④

(三)进士科停试诗赋

“唐以诗取士”、“唐以赋取士”或“唐以诗文取士”，是时人和后代学者讨论唐代科

---

① 黄滔：《黄御史集》卷六，文渊阁《四库全书》，第3页。

② 徐松：《登科记考》卷二四，中华书局1984年版，第903页。

③ 刘克庄：《后村集》卷九六，《四部丛刊》本。

④ 马端临：《文献通考》卷三〇选举考三，清浙江书局本。

举与文学关系时，常常谈到的几大命题。由唐至宋，有反对者，有支持者，争议绵延不绝。

先看反对者的意见：

杜佑《通典》选举五记载：“上元元年(760)，刘峣上疏曰：国家以礼部为考秀之门，考文章于甲乙，故天下响应，驱驰于才艺，不务于德行。夫德行者可以化人成俗，才艺者可以约法立名。故有朝登甲科而夕陷刑辟，制法守度使之然也。陛下焉得不改而张之？至如日诵万言，何关理体？文成七步，未足化人。昔子张学干禄，仲尼曰：‘言寡尤，行寡悔，禄在其中矣。’又曰：‘行有余力，则以学文。’今舍其本而循其末。况古之作文，必谐风雅；今之末学，不近典谟。劳心于卉木之间，极笔于烟云之际，以此成俗，斯大谬也。昔之采诗，以观风俗。咏《卷耳》则忠臣喜，诵《蓼莪》而孝子悲，温良敦厚，诗教也。岂主于淫文哉？夫人之爱名，如水之务下。上有所好，下必甚焉。陛下若以德行为先，才艺为末，必敦德励行，以伫甲科，丰舒俊才，没而不齿，陈实长者，拔而用之。则多士雷奔，四方风动。风动于下，圣理于上，岂有不变者欤？”①刘峣是肃宗时人，他上疏的要旨是主张朝廷取士应当先德行而后才艺，故后来《全唐文》收录此文，即命名为《取士先德行而后才艺疏》②。

宝应二年(763)，礼部侍郎杨绾上《条奏贡举疏》：“近炀帝始置进士之科，当时犹试策而已。至高祖朝，刘思立为考功员外郎，又奏进士加杂文，明经加帖经。从此积弊，寖而成俗，幼能就学，皆诵当代之诗，长而博文，不越诸家之集。递相党与，用致虚声。六经则未尝开卷，三史则皆同挂壁。况复征以孔门之道，责其君子之儒者哉？……今之取人，令将牒自举，非经国之体也。望请依古制，县令察孝廉，审知在乡闾有孝悌及信义廉耻之行，加以经业才堪策试者，以孝廉为名，荐之于州，刺史当以礼待之，试其所通之学，其通者送名于省，自县至省，不得令举人辄自陈牒。比来有到状保辨识牒等一切并停，其所习经《左传》、《公羊》、《穀梁》、《礼记》、《周礼》、《仪礼》、《尚书》、《毛诗》、《周易》，任通一经，务取深义奥旨，通诸家之义。试日差诸司官有儒学者对问，每经问义十条，问毕对策三道。其策皆问古今理体及当时要务，取堪行用者。其经义并策全通为上第，望付吏部便与官。其经义通八，策通二为中第，与出身。下第罢归。”③杨绾此疏的要义是企图扭转唐代科举考试明经、进士的方法，恢复汉代以来的察举孝廉制度。唐代宗将此疏下达大臣，诏左右丞、诸司侍郎、御史大夫、中丞、给舍同议。此疏虽然得到给事中李栖筠、尚书左臣贾至、御史大夫严武等人的赞同，但其他大臣则以为“举人循习难于速变，请自来岁始”，翰林学士则以为“举进士久矣，废之恐失其业”④。所以，代宗只得下诏，让明经、进士考试与举孝廉兼行。

---

① 杜佑：《通典》卷一七选举五，清武英殿刻本。

② 董诰等：《全唐文》卷四三三，中华书局 1983 年版，第 4424 页。

③ 姚铉编：《唐文粹》卷二八，《四部丛刊》景元翻宋本。

④ 欧阳修等：《新唐书》卷四四，文渊阁《四库全书》，第 12 页。

德宗时洋州刺史赵匡上《举选议》指出："国朝举选用隋氏之制，岁月既久，其法益讹。夫才智因习而就，固然之理。进士者，时共贵之。主司褒贬，实在诗赋。务求巧丽，以此为贤，不惟无益于用，实亦妨其正习；不惟挠其淳和，实又长其佻薄。自非识度超然，时或孤秀，其余溺于所习，悉昧本源。欲以启导性灵，奖成后进，斯亦难矣。"他主张："进士习业，请令习《礼记》、《尚书》、《论语》、《孝经》并一史，其杂文请试两首，共五百字以上，六百字以下。试笺、表、议、论、铭、颂、箴、檄等有资于用者，不试诗赋。其理通，其词雅，为上；理通词平为次，余为否。其所试策，于所习经史内问，经问圣人旨趣，史问成败得失，并时务，共十节，贵观理识，不用求隐僻、诘名数，为无益之能，言词不至鄙陋，即为第。"①赵匡是一位经学家，他反对考试诗赋，并提出具体的改革措施，但可能因为人微言轻，并未立即在朝廷产生效应。

建中二年(781)十月，中书舍人赵赞奉诏权知贡举，上了一道奏疏《请以箴表等代诗赋奏》，得到皇帝赞同，而在建中三年(782)加以实施。《新唐书》卷四四《选举志上》记载：

> 先是进士试诗赋及时务策五道，明经策三道。建中二年，中书舍人赵赞权知贡举，乃以箴、论、表、赞代诗、赋，而皆试策三道。

徐松《登科记考》卷十一建中二年注云："按次年进士试《学官箴》，是罢诗赋自三年(782)始，第不知复于何年用诗赋。考《文苑英华》载贞元四年试《曲江亭望慈恩寺杏园花发诗》，大约贞元之初即复旧制，故大和间礼部奏言'国初以来试诗赋，中间或暂改更，旋即仍旧'是也。"②

据徐松《登科记考》考订，建中三年(782)，进士试《学官箴》，见潘昂霄《金石例》；建中四年(783)，进士试《易简知险阻论》，见李肇《国史补》；兴元元年(784)，进士试《朱乾铭》，见潘昂霄《金石例》。

根据笔者新考订，从建中三年(782)到贞元元年(785)，由于中书舍人赵赞上奏，约有四年时间停试诗赋。到贞元二年(786)包佶知贡举，已有诗赋考试。徐松《登科记考》卷一二贞元二年进士科未列试赋题目，孟二冬《登科记考补正》亦未补充。伦按：本年进士有刘辟，《文苑英华》卷三二载刘辟《如石投水赋》，以"仁义忠信，公平能谏"为韵。日藏唐抄本《赋谱》引用《如石投水赋》云："石至坚兮水至清。坚者可投而必中，清者可受而不盈。"比喻"义兮如君臣之叶德，事兮因谏纳而垂名"。这篇《如石投水赋》的用韵与刘辟赋之"平"字韵相同。可见，《赋谱》引用的《如石投水赋》与刘辟赋是同题共作。由此可以证明，刘辟赋是一篇省试赋作。

唐代第二次停试诗赋发生在大和八年(834)。司马光《资治通鉴》记载，唐文宗大和

---

① 董诰等：《全唐文》卷三五五，中华书局1983年版，第3602页。

② 徐松：《登科记考》，中华书局1984年版，第418页。

七年(833)七月，“上患近世文士不通经术，李德裕(时任中书侍郎，同中书门下平章事)请依杨绾议(即前引《条奏贡举疏》)，进士试论议，不试诗赋”①。

唐文宗于大和七年(833)八月颁布《册皇太子德音》诏书，其中谈道：“进士之科，尤要厘革。虽乡举里选，不可复行，然务实抑华，必有良术。”于是下令：“其进士学，宜先试帖经，并略问大义，取经义精通者，次试议、论各一首，文理高者，便与及第，其所试诗赋并停。”②

大和八年(834)甲寅正月，礼部侍郎李汉呈上奏章：“准太和七年八月敕，贡举人不要试诗赋策，且先帖大经小经共二十帖，次对正义十道，次试议、论各一首讫，考核，放及第。”③

上述措施施行仅一年，大和八年(834)十月，礼部即呈上奏疏：“进士举人，自国初以来试诗赋，帖经，时务策五道。中间或暂改更，旋即仍旧。盖以成法可守，所取得人故也。去年八月节文，先试帖经口义论议等。以臣商量，取其折衷，伏请先试帖经，通数依新格处分，时务策五道，其中三道问经义，两道时务，其余并请准大和六年以前格处分。”文宗不得已，敕旨：“依奏。”④司马光《资治通鉴》记载：“[大和八年(834)十月]庚寅，以李宗闵为中书侍郎同平章事，甲午，以中书侍郎同平章事李德裕同平章事，充山南西道节度使。”礼部贡院正是在这种“牛李党争”背景下，上奏进士恢复考试诗赋：“(十月)乙巳，贡院奏进士复试诗赋，从之。”⑤贡院的理由是“成法可守，所取得人”，所以文宗也只得应允。

文宗开成元年(836)二月癸未，宰臣奏事于紫宸殿，帝曰：“从来文格非佳，昨试进士题目是朕自出，所见诗赋似胜去年。”宰臣李石曰：“陛下改诗赋格调，以正颓俗。高锴亦能励精取士，仰副圣旨。”⑥徐松据以认为：“开成元年文宗谓宰臣所见诗赋似胜去年，是大和九年仍用诗赋也，则停试诗赋，惟大和(八年)甲寅一年耳。”⑦

综上所述，不算初唐和五代，唐朝自玄宗开元元年(713)至昭宣帝天祐四年(907)195年之间，有六年停止科举；加上建中三年(782)至贞元元年(785)共四年停试诗赋，大和八年(834)一年停试诗赋，总共有十一年停试诗赋。其他一百八十余年的时间，年年有科举，年年试诗赋。如此长期地坚持，说明诗赋考试制度自有其存在的合理理由。

综观唐人关于科举考试诗赋之正面与负面意见，可知反对试诗赋的意见主要有两大理由：一是主张德行为本，文艺为末；二是主张实用之学，反对空虚之学。支持试诗赋者也主要有两大理由：一是考试诗赋可以形成专门名家之学；二是通过诗赋作品可以考

---

① 司马光：《资治通鉴》卷二四四，文渊阁《四库全书》，第27页。
② 宋敏求：《唐大诏令集》卷二九，文渊阁《四库全书》，第14页。
③ 王钦若等：《册府元龟》卷六四一，文渊阁《四库全书》，第4页。
④ 王钦若等：《册府元龟》卷六四一，文渊阁《四库全书》，第5页。
⑤ 司马光：《资治通鉴》卷二四五，文渊阁《四库全书》，第4页。
⑥ 王钦若等：《册府元龟》卷四〇，文渊阁《四库全书》，第41页。
⑦ 徐松：《登科记考》，中华书局1984年版，第757页。

查人的学识器业。朝廷在平衡两方面意见之时，偶尔支持反对者，大多数情况下，是以“成法可守，所取得人”两大理由继续坚持推行考试诗赋。所谓“成法可守”是指隋唐以来推行的科举新法，反对者就此只能提出“乡举里选”的复古主张，历史的车轮其实难以倒退，只能前进。所谓“所取得人”，是实践的效果，有唐以来，通过诗赋考试出身的名臣才士比比皆是。清代康熙帝在《御制历代赋汇序》中曾指出以赋求才的意义：“至于唐宋，变而为律，又变而为文。而唐宋则用以取士，其时名臣伟人往往多出其中。迨及元而始不列于科目。朕以其不可尽废也，间尝以是求天下之才。”事实胜于雄辩，所以唐代推行的科举考试诗赋，可以延续到宋代，并在清代复兴，往往与盛世并行，历史的经验不容忽视。

三、博学宏词科试赋

唐代进士及第后并不能立即入仕，而是仅仅获得出身品第，即任职资格，还需经过吏部的铨选考试方可释褐做官。守选的情况在初唐尚不严格，盛唐以后，在一般情况下，唐代进士及第后平均守选三年，明经守选七年，个别甚至十几年才能通过铨试获得官职。守选的进士若想尽快进入仕途，则须参加由吏部主持的博学宏词科或书判拔萃科考试。韩愈《东雅堂昌黎集注》卷一八《应科目时与人书》注：“唐举子礼部及第，例须守选，选未满，或就制举，或书判拔萃，方获出仕。”①杜佑《通典》卷一五《选举三》记载：“选人有格限未至，而能试文三篇，谓之‘宏词’；试判三条，谓之‘拔萃’，亦曰‘超绝’。词美者，得不拘限而授职。”②宏词科的考试内容是“试文三篇”，包括诗、赋、策各一，或诗、赋、论各一，因此参加宏词科考试有时也被称为“举三篇”，如王定保《唐摭言》卷四《气义》记载：“杨虞卿及第后，举三篇，为校书郎。”③新罗来华进士崔致远在《初投献大尉启》中说自己“欲应三篇”，又在《长启》中说：“望应宏词。”④两处说的是一回事。韩愈经过四次应考，终于考中进士后，也拟去吏部“应博学宏辞选”，他在《答崔立之书》中说：“闻吏部有以博学宏辞选者，人尤谓之才，且得美仕。就求其术，或出所试文章，亦礼部之类。”⑤意思是说，吏部博学宏词科考试的内容与吏部进士科考试内容差不多。实际上，博学宏词科考试要求是很高的。顾名思义，“博学宏词”既要“博学”，又要有“宏词”，既要有渊博精深的学识修养功夫，又要有优美畅达的文词表达能力。李商隐在《与陶进士书》中指出：

> 夫所谓博学宏辞者，岂容易哉？天地之灾变尽解矣，人事之兴废尽究矣，皇王之道尽识矣，圣贤之文尽知矣，而又下及虫豸、草木、鬼神、精魅，一物已上，莫

---

① 廖莹中注：《东雅堂韩昌黎集注》卷一八，文渊阁《四库全书》本，第5页。
② 杜佑：《通典》，中华书局1988年版，第362页。
③ 王定保：《唐摭言》，古典文学出版社1957年版，第53页。
④ 崔致远：《桂苑笔耕集》，《四部丛刊》本，卷一七《初投献大尉启》，卷一八《长启》。
⑤ 马其昶注：《韩昌黎文集校注》，上海古籍出版社1987年版，第166页。

不开会。此其可以当博学宏辞者邪？恐犹未也。设他日或朝廷或持权衡大臣宰相问一事、诘一物，小若毛甲，而时脱有尽不能知者，则号博学宏辞者，当其罪矣。①

足见博学宏词科不仅在应试时有严格要求，而且考中之后，顶着这顶帽子，在学识方面就有广博贯通的要求。

徐松《登科记考》卷五开元五年(717)“博学宏词科”条注：“按博学宏词科置于开元十九年(731)，则此犹制科也。”②显然，徐松认为唐代的博学宏词科以开元十九年为界限，此前如制科一般由帝王决定偶尔开科，此后则成为吏部主持岁举之常科。王勋成对徐松的观点提出反驳：“博学宏词科和书判拔萃科一样，都是吏部为‘格限未至’、‘选未满’的人设置的，从它们一诞生，就属于吏部科目选，制举从来就没有此二科。”③王勋成的看法固然自有道理，但徐松之说显示博学宏词科的正式开设，有一个试验的或渐近的过程，也是一种合理的推测。既然宏词科与进士科一样，都是岁举之常科，而非偶尔应帝命举行的制科，且其考试内容为诗、赋、论三篇，与进士类似，我们就可以将其纳入年度试赋一并考述。

根据徐松《登科记考》、孟二冬《登科记考补正》、王士祥《唐代试赋研究》等书，以及笔者最新考订成果，唐代迄今可考知博学宏词科试赋题目者计有如下十七次：

(1)开元十九年(731)宏词试《仲冬时令赋》

(2)开元二十二年(734)宏词试《公孙弘开东阁赋》

(3)天宝四载(745)宏词试《上林白鹿赋》

(4)天宝九载(750)宏词试《日月如合璧赋》

(5)大历四年(769)宏词试《五星同色赋》

(6)大历十四年(779)宏词试《放驯象赋》

(7)贞元六年(790)宏词试《南至郊坛有司书云物赋》

(8)贞元八年(792)宏词试《钧天乐赋》

(9)贞元九年(793)宏词试《太清宫观紫极舞赋》

(10)贞元十年(794)宏词试《进善旌赋》

(11)贞元十一年(795)宏词试《朱丝绳赋》

(12)贞元十二年(796)宏词试《百步穿杨叶赋》

(13)贞元十三年(797)宏词试《披沙拣金赋》

(14)贞元十五年(799)宏词试《乐理心赋》

(15)贞元十八年(802)宏词试《瑶台月赋》

(16)贞元十九年(803)宏词试《汉高祖斩白蛇赋》

---

① 刘学锴等：《李商隐文编年校注》，中华书局2002年版，第435页。

② 徐松：《登科记考》，中华书局1984年版，第188页。

③ 王勋成：《唐代铨选与文学》，中华书局2010年版，第284页。

(17)咸通六年(865)宏词试《玉不去身赋》

上述各年博学宏词科试赋的情况，详见下述各章年度试赋考订。

四、制科试赋

《新唐书·选举志上》："唐制，取士之科，多因隋旧……其天子自诏者曰制举，所以待非常之才焉。"①

顾炎武《日知录》卷一六《制科》条说："唐制，天子自诏曰制举，所以待非常之才。《唐志》曰：'所谓制举者，其来远矣。自汉以来，天子常称制诏，道其所欲问而亲策之。唐兴，世崇儒学。虽其时君贤愚好恶不同，而乐善求贤之意未始少怠，故自京师外至州县，有司常选之士，以时而举。而天子又自诏四方德行、才能、文学之士，或高蹈幽隐与其不能自达者，下至军谋将略、翘关拔山、绝艺奇伎，莫不兼取。其为名目，随其人主临时所欲，而列为定科者，如贤良方正直言极谏，博通坟典达于教化，军谋宏远堪任将帅，详明政术可以理人之类，其名最著。而天子巡狩行幸，封禅太山、梁父，往往会见行在，其所以待之之礼甚优，而宏材伟论非常之人，亦时出于其间，不为无得也。'"②

傅璇琮《唐代科举与文学》据《唐会要》卷七六《制科举》统计，考得制举科目共63个。不过，制举名目虽多，列为定科的主要是四科，即顾炎武《日知录》引述《新唐书·选举志》所列的贤良方正直言极谏科，为朝廷选拔拾遗、秘书监人才；博通坟典达于教化科，为国子监、太常寺一类机构选拔人才；军谋宏远堪任将帅科，为朝廷选拔军事人才；详明政术可以理人科，为地方州府选拔官吏等。以上四大类人才常常出缺，需要经常增补，故须皇帝下诏，开设制科。

在制科之中，与试赋相关的目前所知仅有三科，略述于下：

1. 天宝十三载(754)辞藻宏丽科试赋

《旧唐书·杨绾传》记载："天宝十三载，玄宗御勤政楼，试博通坟典、洞晓玄经、辞藻宏丽、军谋出众等举人，命有司供食，既暮而罢。取辞藻宏丽外，别试诗赋各一首。制举试诗赋，自此始也。时登科者三人，绾为之首，超授右拾遗。"③

《册府元龟·贡举部》记载："十三载十月，御含元殿，亲试博通坟典、洞晓玄经、词藻宏丽、军谋出众等举人，命有司供食，既而暮罢。其词藻宏丽科，问策外，更试律、赋各一首。制举试诗赋，自此始也。时登甲科者三人，太子正字杨绾最为所称；乙第者，凡三十余人。"④

《唐会要》卷七十六《制举科》记载："天宝十三载十月一日，御勤政楼，试四科举

① 欧阳修等：《新唐书》卷四四，文渊阁《四库全书》，第1页。
② 顾炎武：《日知录》卷一六，文渊阁《四库全书》，第7~8页。
③ 刘昫：《旧唐书》卷一一九，文渊阁《四库全书》，第2页。
④ 王钦若等：《册府元龟》卷六四三，文渊阁《四库全书》，第17页。

人，其辞藻宏丽，问策外，更试诗、赋各一道(制举试诗赋从此始)。”①

2. 建中元年(780)“文辞清丽科”试赋

徐松《登科记考》卷十一建中元年“文词清丽科”未载试赋事。陈尚君《〈登科记考〉正补》“建中元年庚申”条云：“《文苑英华》卷八八有梁肃、沈封、郑辕《指佞草赋》，皆以‘灵草无心，有佞必指’为韵。此三人皆于本年中文词清丽科，此赋当即此科所试，徐氏失收。”②《册府元龟·贡举部》记载：“建中元年，应贤良方正能直言极谏，姜公辅、元直、樊泽、吕元膺及第；文词清丽科，奚陟、梁辅、刘公亮、郑封、吴通玄及第。”③伦按：《册府元龟》所载人名有误，当以《太平御览》卷六二九所载为正，本年登文辞清丽科者，有奚陟、梁肃、刘公亮、郑辕、沈封、吴通玄。

3. “日试万言科”试赋

《唐诗纪事》卷六六：“长沙日试万言，王璘词学富赡，崔詹事廉问表荐于朝，先试之使廨。璘请十书吏皆给笔札，璘口授，十吏笔不停辍。首题《黄河赋》三千字，复为《鸟散余花落诗》二十首，援笔而就。时忽风雨暴至，数幅为回飙所卷，泥滓沾渍。璘曰：‘勿取，但将纸来。’复纵笔一挥，斯须复十余篇矣。时未亭午，已构七千余言。时路嵓方当钧轴，遣一介召之。璘曰：‘请俟见帝。’嵓大怒，亟命奏废万言科。璘杖策而归，放旷杯酒间，虽屠沽无间然矣。璘与李群玉相遇岳麓寺，群玉曰：‘公何许人？’璘曰：‘日试万言王璘。’群玉待之甚浅，曰：‘请与公联句，可乎？’璘曰：‘唯子之命。’群玉破题而授之(不记其词)，璘略不伫思，继之曰：‘芍药花开菩萨面，樱榈叶散野人头。’群玉遂屈。崔詹事遗璘夹缬数匹，璘翌日以作中单襜褕衣之。”④《唐诗纪事》所载王璘事出自《唐摭言》卷一一、卷一二、卷一三，未载王璘试日试万言年份。按：赵彦卫《云麓漫钞》谓日试万言、长念九经科，开设于宝历二年(826)。⑤ 又王璘曾与李群玉相遇，群玉于宣宗大中八年(854)上书拜官。辛文房《唐才子传》卷七：“群玉，字文山，澧州人也。清才旷逸，不乐仕进，专以吟咏自适。诗笔遒丽，文体丰妍，好吹笙，美翰墨，如王谢子弟，别有一种风流。亲友强之赴举，一上即止。裴相公休观察湖南，厚礼延致之郡中，尝勉之曰：‘处士被褐怀玉，浮云富贵，名高而身不知，神宝宁久弃荒途，子其行矣。’大中八年，以草泽臣来京，诣阙上表，自进诗三百篇。休适入相，复论荐，上悦之，敕授弘文馆校书郎。”⑥则王璘试此制科年份当在敬宗宝历二年(826)之后，宣宗大中八年(854)之前。

---

① 王溥：《唐会要》卷七六，文渊阁《四库全书》，第 22 页。

② 陈尚君：《陈尚君自选集》，广西师范大学出版社 2000 年版，第 236 页。

③ 王钦若等：《册府元龟》卷六四五，文渊阁《四库全书》，第 21 页。

④ 王仲镛校笺：《唐诗纪事校笺》，巴蜀书社 1989 年版，第 1779 页。

⑤ 赵彦卫：《云麓漫钞》卷六，清咸丰涉闻梓旧本。

⑥ 傅璇琮等校笺：《唐才子传校笺》卷七，第三册，中华书局 1984 年版，第 389~393 页。

第六章　初唐进士试赋考察

据徐松《登科记考》、陈尚君《〈登科记考〉正补》、孟二冬《登科记考补正》考察，加上新发现的碑刻资料，在开元元年(713)之前，目前可确认的试赋仅有武则天垂拱元年(685)试《高松赋》、垂拱二年(686)进士试《君臣同德赋》、长安二年(701)试《东堂画壁赋》，除了《君臣同德赋》之外，其他两次考试的赋作未留存下来。

一、垂拱元年(685)进士试《高松赋》

徐松《登科记考》卷三光宅二年(正月丁未，改元垂拱元年)"进士二十二人，再取五人"注："是年杂文试题为《九河铭》、《高松赋》。"①

颜真卿大历六年(771)作《朝议大夫守华州刺史上柱国赠秘书监颜君神道碑铭》："君讳元孙，字聿修，京兆长安人。……举进士，素未习《尚书》，六日而兼注必究。省试《九河铭》、《高松赋》。故事：举人就试，朝官毕集。考功郎刘奇乃先标榜君曰：《铭》、《赋》二首，既丽且新；时务五条，词高理赡。惜其帖经通六，所以不(原本阙)，屈从常第，徒声悚怍。由是名动天下。"②徐松按："'刘奇'，当作'刘廷奇'。"③伦按：赵守俨标点《登科记考》此文作《日铭赋》，误。盖误"曰"为"日"，铭、赋即指当日所试之《九河铭》、《高松赋》，应予更正。宋人江休复《嘉祐杂志》云："鲁公《颜元孙墓志》'省试《九河铭》、《高松赋》。考官刘奇曰：《铭》、《赋》音律，既丽且新，时务五条，辞高理赡。惜其贴经通六，所以屈从常第。'葬东京鹞店，今作曜字。"④颜元孙此赋不传，不过以高松为赋是常见的题材，六朝沈约、谢朓、王俭、萧子恪都有和竟陵王萧子良《高松赋》，初唐贞观年间谢偃也作有《高松赋》，垂拱年间以此出题试士是自然之事。

二、垂拱二年(686)进士试《君臣同德赋》

徐松《登科记考》卷三垂拱二年"进士四人"条下，未附载任何考证资料。近年，由

---

① 徐松：《登科记考》，中华书局1984年版，第80页。

② 颜真卿：《颜鲁公文集》卷九，清三长物斋丛书本，第8~9页。

③ 徐松：《登科记考》，中华书局1984年版，第80页。

④ 江休复：《嘉祐杂志》，文渊阁《四库全书》，第13页。

于梁玙墓志之发现，本年试赋状况的研究取得了新的进展。

前些年公布的《大唐故亳州谯县令梁府君之墓志》载：

> 公讳玙，字希杭，京兆长安人也。……公生而岐嶷，见异州闾。羁髫之年，日新□藻，明《穀梁传》，入太学。逮乎冠稔，博通经史，诸所著述，众挹清奇。制试杂文《朝野多欢娱诗》、《君臣同德赋》及第，编在史馆；对策不入甲科，还居学。间岁，举进士至省，莺迁于乔，鸿渐于陆；属皇家有事，拜洛明堂，简充斋郎，逡奔执豆。其年放选，郑部雄藩，原武大县，公牵丝作尉。①

对这方墓志的解读，研究者观点不一。陈尚君《〈登科记考〉正补》根据对“冠稔”的理解，认为墓主梁玙仪凤四年(679)为20岁，“其应制及第当在本年或明年”。又考证“皇家有事，拜洛明堂”当指武后亲享明堂、改制称帝一事，认定梁玙“复于永昌元年(689)进士及第”②。孟二冬《登科记考补正》卷二同意梁玙“应制及第”在仪凤四年，但认为“其举进士及第在永隆二年（681）”③。其后，陈铁民发表《梁玙墓志与唐进士科试杂文》一文，认为上述两种对《大唐故亳州谯县令梁府君之墓志》的解读，都存在问题，“陈尚君《正补》断梁玙应制及第在仪凤四年、举进士及第在永昌元年，这明显与《墓志》中的‘间岁’之语不合；孟二冬《补正》断梁玙应制及第在仪凤四年、进士及第在永隆二年，虽同‘间岁’之语相合，却与《墓志》中的‘属(适值)皇家有事，拜洛明堂’之语抵牾”。陈铁民认为，梁玙应试之事发生在“冠稔”之后，而不是在“冠稔”的当年；而皇家拜洛明堂事发生在垂拱四年(688)，根据《大唐故亳州谯县令梁府君之墓志》中“间岁”之语反推回去两年，梁玙应是在垂拱二年(686)第一次参加进士考试，杂文过关而试策落第；间岁之后，又在垂拱四年(688)第二次参加进士考试，得以登第放选而释褐为官。④ 应当说，陈铁民的考证是令人信服的，若无新的材料发现，他的结论可称定论。在陈铁民之后，王士祥出版《唐代试赋研究》，虽然承认陈铁民的推理很审慎，也很有道理，但仍然固执地认为，梁玙先后两次参加科举考试，“一次是制试，一次是进士科试”⑤。然而，《旧唐书》卷一一九《杨绾传》、《册府元龟》卷六四二《贡举部》、《唐会要》卷七六《制举科》都注明制举试诗赋，始自天宝十三载(754)。傅璇琮在《唐代科举与文学》中也指出：“大约制举的名望高出于其他科目，在唐代，就有进士及第后又再应制举试的，有明经及第后应制举试的，有现任职官应制举试的，而相反的情况却没有，并无制举登第再去应进士、明经试的。”⑥所以，认为梁玙先参加制举，后参加进士

---

① 周绍良主编：《唐代墓志汇编》，上海古籍出版社1992年版，第1407页。
② 陈尚君：《陈尚君自选集》，广西师范大学出版社2000年版，第211~212页。
③ 孟二冬：《登科记考补正》，燕山出版社2003年版，第82~86页。
④ 陈铁民：《梁玙墓志与唐进士科试杂文》，《北京大学学报》2006年第6期，第33~38页。
⑤ 王士祥：《唐代试赋研究》，上海古籍出版社2012年版，第110页。
⑥ 傅璇琮：《唐代科举与文学》，陕西人民出版社1986年版，第114页。

考试的论断是不能成立的。

《文苑英华》卷四三收录一篇《君臣同德赋》，作者佚名；《历代赋汇》也署“唐阙名”，但《全唐文》却涉上篇作者而误收于白行简名下，应予更正。兹据《文苑英华》录赋于下。

佚名《君臣同德赋》：

曰若稽古巨唐，累圣重光。盛烈贯于千古，英声超于百王。（光、王：唐韵）

尔乃群瑞呈祥，众灵叶庆。神降休祉，天垂宝命。凤篆于是荐臻，龟书以之迭映。万姓忻东户之日，一人奏南风之咏。至矣哉！微无德而称焉。（庆、命、映、咏：映韵；称：证韵。）

臣闻非常之主，必有非常之臣。是以元凯升而唐德茂，稷卨用而虞化淳。武丁梦征兮，求版筑之士；文王卜兆兮，得垂钓之宾。岂直星精之诞方朔，维岳之降甫申。故能殷周叹其多士，皇汉歌其得人。（臣、宾、申、人：真韵；淳：淳韵。二韵通押）

亦有九合称齐，三分号蜀。犹传善政，尚留芳躅。方鸿翼以济时，比鱼水而敦俗。诚小国之边鄙，亦顺时而自足。（蜀、躅、俗、足：烛韵）

岂若我圣明之有天下也，总六合以为家，笼八荒而建国。既垂拱而敷化，谅偃兵而兴德。为百代之规模，立万邦之轨则。（国、德、则：德韵）

于是大君端冕而多暇，群臣奉职而有方。巍巍荡荡，济济锵锵。咸有一德，视人如伤。夔龙在位，鹓鹭成行。君臣同德而均美，圣母临人而永昌。岂徒超五臣而逾十乱，固将六五帝而四三皇。（方、锵、伤、昌：阳韵；行、皇：唐韵。二韵通用）

小臣微浅，才智疏越。滥吹紫庭，献赋绛阙。（越、阙：月韵）

敢同舆颂，窃为歌曰：元首明哉，股肱良哉。盛德至矣，大业广矣。我一人兮化无穷，临万国兮道既融。同心同德，君圣臣忠。子子孙孙，永代克隆。①（穷、融、忠、隆：东韵）

君臣同德指君主与臣下思想行动完全一致。《尚书·泰誓中》：“予有乱臣（即治臣）十人，同心同德。”马融引《忠经·天地神明章》：“昔在至理，上下一德，以征天休忠之道也。”注：“忠之为道，乃合于天，至理之时，君臣同德，则休气应也。”②《孝经·事君章》：“故上下能相亲也。”注：“下以忠事上，上以义接下，君臣同德，故能相亲。”③

① 李昉等：《文苑英华》卷四三，文渊阁《四库全书》，第1~2页。

② 马融著，陶原良详解：《忠经详解》卷一，明崇祯刻本。

③ 李隆基注：《孝经》第一七《事君章》，《四部丛刊》影宋本。

陈铁民认为此赋"当是梁玙或同时应试者所作"①，很有道理。赋中有句云："君臣同德而均美，圣母临人而永昌。"《封氏闻见录》卷四："秦汉以来，天子但称皇帝，无别徽号。则天垂拱四年，得瑞石于洛水，文曰'圣母临人，永昌帝业'。号其石为宝图。于是群臣上尊号，请称圣母神皇。"②《旧唐书·则天本纪》记载："(垂拱四年)夏四月，魏王武承嗣伪造瑞石，文云：'圣母临人，永昌帝业。'令雍州人唐同泰表称获之洛水。皇太后大悦，号其石为宝图，擢授同泰游击将军。五月，皇太后加尊号曰：'圣母神皇。'秋七月，大赦天下，改宝图曰天授圣图，封洛水神为显圣，加位特进，并立庙，就水侧置永昌县，天下大酺五日。"③可见，这篇赋应是产生在武后临朝称制的政治氛围之中。

此赋题下没有限韵，排比各段韵字，大致可用"光映淳俗，国昌越隆"作为限韵代表字。从句法上看，只有一联隔句对"武丁梦征兮，求版筑之士；文王卜兆兮，得垂钓之宾"，符合律赋初起的特征。

三、长安二年(702)进士试《东堂壁画赋》

徐松《登科记考》卷四长安二年进士"徐秀"条注："《颜鲁公集·徐府君神道碑铭》：'君讳秀，东海郯人。年十五，为崇文生。应举，考功员外郎沈佺期再试《东堂壁画赋》，公援翰立成。沈公骇异之，遂擢高第。"④陈尚君《〈登科记考〉正补》据陈祖言《张说年谱》考订，以为本年知贡举当为张说。⑤ 孟二冬《登科记考补正》主张仍从徐考旧说。检查孟二冬举出的三个证据：第一，《通志·氏族略》："唐长安元年，右史知贡举张说下进士章仇嘉勉。"⑥第二，徐浩《张九龄神道碑》："九龄字子寿，一名博物。弱冠举进士，考公郎沈佺期尤所激扬，一举高第。时有下第，谤议上闻。中书令李公，当代词宗，诏令重试，再拔其萃，擢秘书省校书郎。"⑦晁公武《郡斋读书志·曲江集二十卷》："唐张九龄，子寿也，曲江人。长安二年进士，调校书郎。以道侔伊吕科，策高等，为左拾遗。开元中，为中书令。卒谥文献。"⑧第三，沈佺期与张说皆预修《三教珠英》，修书与知举并无直接冲突，不必以《三教珠英》撰成奏上之时间(《唐会要》卷三六："大足元年十一月十二日，麟台监张昌宗撰《三教珠英》一千三百卷成，上之。")作二人知举时间推定的唯一证据。⑨ 可见，在无新证据发现的情况下，应从孟二冬之见，依照徐考旧说，较为稳妥。

---

① 陈铁民：《梁玙墓志与唐进士科试杂文》，《北京大学学报》2006 年第 6 期，第 35 页。
② 封演：《封氏闻见记》卷四，文渊阁《四库全书》，第 1 页。
③ 刘昫：《旧唐书》卷六，文渊阁《四库全书》，第 5 页。
④ 徐松：《登科记考》，中华书局 1984 年版，第 134 页。
⑤ 陈尚君：《陈尚君自选集》，广西师范大学出版社 2000 年版，第 217~218 页。
⑥ 郑樵：《通志》卷二八，文渊阁《四库全书》，第 40 页。
⑦ 翁方纲：《粤东金石略》卷四，清乾隆三十六年刻本。
⑧ 晁公武：《郡斋读书志》卷四，《四部丛刊》三编。
⑨ 孟二冬：《登科记考补正》，燕山出版社 2003 年版，第 159~160 页。

第七章　初唐律赋作品考

第一节　李恽与阙名的《五色卿云赋》

有学者指出，初唐四杰之一王勃的《寒梧栖凤赋》，以“孤清夜月”为韵，是现在可见到的最早的一篇律赋。① 其实在王勃之前，已有蒋王李恽及阙名者所作两篇《五色卿云赋》，注明“以题为韵”。此两赋一有“惟皇建极”之句，一有“建其皇极”之句，所谓“皇极”，指帝王建立的统治天下的准则，也指享有帝位。可见，此二赋大约作于唐高宗登基的永徽元年(650)，而这一年王勃刚刚出生。② 兹据《文苑英华》录赋如下。

李恽：《五色卿云赋》(以题为韵)：

惟皇建极兮，宪章前古。于穆文明兮，保乂寰宇。御时得一兮，临人以五。法天无私兮，承天之祜。

至矣哉！众兆融朗，山川出云。叶千年之休裕，垂五色之氤氲。萧索离披，状虹辉之贯日；徘徊摇曳，疑鼎气之歊汾。散作霞彩，聚成锦文。匪腾华于触石，信呈瑞于明君。

其静也专，其动也直。既无散漫，亦无消息。远而可视，高未能逼。乘轻吹之霏微，映朝阳而翕赩。禀造化之元气，挺自然之奇色。英倏倏也，祇可以理求；纷溶溶兮，固难乎智测。若雾非雾，有始有极。转空不待于扶摇，动日岂资于羽翼。

有道斯见，无德匪呈。庶物皆睹，应天之卿。体鹄振而超越，候龙吟而化成。则需为大矣，可谓乎元亨利贞。③

此赋实以题中四字“五色卿云”为韵。赋中设置有两联隔句对，句法新奇。陈尚君

① 郭维森、许结：《中国辞赋发展史》，江苏教育出版社 1996 年版，第 356 页。

② 王勃生年依据其《春思赋》自序，生于永徽元年(650)，卒年依据杨炯《王勃集序》，卒于上元三年(676)，享年 27 岁。

③ 李昉等：《文苑英华》卷一二，文渊阁《四库全书》，第 1~2 页。

《全唐文补编》指出："《全唐文》卷九九收太宗子蒋王恽名下，误。此为科场所试律赋，非唐初所有。蒋王亦不涉科场。今移此李恽。"①伦按：律赋不一定皆出自科场，《文苑英华》、《历代赋汇》、《全唐文》皆列此赋于李恽名下，除了蒋王李恽之外，有关唐人文献中并未见第二个同名同姓的李恽，取消蒋王李恽对此赋的著作权，并无切实的证据，目下仍以认定蒋王李恽为此赋作者为宜。

阙名《五色卿云赋》(以题为韵)：

于穆圣唐，建其皇极。通三微兮昊穹隆祉，禔万福兮阴阳不测。答禧祥于一人，见彩云之五色。其为状也，乃从龙以分气；其为势也，若抟鹏之垂翼。荟蔚非触石而兴，缥缈盈画工之饰。

葱翠炯晃，萧索氛氲。回合斐亹，散聚分文。转光风则动而愈出，冲霁日则灿然皆分。古之函关紫气，帝乡白云。岂比澄鲜流庆，作瑞吾君。

夫德施者帝王之所崇，云行者天地之所溥。惟帝德之动天，谅卿云之飞吐。光浮碧落，夺虹彩于太虚；影下清潭，照锦色于曲浦。将以发挥明时，腾迈前古。虽建官以惟贤，列爵惟五。降及品汇，莫不是睹。

缅彼瑞牒，询夫物名。则有甘露降，黄河清。狐九尾而来扰，草三秀而敷荣。若以匹敌，莫之与京。式昭圣理，承应天卿。

是乃感寿以呈休，应君以来附。苟非至道，则未期遇。故汉主之祠后土也，宝鼎见兮其色同昭；轩辕之诛蚩尤也，华盖蒙兮一形乃拊。推众圣于往昔，亦效祉而斯睹。式赞其揄，恭命述赋。②

这两篇赋都注明"以题为韵"，其实稍有不同，李恽的赋作是以题中四字"五色卿云"为韵，总共四韵；而阙名之作是以"五色卿云赋"为韵，总共五韵。阙名赋作中有"感寿以呈休，应君以来附"的字句，说明正当君寿之时，有五色卿云的吉祥天象，赋作有天降祥瑞、为君贺寿的意义。阙名赋作的结句称"式赞其揄，恭命述赋"，说明是承君之命的作品，与李恽的赋作一起，是同题共作的产物。两篇赋作的铺写程式相当近似，首先声明帝王建极之功，感天动地，所以有五色卿云的祥瑞呈现。其次描写五色卿云的情状，极尽铺写形容之能事。接下来议论，卿云之呈现是帝德之感应。最后以歌颂祥瑞作结。两篇赋在描写祥云出现时，或声明"匪腾华于触石"，或声明"荟蔚非触石而兴"，用了相同的典故。按"触石"之典，出自《公羊传·僖公三十一年》："触石而出，肤寸而合，不崇朝而遍雨乎天下者，唯泰山尔"③。两篇赋皆否定卿云触石而出，用意在于肯定卿云从上而下自天降，而非从下往上由地出。这种相同典故的运用，说明两篇

① 陈尚君编：《全唐文补编》(中)，中华书局 2005 年版，第 951 页。

② 李昉等：《文苑英华》卷一二，文渊阁《四库全书》，第 2~3 页。

③ 何休等：《春秋公羊传注疏》卷一二，文渊阁《四库全书》，第 36 页。

赋作在撰写之时是互相公开的，有互相借鉴之处，这种情形符合同题共作的惯例。两篇赋的写作水准基本相近，李恽赋用了两联隔句对，安排在中间两段，符合律赋首尾多漫句、中间较整饬的格式。阙名赋用了三联隔句对，安排在第一韵、第三韵和第五韵，也符合律赋句法疏密相间的原则。

李恽与阙名者能够写出如此成功的同题共作律赋，恐怕有两方面的原因：一是六朝的同题共作赋早有成例在先，梁武帝等《赋体》五首就是同题共作而且限韵的作品。二是与唐初君臣喜欢往复唱和的风气分不开。如唐太宗有《小山赋》，其贤妃徐惠有《奉和圣制小山赋》；唐太宗有《小池赋》，许敬宗有《小池赋应诏》，也是君臣唱和之作，为李恽与阙名的同题共作开了先例。

第二节　王勃的《寒梧栖凤赋》

王勃(650—676)是初唐时期重要的诗人、辞赋家。《旧唐书》和《新唐书》都有他的传记。当代学者论及王勃赋，多据《全唐文》称其存赋 12 篇。但这 12 篇赋作，只有 11 篇见载于《四部丛刊》本的《王子安集》，而《释迦佛赋》一篇在本集中却不见踪影。根据笔者的考证，《释迦佛赋》其实当名《释迦成道赋》，见载《金文最》，乃金代丁暐仁所作。① 王勃另有一篇《寒梧栖凤赋》，注明以“孤清夜月”为韵，很值得探讨，兹引录于下：

> 凤兮凤兮，来何所图？出应明主，言栖高梧。梧则峄阳之珍木，凤则丹穴之灵雏。理符有契，谁言则孤？游必有方，哂南飞之惊鹊；音能中吕，嗟入夜之啼乌。
>
> 况其灵光萧散，节物凄清。疏叶半殒，高歌和鸣。之鸟也，将托其宿止；之人也，焉知乎此情？月照孤影，风传暮声。将振耀其五色，似箫韶之九成。
>
> 九成则那，率舞而下。怀彼众会，罔知淳化。虽璧沼可饮，更能适于醴泉；虽琼林可栖，复相巡于竹榭。念是欲往，敢忘昼夜？苟安安而能迁，我则思其不暇。
>
> 故当披拂寒梧，翻然一发。自此西序，言投北阙。若用之衔诏，冀宣命于轩阶；若使之游池，庶承恩于岁月。可谓择木而俟处，卜居而后歇。岂徒比迹于四灵，常栖栖而没没？②

这篇赋显然是一篇明志求仕的作品，作者将自己比拟为居于寒梧的凤凰，企图出山辅佐明主，渴望在有力者的援引之下，得到为帝王效力的机会和地位。全赋按照押韵可分为四段。首段押平声模韵，采用凤、梧双点的方式破题。次段押平声庚韵，描写凤居寒梧的凄清情状。三段押去声祃韵，表达愿意出山的愿望。四段押入声月韵，希望朝廷

① 詹杭伦：《王勃〈释迦佛赋〉乃丁暐仁作考》，《文学遗产》2006 年第 1 期。

② 李昉等：《文苑英华》卷一三五，文渊阁《四库全书》，第 6~7 页。

能够接纳，愿作承恩宣命之事。赋中每段都设计了一联隔句对，这对后来律赋句法的骈俪化颇有影响。

《旧唐书·王勃传》记载："勃年未及冠，应幽素举及第。"①《新唐书·王勃传》记载："麟德初，刘祥道巡行关内，勃上书自陈，祥道表于朝，对策高第，年未及冠，授朝散郎。"②据《册府元龟》记载，唐高宗在麟德元年(664)七月曾颁布一道诏书："宜以三年正月，式遵故实，有事于岱宗。所司详求茂典，以从折衷；其诸州都督、刺史，以二年十二月便集岳下；诸王十月集东都；缘边州府襟要之处，不在集限；天下诸州，明扬才彦，或销声幽薮，或藏器下僚，并随岳牧举送。"③王勃在高宗诏书感召下，向时任右相的刘祥道"上书自陈"，其《上刘右相书》云："君侯足下出纳王命，升降天衢，激扬凤扆之前，趋步麟台之上，亦复知天下有遗俊乎？夫心之精微，口不能言也；言之微妙，书不能文也。伏愿辟东阁，开北堂，待之以上宾，期之以国士，使得披肝胆，布腹心，大论古今之利害，高谈帝王之纲纪。然后鹰扬豹变，出蓬户而拜青墀；附景抟风，舍苔衣而见绛阙。幸甚！斯不为难矣。"④这封上书祈求援引的口吻，与《寒梧栖凤赋》略无二致，说明赋文有可能是与上书同时呈送的行卷作品之一。王勃的上书打动了刘祥道，于是将王勃"表于朝"。高宗在麟德三年(666)封禅泰山，礼成之后改元乾封。王勃应当在乾封元年(666)"应幽素举"，而"对策高第"的。王勃在《上吏部裴侍郎启》中说："君侯受朝廷之寄，掌镕范之权。至于舞咏浇淳，好尚邪正，宜深以为者也。伏见铨擢之次，每以诗赋为先。诚恐君侯器人于翰墨之间，求材于简牍之际，果未足以采取英秀，斟酌高贤者也。"⑤在信中，王勃表达了他对于"铨擢之次，每以诗赋为先"的不满，说明当时吏部主持的铨擢考试，是有诗赋考试项目的。

第三节　初唐八韵律赋考辨

文学史上一般采用"四唐"分期说，初唐自高祖武德元年戊寅至玄宗先天元年壬子岁(618—712)，凡 95 年。准此而言，凡是唐玄宗先天元年之前的作品，皆可归为初唐。

吴曾《能改斋漫录》卷二《事始》"试赋八字韵脚"条说："赋家者流，由汉晋历隋唐之初，专以取士，止命以题，初无定韵。至开元二年，王邱员外知贡举，试《旗赋》，始有八字韵脚。所谓'风日云浮，军国清肃'。见伪蜀冯鉴所记《文体指要》。"⑥由于先天二年(713)十二月即改元为开元，所以开元二年(714)试赋用八字韵脚，似乎成为体

① 刘昫：《旧唐书》卷一九〇，文渊阁《四库全书》，第 28 页。
② 欧阳修等：《新唐书》卷二〇一，文渊阁《四库全书》，第 16 页。
③ 王钦若等：《册府元龟》卷三六，文渊阁《四库全书》，第 1 页。
④ 董诰等：《全唐文》卷一七九，中华书局 1983 年版，第 1821 页。
⑤ 董诰等：《全唐文》卷一八〇，中华书局 1983 年版，第 1829 页。
⑥ 吴曾：《能改斋漫录》卷二，文渊阁《四库全书》，第 12 页。

认初唐与盛唐试赋区别的一条分界线。邝健行先生对此提出质疑，他发表《初唐题下限韵律赋形式的审查及引论》一文，指出："早在律赋始创的初唐，从现存的十三首作统计，八字韵脚的共十一首，当中包括刘知幾的试赋和可能模仿试赋的梁献《大阅赋》。这么看来，以八字为韵早就接近常态或者就是常态。"①鉴于清人董诰等编《全唐文》除了皇室成员之外，主要是按照作者时代先后编排的，邝先生从中摘选了11篇八韵律赋，指的是：

(1)刘允济《天行健赋》，以"天德以阳，故能行健"为韵。(《全唐文》卷一六四)

(2)韦展《日月如合璧赋》，以"应候不差，如璧之合"为韵。(《全唐文》卷一八九)

(3)苏珦《悬法象魏赋》，以"正月之吉，悬法象魏"为韵。(《全唐文》卷二〇〇)

(4)张泰《学殖赋》(《全唐文》卷二〇〇)

(5)徐彦伯《汾水新船赋》，以"虚舟济物，利涉大川"为韵。(《全唐文》卷二六七)

(6)李咸《田获三狐赋》，以"田获三狐，吉无不利"为韵。(《全唐文》卷二六)

(7)刘知幾《京兆试慎所好赋》，以"重译献珍，信非宝也"为韵。(《全唐文》卷二七四)

(8)刘知幾《韦弦赋》，以"君子佩之，用规性情"为韵。(《全唐文》卷二七四)

(9)封希颜《六艺赋》，以"移风易俗，安上理人"为韵。(《全唐文》卷二八二)

(10)梁献《大阅赋》，以"国崇武备，明习顺时"为韵。(《全唐文》卷二八二)

(11)胡瑱《大阅赋》，以"国崇武备，明习顺时"为韵。(《全唐文》卷四〇一)

在邝先生的启发下，后续学者积极跟进，韩晖在《隋及初唐赋风研究》中指出："就目前所掌握的资料看，开元二年(714)之前大约有9篇八韵律赋。"②他所认定的9篇八韵律赋即邝先生文中已指出的8篇：刘知幾2篇、刘允济1篇、徐彦伯1篇、张泰1篇、苏珦1篇、封希颜1篇、李咸1篇，再加上他从李咸赋序中体认的崔公《田获三狐赋》1篇，而除去韦展、梁献、胡瑱各1篇。彭红卫在《唐代律赋考》中编列《初唐律赋统计表》，他所认定的初唐律赋为11篇，其中八韵律赋为8篇，即邝先生所指出的11篇减去韦展、梁献、胡瑱各1篇。③

笔者曾发表《王勃〈释迦佛赋〉乃丁晖仁作考》一文④，论定《全唐文》中王勃名下的《释迦佛赋》其实是金代丁晖仁的作品。又在主持编写《历代律赋校注》⑤一书时，持续

① 邝健行：《科举考试文体论稿》，台湾书店1999年版，第48页。
② 韩晖：《隋及初唐赋风研究》，广西师范大学出版社2002年版，第129页。
③ 彭红卫：《唐代律赋考》，社会科学文献出版社2009年版，第251~252页。
④ 詹杭伦：《王勃〈释迦佛赋〉乃丁晖仁作考》，《文学遗产》2006年第1期。
⑤ 詹杭伦等：《历代律赋校注》，武汉大学出版社2009年版。

关注初唐的八韵律赋问题。初唐八韵试赋是否已成为常态？回答这个问题对于研究唐代科举史、辞赋史十分重要，故在邝先生考证的基础上再撰文考辨如下。

一、刘允济《天行健赋》盖翟楚贤所作

《天行健赋》，《全唐文》在卷一六四收于刘允济名下，又在卷九五九收于翟楚贤名下，是一赋而分属两人。《文苑英华》卷一未署作者，位于翟楚贤《碧落赋》之后。《古今图书集成·理学汇编·经籍典》卷八九系于翟楚贤名下。《历代赋汇》卷一则作阙名。刘允济本有《天赋》，《全唐文》恐怕是涉此而误将《天行健赋》收归其名下。为便于说明问题，先据《文苑英华》录赋于下：

《天行健赋》，以“天德以阳，故能行健”为韵：

> 大哉乾元，神不可测。其内也刚，其外也直。直所以保合太和，刚所以运行不息。故王者奉之而垂化，君子体之而进德者也。
>
> 原夫天者乾之形，乾者天之名。用九以则，得一而清。名也者，纯阳之经；形也者，太无之精。语其动兮，孰知其动；语其行兮，孰知其行。
>
> 得不详其所由，稽其所以。历土圭以穷妙，因浑仪而探理。左出右没，不行则何以变三辰之度；上腾下降，不动则何以为万物之始。
>
> 履柔兮居常，配坤兮秉阳。笠也谁覆，弓也谁张。四德虽具，未足以拟议；十翼虽广，未足以披攘。微乎哉，得于幽者道；盛乎哉，得于道者王。
>
> 绵绵若存，户枢不蠹。较之则火井易灭，当之则金柅难固。持刚靡失，既兼柔克之资；用壮罔亏，亦取易知之故。
>
> 是以为君为首，为金为冰。杳冥兮不虑乎盈缩，寂寥兮何有于骞崩。喻彼成形，是显飞龙之象；精其致远，因推良马之能。
>
> 且夫天也者阳，乾也者健。窥之于里，则其象历历；瞻之于表，则其容悫悫。不言非涉于可名，不拔方知乎善运（建）。大道非物，岂容娲后之功；小说惑人，何伤秦宓之论。
>
> 皇家恩流品物，礼达上玄。垂文明画一之令，秉神武不杀之权。推之荡荡，守之虔虔。儒不知其异，信所为亲上而法天者欤。①

此赋第七段押“健”字韵，有健、悫、运、论四个韵字。按：健，愿韵；悫、论，慁韵；运，问韵。按照《广韵》，愿、慁同用，问独用，显然有问题。《全唐文》卷一六四载此赋“运”作“建”，似可从。

此赋非刘允济作，有一个内证，即赋尾有句云：“大道非物，岂容娲后之功；小说惑人，岂容秦宓之论。”显然是诅咒武则天的文句，而武则天对刘允济是有恩的，《旧唐

---

① 李昉等：《文苑英华》卷一，文渊阁《四库全书》，第4~5页。

书》本传记载："垂拱四年，明堂初成，允济奏上《明堂赋》以讽，则天甚嘉叹之，手制褒奖，拜著作郎。"①固然后来君臣关系有所疏远，但刘允济也不至于如此恩将仇报。此赋出自翟楚贤的可能性则要大一些。翟楚贤生平事迹不见记载，考其著《观铸钟赋》有句云："开窦泉注，归模电射。固倏空而成功，乃踟蹰而方辟。"②这里的"开窦泉注"，指的是铸钟之时，将铜钱投于洪炉之中，以祈祷吉祥的事件。吴淑《事类赋》引《唐书》记曰："乾元中，李辅国奏内飞龙厩铸铜钟，投千元新钱二文于炉中，而祈曰：'如圣躬万福，国祚无疆，凶孽殄除，四方宁谧，则愿不销不烁，一阴一阳，并见于外。'钟成，一如所祈。"③据《旧唐书·肃宗纪》，乾元元年(758)七月丙戌初铸新钱，文曰乾元重宝。二年(759)九月戊辰，新铸大钱，文如乾元重宝而重其轮。观翟楚贤赋中称"开窦泉注"，遵循乾元年间铸钟的新规，则其作赋的时间，应当在唐肃宗乾元元年之后。

二、韦展《日月如合璧赋》乃天宝九年(750)宏词试赋

此赋载《全唐文》卷一八九，又载《文苑英华》卷三、《历代赋汇》卷三、《古今图书集成·历象汇编·乾象典》卷三一。兹据《文苑英华》录赋文于下。

《日月如合璧赋》，以"应候不差，如璧之合"为韵：

国家纂宏天统，绍启王迹。猎英华于百代，漱芳润于六籍。于是阐睿历于畴人，镜玄象之冰释。察运行之盈缩，见分度之损益。五星同舍，状自叶于连珠；两曜集辰，候不愆于合璧。

是知阴阳卷舒，日月居诸。时会而乍离乍合，顺行而匪疾匪徐。征于颛顼之法，考以轩辕之书。百灵以之肃若，四海由其晏如。

惟上元之岁，时和气茂；惟南至之辰，日月来就。望乌兔之交集，瞻斗牛而既觏。璧惟圆制，象其圆正之形；玉以贞称，表此贞明之候。

可以袭承天意，可以敬授人时。观台之瑞斯验，冯相之言不欺。方见仲尼无得而逾矣，乃知潘夏何足以当之。临楚山，岂和氏而能识；入秦野，非相如之见持。

且夫日者尊而有常，月者谦而不杂。每有德而昭感，必效灵而允荅。分则列照于三无，聚则和光于六合。

徒观夫炳焕可嘉，毫厘靡差。珥作如虹之气，波为旁达之华。映彼仙娥，有似夫佩而比德；吐兹王字，更疑乎瑜不掩瑕。

然则天垂象兮至明，历为功兮可久。重之斯实理本，轻之则为乱首。是以尧之分命，典诰高其能然；鲁也失官，春秋贬其诚不。吾君之所懋劝，将永代而遵守。

---

① 刘昫：《旧唐书》卷一九〇，文渊阁《四库全书》，第5页。

② 李昉等：《文苑英华》卷八〇，文渊阁《四库全书》，第4页。

③ 吴淑：《事类赋》卷一〇，文渊阁《四库全书》，第11页。

顾惟愚懵，窃睹嘉应。钩深索隐，虽无瞽史之才；颂德歌功，敢借诗人之兴。①

彭红卫撰《韦展〈日月如合璧赋〉作年考》认为，此赋所写内容为肃宗上元二年(761)的一次日全食。② 这次日全食的过程，《旧唐书》卷三六《天文志》有记载："(肃宗)上元二年(761)七月癸未朔，日有蚀之，大星皆见。司天秋官正瞿昙撰奏曰：癸未太阳亏，辰正后六刻起亏，巳正后一刻既，午前一刻复满，亏于张四度，周之分野。甘德云：日从巳至午蚀为周，周为河南，今逆贼史思明据。乙巳占曰：日蚀之下有破国。其年九月，制去上元之号，单称元年，月首去正二三之次，以建冠之。"不过，上元二年的日蚀，古人认为是不祥的天象，《旧唐书·天文志》便将其记载于"灾异"类目之下，而韦展《日月如合璧赋》写的却是祥瑞的天象，这一矛盾怎么解决呢？彭红卫大概也看到这一矛盾，于是又联系大历十年(775)进士卢士阅、贞元十九年(803)进士贾餗的同题赋作一并考证，并作出结论："《日月如合璧赋》当为三人同时代所作，大致作年在大历十年以后，以贞元、元和盛世所作最为可能，而这时离初唐末年已有近七十年。"③应当说，彭红卫结合天象来考证唐代律赋作年的方法是可取的，但他作出的结论并不可信，因为其一，古人不会把灾异的天象当成祥瑞来写，更不会专门去写相隔半个世纪以上的一次灾异天象；其二，三篇律赋限韵不同，不是同时写作的同题共作，说明作者时代也不同。

其实，"日月如合璧"属于祥瑞的天象，与"日蚀"(无论是日全食还是日偏食)之类灾异的天象无关。"日月如合璧"的天象在《汉书·律历志》中早有记载："宦者淳于陵渠复覆太初历，晦朔弦望皆最密，日月如合璧，五星如连珠。"孟康注："谓太初上元甲子夜半朔旦冬至时，七曜皆会聚斗牵牛分度，夜尽如合璧连珠也。"师古曰："言其应候不差也。"王溥《唐会要》卷四二："武德元年(618)戊寅，为上元之首，则日月如合璧，五星如连珠，悬合于今日。"《旧唐书》卷三三《天文志三》明确记载了这种天象的推算方法："太极上元，岁次乙巳，十一月甲子朔旦冬至之日，黄钟之始，夜半之时，斗衡之末建于子中，日月如合璧，五星若连珠，俱起于星纪牵牛之初踪。今大唐神龙元年(705)，复岁次于乙巳，积四十一万四千三百六十算外。上验往古，年减一算；下求将来，年加一算。《乙巳元历法》积数，大约如此。"《新唐书》卷二六《历志二》记载："中宗反正，太史丞南宫说以《麟德历》上元，五星有入气加减，非合璧连珠之正，以神龙元年岁次乙巳，故治《乙巳元历》。推而上之，积四十一万四千三百六十算，得十一月甲子朔夜半冬至，七曜起牵牛之初。其术有黄道而无赤道，推五星先步定合，加伏日以求定见。他与淳风术同。所异者，惟平合加减差。既成，而睿宗即位，罢之。"

---

① 李昉等：《文苑英华》卷一，文渊阁《四库全书》，第3~4页。

② 彭红卫：《唐代律赋考》，社会科学文献出版社2009年版，第262页。

③ 彭红卫：《唐代律赋考》，社会科学文献出版社2009年版，第267页。

《新唐书》卷三三《天文志三》“五星聚合”条记载：

武德元年七月丙午，镇星、太白、辰星聚于东井。关中分也。二年三月丙申，镇星、太白、辰星复聚于东井。九年六月己卯，岁星、辰星合于东井。占曰：“为变谋。”

贞观十八年五月，太白、辰星合于东井。占曰：“为兵谋。”十九年六月丙辰，太宗征高丽，次安市城，太白、辰星合于东井。《史记》曰：太白为主，辰星为客，为蛮夷，出相从而兵在野为战。

永徽元年七月辛酉，岁星、太白合于柳。在秦分。占曰：“兵起。”

景龙元年十月丙寅，太白、荧惑合于虚、危。占曰：“有丧。”

景云二年七月，镇星、太白合于张。占曰：“内兵。”

太极元年四月，荧惑、太白合于东井。

天宝九载八月，五星聚于尾、箕，荧惑先至而又先去。尾、箕，燕分也。占曰：“有德则庆，无德则殃。”

十四载二月，荧惑、太白斗于毕、昴、井、鬼间，至四月乃伏。十五载五月，荧惑、镇星同在虚、危，中天芒角大动摇。占者以为北方之宿，子午相冲，灾在南方。

至德二载四月壬寅，岁星、荧惑、太白、辰星聚于鹑首，从岁星也。罚星先去，而岁星留。占曰：“岁星、荧惑为阳，太白、辰星为阴。阴主外邦，阳主中邦，阳与阴合，中外相连以兵。”八月，太白芒怒，掩岁星于鹑火，又昼见经天。鹑火，周分也。

乾元元年四月，荧惑、镇星、太白聚于营室。太史南宫沛奏：“其地战不胜。”卫分也。

大历三年七月壬申，五星并出东方。占曰：“中国利。”

八年闰十一月壬寅，太白、辰星合于危。齐分也。

十年正月甲寅，岁星、荧惑合于南斗。占曰：“饥、旱。”吴、越分也。一曰：“不可用兵。”七月庚辰，太白、辰星合于柳。京师分也。

建中二年六月，荧惑、太白斗于东井。四年六月，荧惑、太白复斗于东井。京师分也。金、火、罚星斗者，战象也。

兴元元年春，荧惑守岁星在角、亢。占曰：“有反臣。”角、亢，郑也。

贞元四年五月乙亥，岁星、荧惑、镇星聚于营室。占曰：“其国亡。”地在卫分。六年闰三月庚申，太白、辰星合于东井。占为兵忧。戊寅，荧惑犯镇星在奎。鲁分也。

元和九年十月辛未，荧惑犯镇星，又与太白合于女。在齐分。十年六月辛未，岁星、荧惑、太白、辰星合于东井。占曰：“中外相连以兵。”十一年五月丁卯，岁星、辰星合于东井。六月己未，复合于东井。占曰：“为变谋而更事。”十一月戊子，镇星、荧惑合于虚、危。十二月，镇星、太白、辰星聚于危。皆齐分也。十四年八月丁丑，岁星、太白、辰星聚于轸。占曰："兵丧。"在楚分与南方夷貊之国。十五年三月，镇星、太白合于奎。占曰："内兵。"徐州分也。十二月，荧惑、镇星合于奎。占曰："主忧。"

长庆二年二月甲戌，岁星、荧惑合于南斗。占曰："饥、旱。"八月丙寅，荧惑犯镇星在昴、毕，因留相守。占曰："主忧。"四年八月庚辰，荧惑犯镇星于东井，镇星即失行犯钺。而荧惑复往犯之。占曰："内乱。"

宝历二年八月丁未，荧惑、镇星复合于东井、舆鬼间。大和二年九月，岁星、荧惑、镇星聚于七星。三年四月壬申，岁星犯镇星。占曰："饥。"四年五月丙午，岁星、太白合于东井。六年正月，太白、荧惑合于羽林。十月，太白、荧惑、镇星聚于轸。八年七月庚寅，太白、荧惑合相犯，推历度在翼，近太微。占曰："兵起。"

开成三年六月丁亥，太白犯荧惑于张。占曰："有丧。"四年正月丁巳，荧惑、太白、辰星聚于南斗，推历度在燕分。占曰："内外兵丧，改立王公。"冬，岁星、荧惑俱逆行失色，合于东井。京师分也。

会昌二年六月乙丑，荧惑犯岁星于翼。占曰："旱。"四年十月癸未，太白、荧惑合于南斗。

咸通中，荧惑、镇星、太白、辰星聚于毕、昴，在赵，魏之分。诏镇州王景崇被衮冕，军府称臣以厌之。

文德元年八月，岁星、镇星、太白聚于张，周分也。占曰："内外有兵。"为河内、河东地。

光化三年十月，太白、镇星合于南斗。占曰："吴、越有兵。"

根据《新唐书》的记载，唐代"五星聚合"的天象虽多，但大部分在星象家看来都非祥瑞征兆。只有天宝九载(750)八月和大历三年(768)七月这两次五星聚合，被认为有祥瑞的征兆。当代古天文学者曾对天宝九载的这次五星聚合天象作过考察，江晓原、钮卫星推算：此次天象当发生于天宝九载八月庚申，结束于九月乙未，约持续三十五天时间。① 黄一农也认为：此次天象在天宝九载八月庚申发生时，五星相距约五十九度，至九月乙未天象结束时，五星之间的距离更近，分布在约三十三度的范围内。② 就此而论，天宝九载应被认为是韦展《日月如合璧赋》可能出现的年份。显然，"日月如合璧，五星若连珠"的祥瑞天象，是古代历法家根据当时的历法推算出来的。韦展赋中所谓

① 江晓原、钮卫星：《回天：武王伐纣与天文历史年代学》附录三《古今"五星聚"一览表》，上海人民出版社2000年版，第277页。

② 黄一农：《中国星占学上最吉的天象——"五星会聚"》，《社会天文学史十讲》，复旦大学出版社2004年版，第51页。

“推上元之岁，时和气茂；为南至之辰，日月来就”，正是按照这种历法推算的结果。其中的“上元”，并非实指唐代帝王的年号。由于唐代进士考试在春天，博学宏词科考试在秋冬之际，故本书推断韦展此赋为天宝九载博学宏词科试赋，详该年考证。

三、苏珦《悬法象魏赋》可能产生在景龙二年(708)之后

此赋载《全唐文》卷二〇〇，又载《文苑英华》卷六七、《历代赋汇》卷四五、《古今图书集成·明伦汇编·皇极典》卷二七〇、《古今图书集成·经济汇编·祥刑典》卷八六。

> 建皇极者，存乎正名；体元命者，存乎作程。彼宗周之创业，遂体制而缘情。职命六官，必先庚而著令；历分三统，因建子而为正。
>
> 当是时也，玄律司候，黄钟纪月。伊岁序之允初，懿阳和之始发。于是悬邦国之六典，致象魏之两阙。俾万人观而取象，罔敢逾越者也。
>
> 大矣哉，示人有则，布政惟时。既当途而明矣，亦浃日而敛之。是则是效，念兹在兹。乃人君之大象，谅王国之元龟。
>
> 是知象魏之章，焕为故实。分章授事，典司非一。或以理象为理人之规，或以教象为教人之术。观之者仰而可见，从之者贞而且吉。俯黄道而高悬，与苍龙而迥出。法之不朽，虽草创于前王；体有可传，亦恢张于是日。
>
> 国家以务人为本，以施命为先。拱北极之六星，庶官咸备；张南端之双阙，旧典常悬。
>
> 是知大圣君临，名臣不乏；钦承帝道，足以为法。
>
> 以之安人，其国斯广。敢引此以为喻，亦因兹而取象。悬法魏阙，其教可以普施；悬法礼闱，其人可以外奖。夫然，则青云可期于影响。①

《文苑英华》载此赋，注明以“正月之吉悬法象”为韵，只有七韵；而《全唐文》、《历代赋汇》、《古今图书集成》所载此赋，皆以“正月之吉悬法象魏”为韵，总共八韵。查原赋确实只有“正月之吉悬法象”七韵，缺“魏”字一韵。唐前期的试赋，往往有缩减限韵字的情况。如王维《白鹦鹉赋》，题下限八韵，而王维之作仅五韵。赵殿成注云：“按《文苑英华》载《白鹦鹉赋》凡三首，第一即右丞作，第二不著姓氏，第三郝名远作，皆于题下注云：‘以容日上饰孤飞色媚为韵。’而本集无之。又第一第二并止赋五韵，缺余三韵。岂当时之制虽限八韵，亦听士子为盈缩耶？”②宋人洪迈《容斋随笔·续笔》卷一三“试赋用韵”条：“有三平五侧者，《宣耀门观试举人》以‘君圣臣肃，谨择多士’，《悬法象魏》以‘正月之吉，悬法象魏’，《玄酒》以‘荐天明德，有古遗味’，《五色土》以

---

① 李昉等：《文苑英华》卷六七，文渊阁《四库全书》，第1~2页。

② 王维著、赵殿成笺注：《王右丞集笺注》卷一六，文渊阁《四库全书》本，第3页。

'王子毕封，依以建社'，《通天台》以'洪台独出，浮景在下'，《幽兰》以'远芳袭人，悠久不绝'，《日月合璧》以'两曜相合，候之不差'，《金柅》以'直而能一，斯可制动'为韵是也。"①说明洪迈所见之《悬法象魏赋》，已注明八字限韵，所以洪迈将其体认为"试赋"。《悬法象魏赋》末句作"夫然，则青云可期于影响"，表达青年士子的期望，正是试赋结尾的套路，证明此赋应是一篇进士律赋。然而，据《旧唐书》本传，苏珦(635—715)乃应明经举，而明经并不考试诗赋，所以，此赋之作者恐怕别是一人。此赋之古典出自《周礼·天官·大宰》："正月之吉，始和布治于邦国都鄙，乃县(悬)治象之法于象魏，使万民观治象，挟日而敛之。"②悬法象魏在唐朝得到提倡，据《唐会要》卷六一载："景龙二年(708)十二月，御史中丞姚廷筠奏称律令格式悬之象魏，奉而行之，事无不理。比见诸司僚采不能遵守章程，事无大小，皆悉奏闻。臣闻为君者任臣，为臣者奉法，故云汝为君目，将司明也，则知万机务综，不可遍览也。所以设官，分职委任，责成百工，惟时以成垂拱之化。比者修一水窗，或伐一枯木，并皆上闻旒扆，取断宸衷，岂代天理物至公之道也。自今已后，若缘军国大事及牒式无文者，任奏取进止，自余据章。"③姚廷筠奏章所谈的道理与《悬法象魏赋》可以互相配合。此赋中有句云："法之不朽，虽草创于前王；体有可传，亦恢张于是日。"足见作赋者很清楚唐朝弘扬了这一制度。所以，很有可能的是，在姚氏上奏之后，朝廷推行了这一制度，考官于是以"悬法象魏"作为进士赋题。就此而言，《悬法象魏赋》可能产生于景龙二年(708)之后。

四、张泰《学殖赋》为元和十一年(816)进士赋题

张泰《学殖赋》又载《文苑英华》卷六二、《历代赋汇》卷六〇、《古今图书集成·理学汇编·学行典》卷六和卷八七。兹据《文苑英华》录赋于下：

学者人之本也，必资乎穷要道，励专心。故假农以为喻，将克己而攸箴。笔力载耕，既研精而不倦；情田以耨，将覃思而惟深。

懿兹善喻，丰滋是务。当勤劳而有获，岂灭裂而不固。种德潜润，比土膏之勃兴；修业大成，方云稼之森布。

切磋讨论，将究其根。孜孜而其功且倍，矻矻而其教弥尊。苟惰以自安，则耒耜之用废；习而不辍，则薕蓘之道存。蕴经笥而焕乎既庶，成行业而油然实繁。

且夫以兹训语，譬彼树艺。学者在清其本末，农者在立其根柢。庶存心而有补，期竭力而无替。顾三冬之足用，且俟经时；异四体之不勤，而能望岁。

其道既敷，其志不渝。自微至著，生有于无。厥修乃来，类京坻之可积；不思则罔，同水旱之是虞。

---

① 洪迈：《容斋随笔·续笔》卷一三，文渊阁《四库全书》，第3页。

② 孙诒让：《周礼正义》卷四，湖北篴湖精舍刻本。

③ 王溥：《唐会要》卷六一，文渊阁《四库全书》，第18页。

原夫匪独化人，聿兼为己。宁徒取于披阅，固可移于任使。功成久习，宋人之揠足伤；事不两全，樊迟之学诚鄙。

稽其存于日省，就此月将。睹专专以开帙，娩汲汲而筑场。劳而无怠焉，奚必乎四之日；禄在其中矣，可期乎万斯箱。

客有服膺糟粕，惟善是乐。恒虑失而不逮，讵怀安而自若。取(疑作敢)窃比于农夫，惧见逢于摇落。①

《全唐文》的作者小传仅仅注明："泰，官耒阳县令。"张泰的生平现存资料甚少，需要另辟蹊径加以考察。考清《(嘉庆)大清一统志》卷四二九《人物》著录："(唐)周匡物，字几本，龙溪人，元和十一年进士。名誉蚤著，尝赋《轩辕古镜歌》，王播见而异之。御试《学殖赋》、《莺出谷诗》，为时传诵。官至高州刺史。闽人举进士，自匡物始。"②郑杰辑《闽诗录》引《闽南唐雅》云："匡物未第时赋《轩辕古镜歌》，驰誉一时；御试《学殖赋》、《莺出谷诗》，为时传诵，号为名第先生。"③此外陈道等修《(弘治)八闽通志》卷六八、郑方坤《全闽诗话》卷一等亦载有周匡物事迹。查徐松《登科记考》，元和十一年(816)进士33人，周匡物名下下引资料为《永乐大典》引《漳州志》及《太平广记》引《闽川名士传》，未见本年诗赋题目。孟二冬《登科记考补正》在周匡物名下未补充资料。上述资料虽然较为晚出，但所记载的周匡物事迹与《登科记考》所录资料具有互补性，毕竟是难得的新证，可补《登科记考》相关记载之不足。既然《学殖赋》为本年进士赋题，那就可补张泰为元和十一年(816)进士。张泰的这篇赋作实际以"深固根柢，无使将落"为韵，四平四仄，相间而行，且句法整饬，与唐抄本《赋谱》所列的紧句长句隔句递进格式相合，是中唐时期成熟的律赋。又《文苑英华》卷一八五"省试诗"载钱可复、张鹭、刘庄物、刘得仁同题共作《莺出谷》诗四首，则可补前三人为本年进士。至于刘得仁则非本年进士，《唐摭言》卷十明言："刘得仁，贵主之子。自开成至大中三朝，昆弟皆历贵仕，而得仁苦于诗，出入举场三十年，竟无所成。"刘得仁未能登第，似乎不是因为其诗作得不好，或是因为其他考试项目，如律赋、试策之类未能过关，或是因为如其诗中所言"外家虽是帝，当路且无亲"，有人事纠葛方面的政治因素阻挠。不过，由于后来韦庄奏疏《奏请追赠不及第人近代者》的举荐，仍可称其为追赠进士。详见本书该年考证。

五、徐彦伯《汾水新船赋》可能是后人赞美徐彦伯的作品

《全唐文》所载徐彦伯《汾水新船赋》，又见《文苑英华》卷一二二，《历代赋汇》卷八

---

① 李昉等：《文苑英华》卷六二，文渊阁《四库全书》，第8~10页。

② 穆彰阿等：《(嘉庆)大清一统志》，《四部丛刊续编》卷四二九《漳州府·人物》，上海古籍出版社2008年影印，第31页。

③ 郑杰辑：《闽诗录》，甲集卷一，《续修四库全书》第1687册，上海古籍出版社1995年影印，第421页。

九，《古今图书集成·经济汇编·考工典》卷一七八。

《汾水新船赋》，以“虚舟济物，利涉大川”为韵，兹据《文苑英华》录赋文于下：

> 贤者彻侯，求人之瘼，分帝之忧。以为冀方轮转，病于行辀。乃乘素秋，镜清流。假道于河伯，息肩于吴牛。因去彼以取此，遂舍车而造舟。
>
> 革故鼎新，裁规创制。通子房之妙略，运桑羊之潜计。则浅深之量，将载沉而载浮；陈去就之宜，则既济而未济。
>
> 懿夫席帆锦缆，兰桡桂楫。不日而成，嘉谟允叶。蒲且罔设，宁劳渔子之家；财用无亏，不夺农人之业。水之积也厚，船之动也捷。回翔并骛，识波上之双凫；倏忽孤飞，见天边之一叶。伊负重以致远，非卬否而人涉。
>
> 及夫安卑委顺，外静中虚。混泥沙而闭矣，象智者之居诸。
>
> 逐便乘流，排难触物。泛波涛之不屈，状勇者之拂郁。
>
> 船之时义，吉无不利。向之为材也，标挺特之材；今之为器也，作殊常之器。若往若来，无颠无踬。奢淫自戒，厌殷帝之酒池；游戏无虞，耻丹朱之陆地。
>
> 鹢首翩然，鱼鳞比川。映汾阴之宝鼎，参汉武之楼船。当秋风之擢（一作折）唱，候明月以扣舷。载廪储而奉国，达方物以朝天。可以通河渭，可以溯泾瀍。斯渐（一作暂）劳而永逸，将冠古而争先。
>
> 且知君子攸作，务于远大。美利亟行，莫不系赖。厥声载路，赓歌济巨川之功；史不绝书，考课获畴庸之最。别有荷为衣兮蕙为带，鼓轻枻兮张翠盖。杳眇烟波之末，夷犹区域之外。愿一涉于龙门，接神仙之嘉会。①

这首赋是否由徐彦伯本人所作，颇有疑问。汾水，在今山西境内，全长七百一十公里，是黄河第二大支流。《山海经》载：“管涔之山，汾水出焉，而西流注入河。”②《水经注》亦载：“汾水出太原汾阳之北管涔山。”③据新旧《唐书》本传，徐彦伯曾两度在汾水地方任官，高宗时期调永寿尉、蒲州司兵参军，中宗时任蒲州刺史。此赋写徐彦伯在汾水上“舍车而造舟”的功绩，能够做此等大事，必得担任地方大员才有可能，这就不是徐彦伯担任区区永寿尉、司兵参军时期能够奏效的，一定是在蒲州刺史任上才能有所作为。如果此赋由徐氏自作，那么起首几句作“贤者彻侯，求人之瘼，分帝之忧”，就有自夸的嫌疑。彻侯本是爵位名，秦统一后所建立的二十级军功爵中的最高级。汉初多将此爵位授予有功的异姓大臣，后避武帝讳，改称通侯或列侯。《汉书·百官公卿表上》：“爵：一级曰公士，二上造……二十彻侯。皆秦制，以赏功劳。彻侯金印紫

---

① 李昉等：《文苑英华》卷一二二，文渊阁《四库全书》，第4~5页。

② 郭璞注：《山海经传》，《北山经》第三，《四部丛刊》本。

③ 郦道元注：《水经注》卷六，清《武英殿聚珍版丛书》本。

绶。”①一般而言，官吏不会自称彻侯的。末段又写：“且知君子攸作，务于远大。美利亟行，莫不系赖。厥声载路，赓歌济巨川之功；史不绝书，考课获畴庸之最。”写百姓赞美徐氏政绩，朝廷考课评为最高等级，显然不可能是徐氏自作了。观赋末云：“愿一涉于龙门，接神仙之嘉会。”分明是举子行卷，希望援引的口吻。徐彦伯晚年官位日隆，历修文馆学士、工部侍郎，至太子宾客。可能是后人赞美徐氏在蒲州的政绩，写作《徐彦伯汾水新船赋》，作为投赠之礼，后来作者佚名，而转归徐氏名下。《旧唐书·徐彦伯传》称其：“晚年属文，好为强涩之体。”②《唐诗纪事》亦谓：“彦伯为文多变易求新，以凤阁为鹓阁，龙门为虬户，金谷为铣溪，玉山为琼岳，竹马为筱骖，月兔为魄兔，进士效之，谓之徐涩体。”③然而这篇赋，文从字顺，并无艰涩风格，也可作为非徐彦伯所作之一证。

六、李咸《田获三狐赋》作于中宗年间

此赋又载《文苑英华》卷一三四、《历代赋汇》卷五九、《古今图书集成·博物汇编·禽虫典》卷七一、《古今图书集成·理学汇编·经籍典》卷八九。赋前有小序：“客有都尉崔公，尝以投笔筮仕，遇解九二爻应，无何而立功异域。迨遂之来，相与游田而获三狐。公以为应往者之兆，遂为田获三狐赋，余因应云。”兹据《文苑英华》引其《田获三狐赋》于下：

放心而适者，其在乎游田。徒御自肃，镮锱相牵。指东郊以按辔，乘北风以鸣鞭。

风威初厉，鹰隼斯击。英寮讼闲，农人务隙。分曹命侣，荣随所历。未济之狐，欻起荒陌。多疑胆损，虚惊心惕。趫材竞逐，良弓可射。算分铢于远近，乃舍拔而则获。

于是长舒远引，自北徂南。遇丰草而必陟，逢虎穴而争探。车轻轮高，群足趁趕。将使蹂躏，其十二三。

尔乃出林莽，践平芜。历历尔见，绥绥有狐。莫赤其色，又腯其肤。各挟尔之矢，先张尔之弧。虽罗空三面，而人合四隅。终见加其一目，遽生擒于仆夫。

更有七擒七纵，乍奔乍逸。忽投足于旧丘，且守之而勿失。俄而猎火焰炽，蕴祟烟郁。知隐伏之无所，动险中之瞰出。搏噬交乱，竿投揘鶱。罔解狐之终凶，符六二之贞吉。得理中之道，偕枉直之实。

且夫平原广衍，何有何无。独兹狐之见获，应君子之筮谟。君子云谁？其惟崔公。

---

① 班固：《汉书》卷一九，文渊阁《四库全书》，第19页。

② 刘昫：《旧唐书》卷九四，文渊阁《四库全书》，第20页。

③ 王仲镛校笺：《唐诗纪事校笺》卷九，巴蜀书社1989年版，第219页。

筮谟伊何，当入其仕乎！固欲知蔡泽之跃马，而问詹尹以泛凫。公侯干城，则四方壮士；文章经国，则一代英儒。我章斯银，我绶斯朱。安比夫求鱼靡饵，即鹿无虞哉？

已而日低岚岫，烟生寒柳。卺弓释掤，割鲜纵酒。是田也，盖以集彼戎事，从其群丑。第吾人之欢谣，别郢中之能不。岂徒焚林竭泽，乾池涤薮。况夫天诫其驰骋，御难其枯朽。虽俟俟儦儦，或群或友，皆弃之而不受。

嘻！兹狐之无知，何虽兽而似智？当其七雄分势，遇楚相以申威；九尾来仪，感魏君而呈瑞。又若腋入珍裘，肉登俎味。在物斯贱，与人为利。利之者以此，载咏歌而无愧。①

观察这首赋凡押九韵，排比各段韵字，可能是以“田获三狐，实公儒友愧”为韵。全赋还是一般骈赋的写法，主要是两两对句，只有两联隔句对：“公侯干城，则四方壮士；文章经国，则一代英儒”和“七雄分势，遇楚相以申威；九尾来仪，感魏君而呈瑞”。隔句对较少，是早期律赋呈现的特点之一。

《全唐诗》卷一百〇四载李咸《奉和九日幸临渭亭登高应制得日字》诗一首：“重阳乘令序，四野开晴色。日月数初并，乾坤圣登极。菊黄迎酒泛，松翠凌霜直。游海难为深，负山徒倦力。”其小传云：“李咸中宗时学士。”《全唐文》载李咸赋一首，其小传亦云：“咸，中宗时学士。”计有功《唐诗纪事》载中宗《九月九日幸临渭亭登高作》诗云：“‘九日正乘秋，三杯兴已周。泛桂迎樽满，吹花向酒浮。长房萸早熟，彭泽菊初收。何藉龙沙上，方得恣淹留（得秋字）。’时景龙三年也。御制序云：‘陶潜盈把，既浮九酝之观；毕卓持螯，须尽一生之兴。人题四韵，同赋五言。其最后成罚之引满。’”应制诗作者有李咸，其得“直”字云：“菊黄迎酒泛，松翠凌霜直。”②其应制作诗在景龙三年（709）。李咸能够陪同都尉崔公田猎，应有学士身份，故其作赋时间也当在中宗第二次在位的神龙元年（705）至景龙四年（710）。

七、刘知幾《京兆试慎所好赋》乃阙名所作

此赋载《文苑英华》卷九二，未署作者。《历代赋汇》卷六八，作阙名。《全唐文》盖涉前首刘知幾《思慎赋》而将此赋收归刘知幾名下。兹据《文苑英华》引赋文如下。

《京兆试慎所好赋》，以“重译献珍，信非宝也”为韵：

君子严其墙仞，戒以心胸。知耽味之易入，俾回邪而不容。其慎德也，白圭是闻其三复；其好贤也，缁衣必荐其九重。自然契己坦荡，清心肃雍。玩丧志而何有，欲败度兮何从。

---

① 李昉等：《文苑英华》卷一三四，文渊阁《四库全书》，第4~6页。

② 王仲镛校笺：《唐诗纪事校笺》卷一，巴蜀书社1989年版，第16页。

昔如王者三朝，远人重译。执贽山委，献琛云积。岂不知纳宝库为子孙之藏，映玉墀嘉戎夷之绩。盖以难得之货有损，不贪之宝无斁。获狼而荒服不臻，却马而汉王受益。嗤虞公受玉之败，美晋帝焚裘之迹。

匪骋欲而适愿，将去奢而无怨。满堂足戒，黄金宁慎其四知；连城不求，白璧何劳于三献。

所爱者礼，所怀者仁。君由之而乂国，士用之以防身。衣服有常，非敢玩于千袭；饮食不渎，宁专美于八珍。

其爱才也，必择能而得儁；其慕友也，亦资忠而履信。将辞直而不违，知言甘而有吝。

是窒其欲，无忽于微。五色足耽，审之则朱紫不夺；八音可乐，慢之则郑雅同归。思禁邪而制放，虑今是而昨非。

上则宣风，下同偃草。将还淳而复朴，在耽德而味道。搜田失度，则念虞人之箴；慈俭或亏，必思老氏之宝。

至矣哉，好之者。儒以多闻为润屋，立义为分社。孝既慕于参乎，学愿从于回也。孜孜屑屑，束修问寡。如此，人所以铭座而弗忘，书绅而不舍。①

重译指需要通过语言翻译沟通的外国使节。唐人吴兢《贞观政要·诚信》：“绝域君长，皆来朝贡；九夷重译，相望于道。”此赋是京兆府府试赋，其题旨是劝说君主不要沉迷于外夷进献的珍宝。刘知幾非应京兆试，故非此赋作者。此赋押韵以原限韵“重译献珍，信非宝也”为序，亦是开元以后试赋的格式之一，说详下。

八、刘知幾《韦弦赋》乃阙名所作

此赋载《文苑英华》卷九二，未署作者；《历代赋汇》卷六七，作阙名。《全唐文》盖涉前首刘知幾《思慎赋》而将此赋收归刘知幾名下。兹据《文苑英华》引赋文于下。《韦弦赋》，以“君子佩之，用规性情”为韵：

赵魏君子，迹著明文。有韦弦之淑慎，在躁静以区分。于以诫德在我，于以表正事君。禀刚以宣其志，守柔以播其勋。动静有恒，得枢机于要道；佩服无斁，合规矩于典坟。（文、分、君、勋、坟：文韵）

昔董安于事赵简子，虚心固节，收目反视。由一国之具瞻，在四德之为美。诚孜孜于不怠，谅勤勤于所履。观其弦之劲姿，可以励其攸止。式摽其道，于焉克己。所谓惕祸以垂休，故以善终而令始。（视、美、履：旨韵；子止己始：止韵。二韵同用）

且其天道何常，顺之无悔。察是非之倚伏，节行藏于进退。守而取则，在刚柔

① 李昉等：《文苑英华》卷九二，文渊阁《四库全书》，第10~11页。

以为箴；动必可观，比玉剑之为佩。（悔、退、佩：队韵）

邺令乃曰：躁用乖于正性，故安卑以从时；静既恭于五德，故不暴以为师。命韦带之间缓，体君子之舒迟。惟器可象，惟贤则之。佩兰则殊于楚客，象环有慕于宣尼。信建物之表意，实善人之所资。（师、迟、之、尼、资：脂韵）

故知欲不可纵，俭以足用。（纵、用：用韵。伦按：此用“解镫韵”法。）

德或可移，中以成规。识君子之容止，见淑人之表仪。周旋之中，宁假于宫征；内外相制，亦合乎埙篪。（规、仪、篪：支韵）

大哉景行，刚柔异性。缓之于韦用和，急之于弦表正。既守道而恒佩，因履端而不竞。（正、性：劲韵；竞：映韵。二韵同用）

懿夫式彰茂德，分意表情。礼节既备，敬慎孔明。参衣冠而振序，列簪绂以齐荣。猗二子之垂诫，与千古之扬名。①（情名：清韵；明荣：庚韵。二韵同用）

洪业曾就《全唐文》所辑录之刘知幾三篇赋——《思慎赋》、《韦弦赋》、《京兆试慎所好赋》予以考定，认为《韦弦赋》、《京兆试慎所好赋》的风格与《思慎赋》并不相同，且《韦弦赋》并不避刘知幾父亲的名讳，加之，刘知幾并非应京兆试，且当时未以赋为科考方式，诗赋亦并未限用八韵，故《京兆试慎所好赋》绝非刘知幾应试之作。② 洪业的考证是对的，但他并未论定此赋属于其他哪位作者，故应归于阙名。从《韦弦赋》的押韵来看，有两个特点：一是第二个限韵字“子”落在第二段起首的出句末尾，这种押韵方式相当特殊。二是押“用”字韵和“规”字韵一联“故知欲不可纵，俭以足用；德或可移，中以成规”，用了“解镫韵”法。即以首句的“纵”字协“用”韵，以三句的“移”字协“规”韵，用一联隔句对解决了两个限韵字。这就是唐抄本《赋谱》所说的“解镫韵”。这种押韵方式在开元以后的试赋中习用。

九、封希颜《六艺赋》撰于先天元年（712）之前

此赋又载《文苑英华》卷六一，《历代赋汇》卷六二，《古今图书集成·理学汇编·经籍典》卷三七、《古今图书集成·理学汇编·文学典》卷一二四。《六艺赋》，以“移风易俗，安上理人”为韵，兹据《文苑英华》引赋文于下。

散琴书以吟想，多六艺之为仪。礼缘情而损益，乐与道而推移。数方穷于大衍，射不贵于主皮。书断决以象夬，御周行而取随。则废一而不可，犹五材之并施。且夫礼者，含七曜，均两仪。顺之则安，违之则危。故君当广敬，臣亦尽规。不害物以利己，每谦尊而守卑。况复冕旒十二，骆马千羁。会同侯伯，享献神祇

① 李昉等：《文苑英华》卷九二，文渊阁《四库全书》，第 8~10 页。

② 洪业：《〈韦弦〉、〈慎所好〉二赋非刘知幾所作辨》，《中央研究院历史语言研究所集刊》卷二八，1957 年。

者焉。

人无定，乐有曲。扣羽增智，闻商寡欲。必除怗懘之音，使优柔以自足。然后美教化，成风俗。鲁不纳于齐人，戎辞遗于秦穆。

太史之职，推步万端。或分或至，一暑一寒。趣乾坤之取舍，知运命之艰难。亦有弘羊心计，小道可观。便人利国，下给上安。

若乃墨妙之场，书淫之客。转注别态，圆方自适。万仞崩云，千岩落石。垂露沾于缃绮，飞花散于竹帛。观夫始用契以代绳，未有纸而作策。何朴略之难同，为智巧之所易也。

大射之礼，先王是崇。侯以示其所服，正无言而审同。饮少筭于多筭，或在泽而在宫。天子用驺虞之节，诸侯歌狸首之风。将以合雅投颂，褒德进功。敢不慎其所举，取制于中。恐前功之相弃，故少息而未穷。

良马四之，分镳用壮。平心正体，自下奉上。周諏则瑶水遐通，虞巡则苍梧可望。不远千里，惟君所向。宁止过远前驱，逐禽左广。愿终功于造父，不见遗于师旷。

繄彼庶艺，孰与之伦。围棋好杀，夹食无亲。祈年设汉，左道亡秦。今我守则以礼，动辄随人。为百工之恒式，同六律之相循。

於戏！闻先达之格言，才难得而具美。伊小人其何，执于夫子。有余力以学文，恐代匠而伤理。属天地之交泰，忝侯藩之贡士。傥片善而必收，敢长鸣于知已。①

封希颜在睿宗朝官右乐臣，开元中历侍御史内供奉，迁户部郎中。六艺是古代教育学生的六种科目。《周礼·地官·大司徒》："六艺：礼、乐、射、御、书、数。"作者借六艺来论述礼教之事，对国事提出建议，认为执政者应明晓持平而治之理，各项事业均不可偏废。本篇虽然押八字韵脚，但全无隔句对偶句式，当是律赋初起时的形态之一。赋文结尾说："伊小人其何，执于夫子。有余力以学文，恐代匠而伤理。属天地之交泰，忝侯藩之贡士。傥片善而必收，敢长鸣于知已。"显然是士子参加考试的口吻。《唐会要》卷七五记载："先天元年，侍中魏知古尝表荐洹水县令吕太一、蒲州司功参军齐澣、右内率府骑曹柳泽及为吏部尚书，又擢密县尉宋遥，左补阙袁晖、封希颜，伊阙县尉陈希烈，后咸居清要。"据此知封希颜先天元年（712）已任职左补阙，自非赋中所谓"侯藩之贡士"，则其《六艺赋》当撰于先天元年之前。

十、梁献《大阅赋》当为阙名所作

本篇载《全唐文》卷二八二。又见《文苑英华》卷六四，作者佚名；《历代赋汇》卷六四，作阙名。《全唐文》据上篇《出师赋》，而收归梁献名下。按：《文苑英华》载赵子

① 李昉等：《文苑英华》卷六一，文渊阁《四库全书》，第10~12页。

卿、赵自励、梁献《出师赋》，陈尚君《〈登科记考〉正补》据明嘉靖刊《浯田程氏宗谱》考订，《出师赋》、《长安早春诗》为唐玄宗先天二年（十二月改为开元元年）进士赋题。孟二冬《登科记考补正》从之。则赵子卿、赵自励、梁献当为先天二年（713）进士。梁献名下之《大阅赋》当属于另一阙名的作者，说详下。兹据《文苑英华》引赋文于下。

《大阅赋》，以“国崇武备，明习顺时”为韵：

惟圣有作，含灵大庇。万邦以平，群动咸遂。输瑜景集，削衽麏至。犹且修干羽，除戎器。懿文德，恢武备。大阅之礼，所谓简车徒，谋元帅。以虞以度，习无不利。

故冬令有典，夏官是司。尚黑服，建黑旗。各率属以于往，昭用众之在兹。择元辰于仲月，得刚日于斯时。

然后莱田立表，斩牲徇阵。旆游旌，控高靮。百其勇，倍其信。骈驰翼驱，旅退旅进。钲铎镯铙之数，物有攸施；坐作疾徐之节，教无不顺。咸以律而自勉，谅匪高而匪吝。才实天生，用犹日慎。遵兰防而合礼，罢艽野而作镇。

边陲削平，天下文明。遂以畋而以狩，知足食而足兵。

戎士赼夫，呈才逞武。将撄戾以雄入，顾振旅而尽取。公之私之，有伦有矩。崇七德之丰禁，迈三驱而夸诩。岂惟兆于熊罴，固乃除于猰貐。

暨乎整众而入，军容翕习。庞聒腾骧，天动地岌。亦取瞬而致用，诚犹火之不戢。

惟皇建中，昭明有融。止戈为则，垂衣是崇。混车书于无外，尚何施于一戎。

别有明试畴庸，举惟惭德。征于二柄，或不爽于为邦；形于一言，庶无忝于观国。①

此赋押韵未依限韵次序，改以“备时顺明武习崇国”为序。根据下节的考订，此赋与胡瑱《大阅赋》都可能是开元九年（721）进士赋题。

十一、胡瑱《大阅赋》可能是开元九年（721）进士赋题

《文苑英华》卷六四载两篇《大阅赋》，一篇佚名作，一篇胡瑱作，皆以“国崇武备，明习顺时”为韵。胡瑱此赋又见《全唐文》卷四〇一、《历代赋汇》卷六四、《古今图书集成·经济汇编·戎政典》卷七四、《古今图书集成·经济汇编·礼仪典》卷三一二。此赋结尾写道：“此非以田猎纵天下之极观，亦因之简众而习武。”显然是针对一场帝王亲历的田猎阅兵行为而作。那么，这是开元中的哪一年呢？《新唐书》卷五《玄宗纪》：“开元八年十月辛巳，如长春宫，壬午猎于下邽（今陕西渭南）。”《册府元龟》卷六八载玄宗九年正月诏曰：“武有七德，所以安人禁暴；臣称三杰，所以战胜攻取。蜀乃一方之主，

① 李昉等：《文苑英华》卷六四，文渊阁《四库全书》，第5~6页。

尚得孔明；齐为九合之君，斯繇管仲。况宇宙至广，人物至多。岂乏英贤，无闻韬略。盖用与不用，知与不知。今边境未清，统边须将。顷林胡暂扰，柳城非捷；北虏忽惊，西军莫振。罪繇失律，过在无谋。曹刿不言，宁知登轼之效；毛遂缄口，岂彰处囊之奇。长想古人，是思擢士。其有虽沾簪绂，犹晦迹于下流；或蕴智谋，尚沉名于大泽。不加精访，何以甄收。其两京中都及天下诸州官人百姓，有智合孙吴，可以运筹决胜；有勇齐贲育，可以斩将搴旗。或坐镇行军，足拟万人之敌；或临戎却寇，堪为一堡之雄。各听自举，务通其实。仍令州县具以名进，所司遣立，限期随表赴集。朕当亲试，不次用之。”开元九年五月，又开制科“智合孙武，可以运筹绝胜科”策试举人。开元八、九年，朝廷讲武的气氛浓烈，自然有可能出“大阅赋”一类的试题。按照唐代的考试制度，贡士在开元八年(720)的秋天集京城，观赏田猎阅兵是观国之光的活动之一，开元九年年初参加进士试，考官以“大阅赋”出题，是合理的推测。详见该年考证。

本节在邝健行先生考证的基础上继续探索，认定原列初唐的 11 篇八韵律赋，只有 3 篇可能是初唐的作品：苏珦《悬法象魏赋》可能产生在景龙二年(708)之后，但现存作品只有七韵；李咸《田获三狐赋》，押九韵，作于唐中宗第二次在位年间(705—710)；封希颜《六艺赋》，押八韵，当撰于先天元年(712)之前。其他的 8 篇赋作，基本上可以排除在初唐的范围之外。

辨认初唐律赋，一看句法，二看押韵。从句法上看，隔句对使用较少。《悬法象魏赋》仅有三联，《田获三狐赋》仅有二联，《六艺赋》则完全未使用隔句对。这与盛唐以后律赋，隔句对一般在五联以上，形式上就有所不同。

再从押韵来说，在开元二年(714)之后，八韵试赋始正式成为常态。吴曾《能改斋漫录》卷二《事始》记载开元二年试赋“始有八字韵脚”，尽管表述不太准确，但不能全盘推翻，仍可视开元二年试赋“八字韵脚”为初、盛唐试赋形式变化的重要标志。考察唐宋赋论家关于试赋用韵的说明，情况也是如此。唐抄本《赋谱》：“近来官韵多勒八字，而赋体八段，宜乎一韵管一段，则转韵必待发语，递相牵缀，实得其便，若《木鸡》是也。”《木鸡赋》是中唐浩虚舟长庆二年(822)登第的应试之作，其赋以“致此无敌，故能先鸣”为韵，阐述“以静制动，以逸待劳”的道理，可视为中唐律赋押韵的正格。其时试官出题，官韵多勒八字。《旧五代史》卷九三《卢质传》：“质以‘后从谏则圣’为赋题，以‘尧舜禹汤，倾心求过’为韵，旧例赋韵四平四侧，质所出韵乃五平三侧，由是大为识者所诮。”①宋洪迈撰《容斋续笔》卷一三《试赋用韵》条：“自大和(827—835)以后，始以八韵为常。”②宋人王楙《燕翼诒谋录》：“国初进士辞赋押韵不拘平仄次第，太平兴国三年(978)九月，始诏进士律赋平仄次第用韵；而考官所出，官韵必用四平四仄。辞赋自此齐整，读之铿锵可听矣。”③根据上述诸家观点，试赋规定押八字韵脚，起始于盛

① 薛居正：《旧五代史》卷九三，文渊阁《四库全书》，第 2 页。
② 洪迈：《容斋随笔·续笔》卷一三，文渊阁《四库全书》，第 4 页。
③ 王楙：《燕翼诒谋录》卷五，中华书局 1985 年版，第 40 页。

唐开元二年(714)，到中唐则成为常态，而在限韵的平仄声律上明确要求四平四仄出现在晚唐五代，到宋代太平兴国三年(978)才完全定型。

准此而言，在开元二年王邱知贡举试《旗赋》之前，初唐虽然已有八韵律赋存在，但数量较少，尚不宜称为“常态”。

第八章　盛唐科举与试赋

文学史上所称的盛唐，自玄宗开元元年癸丑岁至代宗永泰元年乙巳岁(713—765)，凡五十三年。现存最早的试赋是先天二年(713，即开元元年，十二月改元)试《出师赋》。

第一节　开元年间试赋考察

一、先天二年(713)进士试《出师赋》

徐松《登科记考》以为本年试《藉田赋》，并录李蒙《藉田赋》为例。① 陈尚君《〈登科记考〉正补》据明嘉靖刊《浯田程氏宗谱》考订，《出师赋》、《长安早春诗》为唐玄宗先天二年(十二月改为开元元年)进士赋题。② 孟二冬《登科记考补正》从之。《文苑英华》卷六四载赵子卿、赵自励③、梁献《出师赋》，三人当为先天二年进士。王兆鹏《唐代科举考试诗赋用韵研究》认为："先天二年癸丑(713)进士科试《出师赋》，所试之赋押何韵，押几韵都无明确规定。"④伦按：虽然此年试赋题下没有出现限韵，三人的赋作用韵也有所不同，但是否为押韵无规定，则有讨论的空间。兹先据《文苑英华》录赋作于下，再作分析。

赵子卿《出师赋》并序：

古之王者出师，有征无战。然则兵革之事，圣人是兴，盖所以威不轨而昭文德也。帝乃钦若尧禹，承天运行。鲜卑在图，夜郎无外，而髦头贼丑，忘道弄边，河浸海寒，障路幽朔。皇赫斯怒，亲师用征。摇星纛神，召募雄合，白羽森月，朱旗烂空。俾夫翕东海之焱波，扫北荒之沙雪。国用长策，人忘暂劳。聊胜咏歌，取思而赋。赋曰：

---

① 徐松：《登科记考》，中华书局 1984 年版，第 167 页。

② 陈尚君：《陈尚君自选集》，广西师范大学出版社 2000 年版，第 221 页。

③ 赵自励，《文苑英华》明刻本作"赵伯励"，据陈尚君《〈登科记考〉正补》改正。

④ 王兆鹏：《唐代科举考试诗赋用韵研究》，齐鲁书社 2004 年版，第 9 页。

莫高匪天兮，生我圣人。聪明运用兮，不测惟神。恩泽洪融，覆帱弥淳。喷穷陆，霈无垠。珍怪烟委而波属，蛮夷鸟狎而虫驯。粤若鬼方兮，猃狁孔狡；固阴冱寒兮，陵我河津。（此段押人、神、垠、津：真韵，淳、驯：谆韵，二韵同用。）

于是按玉剑而凭怒，耀金戈而雷震。祃蚩尤，誓勾陈。会白帝，骑苍鳞。天动地应，罗羽卫而煌煌；风咆云斗，作笳鼓之殷殷。（此段押震、陈：震韵，鳞：真韵，殷：欣韵，三韵同用。）

别有哮悍之旅，毅勇之宾。爰自幽并而投石，走巴楚而来臻。铁马金甲，虹旌电轮。鸣弦者，飞雁由其殒越；挥戈者，白日所以逡巡。（此段押宾：真韵，臻：臻韵，轮、巡：谆韵，三韵同用。）

国体兵势，殊容共身。既出师于鄠杜，亦猎虏于新秦。野气苍茫而助杀，军声慷慨以合仁。奋威则鲸鲵忉衅，流咏则枭獍怀亲。大荒摇落，知单于之魄死；层冰泮涣，感天子之情春。（此段押身、秦、仁、亲：真韵，春：谆韵，二韵同用。）

昆汇杂种，于何不臣。宁直夸胡而北省，亦当抚揉于丛榛。海岱攸类，匪兵是遵。固将历三五而高视，岂与夫费百万于同勤。①（此段押臣为真韵，榛、遵：谆韵，勤：欣韵，三韵同用。）

按照《广韵》来检测，此赋共用了五个韵部，以“真、谆、臻、欣、震”五韵同用，一韵到底。此种赋体不能视为律赋，只能视为骈赋，或笼统称为古赋。

赵自励《出师赋》并序：

先天年（即是元年），猃狁孔炽，动摇边陲，是以我国家有事于沙漠也。征甲选徒，星驰云集，楚剑霜利，吴钩月悬，将以驱日逐之首，斩天骄之族。盖使烽埤无火，亭障息肩。大矣哉！自古出师，未有若斯之盛者。藉虽不敏，敢述赋云：

赫哉帝唐，叶殷累圣。光明乾道，洗清邦政。德所以和怀四夷，教所以平章百姓。（此段押圣、政、姓：劲韵，劲韵独用。）

用能尽奄有于天下，得乐推于群黎。凤符以讴歌而适，龙历以揖让而跻。既神化之无外，何鬼方之独迷。（此段押黎、跻、迷：齐韵，齐韵独用。）

若乃皇赫斯怒，元戎是出。其制敌也以威，其用师也以律。雕戈电举，铁骑风疾。霜明锋刃，夕曜曜以冲星；火色旌旗，昼炎炎以彗日。横行有同于十里，止步不过于六七。桓桓大将，黄石老之兵符；赳赳武夫，白猿公之剑术。（此段押出、律、术：术韵，疾、日、七：质韵，质韵术韵通用。）

谋无再陈，其来若神。攻则必取，谅资于武。（此段押陈、神：真韵，真韵独用；取、武：麌韵，麌独用。这种采用一联隔句对解决两个韵字的做法，唐抄本《赋谱》称为“解镫”。）

---

① 李昉等：《文苑英华》卷六四，文渊阁《四库全书》，第1~2页。

既作气以鼓行，受脤者实在乎国英。虽假灵于庙算，决胜者亦关于天断。固将以拒十角之倡狂，岂止扫一隅之陵乱。然后作寰宇之清谧，成皇王之壮观。（此段押行、英：庚韵，庚韵独用；断、乱、观：换韵，换独用。亦采用了“解镫”韵法。）

别有其仪不忒，诗书是则。鳞翮初就，将腾跃于风波；冠剑未从，尚栖遑于翰墨。愿高阙之气殄，伫燕然之铭勒。优哉悠哉，小臣高歌于帝德。①（此段押则、墨、勒、德：德韵，德独用。）

按照《广韵》来检验，此赋用了八个韵部。作者在赋中采用了“解镫”的押韵手法，说明考官虽未严格限韵，但作者本人自有限制，若排比各段韵字，还原限韵字，似可摘出“圣德跻神，武断出英”八字作为此赋的限韵。从句法上看，此赋有四联隔句对。由此而论，此赋的体裁在实质上可视为律赋。

用一个隔句对解决两个韵字的处理办法在律赋押韵中是一种权宜之计，唐人称为“解镫”。唐抄本《赋谱》云：“如此之辈，赋之解镫，时复有之，必巧乃可；若不然者，恐识为乱阶。”按“解镫”之说，出自《文镜秘府论》西卷引《文笔十病得失》：“赋颂有第一、第二、第三、第四或至第六句相随同类韵者，如此文句，倘或有之，但可时时解镫耳，非是常式；五三文内，时一安之，亦无伤也。”详见本书第十二章《唐代科举试赋的解镫韵》。

梁献《出师赋》：

圣人乘时兮里社鸣，圣人御宇兮天下平。百姓日用而不尽，四方风动而化行。外镇武将，内罗群英。既居尊以体道，思顺文而偃兵。何朔塞之丑类，尚居边而屡惊。（此段押鸣、平、行、英、兵、惊：庚韵，庚独用。）

皇赫斯怒，授钺四七。告历登坛，选时习吉。流紫泥之明诰，开黄石之秘术。旌旗翩翻而彗云，刀剑灿烂而含日。望玄塞而徐迈，度青门而迴出。（此段押七、吉、日：质韵，术、出：术韵，质术二韵通用。）

天子乃整师旅，振威德。班列品类，巾拂辀勒。杂沓参差，骈阗逼侧。隐隐轸轸，锵锵翼翼。锐兵含气，武士作色。后殿未出于朝廷，前驱已罗乎郊国。（此段押勒、德、国：德韵，侧、翼、色：职韵，职德二韵通用。）

大哉圣主，乘时而抚。内修恩德，于以广文；外整兵戈，于以克武。（此段押抚、武：麌韵，麌独用。）

设鱼丽，布鹅鹳。良将劲卒，威武刚断。欲使凶渠斩首，豺狼慑窜。一劳而逸，永清疆畔。（此段押鹳、断、窜、畔：换韵，换独用。）

尔其有征无战，缣缃所陈。兵不可恃，惟道是亲。昔周君有敌，虽戎衣一解；

---

① 李昉等：《文苑英华》卷六四，文渊阁《四库全书》，第2~3页。

而夏禹将战，反修德七旬。前君尚以行化而感迷悛，况我皇上圣德通神。(此段押亲、神：真韵，旬：谆韵，陈：震韵，真谆震三韵同用。)

别有穷途下客，流落羁栖。书剑不用，山川几迷。失路空叹，亨衢未跻。(此段押栖、迷、跻：齐韵，齐独用。)

幸逢明圣，触类归正。既怀投笔之用，希遇封侯之聘。① (此段押圣、正、聘：劲韵，劲独用。)

按照《广韵》来检验，此赋用了八个韵部，也是一篇律赋。值得注意的是，此赋与前引赵自励同题赋押韵的八个韵部相同，也可以摘出“圣德跻神，武断出英”八字作为此赋的限韵。从句法上看，只有一联隔句对“昔周君有敌，虽戎衣一解；而夏禹将战，反修德七旬”。

综上所述，先天二年所试《出师赋》，从现存三篇赋作体裁上看，既有骈赋，又有律赋。赵子卿的《出师赋》为骈赋，一韵到底；赵自励和梁献的两篇《出师赋》为律赋，皆押八字韵脚。先天二年的进士试赋出现这种现象应该不是偶然的，显然本场知贡举的考官既规定了“圣德跻神，武断出英”八字作为限韵，又宽容地同意可以一韵到底。换言之，本年的试赋体裁，既可以用骈赋，又可以用律赋。这种情况显示出一种科举试赋用韵临界点的特征：考官既规定了八字限韵，又宽容地允许一韵到底。这说明，科举试赋严格限定八字韵脚已经呼之欲出了。

二、开元二年(714)进士试《旗赋》

徐松《登科记考》卷五开元二年引《永乐大典·赋字韵注》云：“开元二年(714)，王邱员外知贡举，始有八字韵脚。是年试《旗赋》，以‘风日云野，军国清肃’为韵。”②吴曾《能改斋漫录》卷二《事始》：“赋家者流，由汉晋历隋唐之初，专以取士，止命以题，初无定韵。至开元二年，王邱员外知贡举，试《旗赋》，始有八字韵脚，所谓‘风日云浮，军国清肃’。见伪蜀冯鉴所记《文体指要》。”③自此以后，这种题下八字限韵的形式就成为唐代科举考试律赋的重要格式之一。是年试赋限韵八字，徐松所引《永乐大典》赋字韵注与《能改斋漫录》所记有一字之差，检查原作押韵，前者是正确的。兹据《文苑英华》录状元李昂的《旗赋》如下：

遐国华之容卫，谅兹旗之多工。文成日月，影灭霜空。乍逶迤而挂雾，忽摇曳以张风。排回惊鸟，飞天断鸿。至若混羽旗以横野，则睹之者目骇；杂金鼓而特设，则见之者气雄。(此段押工、空、风、鸿、雄：东韵，东独用。)

① 李昉等：《文苑英华》卷六四，文渊阁《四库全书》，第3~4页。
② 徐松：《登科记考》，中华书局1984年版，第172页。
③ 吴曾：《能改斋漫录》卷二，文渊阁《四库全书》，第12页。

尔其誓将临边，兴师授律；拥豹骑而长往，指龙山而冲出。月阵联云，星旄斗日。回五翎以革面，挫三庭而屈膝。匪旗之佐彼军容，则何以沙场清谧。（此段押律、出：术韵，日、膝、谧：质韵，质术同用。）

明明我君，四海无尘。立徽号，建洪勋。为旗削蚩尤之迹，画蛟龙之文。信侯功于巢、燧，谅比德于姜、云。（此段押尘：真韵，君、勋、文、云：文韵，真文同用。）

奄有天下，体国经野。览兹旗之财成，故可得而言者。俨孤峙以摽众，列广形而助寡。随时卷舒，任用行舍。不务功以伐谋，良有足而称也。（此段押野、者、寡、舍、也：马韵，马独用。）

徒观其进退缤纷，旖旎三军。（此段押纷、军：文韵，文独用。）

可仰可则，光辉一国。輶示迷于指南，何登车而逐北。（此段押则、国、北：德韵，德独用。）

塞断连营，幸偶时清。对岌岌之台殿，间悠悠之旆旌。陵紫霄而风扫，逗碧落以云萦。摆帝楼之晴树，弄天门之晓旌。高则可仰，犯乃不倾。每低昂以自守，常居满而望盈。（此段押营、清、旌、萦、旌、倾、盈：清韵，清独用。）

时亨大畜，于何不育。永端容于太阶，沐皇风之清肃。①（此段押育、肃：屋韵，屋独用。）

此赋的题材是针对军队出征、军旗飘扬而作，出题的用意在于表彰军容整齐，显然与上年试题《出师赋》一脉相承。此赋的用韵尤其得到后人的关注，洪迈《容斋续笔》卷一三《试赋用韵》条指出：“有六平二侧者，《旗赋》以‘风日云舒，军容清肃’为韵是也。”②洪迈之说依据唐人《登科记》的记载，与现存赋实际押韵有所不同，彭叔夏《文苑英华辨证》卷一即指出：“洪氏又以《旗赋》‘风日云舒，军容清肃’为六平二侧，今《文苑》所载‘风日云野，军国清肃’，乃四平四侧，《登科记》必误。”③此赋的句法主要是单句对偶的骈赋格式，只有第一段有一联隔句对：“至若混羽旗以横野，则睹之者目骇；杂金鼓而特设，则见之者气雄。”这是律赋初起的特征之一。

三、Δ开元三年(715)进士试《丹甑赋》

徐松《登科记考》卷五开元四年(716)注：“《文苑英华》载《丹甑赋》有薛邕、史翙，盖二人以此赋登第也。按：翙与李蒙同溺曲江死，见《太平广记》引《定命录》。其事在五年，则翙之登科非三年即此年矣。今载于此俟考。”④孟二冬《登科记考补正》对此未

① 李昉等：《文苑英华》卷六四，文渊阁《四库全书》，第9~10页。
② 洪迈：《容斋随笔·续笔》卷一三，文渊阁《四库全书》，第3页。
③ 彭叔夏：《文苑英华辨证》卷一，文渊阁《四库全书》，第7页。
④ 徐松：《登科记考》，中华书局1984年版，第168页。

提出异议。伦按：徐松对《太平广记》有所误读，史翙并未与李蒙同溺曲江而死。不过，史翙与李蒙同年授官，则其登进士第在开元五年(717)之前，非开元三年即开元四年(716)，徐松的推断是没有错的，只是定于开元三年为宜，说详下。《太平广记》卷二一六卜筮一《车三》条记载："车三者，华阴人，善卜相。进士李蒙宏词及第，入京注官。至华阴，县官令车三见。诳云李益。车云：'初不见公食禄。'诸公云：'应缘不道实姓名，所以不中。此是李蒙，宏词及第，欲注官去。看得何官？'车云：'公意欲作何官？'蒙云：'爱华阴县。'车云：'得此官在，但见公无此禄。如何？'众皆不信。及至京，果注华阴县尉。授官相贺于曲江舟上宴会，诸公令蒙作序，日晚序成。史翙先起，于蒙手取序看。裴士南等十余人，又争起看序。其船偏，遂覆没。李蒙、士南等，并被没溺而死(出《定命录》)。"①原文所称溺死者并无史翙，且据《旧唐书》卷一一四《来瑱传》："乾元三年四月十三日，襄州军将张维瑾、曹玠率众谋乱，杀刺史史翙，以瑱为襄州刺史。"可见史翙官至襄州刺史。据上述《太平广记》引《定命录》文字来看，有"诸公令蒙作序"之说，显然，史翙等人比李蒙资格更老，故宜定薛邕、史翙等试《丹甑赋》在开元三年(715)，李蒙、杨谏等试《南有嘉鱼赋》在开元四年(716)，然后，诸人皆于开元五年(717)"入京注官"，李蒙、裴士南等溺死曲江，其他人则此后继续活动于政界文苑。兹据《文苑英华》录薛邕、史翙二赋如下：

薛邕《丹甑赋》，以"国有丰年"为韵：

神物昭见，圣人是则。五位时序兮，万邦以宁；百祥荐臻兮，一人之德。鼓兹灵器，呈我王国。有物有凭，匪雕匪刻。察其状而玄妙，相其仪而不忒。谅幽赞而克(一作曲)成，矧徽犹之允塞。(此段押"国"字。则、德、国、刻、忒、塞：入声德韵。)

是知奇制可久，嘉名不朽。类君子之心，以虚而受；同至人之德，终善且有。既应盛而自满，不假于盘瓶；亦讵炊而自熟，何劳于薪槱。拟神鼎之有用，掩敧器而无咎。岂以尘见范丹之空，赂为纪国之丑者矣。(此段押"有"字。久、朽、有、槱、咎、丑：上声有韵。)

且夫清明在躬，符瑞由衷。诚之必感，感而遂通。献白环于重华，克明浚哲；锡玄圭于文命，告厥成功。此唐尧之表贶，盖王母之钦风。曷若自然挺出，为瑞斯崇。其应不昧，其用无穷。莫因埏埴，宁埃磨砻。以彰我君圣，以报我年丰而已哉。(此段押"丰"字。躬、衷、通、功、风、崇、穷、砻、丰：平声东韵。)

客有赋而歌曰：玄德日用兮，象帝之先；丹甑时见兮，神物光妍。中含虚兮体道，上应规兮法天。染人无所施其彩饰，陶人无所效其贞坚。以享以孝兮，可以饋饎；多稌多黍兮，屡兹丰年。②(此段押"年"字。先、妍、天、坚、年：平声

---

① 李昉等：《太平广记》卷二一六，文渊阁《四库全书》，第6~7页。

② 李昉等：《文苑英华》卷八六，文渊阁《四库全书》，第4~5页。

先韵。)

《丹甑赋》是祥瑞的题材，据《唐六典》规定："凡祥瑞应见，皆辨其物名。若大瑞，上瑞，中瑞，下瑞，皆有等差。若大瑞，随即表奏，文武百僚诣阙奉贺。"①瞿昙悉达《唐开元占经》"丹甑、瓶瓮"条记载："《援神契》曰：'丹甑者，不炊而自热，五谷丰穰则见。'《瑞应图》云：'王者弃淫污之物，则丹甑出。'又曰：'化行年丰即出。'《瑞应图》云：'瓶瓮不汲自满，王者清廉则出。'又曰：'接于末贱则出。'"②丹甑出现，属于大瑞，预兆国有丰年，这在史籍中应该有所记载。国有丰年而丹甑出，正是开元全盛日的感受，故可暂定此赋作于开元三年(715)。

此赋不仅押韵规范，而且从句法上看，每一段都有一联隔句对，第二段甚至有两联，显示出成熟的律赋句式。结尾一段作歌，则保留了初唐赋的风味。

史翙《丹甑赋》，以"国有丰年"为韵：

皇矣上帝，临下有则。玄德升闻，荣问充塞。三光明而品物昭报，四气序而黎人不忒。虽休勿休，惟静惟默。伟夫自然之丹甑，方作瑞于明德。应皇运而无疆，报时丰于有国。(此段押"国"字。则、塞、忒、默、德、国：入声德韵。)

其业可大，其功可久。既申命以自天，类有孚而盈缶。循环外映，爰假象以为名；濩落内虚，信当无而入有。明夫既耨既获，表此不稂不莠。将有开而必先，固兹器之可守。(此段押"有"字。久、缶、有、莠、守：上声有韵。)

天应灵贶，人期至丰。不汲而满，将宝鼎而齐列；不炊而沸，与温泉而比崇。异钧陶之有作，符造化之为功。千仓以之而发咏，万姓无嗟乎屡空。(此段押"丰"字。丰、崇、功、空：平声东韵。)

且夫人为国本，食乃人天。朝有代耕之秩，野多击壤之贤。岂不以休征毕至，瑞应无边。正色斯呈，以明于圣感；天资可尚，是表其丰年。影亭亭于瑞日，光泛泛于祥烟。九功咸序，八政攸先。超三皇而轶五帝，尚何足夫比肩。③(此段押"年"字。天、贤、边、年、烟、肩：平声先韵。)

此赋也押韵规范，从句法上看，除了第一段之外，每段都有一联隔句对，也显示出成熟的律赋句式。

四、Δ开元四年(716)进士试《南有嘉鱼赋》

徐松《登科记考》卷五开元三年(715)"进士二十一人"末载试赋题，孟二冬《登科记

---

① 李林甫等：《唐六典》卷四，文渊阁《四库全书》，第10~11页。

② 瞿昙悉达：《唐开元占经》卷一一四，文渊阁《四库全书》，第5页。

③ 李昉等：《文苑英华》卷八六，文渊阁《四库全书》，第5~6页。

考补正》也未予补充。伦按：李昉《太平广记》“李蒙”条引《独异志》云：“开元五年春，司天奏玄象有谪，见其灾甚重。玄宗震惊，问曰：‘何祥？’对曰：‘当有名士三十人同日冤死，今新及第进士正应其数。’其年及第李蒙者，贵主家婿。上不言其事，密戒主曰：‘每有大游宴，汝爱婿可闭留其家。’主居昭国里，时大合乐，音曲远畅。曲江涨水，联舟数艘，进士毕集。蒙闻乃逾垣奔走，群众惬望。方登舟移就水中，画舸平沉。声妓持篙楫不知纪极，三十进士无一生者。”①此所称三十进士无一生还，稍显夸诞，不过当年曾有覆舟之祸当属事实。又《太平广记》“李捎云”条引《广异记》亦载：“陇西李捎云，范阳卢若虚女婿也，性诞率轻肆，好纵酒聚饮。其妻一夜梦捕捎云等辈十数人，杂以娼妓，悉被发肉袒，以长索系之，连驱而去，号泣顾其妻别。惊觉，泪沾枕席，因为说之，而捎云亦梦之正相符会。因大畏恶，遂弃断荤血，持《金刚经》，数请僧斋，三年无他。后以梦滋不验，稍自纵怠。因会中友人逼以酒炙，捎云素无检，遂纵酒肉如初。明年上巳，与李蒙、裴士南、梁褒等十余人泛舟曲江中，盛选长安名倡，大纵歌妓。酒正酣，舟覆，尽皆溺死。”②《全唐文》卷三六一“李蒙”小传载：“蒙，开元五年进士。”显然，《登科记考》和《全唐文》皆有差误，李蒙非开元元年(713)进士，亦非开元五年(717)进士，最有可能是开元四年(716)进士。据《太平广记》引《定命录》和《独异志》记载，李蒙开元五年“入京注官”，授官后与诸人于曲江舟上宴会庆贺，舟覆而溺死(详开元三年考)。《定命录》和《独异志》的记载，虽然多有不确，但开元五年发生了舟覆事故，则是可以肯定的。关于李蒙事故，唐人张鷟《朝野佥载》也记载：“开元五年春，司天奏元象有眚，见其灾甚重。玄宗震惊，问曰：‘何祲？’对曰：当有名士三十人同日冤死。今新及第进士正应其数。其年及第李蒙者，贵主家婿，上不言其事，密戒主曰：‘每有大游宴，汝爱婿可闭留其家。’主居昭国里，时大合乐，音曲远畅。曲江涨水，联舟数艘。进士毕集。蒙闻乃逾垣奔走，群众惬望。才登舟，移就水中，画舸平沉。声妓、篙工不知纪极，三十进士无一生者。”③唐人多种文献载此事，说明李蒙在开元五年溺死当是事实。徐松据以论定，与李蒙同船的进士非开元三年即四年及第，甚是。查《文苑英华》卷一四〇载杨谏、李蒙《南有嘉鱼赋》，题下注明：“以‘乐得贤者’次用韵。”显然是省试赋题格式。既然除了开元四年(716)之外，开元元年(先天二年)、二年、三年、五年进士赋题均已落实，那就可以定《南有嘉鱼赋》为开元四年进士赋题，并落实杨谏、李蒙均为开元四年进士。

杨谏，徐松《登科记考》已定其为开元二十二年(734)宏词中科，但对其何年举进士，则颇有争议。劳格《唐御史台精舍题名考》卷三首先指出：“《文苑英华》十八载杨谏《新浑仪赋》。《玉海》四：‘开元十八年进士试《新浑仪赋》。’则谏当即是年进士也。”④

---

① 李昉：《太平广记》卷一六三，文渊阁《四库全书》，第 11 页。明万历《稗海》本《独异志》作“三十八进士”。

② 李昉：《太平广记》卷二七九，文渊阁《四库全书》，第 4 页。

③ 张鷟：《朝野佥载》，清《畿辅丛书》本。

④ 劳格：《唐御史台精舍题名考》卷三，清光绪六年刻《月河精舍丛钞》本。

陈尚君《〈登科记考〉正补》从之。但定杨谏为开元十八年(730)进士，尚有几个疑点：其一，《四库全书》本与明刻本《文苑英华》卷一八所载两篇《新浑仪赋》，作者皆署李光朝名。其二，李光朝赋序提及“开元天宝圣神文武皇帝”，此乃天宝元年(742)玄宗所上尊号，与《玉海》所记年代不合。其三，顾况《礼部员外郎陶氏集序》称陶翰：“开元十八年进士上第，天宝文明载，登宏词、拔萃两科。”①《唐诗纪事》卷二〇载：“翰，润州人，开元中为礼部员外郎，以《冰壶赋》得名。”《文苑英华》卷三九载陶翰、崔损同题同韵《冰壶赋》两篇，徐松据以定为开元十八年进士赋题，可谓合情合理。根据上述材料，《玉海》所称开元十八年进士试《新浑仪赋》是不可靠的，而杨谏也不可能是该年进士。因此，可新考定杨谏为开元四年进士。兹据《文苑英华》录杨谏、李蒙二赋于下：

杨谏《南有嘉鱼赋》，以“乐得贤者”次用韵：

后非贤不乂，鱼非水不托。贤岂晦以养蒙，鱼在藻而自乐。故比事思理，以征以求；如南有嘉鱼，是网是缴。

此所谓旌别淑慝，爱人治国。为盐梅之器用，作生灵之表则。不然岂延故老于终南，收钓翁于渭北。张皇勋业者，弃此曾未得。

我国家忧劳庶绩，寤寐求贤。且束帛戋戋，每布之于寰海；岂矰笱罩罩，独烝然于巨川。吴坂不遗于骐骥，丙穴载咏于鳣鳣。诗人格言，必将兴之于王国；老氏遗戒，不可脱之于重泉。所谓持竿执柄者，未容易焉。

爰有深沉，参对纯嘏。虽临矰以及缴，苟未高于天下。徒噞喁于香饵，终夷犹于取舍。傥鼎味之见珍，甘杀身于庖者。②

《诗·小雅·南有嘉鱼》：“南有嘉鱼，烝然罩罩。君子有酒，嘉宾式燕以乐。”《毛诗序》云：“《南有嘉鱼》，乐与贤也。太平之君子至诚，乐与贤者共之也。乐得贤者，与共立于朝，相燕乐也。”③此赋以“乐得贤者”次用韵，显然是取《毛诗序》之说。

李蒙《南有嘉鱼赋》，以“乐得贤者”次用韵：

惟帝王之应运，孰无贤而能作。虽道洽于唐虞，尚翘翘于林壑。彼嘉鱼之发兴，实思贤而共乐。盖(一作念)风俗之盛衰，以废兴为善恶。

惟鱼在渊兮，其迹惟深；贤在野兮，其道惟默。植忠信以自保，俟休明而观国。属王度之清夷，复何求而不得。然后为衡为量，是效是则。成天下之亹亹，定众人之惑惑。

国家化造往古，政在求贤。钓嘉鱼在丙穴，得奇士于滋川(《吕氏春秋》吕望钓

① 顾况：《华阳集》卷下，文渊阁《四库全书》本，第11页。

② 李昉等：《文苑英华》卷一四〇，文渊阁《四库全书》，第1~2页。

③ 毛亨传，孔颖达疏：《毛诗注疏》卷一〇，《十三经注疏》本。

于滋川)。故开辟之功，作之于我。太平之人，匪降自天。余是以知玉帛之礼至矣，嘉鱼之诗大焉。

若乃日旰而食，思彼贤者。念兹在兹，谁与天下。心不忘于寝处，足流咏于风雅。斯盖嘉鱼之义，故可得而述也。①

本书考订李蒙为开元四年进士，开元五年溺毙，但还有一个需要解决的问题，《文苑英华》载李蒙与萧昕同作《上林白鹿赋》，对此应当如何解释？伦按：萧昕(702—791)的仕履相当清楚，若其在开元五年(717)之前与李蒙同作《上林白鹿赋》，则其年龄仅十五六岁，似嫌年纪过轻，必须考虑另一个可能性，即与萧昕同作《上林白鹿赋》的是另一位同名同姓的李蒙，不能将两位李蒙混为一谈。根据这种认识，本书考订《上林白鹿赋》是天宝四载(745)宏词赋题，详该年考。

五、开元五年(717)进士试《止水赋》

徐松《登科记考》卷五开元五年“进士二十五人”下注：“《文苑英华辨证》引《唐登科记》，开元五年试《止水赋》。”②彭叔夏《文苑英华辨证》卷十《杂录四》：“赋中撰人名氏，有与《唐登科记》不同者。如刘清《止水赋》，开元五年试，第十三刘廷玉，第十七刘嶷，无名清者。”③《文苑英华》载刘清、王泠然同题赋作，兹录于下：

刘清《止水赋》，以“清审洞澈涵容”为韵：

观乎太古之初，乾坤定列。有坎方一德之大，成江河四渎之别。注仙海以环流，度星桥而靡竭。立体清静，舒光朗澈。观五行以独举，润万物而齐悦。(此段押“澈”字。列、别、竭、澈、悦：薛韵。薛独用。)

岂惟以善下之故，长应流行。抑亦能遇坎则止，以竭为平。居荒野而不动，合寒虚而自清。昼则烟云乱出，夜则星象罗生。(此段押“清”字。行、平、生：庚韵，清：清韵，庚清同用。)

若乃湖称青草，泽若云梦。浅深潆(一作潧)渟，表里寒洞。当朱阳之夏晚，遇白露之秋仲。紫关之鸿雁飞来，绿浦之莲舟风送。既能止而利物，所以归之者众。(此段押“洞”字。梦、洞、仲、送、众：去声送韵。送独用。)

亦有凰凤之沼，明月之潭。每澄流于庭院，常不注于东南。蒙寮采之玩洽，浑琴酌而相参。以游以赏，如液如涵。若英贤之取则，类贞咸之是湛。(此段押“涵”字。潭、南、参、涵、湛：平声覃韵。覃独用。)

屈夫玉(一作宙)宇初晴，风飙载寝。笼碧天而似镜，展红霞而若锦。纳众影

---

① 李昉等：《文苑英华》卷一四〇，文渊阁《四库全书》，第2页。

② 徐松：《登科记考》，中华书局1984年版，第187页。

③ 彭叔夏：《文苑英华辨证》卷一〇，文渊阁《四库全书》，第4页。

而不遗，比群情而特甚。用使至人观之而心察，智者乐之而情审。达士爱而欲临，高节闻而愿饮。（此段押"审"字。寝、锦、甚、审、饮：上声寝韵。寝独用。）

复乃养龟鹤，藏鱼龙。怪石积，明珠重。虚以受物，谦而克从。有一人兮充赋，每咨叹于涧松。饰清颜而自肃，希止水而今逢。则知无美恶以毕鉴，岂徒取乎矫容。（此段押"容"字。龙、重、从、松、逢、容：平声钟韵。钟独用。）①

"止水"的典故出自《庄子·德充符》："仲尼曰：'人莫鉴于流水而鉴于止水。'"②此赋并未像后来中唐赋那样开篇点题，而是将止水理解为青草湖、云梦泽、凤凰沼、明月潭，恣意刻画描写，仅在结尾段提到止水"无美恶以毕鉴"的功能，足见早期律赋在结构上比较灵活，并未定型。此赋完全是两两相对的句型，没有采用隔句对，说明早期律赋没有隔句对的要求。此赋没有依次用韵，其限韵字以"澈清洞涵审容"为序，平仄相间而行。

王泠然《止水赋》，以"清审洞澈涵容"为韵：

尝闻神心保正，天道害盈。漏卮添而复出，攲器备而还倾。岂若兹水，居然可名。既混之而不浊，又澄之而不清。时止则止，时行则行。峻堤防则其源见塞，开汲引则其道能亨。安波不动，与物无争。如方圆之得性，何宠辱之能惊。故为国者取象于止水，使其政公平；为身者亦同于止水，使其心至明。（此段押"清"字，平声清韵。）

至察可尚，柔谦何禀。思远道则一苇能航，守贫居则一瓢可饮。接下流则卑以自牧，鉴群物则宽而能审。诚用之而舍之，在去泰而去甚。（此段押"审"字，上声寝韵。）

水之为德也长，水之为功也众。散成云雨，畜作潭洞。浮芥则傲吏措杯，种瓜则幽人抱瓮。无朝夕之出纳，有飞沉之狎弄。（此段押"洞"字，去声送韵。）

徒观其深虚见底，咫尺宜探。千流并入，万象皆涵。摇树影于青岸，落山光于碧潭。其仁可以济物，其义可以激贪。（此段押"涵"字，平声覃韵。）

既而壅之不流，蒙则未决。照春物而画屏相似，映晴空而明镜无别。雨来而圆点乱生，风静而长波自灭。任天时以开闭，随王泽而盈绝。受涓滴而逾深，处冰壶而更澈。（此段押"澈"字，入声薛韵。）

书云：视水责影，能见形容；视人行事，能知吉凶。政烦则人扰，水浊则鱼喁。夫子欲精神而不惑，俾荣利无系于心胸。比浮云之于我，观止水而为容。兀兮若枯木坐忘，淡兮若虚舟见逢。正道未远，斯言可从。傥不违（疑作遗）于射鲋，

① 李昉等：《文苑英华》卷三二，文渊阁《四库全书》，第7~8页。

② 郭象注：《庄子注》卷二，文渊阁《四库全书》，第21页。

希有便于登龙。①（此段押“容”字，平声钟韵。）

王泠然此赋押韵次序为“清审洞涵澈容”，与刘清之作押韵先后次第不同，但比刘清所作更加流利，颇显文才。辛文房《唐才子传》卷一：“泠然，山东人，开元五年裴耀卿下进士。授将仕郎，守太子校书郎。工文赋诗，气质豪爽，当言无所回忌，乃卓荦奇才，济世之器。惜其不大显而终。有集今传。”②孟二冬据《唐故右威卫兵曹参军王府君墓志铭并序》，考得王泠然开元十二年(724)过世，享年三十三，则其开元五年(717)登第时，年仅二十六岁。王泠然恃才傲物，性格偏激，其《与御史高昌宇书》曰：“君是御史，仆是词人。虽贵贱之间与君隔阔，而文章之道亦谓同声，而不可以富贵骄人，亦不可以礼义见隔。且仆家贫亲老，常少供养。兄弟未有官资，嗷嗷环堵，菜色相看，贫而卖浆，值天冷，今冬又属停选。试遣仆为御史，君在贫途，见天下文章精神气调得如王子者哉，实能忧其危，拯其弊。今公之富贵亦不可多得意者，望御史今年为仆索一妇，明年为留心一官，幸有余力，何惜些些？此仆之宿憾，口中不言，君之此恩，顶上相戴。傥也贵人多忘，国士难期，使仆一朝出其不意，与君并肩台阁，侧眼相视，公始悔而谢仆，仆安能有色于君乎？”③李调元《雨村赋话》卷二：“唐王泠然《新潭赋》云：‘骑影攒临，变作桃花之浪；衣香乱入，翻为莲叶之津。’观作者《与御史高昌宇书》，盖褊狭躁竞之士也，然能作尔语，固宜空冀北之群。”④傅璇琮也评价道：“在宋以后的人看来，这几句话可以称得上是十足的狂诞，然则亦可以说得上是怪人。他在这里不加掩饰地向人讨女人，要官做，而不自以为鄙俗；而且还以有朝一日升台阁相威胁。这也可以说反映了开元盛世进士中人不可一世的思想状态与精神面貌。开元时一些文人动不动以宰相自许，李白就是一个。王泠然的狂与怪，正是进士科地位提高和社会影响增强的一种反映。”⑤这样的观察角度可谓别具只眼。

六、开元七年(719)进士试《北斗城赋》

徐松《登科记考》卷五开元七年注：“《文苑英华辨证》引《唐登科记》，开元七年试《北斗城赋》，以‘池塘生春草’为韵。”⑥彭叔夏《文苑英华辨证》指出：“崔损《北斗赋》，开元七年试作崔镇。”⑦伦按：《文苑英华辨证》所说《北斗赋》当作《北斗城赋》。崔镇、崔损各是一人，据柳宗元《先君石表阴先友记》：“崔损，清河人。”韩注：“字至无，系

---

① 李昉等：《文苑英华》卷三二，文渊阁《四库全书》，第8~9页。

② 傅璇琮等校笺：《唐才子传校笺》卷七，中华书局1984年版，第180~181页。

③ 董诰等：《全唐文》卷二九四，中华书局1983年版，第2983页。

④ 詹杭伦等校证：《雨村赋话校证》，新文丰出版公司1993年版，第29页。

⑤ 傅璇琮：《唐代科举与文学》，山西人民出版社1986年版，第164页。

⑥ 徐松：《登科记考》，中华书局1984年版，第201页。

⑦ 彭叔夏：《文苑英华辨证》卷一〇，文渊阁《四库全书》，第4页。

本博陵，大历十一年中进士第。”①开元七年所试《北斗城赋》既然为崔镇所作，那么，《文苑英华》所载崔损《北斗城赋》当署作者为崔镇。崔损另有《北斗赋》，见《文苑英华》卷九。兹据《文苑英华》卷四五录《北斗城赋》于下：

崔镇(原误署崔损)《北斗城赋》，以“池塘生春草”为韵：

昔炎汉之开国，宅咸秦而设规。阐都邑之壮丽，纷制作而多仪。像蓬岛以疏岳，拟天河而凿池。馆倚南山，擞云霞而上出；城侔北斗，仰星汉而曾披。何爽鸠之代谢，验骊骠之运亏。是以作之者不处，居之者不为。(此段押“池”字。规、仪、池、披、亏、为：平声支韵。)

祚我神唐，丹青焜煌。峻址云矗，层谯锦章。赪壤以迭形，凝皓粉以飞光。门结黄金之石，檐施白璧之珰。堞盘纡于曲槛，池径复于圆塘。城势逶迤，若台岑之隐映；楼形宛转，似昆仑之相望。接千门之宫阙，通八达之康庄。(此段押“塘”字。煌、光、珰、塘、庄：平声唐韵，章、望：平声阳韵、唐阳同用。)

既而銮驾西巡，严扃晨启；羽卫咸集，声明克陈。登睥睨以清夜，听毕逋而候春。俨雄戟以耀武，振鹓行而拱辰。夕沉烟云之色，晓流车马之尘。引祥昭之烂漫，吐佳气而轮囷。(此段押“春”字。陈、辰、尘、囷：真韵，春：平声谆韵，真谆同用。)

于是岁发青道，池隍煦早。堞雾萦林，岸风柔草。暖悬窦以弥蔼，饰崇隅之增好。映春水之澄澄，纳朝阳之杲杲。(此段押“草”字。早、草、好、杲：上声皓韵。)

惟壮势之峥嵘，达洪规而镇京。望浮云之黑水，对翔凤之丹楹。配宗子之永固，等皇家之不倾。俯宾庭而赞义，终自恶其轻生。②(此段押“生”字。京、生：庚韵，楹、倾：平声清韵，庚清同用。)

此赋所写之北斗城，即长安城。杜甫《历历》诗有句云：“巫峡西江外，秦城北斗边。”蔡梦弼《草堂诗笺》注：“公怀长安也。长安之城谓之北斗城，以其上直北斗也。”③赋押五韵，按照“池塘春草生”为序，没有依照限韵字次序押韵，说明本年试赋并未严格规定依次用韵。

七、※开元九年(721)进士试《大阅赋》

徐松《登科记考》卷七开元九年未载进士赋题，孟二冬《登科记考补正》也未予以补充。伦按：《大阅赋》可能是开元九年进士赋题，说详下。《文苑英华》卷六四载两篇《大

---

① 柳宗元：《柳宗元集》，中华书局1979年版，第302页。

② 李昉等：《文苑英华》卷四五，文渊阁《四库全书》，第7~8页。

③ 蔡梦弼笺注：《杜工部草堂诗笺》卷二〇九，《古逸丛书》本。

阅赋》，一篇佚名作，一篇胡瑱作，皆以“国崇武备，明习顺时”为韵。胡瑱此赋又见《全唐文》卷四〇一、《历代赋汇》卷六四、《古今图书集成·经济汇编·戎政典》卷七四、《古今图书集成·经济汇编·礼仪典》卷三一二。兹据《文苑英华》录赋文于下：

胡瑱《大阅赋》，以“国崇武备，明习顺时”为韵：

乾坤设象，帝出乎震。文经邦而遐迩安，武御寇而上下顺。厥二道之可久，同五材而皆进。故轩辕出涿鹿之战，颛顼列共工之阵。（此段押“顺”字。震、进、阵：去声震韵，顺：稕韵，震稕同用。）

足以克定祸乱，天禄永终。虽八荒有截，而七德是崇。若乃玄冥用事，律变冬中。胡地马肥，宁控弦而习战；汉家农隙，且讲事而威戎。（此段押“崇”字。终、崇、中、戎：东韵。）

于是简车徒，命将帅。崇文物，设武备。旌旗裔裔而风飞，士马嚣嚣而云萃。竟泽弥谷，殷天动地。衔枚无声，击鼓作气。雕弓月满，宝刀霜利。申前驱，诛后至。为三表而有节，历千古而不坠者也。（此段押“备”字。帅、备、萃、地、利、至、坠：至韵，气：未韵。至、未韵通押，与《广韵》“未”独用不同。）

尔其兵势崩腾，军容翕习。玄甲鳞布，长戈岳立。（此段押“习”字。习、立：入声缉韵，缉独用。）

虞人莱野，群吏作旗。事著六职，礼分四时。（此段押“时”字。旗、时：平声支韵。）

可以顺少长，匡邦国。匪盘匪游，有典有则。（此段押“国”字。国、则：入声德韵。）

是时也，长杨草落，鄠杜霜明。既不虞而作式，亦因狩而治兵。大田获之以三品，和门树之以两旌。抱木之猿，见矫矢而遥泣；伤弦之雁，闻虚弓而已惊。（此段押“明”字。明、兵、旌、惊：庚韵。）

且夫设席张幕，蒙盾负羽。兽之大小，既公私而殊获；野之险易，亦人车而各主。岂即鹿而无虞，诚献禽而后取。此非以田猎纵天下之极观，亦因之简众而习武。①（此段押“武”字。羽、主、取、武：麌韵。）

《全唐文》小传：“瑱，河东人，玄宗时登进士第。”徐松《登科记考》卷二七“胡瑜、胡玖、胡瑱、胡玘”条引《元和姓纂》：“开元中胡瑜弟瑱、玘，并举进士。”并加按语：韩愈《胡明允墓铭》五百家注引集注：“明允之父瑱、伯父玖，皆登第。”②伦按：此即韩愈所作《唐故试大理评事胡君墓铭》，载《五百家注昌黎文集》卷二五。大阅，大规模地检阅军队，是古时国家的大规模军事行动之一。《左传·桓公六年》：“秋，大阅，简

① 李昉等：《文苑英华》卷六四，文渊阁《四库全书》，第6~7页。

② 徐松：《登科记考》，中华书局1984年版，第1039页。

车马也。”①张衡《东京赋》：“岁惟仲冬，大阅西园。”李善注：“大阅者何？简车马也。”②唐代也常常借田猎举行阅兵大礼。《大阅赋》作者对军队大阅的壮观场面进行全方位的描写，此赋结尾写道：“此非以田猎纵天下之极观，亦因之简众而习武。”显然是针对一场帝王亲历的田猎阅兵行为而作。那么，这是开元中的哪一年呢？

《新唐书》卷五《玄宗纪》：“开元八年十月辛巳，如长春宫，壬午猎于下邽(今陕西渭南)。”③《册府元龟》卷六八载玄宗九年(720)正月诏曰：“武有七德，所以安人禁暴；臣称三杰，所以战胜攻取。蜀乃一方之主，尚得孔明；齐为九合之君，斯繇管仲。况宇宙至广，人物至多。岂乏英贤，无闻韬略。盖用与不用，知与不知。今边境未清，统边须将。顷林胡暂扰，柳城非捷；北虏忽惊，西军莫振。罪繇失律，过在无谋。曹刿不言，宁知登轼之效；毛遂缄口，岂彰处囊之奇。长想古人，是思擢士。其有虽沾簪绂，犹晦迹于下流；或蕴智谋，尚沉名于大泽。不加精访，何以甄收。其两京中都及天下诸州官人百姓，有智合孙吴，可以运筹决胜；有勇齐贲育，可以斩将搴旗。或坐镇行军，足拟万人之敌；或临戎却寇，堪为一堡之雄。各听自举，务通其实。仍令州县具以名进，所司遣立，限期随表赴集。朕当亲试，不次用之。”④本年五月，又开制科“智合孙武，可以运筹绝胜科”策试举人。开元八九年之间，朝廷讲武的气氛浓烈，自然有可能出“大阅赋”一类的试题。按照唐代的考试制度，贡士在开元八年(720)的秋天集京城，观赏田猎阅兵是观国之光的活动之一，开元九年(721)年初参加进士试，考官以“大阅赋”出题，是合理的推测。

此赋第三段至、未韵通押，与《广韵》“未”韵独用不同，值得注意。不过，唐人诗文至、未韵通押是常有的事，如王维《杂诗》：“君自故乡来，应知故乡事。来日绮窗前，寒梅著花未。”⑤即是显例。

八、开元十三年(725)进士试《花萼楼赋》

徐松《登科记考》卷七开元十三年“进士”条下注：“《登科记》阙。”⑥又于卷八开元二十五年(737)“进士二十七人”条下注：“《文苑英华》有《花萼楼赋》，高盖赋序云：‘有司盛称此楼，并命赋之。’王諲赋云：‘于兹百有二十载。’按唐有天下，至此岁百二十年，是《花萼楼赋》为此年试题。”⑦劳格《唐尚书省郎官石柱题名考》卷一二：“高盖，《新表》高氏宪子盖，礼部郎中。《文苑英华》四十九有高盖《花萼楼赋》一首。《玉海》一

---

① 孔颖达等：《春秋左传注疏》卷五，文渊阁《四库全书》，第31页。
② 萧统编，李善注：《文选》卷三，文渊阁《四库全书》，第29页。
③ 欧阳修等：《新唐书》卷五，文渊阁《四库全书》，第14页。
④ 王钦若等：《册府元龟》卷六八，文渊阁《四库全书》，第3~4页。
⑤ 彭定求等：《全唐诗》卷一二八，文渊阁《四库全书》，第13页。
⑥ 徐松：《登科记考》，中华书局1984年版，第240页。
⑦ 徐松：《登科记考》，中华书局1984年版，第282页。

百六十四引《登科记》，开元十三年进士试花萼楼赋。"①陈尚君《〈登科记考〉正补》认为徐松引王諲赋语仅是孤证，应据《玉海》引《登科记》，将此试赋改为开元十三年。② 孟二冬《登科记考补正》据高盖开元十五年(727)撰《先府君(高宪)玄堂刻石记》题下署"嗣子前乡贡进士盖述"，力证高盖擢第在开元十五年之前。《文苑英华》卷四九载高盖、王諲、张甫、陶举、敬括五人同题共作《花萼楼赋》。兹据《文苑英华》录高盖赋于下：

《花萼楼赋》，以"花萼楼赋一首并序"为韵：

开元中岁，天子筑宫于长安东郛，有以眷夫代邸之义。旧者中宫起楼，临瞰于外，乃以花萼相辉为名，盖所以敦友悌之义也。银榜天题，金扉御阙，俯尽一国，旁分万里。崇崇乎，实帝城之壮观也。是时海内宾荐之士，咸游仙署，驰神累日，以待问于有司。有司盛称兹楼，并命赋之。小子庸蔽，敢同颂美，辞曰：

惟唐六代，盛德被于幽遐。弥玄都暨丹穴，掩扶海与流沙。莫不推福祚之攸永，极威灵之所加。敦本既同夫羲轩之日，睦亲又比乎棠棣之花。裂土苴茅以表庆，锡珪分瑞以联华。信可以受无穷之祉，而保乂我皇家者哉。(此段押"花"字。遐、沙、加、花、华、家：麻韵。)

乃命有司，浚池隍，缮城郭。将崇大壮之义，载考方中之作。缭垣墉周乎旧宫，设井干而为新阁。既准既绳，以揆以度。望驰道而通禁林，走建章而抵长乐。攒画栱以交映，列绮窗以相薄。金铺摇吹以玲珑，珠缀含烟而错落。饰以粉绘，涂之丹雘。飞梁回绕于虹光，藻井倒垂乎莲萼。信神明之保护，亦列仙之凭托。(此段押"萼"字。郭、作、阁、度、乐、薄、落、雘、萼、托：铎韵。)

于是乘舆，乃登夫翠辇而建华旒，钩陈警道兮环卫周。命期门使按跸，将有事乎娱游。六龙骧首以启路，八骏腾光而夹辀。且肃肃以穆穆，幸夫花萼之楼。(此段押"楼"字。周、游、辀：尤韵；楼：侯韵。尤侯同用。)

然后层轩四敞，圣情周顾。遥窥函谷之云，近识昆池之树。绿野初霁，分渭北之川原；青门洞开，览山东之贡赋。亦以崇友悌之德，劝农桑之务。岂止唯临鄠杜之郊，空指邯郸之路而已哉？(此段押"赋"字。树、赋、务：遇韵；顾、路：暮韵。遇暮同用。)

且壮丽难匹，光华匪一。冯禁掖以孤明，隐垂杨而半出。赫户户以宏敞，肃隐隐而静谧。非匠氏之奇工，梓人之妙术，孰能至于是哉？(此段押"一"字。一、谧：质韵；术：术韵。质术同用。)

岁如何其岁之首，花萼楼兮对仙酒。愿比华封兮，祝我圣君千万寿。(此段押"首"字。首、酒、寿：有韵。)

岁如何其岁始正，花萼楼兮开御营。愿同吉甫兮，颂我圣君亿载声。盖圣人去

---

① 劳格：《唐尚书省郎官石柱题名考》卷一二，清光绪刻《月河精舍丛钞》本。

② 陈尚君：《陈尚君自选集》，广西师范大学出版社2000年版，第225页。

有欲，反无名。深宫皓素，高居穆清。观群材之乐业，朝诸侯而响明。即知华夷欣庆，冠带混并。均五气之善，叶三光之精。(此段押“并”字，正、营、声、名、清、并、精：清韵；明：庚韵。庚清同用。)

嗟乎！时难再得，岁不我与。迹已混于沉滞，心未齐于出处。此小子之所以瞻梁栋以自非，仰云霄而失序。①（此段押“序”字。与、处、序：语韵。)

此赋之作者曾有争议。宋王象之《舆地纪胜》卷第一五七：“华萼山，距内江县十里。昔唐范崇凯于此读书，后赋华萼楼，因以得名。山及泉俱名华萼，砚池犹存。”②宋祝穆《方舆胜览》卷六三：“范崇凯，内江人，善属文。明皇命作《华萼赋》，入奏为第一。”③明周复俊《全蜀艺文志》卷一即将高盖《花萼楼赋》收录在范崇凯名下。④ 清黄廷桂《(雍正)四川通志》卷三九、宣统《内江县志》八卷本等亦以讹传讹。按：徐应秋《玉芝堂谈荟》卷二“历代状元”条：“开元四年进士十六人，状元范崇凯。”则范崇凯非开元十三年(725)进士，即使其曾应明皇诏作《花萼楼赋》，但其赋已失传，不得将高盖赋移置范崇凯名下。

花萼之典出自《诗经 · 小雅 · 常棣》：“常棣之华，鄂不铧铧。凡今之人，莫如兄弟。”花瓣与护萼同生一枝，相辅相成，共显盛荣，故后来常以“花萼”比喻兄弟间和睦友爱的情谊。《旧唐书》卷九五《让皇帝宪传》：“玄宗于兴庆宫西南置楼，西面题曰花萼相辉之楼，南面题曰勤政务本之楼。玄宗时登楼，闻诸王音乐之声，咸召登楼，同榻宴谑，或便幸其第，赐金分帛，厚其欢赏。”⑤王应麟《玉海》卷一六四“唐勤政楼、花萼楼”条引韦述《东京记》：“开元八年造二楼。”⑥

此赋之限韵亦有争议，洪迈《容斋续笔》卷一三“试赋用韵”条称：“唐以赋取士，而韵数多寡，平侧次叙，元无定格，故有三韵者，《花萼楼赋》以题为韵是也。”⑦彭叔夏《文苑英华辨证》指出：“洪氏又云有三韵者，引花萼楼以题为韵，误矣。按《登科记》‘《花萼楼赋并序》，以题为韵。’今《文苑 · 花萼楼赋》以‘花萼楼赋一首并序’为韵，皆押八韵，凡有五首。”⑧

清王芑孙《读赋卮言》“序例”条曾论此赋之序例：“试赋之有序者，唐《舞马赋》所传二篇皆阙名，《花萼楼》赋，高盖、王諲、张甫、陶举、敬括五首独传。然《舞马》以奏之天庭为韵，所传二首用韵不殊，而一有序一无序，则其有序者，乃士子之所自为

---

① 李昉等：《文苑英华》卷七四，文渊阁《四库全书》，第4~7页。
② 王象之：《舆地纪胜》卷一五七，清影宋抄本。
③ 祝穆：《方舆胜览》卷六三，文渊阁《四库全书》，第8页。
④ 周复俊：《全蜀艺文志》卷一，文渊阁《四库全书》，第28~30页。
⑤ 刘昫：《旧唐书》卷九五，文渊阁《四库全书》，第3页。
⑥ 王应麟：《玉海》卷一六四，文渊阁《四库全书》，第8页。
⑦ 洪迈：《容斋随笔 · 续笔》卷一三，文渊阁《四库全书》，第3页。
⑧ 彭叔夏：《文苑英华辨证》卷一，文渊阁《四库全书》，第7页。

也。《花萼》即以‘花萼楼赋一首并序’为韵，且所传五首，篇篇有序，则主司之所限也。”①

九、开元十五年(727)进士试《灞桥赋》

徐松《登科记考》卷七引《词学指南》：“开元十五年，进士试《积翠宫甘露颂》。”②徐氏之说依据王应麟《玉海》卷二〇四《辞学指南》：“诗有六义，六曰颂。庄子曰：‘黄帝张咸池之乐，有猋氏为颂。’《文心雕龙》曰：‘帝喾之世，咸墨为颂，以歌九韶。’商、周及鲁皆有颂，所以游扬德业，褒赞成功。隋杜正元举秀才，《拟圣主得贤臣颂》。唐开元十一年，进士试《黄龙颂》；十五年，试《积翠宫甘露颂》。”③陈尚君《〈登科记考〉正补》认为：“《文苑英华》卷四六收杜頠(明刻误作杜颜)、王昌龄《灞桥赋》，皆以‘水云辉映，车骑繁杂’为韵。二人皆本年进士，因之此赋为本年试题。”④《全唐诗》卷一四五小传：“杜頠，开元十五年同王昌龄登第。”⑤

杜頠(原误署杜颜)《灞桥赋》，以“水云辉映，车骑繁杂”为韵：

溶溶玄灞兮，经秦川之有余。裹裹红桥兮，代造舟之厥初。飞梁默以霞起，彩柱晔其星舒。九陌咸凑，三条所如。连山迭翠而西转，群树分形而北疏。电透孤棹，雷奔众车。白日南登，望长安之如绮；黄烟东睇，见咸阳之为墟。(此段押“车”字。余、初、舒、如、疏、车、墟：鱼韵。)

杲杲初霁，萧萧晚吹。登隐者之翘车，度将军之猎骑。(此段押“骑”字。吹、骑：去声置韵。)

日既上巳，禊于洪源。晚具游宴，咸出国门。七叶衣冠，憧憧而遥度；五侯车马，奕奕而腾轩。钟鼓既列，丝竹亦繁。(此段押“繁”字。源、轩、繁：平声元韵；门：魂韵。元、魂同用。)

秦声呕哇，楚舞丛杂。帷帟纷其雾委，罗纨霭以雷沓。掉轻舸之悠悠，顺清流之纳纳。时凭倚以观眺，喜烟花之环合。(此段押“杂”字。杂、沓、纳、合：入声合韵。)

尔其居人出祖，连骑将分。望曲溆之清路，视远天之无云。紫沙兮皓晃，绿树兮氛氲。莫不际此地而举征袂，遥相望兮怆离群。(此段押“云”字。分、云、氲、群：平声文韵。)

明月生岑，凉风度水。听凫雁之凄惨，对苔苹之霏靡。或披襟以延伫，独掩涕而无已。(此段押“水”字。水：旨韵；靡、已：纸韵。旨、纸同用。)

---

① 王芑孙：《读赋卮言》，王冠辑：《赋话广聚》第三册，北京图书馆出版社2006年版，第337页。

② 徐松：《登科记考》，中华书局1984年版，第250页。

③ 王应麟：《玉海》卷二〇四，文渊阁《四库全书》，第23页。

④ 陈尚君：《陈尚君自选集》，广西师范大学出版社2000年版，第225页。

⑤ 彭定求等：《全唐诗》卷一四五，文渊阁《四库全书》，第1页。

上临烟碕，霞石相辉，过客对兮淡忘归。(此段押“辉”字。碕、辉、归：平声微韵。此是股对的上联，用解镫韵法。)

下近岩径，林峦隐映，渔人去兮恣诵咏。独游子而俟时，倦尘衣以嗟命。①(此段押“映”字。径、映、咏、命：去声映韵。)

灞桥自汉以来，已成为长安的名胜，也是古人送别的地方，《三辅黄图》卷六记载：“灞桥在长安东，跨水作桥，汉人送客至此桥，折柳赠别。”以灞桥为题作赋，一则要求描写此地的胜景，二则要求写出伤别的心情。杜颀之赋前四段写景，后四段写情，很好地满足了上述两个要求。此赋在押韵上也颇有特色，尤其第七段本是隔句对(股对)的上联，但与下联押韵不同，用一联隔句对解决两个限韵字，这种押韵方法就是唐抄本《赋谱》所说的“解镫韵”。

王昌龄《灞桥赋》，以“水云辉映，车骑繁杂”为韵：

圣人以美利利天下，作舟车。禹乃开凿，百川纡余。舟不可以无水，水不可以通舆。遂各丽于所得，非其安而不居。横浮梁于极浦，会有迹于通墟。(此段押“车”字。余、舆、居、墟：平声鱼韵。)

借如经纶淮海，陶鼓仁义。藏用于密，动物以智。每因宜以制模，则永代而取寄。伊津梁之不设，信要荒之莫致。思未济于中流，视安危之如戏。故可取于古今，岂徒阅千乘与万骑。(此段押“骑”字。义、智、寄、戏：置韵；致：至韵；去声置、至同用。)

惟梁于灞，惟灞于源。当秦地之冲口，束东衢之走辕。拖偃蹇以横曳，若长虹之未翻。隘腾逐而水激，忽须臾而听繁。(此段押“繁”字。源辕翻繁：平声元韵。)

虽曰其繁，溃而不杂。怀璧拔(一作杖)剑，披离屯合。当游役之嗷嗷，自洪波之纳纳。(此段押“杂”字。杂、合、纳：入声合韵。)

客有居于东陵者，接行埃之余氛。薄暮垂钓，平明去耘。傍连古木，远带清渍。昏晓一望，还如阵云。(此段押“云”字。氛、耘、渍、云：平声文韵)

乃临川而叹曰：亡周霸秦，举目遗址。前车后轨，不变流水。叹往事之诚非，得兹桥之信美。(此段押“水”字。址：止韵；水、美：旨韵。止、旨同用。)

皇风不竞，佳气常依。既东幸而清道，每西临以驻旗。连袂挟毂，烟阒雨飞。(原注：未见“辉”字官韵。依、旗、飞：微韵。)

嗟乎此桥，且悦明盛。徒结网于川隅，视云霞之辉映。聊倚柱以叹息，敢书桥以承命。②(此段押“映”字。映、命：去声映韵；盛：劲韵；映、劲同用。)

---

① 李昉等：《文苑英华》卷一四，文渊阁《四库全书》，第1~2页。

② 李昉等：《文苑英华》卷一四，文渊阁《四库全书》，第2~3页。

王昌龄此赋写出了灞桥的地势和形胜，感叹这里是亡周霸秦的遗址，前车后轨，世事变迁，不变的只有一江流水，全然未涉及灞桥伤别的典故，与杜颜赋相比，别立一意。唐代的考官两赋皆取，说明其阅卷时针对立意的标准宽松，并无成见。此赋在押韵上小有瑕疵，第七段未见限韵的“辉”字，但第八段有“视云霞之辉映”句，说明作者并非不记得“辉”是限韵字，只是有意无意地疏忽了。考官对此瑕疵，似乎也并未介意，说明其见赋好即取，并不在乎个别限韵字未出现的小节。

值得注意的是，王昌龄赋与杜颜赋一样，实际的押韵顺序都是“车骑繁杂，云水辉映”，这样的顺序并非原限韵的顺序，而是采用了平仄相间而行的押韵的方式。这种押韵方式有助于诵读律赋时形成抑扬起伏的声调效果，因而逐渐发展，并在中唐元和以后成为试赋押韵的常态。

十、开元十八年(730)进士试《冰壶赋》

徐松《登科记考》卷七注：“是年试《冰壶赋》，以‘清如玉壶冰，何忏宿昔意’为韵。”①陈尚君据《玉海》卷四所载开元“十八年进士试《新浑仪赋》”，认为“徐氏谓本年试《冰壶赋》，未举证，疑误”②。《文苑英华》(旧钞本)卷一八录有李光朝、杨谏《新浑仪赋》，题下未有限韵，且李赋序有“开元天宝圣神文武皇帝”字样，据《唐会要》卷一，这是天宝元载(742)二月十一日所加尊号，故此赋不可能产生在开元年间。孟二冬认为“李赋序与《玉海》所记年代不合”，应当仍依从徐松《登科记考》。伦按：顾况《礼部员外郎陶氏集序》称陶翰：“开元十八年进士上第，天宝文明载，登宏词、拔萃两科。”③《唐诗纪事》卷二〇载：“翰，润州人，开元中为礼部员外郎，以《冰壶赋》得名。”④徐松以此定本年试《冰壶赋》，亦合情合理。且《四库全书》本与明刻本《文苑英华》卷一八所载两篇《新浑仪赋》，作者皆署李光朝名。据傅增湘校语，仅有《文苑英华》旧钞本将第二篇作者署名杨谏。据本书开元四年(716)考订，杨谏乃开元四年进士。且《新浑仪赋》题下未有限韵，两篇赋作押韵不同，与试赋体裁不合，确实仍以徐松所定《冰壶赋》为本年试题为宜。《文苑英华》录陶翰、崔损同题同韵《冰壶赋》，据录于下。

陶翰《冰壶赋》，以“清如玉壶冰，何惭宿昔意”为韵：

惟冰也有坚凝之贞，惟壶也有虚受之明。谢周流之弱质，托镕铸以成名。直方任器，规圆惬情。对光辉而比色，因击扣而驰声。冰假壶以为用，壶含冰而转清。(此段押“清”字。名、情、声、清：清韵；明：庚韵。庚清同用。)

及夫欢呈朝晏之余，瑞表经纶之初。尤荀吴之失对，陷王霸之后车。既遇赏以

---

① 徐松：《登科记考》，中华书局1984年版，第255页。

② 陈尚君：《陈尚君自选集》，广西师范大学出版社2000年版，第226页。

③ 顾况：《华阳集》卷下，文渊阁《四库全书》本，第11页。

④ 王仲镛校笺：《唐诗纪事校笺》卷二〇，巴蜀书社1989年版，第519页。

为乐，乃获成于所如。（此段押“如”字。余、初、车、如：鱼韵。）

但观夫推移在道，澄澈如玉。时见莹而则明，或将摧而不曲。（此段押“玉”字。玉曲：烛韵。）

故曰冰贵于水，器尊者壶。国因时而必用，军每击而何虞。（此段押“壶”字。壶：模韵，虞：虞韵，虞模同用。）

若乃周将酬客，鲁欲藏冰。揖籍父其何忌，顾申丰而可凭。（此段押“冰”字。冰、凭：蒸韵。）

是以用之者广，须之者多。遇薛鼓而击，诵豳诗而何。（此段押“何”字。多、何：歌韵。）

至时冰销滴润，壶罄成酣。乃挟纩以荷德，岂知漏而兴惭。（此段押“惭”字。酣、惭：谈韵。）

昔者赵衰从径，魏主其逐。虽有馁而仍携，顾无麋而未宿。（此段押“宿”字。逐、宿：屋韵。）

每览余轨，当思践迹。志未吐于平生，容已衰于畴昔。傥开冰之可荐，庶投壶而无斁。（此段押“昔”字。迹、昔、斁：昔韵。）

况霜空且寒，晚景仍坠。虽杼轴而不辍，犹仿佛而无记。将投皎洁之姿，愿假含容之意。①（此段押“意”字。坠、记、意：志韵。）

《全唐文》小传：“陶翰，润州人。开元十八年(730)进士，又擢宏词科，官礼部员外郎。”②殷璠《河岳英灵集》：“历代词人诗笔双美者鲜矣，今陶生实谓兼之，既多兴象，复备风骨，三百年以前，方可论其体裁也。”③

题目与限韵出自南朝鲍照的诗《白头吟》：“直如朱丝绳，清如玉壶冰。何惭宿昔意，猜恨坐相仍。”④此赋作为咏物赋，通篇双起双收，一面写冰，一面写壶，精巧紧凑，婉转流畅，固为名作。

崔损《冰壶赋》，以“清如玉壶冰，何惭宿昔意”为韵：

炯乎，太阳之精，玉有真质，冰则贞清。

我君子象诸，温如皎如。正其色兮，匪真不克；峻其节兮，匪贞不居。

尔其制盘盂，访结绿。瞻白虹之气，咏生刍之束。乃赋于他山，攻此良玉。

刻之成器，错以成壶。信以旁达，忠不掩瑜。以虚而受，用当其无。

及乎严律闭，阴气升。氛雾结，河海凝。沙惊雁塞，雪满崤陵。于是天景初

① 李昉等：《文苑英华》卷三九，文渊阁《四库全书》，第2~3页。

② 董诰等：《全唐文》卷三三四，中华书局1983年版，第3378页。

③ 殷璠：《河岳英灵集》卷上，文渊阁《四库全书》，第24页。

④ 萧统编，李善注：《文选》卷二八，文渊阁《四库全书》，第26页。

夕，玉壶始冰。临象筵而孤映，对金镜而相澄。

尔其淋漓未泮，温润而瑳。纤光不隐，毫末不过。岂尔瑕之可匿，玷之可磨。不然，珉之众矣，贵玉者何；心之洁矣，饮冰则那。

庄氏寓论，宣父式谈。夜光夺魄，明月怀惭。岂比夫立概生操，激清励贪。伊至人之比德，同贞士之司南。

夫以物象所鉴，精明所蓄。霜华晨清，月影寒宿。

故览之者魂竦，凭之者虑惕。迨北风之已壮，幸西陆之未觌。客有抚而叹曰：猗欤猗欤，吾无是易。且漏卮无当兮叹诸古，大圭不琢兮闻诸昔。曷若兹器之可佳，谅君子之弘益。

然后宣其烈，赞其意。抽毫命简，赋冰壶之盛事。①

唐代有两位崔损，一位是开元十八年(730)进士，一位是大历十一年(776)进士。徐松《登科记考》卷一一“大历十年”注：“崔恒，上都第四人及第。《文苑英华》作崔损，注引《登科记》作崔恒，无崔损。按：崔损乃大历十一年进士，《文苑英华》误。此开元十八年崔损，别是一人。”②

崔损此赋先写玉壶，次写冰壶，最后则点名“玉壶冰”有“激清励贪”的现实意义。陶翰与崔损这两篇赋虽然都押十韵，但并不冗长，给读者干净利落之感。

十一、开元十九年(731)宏词试《仲冬时令赋》

陈尚君《〈登科记考〉正补》据张忱石《全唐诗无世次作者事迹考索》一文考订，萧昕开元十九年举博学宏词科。③ 遂依据《文苑英华》卷二三收叔孙玄观、萧昕、张钦敬三人《仲冬时令赋》，皆以题为韵；又同书卷一八三《诗·省试四》收萧昕、郭邕、张钦敬、叔孙玄观《洛出书》诗，认定“此一赋一诗当为本年宏词或稍前之进士试题”。④ 孟二冬《登科记考补正》从之。伦按：萧昕(702—791)，《旧唐书》卷一四六有传，谓其“少补崇文进士。开元十九年，首举博学宏辞，授阳武县主簿。天宝初，复举宏辞，授寿安尉，再迁左拾遗”⑤。此《仲冬时令赋》应为萧昕开元十九年首举宏词试题，说详下。

萧昕《仲冬时令赋》，以题为韵：

岁杪星穷，时临月仲。玄冥气肃，黄钟律中。北陆阴凝，西成物众。观四郊而息老，朝万国而来贡。

于是我皇乃亲帅百辟，观隙三农。整六军以耀武，肆大阅于仲冬。

---

① 李昉等：《文苑英华》卷三九，文渊阁《四库全书》，第3~4页。
② 徐松：《登科记考》卷一一，中华书局1984年版，第387页。
③ 张忱石：《全唐诗无世次作者事迹考索》，《文史》1984年第22期。
④ 陈尚君：《陈尚君自选集》，广西师范大学出版社2000年版，第226~227页。
⑤ 刘昫：《旧唐书》卷一四六，文渊阁《四库全书》，第8页。

然后乃即太庙，建玄旗。事神率礼，抚俗观诗。斥声色以不御，守和平而自持。山泽从宜，候飞霜而校猎；川源有秩，因涸冻而沉祠。谨门闾而守法，慎盖藏以应期。斩木阳崖，采周官于是月；藏冰阴室，咏豳诗于此时。

然后受计郡国，大颁锡命。祭必先贤，室惟行庆。驾铁骊以轨物，居玄堂而布政。因宜制变，必酌于古文；授时乡方，乃行乎夏令。

尔其谋猷克臧，备物必具。饬王政之礼，戒土功之务。天地既贞，阴阳乃裕。苟惩伏之必节，岂雪霜之是遇。故当北辰正而众星拱，东海深而百川赴。既一人而作哲，惟四方之所注。抚空怀以自怜，愧扬雄之作赋。①

伦按：《旧唐书》萧昕本传说其“少补崇文进士”，则其参加博学宏词科考试，自是壮年之事。此赋结尾说“抚空怀以自怜，愧扬雄之作赋”，用扬雄《法言·吾子》所谓赋乃“童子雕虫篆刻”，而“壮夫不为”的典故，说明其作赋之时，已是壮年，因而，定此赋为博学宏词赋题比较合理。

叔孙玄观《仲冬时令赋》，以题为韵：

乾知大始，变化惟众。白日贞辉，以著乎运行；素月亏盈，以纪乎孟仲。阴既往而阳受，暑既骤而寒送。

影长而土圭可测，气肃而玉律潜中。若乃摇落既谢，戚戚无悰。霜雪凝凌以戒节，天地闭塞而成冬。

羲和在兹，敬授人时。周之正则建子为首，冬之夜则问如何其。北斗阑干，乘招摇而直子；玄堂在座，则(疑)群后以听词。冬之日可爱，闻乎鲁史；一之日觱发，著乎豳诗。其神玄冥，厥德在水；其器闳奄，事官有司。植玄珪以纡椟，乘玄辂以载旗。

顺物以终，乃安其性。因宜制节，用必克正。使夫有为而天下御正，无事而天下分定。先王以之狩田，孝子以之温凊。万人以之休息，群辟以之殷聘。一以明国家之盛，再以昭诵事之令。

夫惟败度起功，逆时兴务。重其徭役，急彼征赋。动众不随其物宜，驭人不以其宽裕。灾异必降，申巳之气乘；疠疾必行，哭泣之哀聚。则知邦国兴否，噫！时令之可惧。②

叔孙玄观此赋议论性很强，尤其是结尾两段，谓顺时而行，可导致国家兴盛；逆时而行，则灾异必降。写作手法如同策论，议论风发，与一般进士赋作结尾祈求援引不同，这恐怕也是博学宏词赋与进士赋在表意上有所不同之处。

---

① 李昉等：《文苑英华》卷二三，文渊阁《四库全书》，第5~6页。

② 李昉等：《文苑英华》卷二三，文渊阁《四库全书》，第4~5页。

十二、※开元二十一年(733)进士试《都堂试才赋》

徐松《登科记考》卷八开元二十一年(733)"进士二十五人"下列徐征、刘长卿、房安禹、元德秀、王端、阎仲玙等人。据岑仲勉《元和姓纂四校记》考订，阎仲玙当为阎伯玙之误。此阎伯玙与初唐任洪州都督的阎伯玙(与王勃写《滕王阁序》有关者)别是一人。阎伯玙开元时官华州郑县尉，天宝中迁吏部郎中，出为袁州刺史，历抚州。永泰元年(765)，征拜刑部侍郎，未至卒。阎伯玙是能赋之人，《全唐文》载其赋七篇，包括《都堂试才赋》、《射宫试贡士赋》、《歌赋》、《弹棋局赋》、《函谷关赋》、《河桥赋》、《盐池赋》。就这七篇赋作考察，《都堂试才赋》和《射宫试贡士赋》两篇题下有限韵，是进士律赋体裁。不过，《射宫试贡士赋》在《文苑英华》卷六八、《历代赋汇》卷四六作者皆"阙名"，是否属于阎伯玙应当存疑，而《都堂试才赋》则可暂定为阎伯玙登第之作。兹据《文苑英华》录赋于下。

阎伯玙《都堂试才赋》，以四声为韵：

> 原夫六官分职，理化之纪纲；八座设位，国成之周行。属天下有道，群才向方。今兹观德，足用旧章。天子开司会之府，求俊选之良。昭其能，则平施其禄；思其滥，则大为之防。既作镜于前典，乃悬衡于高堂。信入仕之覆篑，为登科之履霜。名实斯别，谋猷以昌。分雁行于广厦，引鱼贯于长廊。
>
> 明试以言，率由厥道。彼兴邦之所急，庶用贤而为宝。上之化下也犹风，下之应上也如草。
>
> 惟德助理，惟才辅政。启甲乙之科，修文学之令。卦列在阴之象，诗著食场之咏。固藏器以俟时，亦进思而体命。
>
> 徒观其来颂来歌，以引以翼。因考覆而升降，随臧否以黜陟。叩两端而不疑，守大中以立极。将采梢云之干，必表凌霜之色。人未易知，道亦难测。傥弃瑕而录用，希万国以不息。①

作者名，《文苑英华》原作"间伯玙"，据《全唐文》改正。题下限韵原作"以四声为韵"，《全唐文》改作"以平上去入为韵"。其实，二者是有所不同的，浦铣《复小斋赋话》卷上论说："唐人赋以平上去入限韵者，或直押本字，如平用庚，上用养，李子卿《山公启事赋》是也；或不押本字，随意四声中各用一字，阎伯玙《都堂试才赋》是也。"②意谓李子卿《山公启事赋》是用"平上去入"四字所在的韵部为韵，而阎伯玙《都堂试才赋》则是随意在四声中各捡一字押韵。用《广韵》来检查阎赋的用韵，第一段有十个韵脚："纲、行、堂、廊"，平声唐韵；"方、章、良、防、霜、昌"，平声阳韵。唐、

---

① 李昉等：《文苑英华》卷六八，文渊阁《四库全书》本，第2~3页。

② 王冠辑：《赋话广聚》第四册，北京图书馆出版社2006年版，第728页。

阳二韵通押。第二段有三个韵脚：“道、宝、草”，上声晧韵。第三段有四个韵脚：“政、令”，去声劲韵；“咏、命”，去声映韵。劲、映二韵通押。第四段有六个韵脚：“翼、陟、极、色、测、息”，入声职韵。

此赋中有两处内证显示出与作者初登第有关：其一，第一段“信入仕之覆篑，为登科之履霜”，“覆篑”，语本《论语·子罕》：“譬如平地，虽覆一篑。进，吾往也。”意谓在平地上虽然仅仅是垫高一筐土，也是值得做的事。浦铣《复小斋赋话》卷上评说：“阎伯玙《都堂试才赋》有云‘信入仕之覆篑，为登科之履霜’，即始基之意，而用字特新。”①其二，结句云：“傥弃瑕而录用，希万国以不息。”“万国”语出《易经·乾卦》：“首出庶物，万国咸宁。”孔颖达疏：“此二句释亨之德也，言乾能用天之德，使云气流形，雨泽施布，故品类之物流布成形，各得亨通，无所壅蔽，是其亨也。”②结句表达希望有司录用的心情，正是贡士求进的口吻。由于《都堂试才赋》只有一篇，作为本年科举赋题只能暂定，尚待进一步考证。

十三、开元二十二年(734)进士试《梓材赋》

徐松《登科记考》卷八开元二十二年注：“是年试《梓材赋》、《武库诗》，见留元刚《颜鲁公年谱》。”③查留元刚《颜鲁公年谱》开元二十二年：“公年二十六，考功员外郎孙逖下进士及第，试《梓材赋》、《(武)库诗》。”④《文苑英华》载郄昂、魏缜、梁洽、王澄四人同题同韵赋，录郄昂、梁洽赋如下：

郄昂《梓材赋》，以“理材为器，如政之术”为韵：

匠人度有山之梓，相文木之理。既因性而是度，又从绳而可拟。故轮桷适任，栋梁资始。阴阳之体叶时，檃括之形中轨。饰其象乃图之以鸟兽，谐其音必均之以宫徵。苟可择于棫朴，亦何殚夫杞梓。

徒观其破拥肿，斫瑰材。攒节迸集，斜文洞开。蜀柿落而雨足交洒，郢斤运而风声飙来。伐之丁丁，奂蘷狸之班首；斫之橐橐，碎空穴之青苔。

巧无匪制，庸无所施。因心则达，触物能为。初会方以成矩，乍投圆而得规。

削斫同功，准量成类。方资剖劂之力，乃作馨香之器。厥若选德以序，辨官以位。诚当正直而无颇，亦何患乎纲纪之紊坠。

小既以此，大无不如。文公立号以化洽，康叔省功以慎储。仁义有常，刚柔贵识其虚实；宽猛相济，勤苦务知其疾徐。

教在洽人，毖于出令。亦犹代大匠斫，罕或不伤其性。俾夫来者，式遵前圣。

① 王冠辑：《赋话广聚》第四册，北京图书馆出版社 2006 年版，第 728 页。
② 孔颖达等：《周易注疏》卷一，文渊阁《四库全书》，第 10 页。
③ 徐松：《登科记考》，中华书局 1984 年版，第 266 页。
④ 留元刚：《颜鲁公集·年谱》，文渊阁《四库全书》，第 2 页。

且修短得丧，亦奚其为政。

森彼灌木，工则度之。有伦有要，念兹在兹。展矣君子，如何勿思。

思不越，乃心逸。于人也明其采章，于木也须其丹漆。瞻济济之榛楛，懿彬彬之文质。虽非班扁之奇妙，敢献斫轮之良术。①

郄昂，孟二冬据朱玉麒《〈登科记考〉补遗、订正》校为“郗纯”，以为是唐人避文宗讳而改。伦按：劳格《唐尚书省郎官石柱题名考》：“郗昂，《元和姓纂》(六脂)：‘唐左庶子郗昂，高平金乡人。’[原脱左字，依《旧(唐)书》增]《旧(唐书)·郗士美传》：‘父纯。’按：《旧传》以昂为纯，盖避文宗讳改。然宪宗讳纯，疑亦有误。”②可见郄昂、郗纯，名当两存。

梓材指优质的木材。典出《尚书·梓材》：“若作梓材，既勤朴斫，惟其涂丹雘。”蔡沈集传：“梓，良材，可为器者。”③此赋以限韵为序，可分为两大部分，前四段描述“理材为器”，后四段展示“如政之术”。尤其是第七段“森彼灌木，工则度之。有伦有要，念兹在兹。展矣君子，如何勿思”，用《诗经》句式，古朴典雅，流利畅达。

梁洽《梓材赋》，以“理材为器，如政之术”为韵：

立政施教，能简则理。为器择材，唯良是视。政有孚而可大，器自斫而称美。学古入官，斯可已矣。

故周公设诫，取鉴梓材。百工饬化以物作，万势曲成而象开。柏之可伐而取诸新甫，松之可断而美于徂徕。何备用之征要，信崇功而大哉。

观夫良匠抡木，知无不为。尽力以献艺，因材而合规。勤朴斫而去夫滥窳，尚俭素而昭于轨仪。

智者相物，后人述器。得成风之妙，穷运斤之利。或经纬乎阴阳，亦法象乎天地。上栋下宇，资丹雘之余饰；从有之无，通舟车乎远致。嘉兹义之可分，而发昭乎在位。

是寻是尺，其柽其椐。每从绳而则正，异投刃而皆虚。观梓匠之斫矣，吾是知为政之所如。

材之既度，可施于政。若意匠以合则，必由庚而在咏。

侯其伟而④，念兹在兹。政有善人则不欺，山有木工则度之。

材有常质，政则匪一。每呈器而受用，亦相时而陈术。夫如是谐利贞，保元吉。信前贤之济代，岂小人之能悉。⑤

---

① 李昉等：《文苑英华》卷六九，文渊阁《四库全书》，第1~2页。
② 劳格：《唐尚书省郎官石柱题名考》卷七，清光绪刻《月河精舍丛钞》本。
③ 蔡沈：《书经集传》卷四，文渊阁《四库全书》，第10页。
④ 《文苑英华》原注：“张衡《东京赋》：‘侯其伟而。’”
⑤ 李昉等：《文苑英华》卷六九，文渊阁《四库全书》，第2~3页。

梁洽号称能赋之人，今《全唐文》存其赋有九首之多。其《梓材赋》在结构上可称典范。首段从理材与为政两段破题，简明扼要。次段原题，点出“梓材”出自《尚书》周公的训诫，《尚书·梓材》：“若作梓材，既勤朴斫，惟其涂丹雘。”第三、四两段，专门描述“理材”，第五段承上启下，第六、七两段专写“为政”，末段则从理材和为政两端作出总结。该赋结构严整，理路细密。

十四、开元二十二年(734)宏词试《公孙弘开东阁赋》

徐松《登科记考》开元二十二年“博学宏词科”注：“是年试《公孙弘开东阁赋》，以‘风势声理，畅休实久’为韵，见《文苑英华》。”①按：《文苑英华》卷六九录王昌龄、李琚、杨谏、韩液四人同题同韵《公孙弘开东阁赋》。陈振孙《直斋书录解题》卷一九“《王江宁集》一卷”条注：“唐龙标尉江宁王昌龄少伯撰，与常建俱开元十四年进士，二十二年选宏辞，超绝群类，为汜水尉。不护细行，贬龙标。世乱还里，为刺史闾丘晓所杀。为诗绪密而思清。”②徐松《登科记考》“李琚”下注：“《广卓异记》引《登科记》：‘李琚开元二十二年进士，状元及第，当年宏词头登科。’按言宏词头，则琚为第一人，而《文苑英华》列于王昌龄之下，俟考。”③伦按：《文苑英华》同题共作赋排列第一者，不一定是状元。兹据《文苑英华》录王昌龄、李琚赋作于下：

王昌龄《公孙弘开东阁赋》，以“风势声理，畅休实久”为韵：

易穷则变，变则乃通。二气相感，万物初蒙。拆于阳甲，化于阴风。彼君臣有际会，屠钓无终穷。其未遇也，如兽之槛，如禽之笼。其合德也，起阿衡于莘媵，获太师于渭翁。睹公孙之发迹，知汉帝之尊崇。堙厄则异，元亨则同。

火有炎光，木有根柢。寒者斯附，暑者蒙蔽。苟得其所，亦为大惠。动必有获，自然之势。抑折节以下人，亦开国而来诣。衣布被以薄已，散金帛以赈济。近乎仁者之心，与裘马而俱敝。以光招贤之策，不失终身之计。

故能多士爰处，佥谋是行。拓南蛮之侥，增朔方之城。大启侯国，载扬天声。与夫嗤嗤以致诮，孰若兢兢而立名。

僭上则差，逼下则鄙。反坫谁咎，豚肩陋矣。或俭奢而得中，即达人之至理。嗟服勤以抗节，在庶几乎君子。

璞玉在山，白虹在上。精灵不隐，物理相畅。君任下以不疑，臣荐贤以答贶。失之者丧，得之者王。况乎左右股肱，举尔无妄。

道有兴废，人亦焉廋。屈之则否，伸之则休。

不正其名，亦去其实。宾阁既关，拥门自佚。使贤丑错杂而不分，登驽骀于招

① 徐松：《登科记考》，中华书局1984年版，第267页。

② 陈振孙：《直斋书录解题》，上海古籍出版社1987年版，第559页。

③ 徐松：《登科记考》，中华书局1984年版，第267页。

士之室。

喟然宣父，悲之已久。傥相府之可依，铭盛德于不朽。①

此赋典出《汉书·公孙弘传》："上方兴功业，娄举贤良。弘自见为举首，起徒步，数年至宰相封侯，于是起客馆，开东阁以延贤人，与参谋议。"②意谓当时汉武帝希望建功立业，公孙弘因此开辟相府东门作为延揽人才的场所，与他们共同探讨国家大事。赋作以"风势声理，畅休实久"为韵，分为八段。首段押"风"字韵，畅论风云际会、君臣遇合的大道理。次段押"势"字韵，落实到公孙弘开东阁招揽贤才，以及严于律己、衣布被、散金帛等事迹。第三段押"声"字韵，表彰公孙弘建立的功业。四段押"理"字韵，议论"俭奢而得中"的道理。第五、六、七、八段押"畅休实久"四韵，每段都比较短，意思也相近，认为只有君臣相得，方能导致国家兴盛的局面。此赋好处在说理畅快透辟，但在结构安排上比较率意，各段长短不大平衡，给人头重脚轻之感。

李琚《公孙弘开东阁赋》，以"风势声理，畅休实久"为韵：

客有海上浴德，淄川养蒙。业因才进，位以经通。当汉皇之有道，登股肱于此公。顺天招物，德盛声崇。接士于衡门之下，起阁于相府之东。阳荣纳日，阴户生风。

尔其建高规，起崇制。檐宇深静，垣墙闲卫。取木非南涧之才，延宾乃北山之滞。访善不日，驯道以岁。其选器也，则收用而弃瑕；其进德也，则取材而远势。

故能克遐厥声，休绩莫京。宴私则布衣韦带，自公惟脱粟菜羹。服之而德以廉耻，食之而心以和平。岂粱肉夏屋，而宾实之名哉？

则知厚内者德先，薄外者事理。身正则远怨，心邪则近耻。固恶盈而守冲，诚见足而知止。太常居甲第之日，丞相作封侯之始。

是以作汉名相，惠音流畅。诚前哲之用心，岂后贤之觖望。

及夫人殁政绝，阁废道休。俾马厩之是宅，奚人德之不修。言念于此，我心其瘳。

故知道劣者事微，狗名者失实。奚量才之远近，宁比迹于劳逸。③（原注：未见久字官韵）

此赋构段、句法、用辞，均典雅工整，某些句子如"身正则远怨，心邪则近耻"有格言的意味。可惜末尾缺少"久"字韵一段，应是后世传抄脱落所致。

---

① 李昉等：《文苑英华》卷六九，文渊阁《四库全书》，第5~6页。

② 班固：《汉书》卷五八，文渊阁《四库全书》，第8页。

③ 李昉等：《文苑英华》卷六九，文渊阁《四库全书》，第6~7页。

十五、Δ开元二十四年(736)进士试《越人献驯象赋》

本年出现司贡举职权由吏部移置礼部的重大事件。刘昫《旧唐书》卷八《玄宗纪》："(开元)二十四年三月乙未，始移考功贡举，遣礼部侍郎掌之。"①欧阳修等《新唐书》卷四四《选举志》上："(开元)二十四年，考功员外郎李昂为举人诋诃。帝以员外郎望轻，遂移贡举于礼部，以侍郎主之。礼部选士自此始。"②《册府元龟》卷六三九贡举部载玄宗为此专门下了一道诏书："二十四年三月制曰：每岁举人，求士之本。专典其事，宁不重欤？顷年以来，惟考功郎所职，位轻务重，名实不伦。欲尽委长官，又铨选猥积。且六官之列，体骨是同，况宗伯掌礼，宜主宾荐。自今已后，每岁诸色举人及斋郎等简试，并于礼部集。既众务烦杂，仍委侍郎专知。"③《唐摭言》卷一"进士归礼部"条详载此事原委："隽秀等科，比皆考功主之。开元二十四年，李昂员外性刚急，不容物，以举人皆饰名求称，摇荡主司，谈毁失实，窃病之，而将革焉。集贡士与之约曰：'文之美恶，悉知之矣。考校取舍，存乎至公。如有请托于时，求声于人者，当首落之。'既而，昂外舅常与进士李权邻居相善，乃举权于昂，昂怒集贡人，召权庭数之。权谢曰：'人或猥知，窃闻于左右，非敢求也。'昂因曰：'观众君子之文，信美矣。然古人云：瑜不掩瑕，忠也。其有词或不典，将与众评之，若何？'皆曰：'唯公之命。'既出，权谓众曰：'向之言，其意属我也。吾诚不第，决矣，又何藉焉。'乃阴求昂瑕以待之。异日会论，昂果斥权章句之疵以辱之。权拱手前曰：'夫礼尚往来，来而不往非礼也。鄙文不臧，既得而闻矣；而执事昔有雅什，尝闻于道路，愚将切磋，可乎？'昂怒而嬉笑曰：'有何不可？'权曰：'耳临清渭洗，心向白云闲。岂执事之词乎？'昂曰：'然。'权曰：'昔唐尧衰耄，厌倦天下，将禅于许由，由恶闻故洗耳。今天子春秋鼎盛，不揖让于足下，而洗耳何哉？'是时国家宁谧，百寮畏法令，兢兢然莫敢蹉跌。昂闻惶骇蹶起，不知所酬。乃诉于执政，谓权风狂不逊，遂下权吏。初昂强愎不受嘱请，及是有请求者，莫不允从。由是廷议以省郎位轻，不足以临多士，乃诏礼部侍郎专之矣。"④开元二十四年的贡举权归礼部事件，表面上看是因为考功员外郎李昂性格刚急，为士子所轻诋，玄宗以郎署权轻而移职礼部，事实上有更深层的社会历史原因。开元年间，不仅科举录取名额扩大，而且由科举出身者在高级官员中的比重逐步提高。玄宗开元元年(713)至二十二年(734)，科举出身的宰相共18人，占本期宰相总数(27人)的三分之二，较高宗、武则天时期，比重为高，足见科举已成为士人入仕的主要途径。在此种形势之下，提高知贡举官员的级别已是必然之举，李昂事件只是引发改革的导火线。考功员外郎秩从六品上，礼部侍郎秩正四品下，知贡举者官阶大大提高，足见皇帝对科举的重视程度相应

---

① 刘昫：《旧唐书》卷八，文渊阁《四库全书》，第44页。

② 欧阳修等：《新唐书》卷四四，文渊阁《四库全书》，第6~7页。

③ 王钦若等：《册府元龟》卷六三九，文渊阁《四库全书》，第28页。

④ 王定保：《唐摭言》卷一，古典文学出版社1957年版，第10~11页。

提高。

检查徐松撰《登科记考》和孟二冬补正《登科记考补正》，开元二十四年录取进士为20人。但是，两书列出的进士只有2人，即据《唐诗纪事》录入崔亘，据《韩文考异》录入张巡。不仅另外18位进士姓名付之阙如，而且也不知当年的诗、赋试题。笔者曾发表《〈越人献驯象赋〉与杜甫关系献疑》一文①，结合杜甫的行踪，论证《越人献驯象赋》为开元二十四年进士赋题，兹将有关考证成果简述于下：

《越人献驯象赋》两篇，首见于《文苑英华》卷一三一，一篇为“阙名”所作，另一篇为杜泚所作。《全唐文》卷三五九把阙名之赋收归杜甫名下。此赋又见清汪森编《粤西文载》卷一，《历代赋汇》卷一三四，《古今图书集成·博物汇编·禽虫典》卷六〇。其中，《全唐文》与《粤西文载》列名为杜甫所作，其他《文苑英华》、《历代赋汇》、《古今图书集成》并作阙名。由此可见，《全唐文》将此赋列在杜甫名下，有可能本诸《粤西文载》。《粤西文载》的作者汪森，字晋贤，号玉峰，又号碧巢，安徽休宁人。生于清顺治十年(1653)，卒于雍正四年(1726)。康熙间贡生。官至户部郎中。汪森擅长诗文，先与嘉兴周篔、沈进相切磋，既而复与黄宗羲、朱鹤龄、朱彝尊、潘耒诸大师商榷，艺业益进，闻名一时。朱彝尊称其词“能标举新异，一洗《花间》、《草堂》陋习”②。与兄文桂、弟文柏并称“汪氏三子”。尝增补朱彝尊《词综》，所撰《词综序》，推尊词体，崇尚醇雅。有《小方壶存稿》行世。其生平事迹，详见储大文撰《户部郎中贻封监察御史汪君森墓志铭》③，又见《清史列传》卷七一。《四库全书总目·粤西诗载粤西文载提要》则称汪森为：“桐乡人(《四库书前提要》误署为嘉兴人)，休宁籍。官桂林府通判。森在粤西，以舆志缺略殊甚，考据难资，因取历代诗文有关斯地者详搜博采，记录成帙。归田后，复借朱彝尊家藏书，荟萃订补，共成《诗载》二十四卷附词一卷，《文载》七十五卷，又以轶闻琐语可载于诗文者更辑为《丛载》三十卷。”④汪森作为清代初年的人，已经无法看到超越仇兆鳌的关于杜甫的文献资料，他编纂此书在定作者主名时，有时不够严谨。对此，《四库全书总目·粤西诗载粤西文载提要》曾予以批评：“如录谢朓诗，误为晋人；又唐郑愚蔡京授岭南节度使二制，本《文苑英华》所引《玉堂遗范》之文，初无撰人姓名，乃讹玉堂为王堂，此类亦颇有舛误。”汪森收录《越人献驯象赋》所据材料，或许就是《文苑英华》。因为《文苑英华》在杜甫的《天狗赋》之后，接下来就是列为阙名的《越人献驯象赋》，所以汪森便以为这也是杜甫之作，正好收录入他所编纂的粤西文献，以光篇幅；如果汪森是有意为之，那就难免有拉阔人作亲戚的嫌疑。按照《文苑英华》的编纂体例，如果接连收录同一作者的作品，从第二首作品始，题首应当注明“前人”；虽然有些忘记注明，但不会注上“阙名”。换句话说，只要后一首注明是“阙名”的，就

① 詹杭伦，沈时蓉：《〈越人献驯象赋〉与杜甫关系献疑》，《杜甫研究学刊》2007年第4期。

② 王昶：《国朝词综》卷一一，清嘉庆七年王氏三泖渔庄刻本。

③ 钱仪吉：《清碑传集》卷五九，清道光刻本。

④ 纪昀等：《四库全书总目》卷一九〇，文渊阁《四库全书》，第30页。

绝不会是前一作者之作。《越人献驯象赋》题下注明“阙名”，显然就不应当认定是杜甫的作品。因此，《全唐文》根据《粤西文载》将《越人献驯象赋》列为杜甫之作，虽然算是有所根据，但并未追溯到材料的原始来源。

兹据《文苑英华》将《越人献驯象赋》过录于下：

> 倬彼驯象，毛群所推。特禀灵于荒侥，思入贡于昌期。岂不以献我今辰，自林邑而来者；稽之旧史，在成康而纪之。一则识王者之无外，一则见遐方之不遗。苟形瑰之足伟，孰路远之云辞。
>
> 于是出丰草，去长林。殊狒狒之被格，异猩猩之就擒。厉其容也，故兽伏我力；和其性也，故人知我心。作蛮方之贡，为上国之琛。万国标奇，名已驰于魏阙；千年表庆，价实越于南金。
>
> 况乘之便习，或讹或立。动高足以巍峨，引修鼻而嘘吸。尘随踪而忽起，水将饮而回入。牙栉比而掺掺，眼星翻而熠熠。中黄虽勇，力不能加；仓舒信奇，知之莫及。服我后之皂栈，光有唐之域邑。驱之则百兽风驰，玩之则万夫云集。
>
> 故其威容足尚，筋力殊壮。轮囷而重若旄丘，赑屃而高如巨防。执燧奔战，牵钩委贶。遇之者，或惊骇而反行；觇之者，或披靡而遥望。
>
> 何斯象之刚克，兼美义之不忒。惧有齿而焚躯，故全身而利国。纵使牛能任重，马有报德。徒久困于轮辕，又每伤于衔勒。
>
> 岂如我邈自远藩，来朝至尊。辞桂林之小郡，入阊阖之通门。负名闻之籍籍，守驯扰以存诚。幸投之于刍槁，岂敢昧于君恩。①

这是一首题下限韵的律赋，以“辞林邑望国门”为韵。就律赋的格式而言，邝健行先生曾综合出四大特点：“(1)讲究对偶；(2)重视声音谐协，避免病犯；(3)限韵，以八韵为原则；(4)句式以四六为主(所谓四六句式，更明白说，包括隔句四六对联句式：即一联四句，每半联分成四、六句子两截)。四点之中，尤以二、四两点为要。而二、四两点，又以第二点声音谐协、避免病犯为主。”②用这四个特点来观察，《越人献驯象赋》是一篇符合标准的律赋，试说于下：

(1)讲究对偶。除了首尾的漫句和句首的转折连词之外，通篇都是严谨的对偶句式。如“动高足以巍峨，引修鼻而嘘吸”两句，“动”对“引”，动词对动词；“高足”对“修鼻”，偏正词组对偏正词组；“以”对“而”，虚词对虚词；“巍峨”对“嘘吸”，联合词组对联合词组。其对仗可谓工稳。

(2)声音谐协。此赋的三字句“出丰草，去长林”，末尾一字上“草”下“林”，平仄相对；四字句“中黄虽勇，力不能加；仓舒信奇，知之莫及”，除了“仓舒”一词之

① 李昉等：《文苑英华》卷一三一，文渊阁《四库全书》，第6页。

② 邝健行：《律赋论体》，《四川师范大学学报》2005年第1期。

外，也符合(平)平(仄)仄的四字声律规则。“仓舒”是人名，赋中用人名，平仄可以变通。

(3)限韵。此赋以“辞林邑望国门”为韵，依次押韵，分为六段，无出韵的现象。

(4)隔句对仗句式。此赋第一段用一联四六隔句对：“献我今辰，自林邑而来者；稽之旧史，在成康而纪之。”第二段用一联四五隔句对：“厉其容也，故兽伏我力；和其性也，故人知我心。”再用一联四六隔句对：“万国标奇，名已驰于魏阙；千年表庆，价实越于南金。”第三段用一联四四隔句对：“中黄虽勇，力不能加；仓舒信奇，知之莫及。”第四段用一联三六隔句对：“遇之者，或惊骇而反行；觇之者，或披靡而遥望。”从其用典之纯熟和隔句对仗句式运用之富于变化，可知其是律赋写作已经臻于成熟时期的作品。“中黄”之典出自《太平御览》，卷三八六引《尸子》：“中黄伯曰：余左执太行之獶，右搏雕虎，唯象未与吾试，愿为牛与象斗以自试。”“仓舒”之典出自《三国志·魏书》：“(曹)冲，字仓舒，少聪察岐嶷，生五六岁，智意所及有若成人之智。时孙权曾致巨象，太祖欲知其斤重，访之群下，咸莫能出其理。冲曰：置象大船之上而刻其水痕所至，称物以载之，则校可知矣。太祖大悦，即施行焉。”

从《越人献驯象赋》题下限韵可知，这是针对林邑国向唐王朝献驯象而写作的歌颂朝政的赋。那么，这篇赋作必然要适应两种情况：第一，这是一篇以参加科举考试为目的而作的赋，或者是为准备科举考试而私下做的练习，或者就是朝廷知贡举的官员颁布的科举考试试题。第二，朝廷发生了林邑国献驯象的事件，这篇赋应当作于这件事情发生之后不久，否则就失去了歌颂朝政的现实意义。

且来检查一下文献中有关林邑国向唐朝献驯象的记载：

《唐会要》卷九十八《林邑国》：

> 林邑，汉日南象郡之地。其先因汉女子征则之乱，县功曹子区连杀县令，自号为王，子孙相承。后王无子，其甥范熊代立。晋宋已来，恒通中国。其地恒温，不识冰雪，常多雾雨。人能用弩，以藤为甲。王出则列象千头。信佛法。以二月为岁首。稻岁再熟。有结辽鸟，能解人语。亦谓之结了鸟，盖夷音讹也。武德六年二月，其王范梵志遣使朝贡。至贞观四年，又贡火珠，大如鸡卵，圆白皎洁，状若水晶。正午向日，以艾承之，即火燃。五年，又献白鹦鹉，精识辨慧，善于应答。太宗悯之，并付其使，令放归林薮。十四年，其国献通天犀一十枚，诸宝称是。永徽、总章中，其王钵迦舍波摩累献驯象。先天、开元中，其王建多达摩又献驯象、沉香、琥珀等。天宝八载，其王卢陀罗使献真珠一百条、沉香三十斤、鲜白氎二十只。自至德后，遂改称环王国，不以林邑为号。①

---

① 引文依据文渊阁《四库全书》本的《唐会要》卷九八，第13~14页。台湾“中央研究院”《汉籍电子文献》所收录《唐会要》，在“鲜白氎”下，有“驯象”二字。按：“驯象”当称为“头”，不能称为“只”，故疑“驯象”二字为衍文。

《旧唐书》卷四：

唐高宗永徽四年(653)，夏四月戊子，林邑国王遣使来朝贡驯象。①

《册府元龟》卷九七〇《外臣部·朝贡第三》：

则天垂拱二年三月，林邑国遣使献驯象。
则天天授二年十月，林邑国遣使献驯象。
则天圣历二年六月，林邑国遣使献驯象。
中宗神龙三年八月，林邑国遣使献驯象。
中宗景龙三年十一月，林邑国遣使献白象及方物。②

《册府元龟》卷九七一《外臣部·朝贡第四》：

玄宗开元二十三年八月，林邑国遣使献驯象。九月辛巳，吐火罗国、十二月，新罗并遣使来献方物。林邑国遣使献白象。③

接下来，再看看杜甫与科举有关的行踪。关于杜甫参加贡举应试问题，邝健行先生先有《杜甫府试下第试说》④、《唐代洛阳福唐观作进士科试场新议》⑤两篇文章，认为洛阳福唐观举行的是河南府府试，杜甫可能在府试中落败。后来，他又撰写《杜甫贡举考试问题的再审察论析和推断》⑥一文，列出十二条材料、二十八家说法后，通过分析得出三点结论：第一，杜甫在开元二十三年(735)或稍前回到故乡巩县，参加过县试，又到洛阳参加了府试。第二，开元二十三年十月或稍前入长安。第三，开元二十四年(736)正二月在长安，参加吏部考功员外郎李昂主持的进士考试，落第。

将林邑国献驯象与杜甫行踪对照，只有开元二十三年这一次献驯象可能与杜甫有关系。因为开元二十三年八九月林邑国献驯象，这件事情在京城曾引起“玩之则万夫云集”的轰动效应，所以开元二十四年(736)年初的进士考试就有可能以此出题，杜甫也正好参加了开元二十四年年初的进士考试。大历十四年(779)，唐德宗放驯象归山时，博学宏词科曾试《放驯象赋》。由此逆推，林邑国献驯象时，也当有试赋之事。

根据《文苑英华》所收录同题共作的赋作大部分可以认定为科举考试赋题的惯例，

---

① 刘昫：《旧唐书》卷四，文渊阁《四库全书》，第8页。
② 王钦若等：《册府元龟》卷九七〇，文渊阁《四库全书》，第23页。
③ 王钦若等：《册府元龟》卷九七一，文渊阁《四库全书》，第13页。
④ 邝健行：《杜甫府试下第试说》，《人文中国》1995年第1期。
⑤ 邝健行：《唐代洛阳福唐观作进士科试场新议》，《杜甫研究学刊》1996年第4期。
⑥ 邝健行：《杜甫贡举考试问题的再审察论析和推断》，《杜甫研究学刊》1997年第4期。

我们可以大胆地做一个推断，即《越人献驯象赋》就是开元二十四年的进士试题，那么，《文苑英华》所收录的就是两篇登第进士的作品。不过，可惜的是杜甫的赋作也许不合考官的意旨，所以他黯然落第了。《文苑英华》收录的两篇都是符合律赋格式和题旨之作，应当不会是落第者的作品。当然，也可能有另外一种情况存在，那就是杜甫在杂文试中已经过关，他的落第是由于在其他场次的考试中失利。如果是后一种情况，那么，这篇《越人献驯象赋》仍然有可能是杜甫的作品。总而言之，林邑国献驯象的时间与杜甫参加科举考试的行踪是如此吻合，我们几乎可以认定杜甫写过这一题目的赋作，只是杜甫是落第之人，我们没有把握认定《文苑英华》收录的是一篇落第者的作品。

虽然，阙名所作《越人献驯象赋》未能最终确定主名，但这次考证给我们以新的启发，那就是在对唐代赋作的研究中，无需仅仅依赖传世文献中对某人中举的记载，还可以通过史料旁证而确定《文苑英华》中某些赋作与科举考试的关系。我们相信，这方面的成果有可能补充徐松《登科记考》和孟二冬的《登科记考补正》，本书论证开元二十四进士试《越人献驯象赋》就是一个例证。

十六、开元二十七年(739)进士试《蓂荚赋》

徐松《登科记考》卷八开元二十七年仅载“进士二十四人。知贡举：礼部侍郎崔翘”，未载该年试赋事。陈尚君《〈登科记考〉正补》据《浯田程氏宗谱》，论证程元谏为开元二十七年侍郎崔翘下擢进士第，试《蓂荚赋》、《美玉诗》。①《文苑英华》卷八八收录程谏、吕諲《蓂荚赋》，皆以“呈瑞圣朝”为韵。程谏与程元谏当即一人，明程敏政《篁墩集》有《辨〈祁谱〉书新安太守元谭以下世次绝与〈陈留谱〉不同及书忠壮公二十二子可疑》一文，谓：“《祁谱》又以炫为绚，谓绚有弟纶、南、金，有二子元皓、元谏，皆与《陈留谱》不合。《唐登科记》止作程谏，亦无所谓元谏。唐试进士《蓂荚赋》，刻谏公之文尚存。”②《全唐文》收程谏《蓂荚赋》，其小传云：“谏字仲几，休宁人，灵洗七世孙。开元二十七年进士。再选蓝田尉，累迁著作郎，大理司直，汾州巡官，入为卫尉卿，京兆少尹，终密州刺史。”③

程谏《蓂荚赋》，以“呈瑞圣朝”为韵：

> 尧阶蓂荚兮，实称休祯。盖历代而难值，至我后而斯呈。植之以前墀左城，映之而镂槛丹楹。激薰风而叶转，迎太阳而心倾。日往月来，深符大小之数；时和历应，因见天地之情。
>
> 观乎荣谢以月德为常，卷舒以日数成类。随初吉以增茂，暄然自春；度既望以渐零，翛然如寄。体盈虚而方同得道，任消息而匪殊有智。金波桂树，远合象于雕

① 陈尚君：《陈尚君自选集》，广西师范大学出版社2000年版，第228页。

② 程敏政：《篁墩集》卷一二，明正德二年刻本。

③ 董诰等：《全唐文》卷三七四，中华书局1983年版，第3804页。

荣；炎汉芝房，近方惭于祥瑞。彼朱草与蓮蒲，曷于兹而拟议。

则知圣作物睹，物兴由圣。圣于赫而克著元亨，物效祥而天莫之令。

然而蓂之为应也博，蓂之为瑞也昭。赞睿主则太平在迩，测阴灵则时变不遥。初也则日益一日，终也则宵尽一宵。弱质浃金茎之露，轻姿散玉户之飙。或曰麟在郊而合图牒，凤来仪以听箫韶。虽咸见而可贵，于列迹而斯超。岂如蒙贲著总集于厚地，焜耀于皇朝。①

蓂荚是一种瑞草。它每月从初一至十五，每日结一荚；从十六至月终，每日落一荚。从荚数多少，可以知道是何日，所以又名历荚。《太平御览》卷八七三休征部二引《孙氏瑞应图》曰："蓂荚者，叶圆而五色，一名历荚。十五叶，日生一叶，从朔至望毕。从十六日毁一叶，至晦而尽。月小，则一叶卷而不落。圣明之瑞也。人君德合乾坤，则生祥瑞。"②蓂荚出现，是《唐六典》卷四所称的"大瑞"之一，文武百官当上表朝贺。开元盛世，祥瑞频生，故以此为进士赋题。

吕諲《蓂荚赋》，以"呈瑞圣朝"为韵：

圣人法天兮无物不成，皇天辅圣兮有贶必呈。蓂荚之嘉植，爰乃应乎休祯。禀神疑灵以擢质，因尧阶而得名。抽茎蕣蕣，布叶英英。二八而落，三五而盈。阴德自然，仰蟾蜍而知晦；太阳常近，与葵藿而同倾。

尔乃丕体其祥，博考其义。所以厚上天之德，所以表皇王之瑞。其国乱也，则植之犹难；其国理也，则生之孔易。惟我后之钦若，亦合符而受赐。承荣金殿，旁沾三露之滋；每奉玉阶，上荫五云之施。

岂无萱草以悦其性，岂无灵芝以彰其盛。芝擢其秀，既以纷纶于策书；萱树于堂，曷能弥缝于明圣。

未若蓂荚，生于皇朝。与夫髦士，来应弓招。受成于天，谅多闻于国瑞；托得其地，且有异于山苗。窃预谈于王道，庶有望于迁乔。③

吕諲，《旧唐书》本传称其"天宝初，进士及第"，《新唐书》本传则作"开元末，入京师，第进士"。徐松《登科记考》原列吕諲为天宝元年(742)进士。陈尚君、孟二冬新考其为开元二十七年(739)进士，可从。

洪迈《容斋续笔》卷一三《试赋用韵》条："唐以赋取士，而韵数多寡平侧次叙，元无定格。故有三韵者，《花萼楼赋》以题为韵是也；有四韵者，《蓂荚赋》以'呈瑞圣朝'，

---

① 李昉等：《文苑英华》卷八八，文渊阁《四库全书》，第1~2页。

② 王钦若等：《太平御览》卷八七三，文渊阁《四库全书》，第12页。

③ 李昉等：《文苑英华》卷八八，文渊阁《四库全书》，第2~3页。

《舞马赋》以‘奏之天廷’，《丹甑赋》以‘国有丰年’，《泰阶六符赋》以‘元亨利正’为韵是也。”①可见，以祥瑞题材出题，常常配合四字限韵。

第二节　天宝年间试赋考察

一、Δ天宝二年(743)进士试《集灵台赋》

徐松《登科记考》天宝二年进士诗赋题缺，孟二冬《登科记考补正》亦未予增补。伦按：王应麟《玉海》卷一六二宫室“唐集灵台”条：“《旧纪》天宝元年十月辛丑造长生殿，名为集灵台，以祀天神。”下注：“张良器有赋，天宝二年进士试。”②《玉海》所引见《旧唐书》卷二四《礼仪志》：“十月，改新丰骊山为会昌山，仍于秦坑儒之所立祠宇。新作长生殿，改为集灵台。”③又见《册府元龟》卷一四帝王部：“天宝元年十月，造长生殿，名为集灵台，以祀天神。”④又见《唐会要》卷三〇：“天宝元年十月，造长生殿，名为集灵台，以祀神。”⑤孟二冬《登科记考补正》卷二七“附考”有张良器，引《全唐诗》卷五五七张良器小传：“张良器，会昌进士第。”又引《全唐文》卷七六二小传：“会昌中擢进士第。”伦按：两书所称张良器会昌年间登第，疑涉张良器《集灵台赋》限韵“景福会昌”而误，无足为据。张良器《集灵台赋》，见《文苑英华》卷五〇。又《文苑英华》卷一八三载张良器《河出荣光》应试诗，其后又载一首佚名之作。《全唐诗》卷五八四将其收入段成式名下，而汪霦《佩文斋咏物诗选》卷一七“瑞气类”则录在朱延龄名下。伦按：段成式乃晚唐名家，时代过晚。朱延龄作，似更可信。明胡应麟《诗薮》内编四有一则谈到：“《品汇》中排律补遗一卷，如朱延龄‘雨洗高秋’，张良器‘河出云光’，陈翥‘曲池晴望’，柴宿‘日照华清’，徐敞‘早寒青女’十数篇，虽无高绝处，而秀丽庄严，精工缜密，要非大历后语，惜世次漫不可考。”⑥胡应麟论唐诗是数一数二的高手，他敏锐地感觉到朱延龄、张良器等人诗作非大历后语，他的审美判断值得重视。若《文苑英华》张良器之后佚名所作的《河出荣光》诗确实出自朱延龄，则应当将其补为天宝二年进士。兹据《文苑英华》，录张良器赋作于下。

张良器《集灵台赋》，以“圣君宏道，景福会昌”为韵：

希夷乎，人皇居明堂，辟阴开阳。冠通天兮荫华盖，发大号兮流耿光。将乐瑶池之宴集，由喜玉京于寿昌。降清问于宣室，讨真经于柏梁。

---

① 洪迈：《容斋随笔·续笔》卷一三，文渊阁《四库全书》，第3页。

② 王应麟：《玉海》卷一六二，文渊阁《四库全书》，第40页。

③ 刘昫：《旧唐书》卷二四，文渊阁《四库全书》，第23页。

④ 王钦若等：《册府元龟》卷一四，文渊阁《四库全书》，第12页。

⑤ 王溥：《唐会要》卷三〇，文渊阁《四库全书》，第16页。

⑥ 胡应麟：《诗薮》，上海古籍出版社1979年版，第78页。

乃因高为台，顺时谋筑。披翳荟，剪林麓；铲重冈，移峻谷。量其远近，以议夫土功；命彼般倕，再度乎山木。使人以悦，无告于劳；均力取材，不远而复。屹九重以初起，冯一匮(疑作篑)而始覆。其为势也，峨峨皑皑，粉壁光兮朱门开，若方丈与蓬莱；其为丽也，峥嵘郁煜，星柱浮兮云楣肃，状灵光与景福。

有时鸣猿告晓，贞松敛霭。千峰转日，迎秀色于琼楼；万岁传声，和幽音于地籁。磅礴压乎人境，艳岁耸乎天外。王乔飞舄，见凫影之翩翩；神女窥窗，听鸾歌之哕哕。俯众山兮如束，萦八川兮如带。上方向晦宴息，斋心防戒。乘金根，回玉轪。夸父秉钺，蚩尤扬旆。铁衣沸渭以焜煌，宝马腾骧(一作纵缅)而沛艾。环钩陈而列武士，震砰訇兮轶埃壒。登夫集灵之台，谓天帝而为会。

奏无声之乐，寂寞而难分。展无体之礼，质素而无文。睟容绰约，元化氤氲。圣主湛恩，散作八方之雨；清都喜气，凝为五色之云。彼升龙铸鼎之后，捧盘承露之君。徒仿象于前载，孰能成乎此勋。

然大造之德曰生，大君之位曰宝。未有离于兆庶，而复谓之至道。

愿献华封之寿，上祝唐尧之盛。股肱为良，元首作圣。用壮辟雍之美，乃经灵台之政。

岂必沐咸池，陵倒景。脱屣乎宇县，栖真乎绝岭。届中天之峻极，从化人兮习静。然后居无何之乡，去有为之境者也。

于是情冥具(一作其)欲，德贵惟恒。可大可久，不骞不崩。动植风靡，雍熙日宏。宜其四溟式晏，而人和年登。①

此赋未依官韵次第，改以“昌福会君道圣景宏”为序。李调元《雨村赋话》卷三：“张良器《集灵台赋》云：‘千峰转日，迎秀色于琼楼；万岁传声，和幽音于地籁。’皆庄雅得应制体，而词气更清隽，不似后人一味颟顸。”②不仅体制庄雅，词气清隽，此赋在句法上亦颇有特色。第二段设置一联股对：“其为势也，峨峨皑皑，粉壁光兮朱门开，若方丈与蓬莱；其为丽也，峥嵘郁煜，星柱浮兮云楣肃，状灵光与景福。”这种股对既句式舒缓，又气势连贯，穿插在律赋规整的句式中，造成疏密相间的审美效果，不仅丰富了律赋的句式，而且对后世的八股文句法很有影响。

附录：唐张良器《河出荣光》：

引派昆山峻，朝宗海路长。千龄逢圣主，五色瑞荣光。隐映浮中国，晶明助太阳。坤维连浩漫，天汉接微茫。丹阙清氛里，函关紫炁旁。位尊常守约，道泰每呈祥。习坎灵逾久，居卑德有常。龙门如可涉，忠信是舟梁。

---

① 李昉等：《文苑英华》卷九〇，文渊阁《四库全书》，第9~10页。

② 詹杭伦等校证：《雨村赋话校证》卷三，新文丰出版公司1993年版，第50页。

唐朱延龄《河出荣光》：

符命自陶唐，吾君应会昌。千年清德水，九折满荣光。极岸浮佳气，微波照夕阳。澄辉明贝阙，散彩入龙堂。近带关云紫，遥连日道黄。冯夷矜海若，汉武贵宣房。渐没孤槎影，仍分一苇杭。抚躬悲未济，作颂喜时康。①

二、※天宝三载(744)进士试《素丝赋》

《旧唐书·玄宗本纪》："三载正月丙申朔，改年为载。"②《尔雅·释天》："载，岁也。商曰祀，周曰年，唐虞曰载。"③玄宗自谓功绩堪比唐尧虞舜，故改年为载，其《改年为载推恩制》云："履端正名，义取垂范。体元设教，在乎变通。虽沿革从宜，罔不稽古。朕缵复兴运，恭守睿图，尝恐至化犹微，淳风尚薄，未能臻华胥之俗，登可封之人，故未明求衣，日昃忘食，励精为理，思致雍和。历观载籍，详求前制，而唐虞之际，焕乎可述。用是钦若旧典，以协惟新，可改天宝三年为载。"④

孟二冬《登科记考补正》卷九天宝三载"乔潭"下注："原列于卷九天宝十三载(754)进士科，徐氏考云：'《唐摭言》：乔潭，天宝十三载进士及第，任陆浑尉。时元鲁山(德秀)客死是邑。潭减俸，礼葬之，复恤其孤。"孟二冬按：乔潭《霜钟赋序》云："南阳丰山有九钟焉，霜降则鸣，斯气感而应也。潭忝预少宗伯达奚公特达之遇，擢秀才甲科，庶几人间有是誉处，然南阳即公隐居之旧地也，故为《霜钟赋》以广知音。"(《全唐文》卷四五一)则乔潭于达奚珣下擢第。考达奚珣于天宝二年(743)至天宝五载(746)四年连知贡举。乔潭有《会昌主簿厅壁记》云："会昌，行在也，新邑作焉；主簿，纠曹也，我公吏焉。……潭忝以词赋见知春官，钦惟教忠，即簿领之能事，敢序施政，有门人之直词。乙酉岁，抄志于南轩之东壁。"(《全唐文》卷四五一)"乙酉岁"为天宝四载(745)，乃乔潭登第后任会昌主簿时所作。由此可知，《唐摭言》所载"天宝十三年"实为天宝三载之误。又，元德秀卒于天宝十三载，见于两《唐书》及李华《元鲁山墓碣铭》，其时乔潭任陆浑尉，而非及第年。今移正。⑤

伦按：孟二冬考乔潭为天宝三载进士，甚有道理，还可为其补充一个旁证。《唐才子传》谓岑参"天宝三年，赵岳榜第二人及第"。杜确《岑嘉州集序》亦称其"天宝三载，进士高第"。可见岑参可确定为天宝三载进士，检岑参有《送魏升卿擢第归东都，因怀魏校书、陆浑乔潭》诗，其中有句云："乔生作尉别来久，因君为问平安否？魏侯校理

---

① 汪霦：《佩文斋咏物诗选》卷一七，文渊阁《四库全书》，第1~2页。
② 刘昫：《旧唐书》卷九，文渊阁《四库全书》，第12页。
③ 郑樵注：《尔雅注》卷中，文渊阁《四库全书》，第10页。
④ 董诰等：《全唐文》卷二四，中华书局1983年版，第282页。
⑤ 孟二冬：《登科记考补正》，燕山出版社2003年版，第352~353页。

复何如，前日人来不得书。陆浑山水佳可赏，蓬阁闲时亦应往。”①诗以怀念时任陆浑尉的乔潭为题，是称呼同年平辈的口吻。若乔潭果真是天宝十三载进士，及第晚岑参十年，岑参就不会这样称呼他了。

※ 孟二冬《登科记考补正》未载乔潭登第赋作。检《文苑英华》卷一二○载乔潭《素丝赋》，以“贞素持质积功”为韵，结句说“若见用于当时，宁七襄于终日”，表达若能见用，愿意为朝廷为社会出力的意愿，透露出举子的情怀，显然是乔潭参加科试的赋作。既然乔潭是天宝三载进士，那么《素丝赋》亦就可暂定为本年的进士赋题。兹据《文苑英华》录赋作于下。

乔潭《素丝赋》，以“贞素持质积功”为韵：

> 色之真者尚乎白，质之细者珍乎丝。真则贞而洁矣，细则积而多之。故君子犓德是务，清以自持。将经纶以济物，先组织以修词。
>
> 惟丝之故，不愆于素。组以饰马，言好善而不忘；紽之在羊，时退公之有度。
>
> 始也重蚕事，终妇功。促季月，候戾风。爰求柔桑，宁止于十亩；既登分亹，乃布于三宫。
>
> 至若三盆既缫，八月成绩。方勤水练（疑作湅），爰去地尺。昼曝于日，吸太阳之光华；夜悬诸井，濡厚载之灵液。于是典丝瞻临，㡆氏引绎。引之于手，如皓魄之飞；承之以筐，若凝霜之积。（绩：入声锡韵；尺、液、绎、积：入声昔韵。）
>
> 既而嫔妇化理，经纬纵横。当轩兮婀娜之织，弄杼兮轧轧之声。映罗袖而增丽，度金梭而转明。每知白以自守，亦含章而可贞。
>
> 夫以白能受采，文匪胜质。故公孙戒于从微，墨翟悲其患失。青为缯兮非拟，朱为绳兮未匹。珍蚕耻越乡而来，移茧嗟自园而出。唯彼蚩蚩之喻，无愧皎皎之实。乃续曰：丝之素兮贞且吉，人之质兮清且一。若见用于当时，宁七襄于终日。②

素丝即白色的蚕丝，写作此题，一则要描述出采桑、养蚕、缫丝的整个过程，二则要表达素丝的象征意义，诸如白能受彩象征虚怀若谷、素丝羔羊象征清廉正直等，都是题中应有之义。乔潭此赋，首段破题，即从丝之白质和人之清德两端入手。次段原题，谓丝之本质，以素为美。“组以饰马”的典故出自《诗·墉风·乾旄》：“素丝组之，良马五之。”郑玄笺：“以素丝缕缝组于旌旗以为之饰。”“紽之在羊”的典故出自《诗·召南·羔羊》：“羔羊之皮，素丝五紽。”毛传：“紽，数也。”第三、四、五段描述采桑养蚕、缫丝纺织的农事过程。与《周礼·冬官·㡆氏》所述相合：“湅丝，以涚水沤其丝七日，去地尺暴之。昼暴诸日，夜宿诸井。七日七夜，是谓水湅。”末段的“白能受采”典出《礼记·礼器》：“甘受和，白受采，忠信之人可以学礼。”揭示素丝与人之清廉素质的关系，

① 岑参：《岑嘉州诗》卷二，《四部丛刊》景明正德本。
② 李昉等：《文苑英华》卷一二○，文渊阁《四库全书》，第8~9页。

认为“丝之素兮贞且吉，人之质兮清且一”。结句“若见用于当时，宁七襄于终日”，表达见用于当代的愿望，是进士赋的习惯作法。

三、Δ天宝四载(745)宏词试《上林白鹿赋》

孟二冬《登科记考补正》卷九天宝四载“博学宏词科”补《玄元皇帝应见贺圣祚无疆》为本年诗题，未补赋题。伦按：《册府元龟》卷二四《帝王部》记载：“(天宝)四载八月戊子，有斑鹿产白鹿于苑中，献之，请宣付史馆。上曰：‘宫苑之内，屡荐嘉祥。今又缟质霜毛，变林虞之兽族；殊姿驯性，实云驾之龙媒。允谓休征，用为慰也，所请者依。’”①《唐六典》卷四称“白鹿”为“上瑞”。帝王林苑产白鹿，属于重大祥瑞之事，应当在科举试题中有所反映。《文苑英华》卷八九载李蒙、萧昕同题共作《上林白鹿赋》，以“君德至天，珍物充囿”为韵，应为本年宏词赋题。

《旧唐书》卷一四六《萧昕传》载：“萧昕(702—791)，河南人。少补崇文进士。开元十九年，首举博学宏辞，授阳武县主薄。天宝初，复举宏辞，授寿安尉，再迁左拾遗。……贞元初，兼礼部尚书，寻复知贡举。五年致仕，七年卒于家，年九十。”②孟二冬《登科记考补正》据萧昕本传中“天宝初”一语，将其补为天宝元年(742)宏词。伦按：本传中之“初”字，仅是大略之辞，不一定实指元年，且无从解释萧昕何以有《上林白鹿赋》。《旧唐书》本传载萧昕“天宝初，复举宏辞”，应当将其“复举宏辞”移至天宝四载(745)，《上林白鹿赋》则是其“复举宏辞”的作品。

另一个需要处理的问题是同题共作的“李蒙”，唐人张鷟《朝野佥载》、李冗《独异志》、《太平广记》引《定命录》等文献均记载，李蒙于开元五年(717)溺死曲江。若萧昕在开元五年之前与李蒙同作《上林白鹿赋》，则其年龄似嫌过小。另一个可能性是与萧昕同作《上林白鹿赋》的是另一位同名同姓的李蒙。钱起有《经李蒙颍阳旧居》诗云：“同心而早世，天道亦何论。独有山阳宅，平生永不谖。青溪引白鸟，流涕吊芳荪。蔓草入空室，丛篁深毁垣。旧游还在眼，神理更忘言。唯见东山月，人亡不去门。”③从诗中所写情形来看，此李蒙应是与钱起年龄相当、志趣相投的友人。钱起(710—782)是天宝十载(751)进士，此李蒙大概也生活在开元天宝之际，是英年早逝之人。顺便提到，唐代名李蒙的人士不少，杜牧(803—852)《樊川集》卷一八载《郑液除通州刺史、李蒙除陈州刺史等制》，这位担任陈州刺史的李蒙是生活在晚唐的又一位知名人士。兹据《文苑英华》录萧昕、李蒙二赋于下。

萧昕《上林白鹿赋》，以“君德至天，珍物充囿”为韵：

大哉圣德，望之如云。苑囿期广，动植惟分。匪狙犷之獝狘，将煦育于氤氲。

① 王钦若等：《册府元龟》卷二四，文渊阁《四库全书》，第25页。

② 刘昫：《旧唐书》卷一四六，文渊阁《四库全书》，第8~9页。

③ 钱起：《钱考功集》卷七，《四部丛刊》景明活字本。

伊生灵之遂性，实咸若于吾君。为白鹿之呈瑞，时或友而或群。

夫其克物禁苑，喜乐王国。庇丰草而择阴，感食苹而怀德。奋角觡以共抵，粲珪璋而混色。将攸处以寝兴，非铤走而畏逼。

既而濯濯不群，呦呦慕类。狎威凤以来格，侣驺虞而必萃。笑玄豹以深藏，哂飞黄而远致。贞姿麌麌，若皓鹤之群惊；逸足骎骎，齐素翚而麇至。

然后饮刷铜沼，咆哮琼田。忽往顾以腾倚，时决骤以周旋。分形雪散，曳影霜悬。岂有虞之可即，将不羁于永年。嘉祯祥之肸蠁，知君德之届天。

大矣哉！固当不爱其道，不藏其珍。我泽如浸，我惠如春。矧微贶之不腆，岂足彰乎至仁者哉！

伊兹兽之匪陋，亦大块之品物。感陶冶之相甄，会祯祥之骏发。将因质以受彩，岂不缁而自伐。与刍狗之陶甄，光图牒之剪拂。

泱泱大风，盛德惟充。嗟不识之狂简，愿赓歌于帝功。

歌曰：德由庚兮群物凑，协嘉祥兮扰灵兽。感欣合于天符，遂充塞于君囿。①

此赋以官韵为序，依次押韵。赋中的"至"字韵，实际用了"致"字，两字通假，都有"到达"的意思。由此例可见，唐人科试中有时允许用意义相同的通假字押韵，显示试官比较宽容大度。

李蒙《上林白鹿赋》，以"君德至天，珍物充囿"为韵：

仰彼玄化，稽乎典坟。验休征于列辟，知至理于有君。远方图物，不宝旅獒之贡；灵契潜感，岂惟鸣凤之闻。降百祥之昭晰，和四气之氛氲。

粤有奇兽，言彰圣德。贲然来思，载白其色。才麌麌以呈贶，不呦呦于野食。谢仙家之腾倚，归御苑而栖息。

于是上囿幽闲，禁林清秘。炯如玉立，皎若霜萃。场町疃于池沙，影光芒于山翠。皇心愉兮德所感，众目骇兮荣其至。画辐为饰，能随太守之车；绿缋称珍，可荐王侯之位。

且夫劲角昭勇，缟色呈鲜。应皇家之盛德，当圣运之承天。足使殷帝之狼，耻擅衔钩之瑞；吴门之马，惭当曳练之妍。

其来也，则天祚明德，神推有仁。故知以奇质表瑞，非为育珍；

其扰也，则一人有道，四海无拂。故知以惠性含和，宁将玩物。

宜其祯祥远畅，圣范光充。保康功于勿伐，弥大命于无穷。

重曰：玄化凝兮神功就，瑞兽格兮充君囿。质皓耀以霜洁，角淋漓而玉秀。耻射兔于东游，笑获麟于西狩。惟皇灵之介福，固永命而何究。②

---

① 李昉等：《文苑英华》卷八九，文渊阁《四库全书》，第10~11页。

② 李昉等：《文苑英华》卷八九，文渊阁《四库全书》，第9~10页。

此赋押韵亦以官韵为序，赋作不仅在内容上反映了帝王林苑产白鹿的祥瑞事件，而且在句法上很有特点，尤其是“珍、物”两韵设计成一联长股对，这种长股对成为明清八股文的先声，在文体演变史上是颇有意义的。

四、天宝六载(747)进士试《魍魉赋》

徐松《登科记考》卷九天宝六载注引《云麓漫钞》：“天宝六年，杨护榜试《罔两赋》。”①伦按：宋赵彦卫《云麓漫钞》卷三：“天宝六年，杨护榜试《魍魉赋》，何待士之薄哉?”②赵彦卫将“罔两”写成“魍魉”，对于唐时考官出这种题目表示很不理解。其实，考官出此题目表示对道家的尊崇，这在天宝年间是弥漫在朝廷内外的风气。《册府元龟》卷五四帝王部记载：“(天宝四载二月)甲午，崇玄馆学士、门下侍郎陈希烈奏曰：伏见太清宫道士萧从一云：‘今日五更欲于殿上焚香，行至三清门，忽有一片紫云从空下，兼有异常音乐。忽然如梦，身心惊骇。见空中有异人，兼仙童玉女，谓从者曰：我是玄元皇帝，可报吾孙。汝是上界真人，令侍吾左右。吾实使天匠就助，成就讫，长卫护汝，受命无疆，灾害自除，天下安乐。言讫，随云气便入殿门。’谨案：诸道士学生皆称，今日凌晨于三清门外，见道士萧从一鞠躬唱喏三四声，有紫云及音乐，移时不散。伏惟陛下虔诚奉道，福佑所归，置玉石真容，侍圣祖左右，仙药下庆，天将助成，紫云徘徊，移时不散，空中有语，所报非常，言圣寿之延长，亿万载之无极。伏望宣付史官。帝手诏报曰：‘缵承丕业，遵修玄训，精诚之至，冀在希夷，寡昧之德，宁期昭应。恭惟圣祖屡降真容，仙卫接于云间，郯驾回于天路，又赐以无疆之寿，且欣以助成之言。严奉神休，良深祗庆，所请者依。’”③“七月丁巳，蜀郡上言：‘道士邓紫虚投龙设醮于江潭，有大蛇长一丈，自潭游出，文采五色有异常，蛇其上又有庆云纷郁。望编诸史册。’从之。乙卯诏曰：‘王者天其祖，学者父其师。义有尊崇，情归孝敬。况我玄宗道要，无名象先，犹龙莫测。昔常问礼，烹鲜有论，历代攸尊，永惟重玄，众教之父者也。朕缵承圣绪，祗服玄言，乙夜观书，将求于道。虽理归绝学，信无取于筌蹄；然垂代作程，义必存乎文字。俾之大顺，亦合礼经。其坟籍中有载玄元皇帝、南华等真人，犹称旧号者，并宜改正。其余编录经义等书，亦宜以《道德经》列诸经之首，其《南华经》等不须编在子书。仍即令集贤院审详改定，应旧号并科目讫，具宜付所司，仍颁示中外。’”④在这种强烈的重道崇玄风气之下，天宝四载(745)博学宏词科即以《玄元皇帝贺圣祚无疆》为诗题。天宝六载，礼部侍郎李岩知贡举，又以《罔两赋》作为进士赋题。《文苑英华》存李澥、石镇、蒋至、包佶、孙蓥共五篇同题同韵赋，录李澥、孙蓥赋作于下：

---

① 徐松：《登科记考》，中华书局1984年版，第312页。

② 赵彦卫：《云麓漫钞》卷三，清咸丰涉闻梓旧本。

③ 王钦若等：《册府元龟》卷五四，文渊阁《四库全书》，第9~10页。

④ 王钦若等：《册府元龟》卷五四，文渊阁《四库全书》，第11页。

李瀚《罔两赋》，以“道德希夷仁义”为韵：

夫物有形而必累，影随形以相保。穷希微而归真，信罔两之合道。岂其取舍，焉得丑好。谅不由其运行，实禀之于玄造。

原夫不曒不昧，无失无得。宁在阳而必迁，曷处阴而自默。罔言成象，合庄叟之深衷；责影辨疑，异田巴之见惑。岂徒饰词比事，所以尊道贵德。增于物，或有知其长短；察于人，孰可分其白黑。

抟之则微，听之则希。将去彼而取此，由虚往而实归。明引喻，混是非。用之于身，岂疾走可息；行之于国，则至道之肥。

方来莫逆，故往无思。吾有影而何患，吾有色而可遗。同焉皆得，没而不衰。寻边鄙契之于罔象，铸扁镉合之于希夷。

夫然，则岂止持操自保，纳虚为邻。复归无物，更何有云。匪劳逸之足眩，曷行藏之是亲。任皇人之化迹，通天地之不仁。

况我国家道周寥廓，德及纯粹。抟伪归真，绝圣弃智。汉阴抱瓮而匿影，赤水遗珠而有愧。罔两难明，慌惚无累。徒以知人藏化，见德思义。傥微阴之所及，幸余光兮不我秘。①

“罔两”是影子边缘的淡薄阴影。《庄子·齐物论》：“罔两问景曰：‘曩子行，今子止；曩子坐，今子起，何其无特操与？’”郭象注：“罔两，景外之微阴也。”②

此赋依从限韵“道德希夷仁义”次第，首揭罔两合道之理，既而论述罔两的成因，以及如何把握罔两之现象与实质，最后希望分享罔两的余光，表达进取的心愿。

孙蕡《罔两赋》，以“道德希夷仁义”为韵：

南华真人立玄古，恣探讨。折罔两之喻，明希夷之道。将欲侔三光之悬，为百代之宝。其始也，若乃天清气明，长云如扫。呈纤微之虚质，扬太阳之杲杲。

莫不以影为典，以形为则。动静委任，浓纤合德。欣御寇之轻盈，耻寿陵之匍匐。遇夫明也，有似夫亨通；遇夫阴也，何异于否塞。

罔两责于影曰：子实伤躁，吾之甚微。谓为无也，虽微而必有；谓为有也，虽可名曰希。吾将舍子而去，子复何所归？

影乃假词而谕曰：夫鸿钧造物，其道大夷。至精者不思而玄得，懵昏者役虑而不知。则吾之与尔，皆形之阴也，焉得以自颐？亦何以舍天地之大德，承日月之无私。幸文明之宣照，故纤毫而不遗？

罔两于是欣然而应曰：此乃迩其身，居其神。静躁匪肃，吉凶由人。虽谗构不

① 李昉等：《文苑英华》卷九〇，文渊阁《四库全书》，第3~4页。
② 郭象注：《庄子注》卷一，文渊阁《四库全书》，第30页。

能以相间，安绳墨之竟尔相因。繄（疑作懿）夫行高道洁，煦然慈仁。规行矩步，和光同尘。志存礼义，上奉君亲。是以吾以与尔，俱得其真。无终食之见舍，罔（疑作同）不孤之有邻。

岂比夫共体嚚顽，本枝险诐。随夸竞以驰骋，靡道德之浸渍。务呫嗫之委曲，疲趑趄之巧伪。腾浮薄而为名，竟颠蹶以俱累。岂与盛明之光烛，希荐能而比义。①

此赋押韵依从限韵次第。首揭罔两乃希夷之道的比喻，中段设计影子与罔两的主客问答，最后则落实到“荐能而比义”，其实是主张儒道合一以治理国家。试赋之限韵“道德希夷仁义”其实已指出儒道结合的可能性，作者既可像李澥赋那样，秉持道家一端“抟伪归真，绝圣弃智”理念；也可像孙蓥赋这样，宣扬儒家“志存礼义，上奉君亲”的理念。可见，唐人用道家概念出题，实质上并不排斥儒家之道。

五、天宝七载（748）进士试《明光殿粉壁赋》

徐松《登科记考》卷九天宝七载未载试赋题。陈冠明《〈登科记考〉补名摭遗》一文认为：“《文苑英华》卷四八载樊铸《明光殿粉壁赋》，以‘上春早朝，伏奏清蒲’为韵，即为礼部所试之赋。”②其推论依据是，《全唐诗补编》载樊铸《及第后读书院咏物十首上礼部李侍郎》中有“自非蒙一拔，何得登龙门”等句，知李侍郎即樊铸座主。天宝年间以礼部侍郎知贡举的有李岩、李暐、李麟三人。李岩于天宝六载（747）、七载（748）、八载（749）连知贡举。李暐天宝九载（750）知贡举。李麟天宝十载（751）、十一载（752）连知贡举。樊铸于天宝三载（744）即作有《檄曲江水伯文》，成名甚早，当在李岩下及第。兹据《文苑英华》录赋于下。

樊铸《明光殿粉壁赋》，以“上春早朝，伏奏青蒲”为韵：

粉洁白兮，壁宏壮。白者取润色于明光，壮者取雄居于君上。成圬人之手泽，起汉皇之心匠。凝雪彩，耀冰状。扆旒居际，谓分照于此日之君；冠剑朝时，欲和光于为盐之相。

兹殿攸起，不无所因。宁在于白，亦以象真。守静含虚，上以邻贞明于千年之主；保纯不污，下以范恬淡于万国之臣。焕北极而开琼室，激南风而生玉尘。月桂低檐，失蟾辉于午夜；御柳垂砌，惹絮色于三春。

则知粉壁之道，齐乎玄造。达上下而明明，通昼夜之杲杲。日昃之后，慰天勤而瞑迟；夙兴之时，副圣恩而曙早。信可大而可久，实永坚而永好。

懿夫荣虽待画（一作尽），饰不至骄。挺業岌以莫变，洞闲华而自昭。可使楚客具瞻，羞持练而称献；荆人仰止，耻怀宝而来朝。

---

① 李昉等：《文苑英华》卷九〇，文渊阁《四库全书》，第7~8页。

② 陈冠明：《〈登科记考〉补名摭遗》，《文献》1997年第4期，第205~206页。

岂止光动玉户，气射金屋。秋露怀惭，冬霜自伏。蛾眉夜侍，意瑶台之已升；玉颜晓临，若瑞云之相逐而已哉。

观夫匼匝皎皛，回环广袤。浓润交翕，浮华相透。处高莫蔽，通四目之敷求；含明必竟，受百官之草奏。虽奢俭不失，精研克构。终未可小桂椒为糠秕，汰茅茨为厄陋。

然为用因，有贵饰形。居安抚极，抱素常宁。色不丧真，久已生于虚白；白能受采，冀一及于丹青。

噫！汉皇立则，未足为模。我圣作范，实谓殊途。象为壁兮，则搜材于豫章之器；代其粉也，则聚贤于坚白之徒。以张皇二仪为明光之殿，以照耀四海为粉壁之隅。故错薪从楚，安轮以蒲。是得趋于金马，希便维于白驹。①

明光殿修建于汉朝，王应麟《玉海》卷一五九“汉明光殿”条：“《汉官仪》：‘尚书奏事于明光殿省中，以丹朱漆地，故曰丹墀。尚书伏其下奏事，黄门侍郎揖疏受事。’《三秦记》：‘桂宫中有明光殿，皆金玉珠玑为帘，箔金胣，玉阶，昼夜光明。’唐樊铸有《明光殿粉壁赋》。”②限韵中的“清蒲”指天子内庭。《汉书·史丹传》：“丹以亲密臣得侍视疾，候上间独寝时，丹直入卧内，顿首伏青蒲上。”颜师古注引应劭曰：“以青规地曰青蒲，自非皇后不得至此。”③任昉《天监三年策秀才文》：“比虽辐凑阙下，多非政要；日伏青蒲，罕能切直。”李周翰注：“青蒲，天子内庭也，以青色规之，而谏者伏其上。”④

此赋押韵依从原限韵次序，虽然是以天子内廷粉壁为题，但由于朝廷崇道之时尚，故特别从“粉之白”与“壁之壮”两段展开描写，在赞美宫廷雄壮的同时，表彰见素抱朴的道家之道。结句称“是得趋于金马，希便维于白驹”，正是试赋求进的口吻。“金马”指金马门，为汉代学士待诏之处。《史记·滑稽列传》：“金马门者，宦(者)署门也。门傍有铜马，故谓之曰‘金马门’。”⑤汉代以才技学识征召士人，待诏金马门，以备顾问。唐初，置翰林院，选文辞经学之士值日于翰林院，使待诏命。唐玄宗时遂以名官称翰林待诏，掌批答四方表疏，文章应制等事。刘昫《旧唐书》卷四三《职官志二》“翰林院”：“玄宗即位，张说、陵坚、张九龄、徐安贞、张垍等召入禁中，谓之翰林待诏，王者尊极，一日万机，四方进奏，中外表疏批答，或诏从中出，宸翰所挥，亦资其检讨，谓之视草，故尝简当代士人，以备顾问。”⑥

六、Δ天宝九载(750)宏词试《日月如合璧赋》

徐松《登科记考》卷九天宝九载未载试赋题。笔者认为，本年博学宏词科试《日月如

---

① 李昉等：《文苑英华》卷七三，文渊阁《四库全书》，第24~26页。
② 王应麟：《玉海》卷一五九，文渊阁《四库全书》，第9页。
③ 班固：《汉书》卷八二，文渊阁《四库全书》，第9页。
④ 萧统编，李周翰等注：《六臣注文选》卷三六，文渊阁《四库全书》，第35页。
⑤ 司马迁：《史记》卷一二六，文渊阁《四库全书》，第10页。
⑥ 刘昫：《旧唐书》卷四三，文渊阁《四库全书》，第51页。

合璧赋》，登科者有韦展。先看《新唐书》卷三三《天文志三》“五星聚合”条的记载：

天宝九载八月，五星聚于尾、箕，荧惑先至而又先去。尾、箕，燕分也。占曰：“有德则庆，无德则殃。”

根据《新唐书》的记载，唐代“五星聚合”的天象虽多，但在星象家看来大部分非祥瑞征兆，只有天宝九载八月和大历三年(768)七月这两次五星聚合，被认为有祥瑞的征兆。当代古天文学者曾对天宝九载的这次五星聚合天象作过考察，江晓原、钮卫星推算：此次天象当发生于天宝九载八月庚申，结束于九月乙未，约持续三十五天时间。① 黄一农也认为：此次天象在天宝九载八月庚申发生时，五星相距约五十九度，至九月乙未天象结束时，五星之间的距离更近，分布在约三十三度的范围内。② 就此而论，天宝九载应被认为是韦展《日月如合璧赋》可能出现的年份。彭红卫撰《韦展〈日月如合璧赋〉作年考》认为，此赋所写内容为肃宗上元二年(761)的一次日全食。③ 应当说，彭红卫结合天象来考证唐代律赋作年的方法是可取的，但他作出的结论并不可信，因为其一，古人不会把灾异的天象当成祥瑞来写，更不会专门去写相隔半个世纪以上的一次灾异天象；其二，韦展与卢士阅、贾悚所作同题律赋限韵不同，不是同时写作的同题共作，说明作者时代也不同。卢士阅、贾悚的同题赋作应非本年试题。唐代进士试在春天，宏词试在秋冬之际，应定韦展作《日月如合璧赋》为天宝九载宏词试题。作出这一判定还有两个理由：其一，唐玄宗在天宝九载三月十三日曾下一道诏书：“吏部取人，必限书判，且文学政事，本自异科，求备一人，百中无一，况古来良宰，岂必文人，又限循资，尤难奖擢。自今以后简县令，但才堪政理，方圆取人，不得限以书判及循资格注拟。”④又，十二月二日，吏部尚书杨国忠奏请：“两京选人，集铨日便定留放，无长名。”玄宗再下诏书：“文部选人调集者，宜审定格，限今集铨目，各量官资，书判状迹功优，据阙合留，对众集便定。其宏词博学或书判特优超流辈者，不须定以选数听集。”⑤这两道诏书批评过往吏部取人，偏重书判拔萃科，认为“文学政事，本自异科”，主张多方求才。根据这两道诏书，可知前几年吏部取人有偏向书判拔萃科的弊端，在帝王的指令下，本年的吏部考试，必定在书判拔萃科外，格外重视博学宏词科。其二，参照《文苑英华》卷八收张叔良、崔淙《五星同色赋》，以“昊天有成命”为韵。张叔良名下小注：“大历四年试宏博。”证明以祥瑞天象出题，是博学宏词科试赋的惯例。以此类

---

① 江晓原，钮卫星：《回天：武王伐纣与天文历史年代学》附录三《古今“五星聚”一览表》，上海人民出版社 2000 年版，第 277 页。

② 黄一农：《中国星占学上最吉的天象——“五星会聚”》，《社会天文学史十讲》，复旦大学出版社 2004 年版，第 51 页。

③ 彭红卫：《唐代律赋考》，社会科学文献出版社 2009 年版，第 262~267 页。

④ 王溥：《唐会要》卷七五，文渊阁《四库全书》，第 10 页。

⑤ 王溥：《唐会要》卷七五，文渊阁《四库全书》，第 10~11 页。

推，天宝九载博学宏词科试《日月如合璧赋》是完全可能的事。兹据《文苑英华》录韦展赋于下：

韦展《日月如合璧赋》，以“应候不差，如璧之合”为韵：

> 国家纂宏天统，绍启王迹。猎英华于百代，漱芳润于六籍。于是阐睿历于畴人，镜玄象之冰释。察运行之盈缩，见分度之损益。五星同舍，状自叶于连珠；两曜集辰，候不愆于合璧。
>
> 是知阴阳卷舒，日月居诸。时会而乍离乍合，顺行而匪疾匪徐。征于颛顼之法，考以轩辕之书。百灵以之肃若，四海由其晏如。
>
> 惟上元之岁，时和气茂；惟南至之辰，日月来就。望乌兔之交集，瞻斗牛而既觏。璧惟圆制，象其圆正之形；玉以贞称，表此贞明之候。
>
> 可以袭承天意，可以敬授人时。观台之瑞斯验，冯相之言不欺。方见仲尼无得而逾矣，乃知潘夏何足以当之。临楚山，岂和氏而能识；入秦野，非相如之见持。
>
> 且夫日者尊而有常，月者谦而不杂。每有德而昭感，必效灵而允荅。分则列照于三无，聚则和光于六合。
>
> 徒观夫炳焕可嘉，毫厘靡差。珥作如虹之气，波为旁达之华。映彼仙娥，有似夫佩而比德；吐兹王字，更疑乎瑜不掩瑕。
>
> 然则天垂象兮至明，历为功兮可久。重之斯实理本，轻之则为乱首。是以尧之分命，典诰高其能然；鲁也失官，春秋贬其诚不。吾君之所懋劝，将永代而遵守。
>
> 顾惟愚懵，窃睹嘉应。钩深索隐，虽无瞽史之才；颂德歌功，敢借诗人之兴。①

此赋未依官韵次第，改以“璧如候之合差不应”为序。显然，“日月如合璧，五星若连珠”的祥瑞天象，是古代历法家可以根据当时的历法推算出来的。韦展赋中所谓“推上元之岁，时和气茂；为南至之辰，日月来就”，正是按照历法推算的结果。其中的“上元”，并非是实指唐代帝王的年号。韦展赋中称：“顾惟愚懵，窃睹嘉应。钩深索隐，虽无瞽史之才；颂德歌功，敢借诗人之兴。”证实是其观察到这种嘉祥天象而写作的歌功颂德之词。杜光庭《道德真经广圣义》论及王道与天象的关系：“夫王者有道，则日月如合璧，五星如连珠。甘露降，醴泉出。河不满溢，海不扬波。景星见，卿云生。神龙游于沼，麟凤来其庭。四气调和而为玉烛，万物遂性而洽太平也。人君无道，则天返时为灾，地返物为妖，人返德为乱。沴气咎征，时见于上；物妖形怪，或出于下。星亡日斗，冬雷夏霜，天裂石實，川竭山崩，事兴于人，而气感于天，是天地蒙其害也。”②这种天人合一的思想将人事与天象贯穿在一起，王者有道则祥瑞现，人君无道则

① 李昉等：《文苑英华》卷一，文渊阁《四库全书》，第3~4页。

② 杜光庭：《道德真经广圣义》卷二一，明《正统道藏》本。

灾异生。检讨文人写作《日月如合璧赋》类的作品，并非一味地歌功颂德，其主旨也正在于发挥这种天人合一的思想，企图对帝王起到某些讽劝的作用。占星家推断天宝九载的这次天象“有德则庆，无德则殃”，而韦展赋中则称“重之斯实理本，轻之则为乱首”，与占星家推断的理路相合。

七、天宝十载(751)进士试《豹鳥赋》

徐松《登科记考》卷九天宝十载注：“《永乐大典》引《苏州府志》：‘天宝十载，侍郎李麟知举，试《豹鳥赋》、《湘灵鼓瑟诗》。’”①《文苑英华》卷一一三载三篇同题同韵《豹鳥赋》，前两篇皆在钱起名下，第三篇则为谢良辅所作。

钱起《豹鳥赋》以两遍用四声为韵：

丽哉豹鳥，文彩彬彬。豹则雕虎齐价，鳥与君子同身。故得飞声入楚，见赐留秦。曩者胡为隐雾而不下，今复何幸对雪而迎宾。(彬、身、秦、宾：平声真韵。)

盖因虞者之获，成于匠者之手。苟当时以为用，虽杀身而何有。(手、有：上声有韵。)

于以理(《全唐文》作“履”)之，美且无度。既居下以御湿，亦迎前而启路。花映香尘，光生玉步。(度、路、步：去声暮韵。)

借使登朝廷，列台阁。规矩不改，会同自若。投其迹，必陟鸳鹭之行；取其文，不改犬羊之鞹。(阁、鞹：入声铎韵；若：入声药韵。铎、药同用。)

诗人歌其事，春秋美其名。舍则止，用则行。逗迥(一作向)齐飞，遥分邺令之术；入朝曳响，近杂尚书之声。(名声：平声清韵；行：平声庚韵。庚、清同用。)

彼纠纠葛屦，珊珊珠履。一则固穷，一则僭起。制度首出，宪章俱美。尝试谈论，其兹鳥而已。(履、美：上声旨韵；已、起：上声止韵。旨、止同用。)

士或览之而言曰：象以齿而焚，龟以骨而毙。况之豹也，凭岩穴以逞欲，以爪牙而自卫。而有用于人，竟以皮而戾。(毙、卫：去声祭韵；戾：去声霁韵。祭、霁同用。)

一朝寝处，成此新律。夫斑文散焕，毳毛蒙密。映鹤氅以迎晖，临翠被以曜质。于斯时也，不可谈悉。亦有刻意，未参卑秩。东郭之曳履长穿，王生之结袜何日。思蔚然而一变，歌豹鳥以自毕。② (律：入声术韵；密质悉秩日毕：质韵。质、术同用。)

这是一道咏物的赋题，典出《左传·昭公十二年》：“雨雪，王皮冠，秦复陶，翠

① 徐松：《登科记考》，中华书局1984年版，第322页。

② 李昉等：《文苑英华》卷一一三，文渊阁《四库全书》，第10~11页。

被，豹舄。”杜预注：“豹舄，以豹皮为履。”①可见，豹舄即用豹皮制成的鞋。写作这种题目需要掌握两个关键词：一个是“豹隐”，一个是“豹变”。“豹隐”出自刘向《列女传·陶答子妻》：“妾闻南山有玄豹，雾雨七日而不下食者，何也？欲以泽其毛而成文章也，故藏而远害。”②后因以“豹隐”比喻洁身自好的隐士。学子在未登第之前，也可说处于苦心修炼的“豹隐”状态。“豹变”指幼豹长大，毛色变化，亮丽光泽。出自《易经·革卦》：“上六，君子豹变，其文蔚也。”孔颖达疏：“上六居‘革’之终，变道已成，君子处之，虽不能同九五革命创制，如虎文之彪炳，然亦润色鸿业，如豹文之蔚缛，故曰君子豹变也。”③“豹变”也譬如士子登第之后，一举成名天下知，过去则“隐雾而不下”，今天则“对雪而迎宾”。钱起之赋，“豹隐”与“豹变”这两层关系处理得相当好，所以得到考官的青睐。

《豹舄赋》以两遍用四声为韵：

豹可为兮，郁矣其文。材贾害兮，用之楚君。（文、君：平声文韵。）

用之则那，为舄几几。虽工兴其饰，亦天钟厥美。奢以则之，众目所视。异哉惟杂，尔巧有诡。（上声旨、纸同用。）

其制也，青葱掩其真，赤繶惭其丽。动容而彩射金屋，举趾而声传玉砌。谅服玩之惟奇，知侈靡之无艺。（去声霁、祭同用。）

征夫至理也，匪威仪不忒，匪古训是则。甚葛屦之失礼，同鹬冠之败德。何役智以宣骄，乃自躬而刑国。（入声德韵。）

噫！先王立极，念兹在兹。服有常度，行无越思。何尔舄之豹饰，杂珠绮与文狸。若昭其泰（一作奉），无乃简彝。是舄也，君子叹之。（平声之、脂同用。）

观乎异状斑然，后（疑）周夔霞起。焕尔文质，当其践履。知我者谓我恶居下流，不知我者谓我亲承玉趾。（上声旨、止同用。）

则知物有所归，天之冥数。惟豹作舄，杀身思遇。惜其有美而来，亦以御寒之故。虽雨雪而盈尺，俾阳和而在步。不然者，宁践于斯路。（去声遇、暮同用。）

客有感而言：其文也何丽，其用也何薄。当卑步武之间，徒异犬羊之鞹。饰被已惭于翡翠，为裘更羡于狐貉。别南山之雾，以奉进趋；同邺县之凫，愿翔寥廓。（入声铎韵。）

明人董斯张《吴兴艺文补》录钱起《豹舄赋》之一，其下有按语：“《英华》载起二赋，据王伯厚《纪闻》云，此为起省试题。宁有一人而两赋耶？今止录其一。”④这个疑问是

① 杜预等：《春秋左传注疏》卷五四，文渊阁《四库全书》，第50页。

② 刘向：《列女传》卷二，文渊阁《四库全书》，第10页。

③ 孔颖达等：《周易注疏》卷八，文渊阁《四库全书》，第31页。

④ 董斯张：《吴兴艺文补》卷四一，明崇祯六年刻本。

有道理的，后赋与前赋相比较，主要有三点不同：第一，立意重点不同，前赋对豹舄用欣赏乃至自拟的态度来写，称“诗人歌其事，春秋美其名”；后赋则用怨叹的语气来写，如称“知我者谓我恶居下流，不知我者谓我亲承玉趾”、“其文也何丽，其用也何薄”等，怨气颇重。第二，押韵不同。后赋所用的平声文韵、入声德韵、平声之韵与前赋不同。第三，用典不同。前赋用“东郭履”、“王生袜”等典，后赋未用；后赋结尾用“邺县之凫”的典故，前赋不用。该典出自应劭《风俗通义·正失·叶令祠》：“俗说孝明帝时，尚书郎河东王乔迁为叶令。乔有神术，每月朔常诣台朝。帝怪其来数而不见车骑，密令太史候望之，言其临至时，常有双凫从东南飞来。因伏伺见凫，举罗，但得一双舄耳。使尚方识视，四年中所赐尚书官属履也。”①综合上述三点不同，两赋应该不是出自同一作者之手。估计是后赋作者佚名，《文苑英华》编者将其误署于钱起名下。徐松《登科记考》录前赋而弃后赋，自有道理；孟二冬《登科记考补正》将后赋补录，是照顾体例一致之故。

附记：杜甫在本年献《三大礼赋》。徐松《登科记考》卷九天宝十载“上书拜官一人”条下注：杜甫。《新唐书》本传：“天宝十三载，玄宗朝献太清宫，飨庙及郊。甫奏赋三篇，帝奇之，使待诏集贤院，命宰相试文章。”黄鹤曰：《旧书·玄宗纪》：“十载正月乙酉朔，壬辰，朝献太清宫。癸巳，朝飨太庙。甲午，有事于南郊。《朝飨太庙赋》曰：‘壬辰既格于道祖，乘舆即以是日，致斋于九室，有事于南郊。’赋曰：‘二之日，朝庙之礼既毕。’与《旧书》甲子俱合，则为十载献赋明矣。”按：黄鹤说是也，宜从之。

八、Δ天宝十载(751)河南府试《筌蹄赋》

《全唐文·邵说小传》云：“说，相州安阳人，天宝中进士。为史朝义判官，朝义败，降郭子仪，累授长安令，秘书少监，迁吏部侍郎，太子詹事。建中三年，坐为朱泚草奏讼严郢冤，贬归州刺史，卒。”②邵说有《让吏部侍郎表》云：“微臣积衅，殃祸所钟，十六而孤，长于母手，誓心坟史，不出户庭。洎至天宝年中，谬忝词场擢第，适会老母弃背，服丧河洛。及禄山之至，礼制当终。臣愚不脱缞麻，更逾再岁。而贼中言议，往往纷然，臣惧凶党不容，寓游洛魏。”③伦按：根据此文所述，可推断邵说进士及第的年份。安禄山起兵于天宝十四载(755)十一月，此时邵说服母丧当终。按照《大唐开元礼》，服母丧为三年。往前推三年，邵说及第当在天宝十一载(752)。则其河南府试《筌蹄赋》取解，当在天宝十载(751)。兹据《文苑英华》录其河南府试《筌蹄赋》如下：

至道玄默，真宗朴素。莫究其源，孰知其故。将假物以明象，乃忘言而立喻。若筌在鱼，若蹄在兔。苟或薮泽之内，以时而肃设；溪涧之间，应节而周布。

---

① 应劭：《风俗通义》卷二，文渊阁《四库全书》，第5页。

② 董诰等：《全唐文》卷四五二，中华书局1983年版，第4616页。

③ 董诰等：《全唐文》卷四五二，中华书局1983年版，第4617页。

乃凌岑崟，忘蹄与筌。兴言薄狩，命驾忘旋。鱼泼泼以随波乐只，兔爰爰而得性怡然。好之者徒发叹于终日，观之者空起羡于临川。斯无虞于即鹿，宁有望于烹鲜。

於戏！道有兴废，时有通塞。羡鱼如之何，匪筌不得；逐兔如之何，匪蹄不克。犹蹄在兔，兔既获而蹄可以忘；犹筌在鱼，鱼既烹而筌可以息。亦何异游道藩者，挥郢匠之斤；遇道枢者，削公输之墨。彼损之而又损，故不得而有得。

是以圣人立教，所宝惟真。勤求若丧之旨，远索忘言之津。还淳返朴，求于道要；绝圣弃智，无为实宾。故卓立攻始，辉光日新。夫子将欲论筌蹄于宜观，盍若考前途而后遵。①

此赋题下未载限韵，排比各段押韵字，可以推断出此赋可能是以"筌喻得真"为韵。典出《庄子·外物》："筌者所以在鱼，得鱼而忘筌；蹄者所以在兔，得兔而忘蹄。"成玄英疏："筌，鱼笱也，以竹为之，故字从竹。亦有从草者，荪荃也，香草也，可以饵鱼，置香于柴木芦苇之中以取鱼也。蹄，兔罝也，亦兔弶也，以系系兔脚，故谓之蹄。此二事，譬也。"②

九、天宝十一载(752)进士试《土德惟新赋》

本年徐松《登科记考》未载试赋题目，孟二冬《登科记考补正》也未予补充。王士祥《唐代试赋研究》推断天宝十一载(752)试《土德惟新赋》。③ 主要依据如下：封演《封氏闻见记》卷四"运次"条："自古帝王五运之次，凡二说：邹衍则以五行相胜为义，刘向则以五行相生为义。汉魏共遵刘说，国家承隋氏火运，故为土德。衣服尚黄，旗帜尚赤，常服赭赤也，赭黄，黄色之多赤者，或谓之柘木染，义无所取。高宗时，王勃著《大唐千年历》国家土运，当承汉氏火德，上自曹魏，自隋室，南北两朝，咸非一统，承五运之次。勃言迂阔，未为当时所许。天宝中，升平既久，上书言事者多为诡异，以希进用。有崔昌以勃旧说遂以上闻，元宗纳焉，下诏以唐承汉，自隋以前历代帝王皆屏黜之，更以周汉为二王(一作主)。后二岁，礼部试天下造秀，作《土德惟新赋》，则其事也。又，杨国忠秉政，自以隋氏之宗，乃追贬崔昌并当时议者，而复酅、介二公焉。"④

王谠《唐语林》卷五："天宝中，上书言事者多为诡异，以冀进用。有崔昌采勃旧说，遂以上闻。上纳焉，下诏以唐承汉。自隋以前，历代帝王皆屏黜，更以周汉为二王。后是岁，礼部试《土德惟新赋》，即其事也。"⑤崔昌上书事发生于天宝九载(750)，

---

① 李昉等：《文苑英华》卷一一〇，文渊阁《四库全书》，第2~3页。

② 郭庆藩：《庄子集释》卷九上，清光绪思贤讲舍刻本。

③ 王士祥：《唐代试赋研究》，上海古籍出版社2012年版，第202~204页。

④ 封演：《封氏闻见记》卷四，文渊阁《四库全书》，第2~3页。

⑤ 王谠：《唐语林》，古典文学出版社1957年版，第169页。

《旧唐书》卷九《玄宗本纪下》："九月乙卯，处士崔昌上《五行应运历》，以国家合承周、汉，请废周、隋，不合为二王后。冬十一月庚寅，幸华清宫。己丑制：自今告献太清宫及太庙，改为朝献，巡陵为朝拜，告宗庙为奏天地，享祀文改昭告为昭荐，以告者临下之义故也。辛卯，幸杨国忠亭子。辛丑，立周武王、汉高祖庙于京城，司置官吏。"①

然而，这场争论实质上与玄宗朝的权臣李林甫与杨国忠之间的矛盾有关。李林甫主张改承周、汉，在玄宗的支持下，崔昌、卫包等人加官受赏。但天宝十二载(753)李林甫去世，杨国忠取而代之，杨氏自认承隋宗室之后，遂向玄宗呈上奏疏："周、汉远，不当为二王后。卫包助邪，独与林甫计议，大紊彝伦。"②玄宗于是又听信杨国忠之言，贬卫包为夜郎郡尉，崔昌为玉山郡乌雷尉。《旧唐书》卷二四《礼仪志四》记载："(天宝)十二载九月，以魏、周、隋依旧为二王后，韩公、介、酅公等，依旧五庙。"③

综合上述史料，可以认为，王士祥《唐代试赋研究》推断天宝十一载(752)试《土德惟新赋》，是可以采信的，但本年赋作并未流传下来。

十、天宝十三载(754)制科试诗赋

《册府元龟》卷六四三《贡举部·考试一》："(天宝)十三载十月，御含元殿，亲试博通坟典、洞晓玄经、词藻宏丽、军谋出众等举人，命有司供食，既暮而罢。其词藻宏丽问策外，更试诗赋各一首，制举试诗赋自此始也。"④

《唐会要》卷七六《制科举》："天宝十三载十月一日，御勤政楼，试四科举人，其辞藻宏丽，问策外，更试诗赋各一道(制举试诗赋从此始)。"⑤

《旧唐书》卷一一九《杨绾传》："天宝十三年，玄宗御勤政楼，试博通坟典、洞晓玄经、辞藻宏丽、军谋出众等举人，命有司供食，既暮而罢。取辞藻宏丽外，别试诗赋各一首，制举试诗赋自此始也。时登科者三人，绾为之首，超授右拾遗。"⑥

《新唐书》卷一四二《杨绾传》："杨绾字公权，华州华阴人，祖温玉在武后时为显官，世以儒闻。绾少孤，家素贫，事母谨甚，性沉靖，独处一室，左右图史，凝尘满席，淡如也，不好立名，有所论著，未始示人。第进士，补太子正字，举词藻宏丽科，玄宗已试，又加诗赋各一篇，绾为冠，由是擢右拾遗。制举加诗赋繇绾始。"⑦

上述史料均谓制举试诗赋始自天宝十三载，可惜本年制科试诗赋并未流传下来。

---

① 刘昫：《旧唐书》卷九，文渊阁《四库全书》，第19页。
② 王钦若等：《册府元龟》卷四，文渊阁《四库全书》，第16页。
③ 刘昫：《旧唐书》，中华书局1975年版，第916页。
④ 王钦若等：《册府元龟》卷六四〇，文渊阁《四库全书》，第5页。
⑤ 王溥：《唐会要》卷七六，文渊阁《四库全书》，第22页。
⑥ 刘昫：《旧唐书》，中华书局1975年版，第3429页。
⑦ 欧阳修等：《新唐书》卷一四二，文渊阁《四库全书》，第2页。

第三节　上元、宝应年间试赋考察

一、Δ上元二年(761)府试《沙洲独鸟赋》

《新唐书》卷一六五《高郢传》载其“宝应初，登进士第”。徐松《登科记考》以宝应元年(762)正月，肃宗驾崩，停贡举，系高郢登第于宝应二年(763)。① 由此可见，高郢府试取解，当在上元二年(761)。《文苑英华》卷一三七载高郢《沙洲独鸟赋》。唐人冯贽《云仙杂记》引《湘潭记》“石鳖衔赋题”条：“高郢夜课于丰亭，忽见一鳖在案上，视之石也。郢异其事，取千题散置楮中，祷祝，令石鳖衔之，以卜来事。既而石鳖举头，乃是《沙洲独鸟赋》。题出，果然。其年首选。”②五代王定保《唐摭言》卷二《争解元》条：“高贞公郢就府解后，时试官别出题目曰《沙洲独鸟赋》，即援笔而成曰：‘鴥有飞鸟，在河之洲。一饮一啄，载沉载浮。赏心利涉之地，浴质至清之流。’其年首送。”③照《云仙杂记》之说，本年府试即此赋；照《唐摭言》之说，则是府试中加试之赋。显然，高郢以此赋获得解元，则没有争议。兹据《文苑英华》录赋于下。

高郢《沙洲独鸟赋》：

鴥彼飞鸟，在河之洲。一饮一啄，载沉载浮。赏心利涉之地，浴德清波之流。守道而行，风水无情于六翮；度才自处，云霄有望于双眸。联翩失伴，顾步无俦。因洁身而独立，聊拂羽以孤游。

盖贞以不群，鸷而有别。将择木以未暇，乃渐盘而自悦。窥形弄影，欣得地以徘徊；哀响奇音，冀闻天而清切。

亦犹鸿志非燕，鹤群岂鸡。虽孕形于羽族，谅禀性于天倪。慎其独焉，知无心于党与；需于沙者，必不至于沉泥。岂比夫鸾对镜而方舞，凤非梧而不栖。候雁有衔芦之惧，黄鸟兴止棘之悲。何出处之情远，而摄生之智迷。

况乎食粟贪荣，乘轩取媚。珍禽见育，败德于明主；鸷鸟云亡，行刑于下吏。非灵应之攸止，乃进趋之所致。岂若动非干物，息能择地。盗泉不饮，得廉士之风；止水常游，侔至人之智。道有可鉴，才无不備。属鸟瑞之昌期，将迁莺之厚意。顾得振羽毛，展精鸷。君不信其飞鸣，试假借于名位。观其处启闭，辨分至。然后知沙洲之独鸟，非凡禽之类。④

---

① 徐松：《登科记考》，中华书局1984年版，第358页。

② 冯贽：《云仙杂记》卷四，《四部丛刊续编》景明本。

③ 王定保：《唐摭言》卷二，古典文学出版社1957年版，第19页。

④ 李昉等：《文苑英华》卷一三七，文渊阁《四库全书》，第7~8页。

此赋题下虽未限韵，但排比各段押韵字，可能是以“游别鸡类”为韵。全赋要旨在于说明，这只沙洲独鸟，无论是鸿是鹤是凤，总之不是凡禽之类，旨在表现一种崇尚高洁的情怀。

二、宝应二年(763)进士试《日中有王字赋》

徐松《登科记考》卷一〇宝应二年“进士二十七人”条注：“《日中有王字赋》，以题为韵次用，见《文苑英华》，是此年试题。”①《文苑英华》卷二载郑锡、乔琮同题同韵《日中有王字赋》。

郑锡《日中有王字赋》，以题为韵次用：

> 至阳之精，内含文明。成命宥密，神化阴隲。倬元圣而纬天，烁灵符之在日。人文变见，玄象贞吉。焕尔殊容，昭然异质。三阳并列，契乾体以成三；一气贯中，表圣人之得一。
>
> 当是时也，河清海晏，时和岁丰。车书混合，华夷会同。皇帝乃率百吏，禋六宗。登台视朔，候律占风。祀夕月于礼神之馆，拜朝日于祈年之宫。霁氛雾，扫烟虹。地涯静，天宇空。阴魄既没，大明在东。吐象成字，昭文有融。法科斗以为体，并踆乌以处中。冯相未觌，畴人发蒙。此乃圣人合契，至化玄通。不然者，何得曜灵启瑞，明被于有截；垂光烛地，运行而无穷。
>
> 圣人以不宰成能，日月以无私可久。偶圣则呈祥，逢昏则显咎。贞观契无为之功，休祥应无疆之寿。没于地，我则取诫于明夷；登乎天，我则呈形于大有。
>
> 其初见也，昭昭彰彰，流晶曜芒，若神龙负图兮，呈八卦于羲皇。其少登也，发色腾光，乍见乍藏，状灵龟衔书兮，锡九畴于夏王。蔽亏若木，隐映扶桑。曈昽五云之表，辉焕重轮之旁。临紫宸兮，千门洞照；出黄道兮，八极增光。
>
> 惟德化成，惟王正位。兄其日兮姊其月，父事天兮母事地。罄六合以为王，统三才而制字。道不藏宝。神开奥秘、王在日兮垂文。日在天兮重懿、岂徒色映合璧。光连抱珥、三舍回鲁阳之戈。再中美汉文之志。
>
> 皇上以为命不于常，惟德是据。灾逐祥启，福随祸著。知微知彰，一喜一惧。因嘉瑞以增德，合元符而降祚。客有上国观光，金门献赋。睹日中有字之感，成天下至公之务。倾心太阳，企踵云路。愿回光以暂烛，庶千载之一遇。②

《唐诗纪事》卷二八：“锡登宝应进士第，宝历间为礼部员外郎(事见李翱所撰《李长史墓铭》)。”③《全唐诗》卷二六二《郑锡小传》：“郑锡登宝应进士第，宝历间为礼部

---

① 徐松：《登科记考》，中华书局1984年版，第322页。

② 李昉等：《文苑英华》卷二，文渊阁《四库全书》，第6~7页。

③ 王仲镛校笺：《唐诗纪事校笺》，巴蜀书社1989年版，第955页。

员外。”

此赋按照限韵字依次押韵，“赋”字亦入韵，铺写流畅。但首联与次联“至阳之精，内含文明。成命宥密，神化阴骘”，疑有错简。按：本段押“日”字，《广韵》为入声“质韵”，“明”字不入韵。若换成“至阳之精，成命宥密。内含文明，神化阴骘”，则怡然理顺。台湾版《全唐赋》标点为“至阳之精，内含文明；成命宥密，神化阴骘”①，是以此两联为隔句对。然其本非隔句对偶句式，勉强标点不妥，当另寻解决之道。

李调元《雨村赋话》卷二评说：“唐郑锡《日中有王字赋》云：‘其初见也，昭昭彰彰，流晶曜芒，若神龙负图兮，呈八卦于羲皇；其少登也，发色腾光，乍见乍藏，状灵龟衔书兮，锡九畴于夏王。’写王字最典切。唐人律赋中最发皇者。”②

乔琮《日中有王字赋》，以题为韵次用：

至尊者王，至明者日。处其位兮无二，配其德兮惟一。制服以象，必图之而并临；视朝以时，方候之而俱出。

懿夫日实也，厥生于东。王往也，厥居于中。其呈祥以下烛，必布德而上通。然则日中之有王字者，岂不以昭宸聪，彰国风。焕乎黄道，赫矣苍穹。表皇纲之不紊，延圣祚于无穷者哉。

且天垂三光，日当其首。人执六艺，书列于后。此神功之所成，彼人力而何有。况乎乌为乌矣，无惭苍颉之能；日匪扇焉，宁假右军之手。稽图纬与载籍，信可大而可久。岂比夫龟麟龙凤，徒在乎宫沼郊薮；适足以劳于使臣，未可以济乎不朽。

夫运行不已者，天地之常；临照无私者，日月之光。美之则配于太昊，恶之则比夫夏王。是以逆其时则休亦成咎，顺其道则否亦为臧。故昔王者莫不观天文兮顺阴阳，授人时兮正纪纲。而人用康，而邦其昌。如此者，厥鉴不远实归美乎我皇。信所谓承天之序兮，袭于休祥者也。

是知君能则天，天必呈瑞。明海内之四目，瞻日中之一字。

士有仰止云路，苦心词赋，战欲酣兮日将暮。傥鲁阳之修戈可借，冀和仲之余晖可驻。愿倾葵藿之心，成桃李之树。③

徐松《登科记考》卷十宝应二年“乔琛”下注：“《文苑英华》作乔琮，注云：‘《登科记》作乔琛。’”④伦按：《四库》本《文苑英华》卷二乔琮名下注：“《登科记》作乔深。”《全唐文》卷四五〇《乔琮小传》：“琮，宝应中擢进士第。”按：宝应仅两年，元年正月，肃

① 简宗梧等主编：《全唐赋》，里仁书局2011年版，第1806页。

② 詹杭伦等校证：《雨村赋话校证》，新文丰出版公司1993年版，第26页。

③ 李昉等：《文苑英华》卷二，文渊阁《四库全书》，第7~9页。

④ 徐松：《登科记考》，中华书局1984年版，第358页。

宗驾崩，停科举。诸书凡称宝应中擢第者，皆属宝应二年。

赋结尾段的和仲，本指远古传说中主西方之官，此借指日光。日为人君之象，作者“愿倾葵藿之心”，正是进士求进的口吻。

三、永泰元年(765)置两都贡举

王定保《唐摭言》卷一“两都贡举”记载：“永泰元年(765)始置两都贡举，礼部侍郎官号皆以知两都为名，每岁两地别放及第。自大历十一年(776)停东都贡举，是后不置。”①徐松《登科记考》卷三永昌元年(689)“进士神都六人，西京二人”下按语：“《摭言》以两都贡举始于永泰元年者误。”②徐松之说，依据马端临《文献通考》收录的《唐登科记总目》：“永昌元年，进士神都六人，西京二人，诸科一人。二年，神都十二人，西京四人，诸科五人。”③伦按：永昌元年十一月，已改年号为载初元年，则永昌二年亦即载初二年。载初二年九月，武则天又改年号为天授。后世史家为避免紊乱，有不书载初、天授年号，仍记永昌元年、二年、三年者。两都分举，虽然武则天时代已有先例，但毕竟在代宗永泰元年(765)设置的两都贡举比较正规，所以，不妨剔除“始”字，记载永泰元年设置两都贡举，此亦是唐代科举制度沿革的大事之一。

① 王定保：《唐摭言》卷一，古典文学出版社1957年版，第9页。
② 徐松：《登科记考》卷三，中华书局1984年版，第91页。
③ 马端临：《文献通考》卷二九，明嘉靖冯天驭刊本。

第九章　中唐科举与试赋

文学史上所称的中唐，自代宗大历元年丙午(766)至文宗大和九年乙卯(835)，凡七十年。中唐时期是科举试赋的黄金时段。

第一节　大历年间试赋考察

一、大历二年(767)进士试《射隼高墉赋》

徐松《登科记考》卷一〇大历二年“进士二十人”下注：“《文苑英华》载武少仪《射隼高墉赋》，以‘君子藏器待时’为韵，当是此年试题。”又于“武少仪”名下注：“韩愈《上巳日燕太学听弹琴诗序》有‘司业武公少仪’，五百家注引韩注：‘少仪，大历二年登第。’”①方崧卿《韩集举正》卷六《上巳日燕太学听弹琴诗序》注亦云：“武少仪，大历二年进士。”②《文苑英华》卷一八〇录张叔良、崔琮、李竦《长至日上公献寿诗》，陈尚君《登科记考订补》据以补充本年进士诗题。孟二冬《登科记考补正》从之，云：“代宗永泰二年(766)十一月甲子，日长至，大赦天下，改元为大历元年；则本年试贡士以‘日长至’为题，正合时宜。”③伦按：张叔良为广德二年(764)进士，则其与崔琮、李竦《长至日上公献寿诗》不当列为大历二年(767)进士诗题，应列为大历四年(769)宏词科诗题，详本书该年考证。

《文苑英华》载敬骞、武少仪《射隼高墉赋》，据录于下。

敬骞《射隼高墉赋》，以“君子藏器待时”为韵：

养形玄豹兮，以隐雾而成文。振羽飞蛾兮，因附火而自焚。彼纷然之落隼，识昧此而丧群。诚不知高非小者所处，静为躁者之君。苟失度而接(《全唐文》作“栖”)适，将受毙而何云。

---

① 徐松：《登科记考》，中华书局1984年版，第367页。

② 方崧卿：《韩集举正》卷六，文渊阁《四库全书》，第21页。

③ 孟二冬：《登科记考补正》，燕山出版社2003年版，第420页。

且夫长墉崇崇，矗若云峙。飞隼翍翍，倏随风止。曾不料其微陋，焉更知其休否。故疾恶之夫，善射之子。操骍角之弓，调白羽之矢。纵穿杨之妙，呈落雁之美。量远近于目端，审高下于规里。纷洞胸而达腋，果裂素而破觜。

原夫刚镞初架，劲弦正张。引弯弯之月影，迸的的之星光。铲毛羽之振迅，挫容貌之昂藏。审必中而后发，固焉用而不臧。若乃处身顺理，投迹知常。时决起而无滞，或怒飞而有方。烟云足以遐赏，翳荟足以来翔。必绝捐躯之患，岂贻在彀之殃。

是则素有隽志，往无不利。藏器者人，获隼者器。矢应弦而上激，禽应矢而横坠。微隼谅比于小人，高墉亦方于重位。苟不戒于游处，曾何免于颠踬。

士有五善斯在，载櫜有待。丽龟之知未忘，贯隼之诚勿改。幸文武之不坠，希葑菲之必采。

则知发矢有期，获禽俟时。想大易之灵(一作垂)文，微言可赜；稽高墉之玄(疑作立)象，壮立空持。既是则而是效，永念兹而在兹。①

此赋作者敬骞的生平资料较少，《全唐文》卷三六五《敬骞小传》云："骞，开元时官监察御史。"伦按：既然敬骞大历年间始登第，则开元为官似乎过早。《册府元龟》载："宇文邈，德宗时为御史中丞。前万年尉卢伯达上表云：'玄法寺僧法凑与寺众争竞无理，臣已断还俗。法凑又披法服诣台诉臣，御史崔芃、敬骞曲受法凑状，欲陷害臣。'是日令邈与刑部侍郎张彧、大理卿郑云逵为三司使及功德使判官，衢州司马诸葛述，同于尚书省刑部推案。既而，彧疾甚，两吏扶入中书，邈以疾请假，并特召至延英，令依前推事。未几贬骞高州电白尉，骞与云逵忿言争语过深，又令子弟假别人姓名进状诉，故狱未竟，先贬僧法凑，决四十流崖州。"②欧阳修《集古录》卷八："《神女庙诗》，贞元十四年(798)，李吉甫、丘玄素、李贻孙、敬骞等作。余贬夷陵令时，尝泛舟黄牛峡，至其祠下，又饮虾蟆碚水，览其江山巉绝穷僻，独恨不得见巫山之奇秀。每读数子之诗，爱其辞翰，遂录之。"③宋佚名《宝刻类编》："《神女庙咏》，敬骞撰，元和五年(810)十二月刻。"④根据上述材料，可知敬骞当是唐德宗时官监察御史。

赋题的典故出自《易经·系辞下》："易曰：'公用射隼于高墉之上，获之，无不利。'子曰：'隼者禽也；弓矢者器也；射之者人也。君子藏器于身，待时而动。何不利之有。'"⑤后即以"射隼"为待机而动的比喻。此赋以"君子藏器待时"为韵，赋文依次押韵，有力地阐发了题旨。

武少仪《射隼高墉赋》，以"君子藏器待时"为韵：

---

① 李昉等：《文苑英华》卷一三六，文渊阁《四库全书》，第12~13页。

② 王钦若等：《册府元龟》卷六一九，文渊阁《四库全书》，第10~11页。

③ 欧阳修：《集古录》卷八，文渊阁《四库全书》，第9页。

④ 佚名：《宝刻类编》卷四，文渊阁《四库全书》，第17页。

⑤ 孔颖达等：《周易注疏》卷一二，文渊阁《四库全书》，第16页。

羽族纷纷彼飞隼兮，独劲捷而莫群。心耿介以腾踊，毳斑斓而被文。击每依于素节，翔亦致乎青云。匪全身以自变(一作爱)，宁有齿而见焚。贯矢落庭，既垂名于孔宣父；搏鸠陷网，又伏罪于信陵君。

今也何时(一作持)，轻乎所履。伊广甸不游，乃高墉爰止。信非位乎是蹈，宜贾害而譥死。吾尝问术于列御寇，学艺于熊渠子。尔或舍诸，吾斯过矣。

我矢惟良，我弓未藏。度中而发，于何不臧。矧专精而致用，奚得失之难量哉。

于是正色敛容，凝心定志。睨手引满，注目神萃。惊弦骇括，将辟易以翻飞；裂臆洞胸，已披离而迸坠。观彼隼之贻戚，谅吾人之会意。故君子周而不比，用则择地。无苟进以蹑高位，无躁求以享厚利。智昧于是，安往而免夫颠踬。(原注：未见器字官韵)

然则怀贪怙力者怨(一有"咎"字)所聚，材小任崇者覆(一有"亡"字)可待。故圣人明象象以立言，悬日月而不改。

或有人兮，修其词，遇其时。三复射隼之兆，载质射隼之期。幸寸长而罔贵，冀一闻而在斯。①

《全唐文》卷六一三武少仪小传："少仪宪宗朝官国子司业、大理卿。"此赋以"君子藏器待时"为韵，但未见"器"字官韵，该段所押"志、萃、坠、意、地、利、踬"与"器"字，皆属《广韵》"至韵"。此种情况若非脱简，则属于作者的疏忽，同时可见出考官之宽容大度。

二、※大历四年(769)宏词试《五星同色赋》

徐松《登科记考》卷一〇大历四年"博学宏词科"下注："《文苑英华》大历四年试宏博《五星同色赋》，以'昊天有成命'为韵。"②检《文苑英华》卷八收张叔良、崔淙《五星同色赋》，以"昊天有成命"为韵。张叔良名下小注："大历四年试宏博。"是徐松所本。《新唐书》卷三三《天文志三》"五星聚合"条记载："大历三年七月壬申，五星并出东方。占曰：'中国利。'"大历三年(768)睹此祥瑞天象，大历四年博学宏词科以此出题，正合时宜；所以，《文苑英华》关于大历四年博学宏词科试《五星同色赋》的记载，应当可以成立，可定张叔良与崔淙同题同韵的《五星同色赋》为本年宏词试赋。

至于《文苑英华》同卷所载姚逖、林益二人《五星同色赋》，各自限韵不同，姚逖赋以"天下和平，君臣合德"为韵，林益赋以"以天下偃兵，无为而理"为韵，与崔淙与张叔良之赋应非同时所作。孟二冬《登科记考补正》将其补入本年博学宏词科赋作，不可

① 李昉等：《文苑英华》卷一三六，文渊阁《四库全书》，第13~14页。

② 徐松：《登科记考》，中华书局1984年版，第372页。

从。又，《文苑英华》卷一八〇“省试一”载张叔良、李竦、崔琮三人《长至日上公献寿诗》，应是本年博学宏词科诗题。此崔琮与崔淙当是一人。《文苑英华》卷七四二载李竦《偃武修文论》，应是本年宏词论题。兹据《文苑英华》录张叔良、崔淙二人赋作于次：

张叔良《五星同色赋》，以“昊天有成命”为韵：

圣人守公器，膺大宝。下顺乎黔黎，上法乎玄造。天且不言而亲于德，星有同色兮应以道。日月既运，欃枪必埽。近接唐尧，远征太昊。惠化已敷于万国，降精何惭于五老。

若乃二仪覆载，七曜回旋。运行有准，次舍有躔。或以璧合，或以珠连。更水火之启闭，递金木而推迁。且镇也者，配万象以时应，周四序以功全。德位居中，浑仪之人事著矣；色黄主土，国家之王气在焉。故岁以春而布令，辰以冬而候宣。荧惑奉炎于夏日，太白御煞于秋天。皆青白各尔，赤黑自然。忽与土而同色，瑞我皇之应乾。

逖览传记，遐征休咎。阴数六，阳数九。上苍降精，玄象所守。事须合于往契，政必由乎厥后。二仪交泰兮，自古同休；五星辉彩兮，当今信有。天下欢洽，百姓殷阜。况运昌兮，属乎羲轩；矧岁稔兮，逢乎申酉。

且夫据大号，宝鸿名。既资乎日角，亦禀乎星精。然后臻符瑞，叶休祯。天虽高兮，取则不远；象既设兮，其应甚明。观五曜之同质，审四序之有成。

则知圣能法天，天能瑞圣。君臣合作，远近相庆。德迈乎古今，道洽乎歌咏。信五星之一色，乃昊天之眷命。①

张叔良，《唐诗纪事》卷三一载其“登广德二年(764)进士第”，徐松《登科记考》从之，不确；孟二冬《登科记考补正》已据《文苑英华》将其移正为大历二年(767)进士。②其进士登第赋作，未能流传下来。此博学宏词科赋作，按照官韵依次押韵，首段论述“天且不言而亲于德，星有同色兮应以道”之理，末段归结到“信五星之一色，乃昊天之眷命”，首尾圆合，从容不迫。

崔淙《五星同色赋》，以“昊天有成命”为韵：

大仪设象，下土是保。作炯戒于人主，垂吉凶于穹昊。咎厥失政，休厥有道。盈缩之分足推，进退之心可考。或主德而有功必佑，或主法而有罪必讨。为天之佐兮融融，作乾之纬兮杲杲。

若乃纵横天宇，经纪星躔。光芒井口，煜耀斗边。乍聚乍散，或离或连。分道则荧荧冰散，周流乃点点珠圆。其动也直，其静也专。道浊则失位，时清则色妍。

① 李昉等：《文苑英华》卷八，文渊阁《四库全书》，第4~5页。

② 孟二冬：《登科记考补正》，燕山出版社2003年版，第420~421页。

岂比夫二使独能承命，七纪徒为丽天者也。

今我后运乾之符，握坤之纽。表正万方，肇康九有。启土继圣，乃人和而岁阜；顺时立政，故天长而地久。所以有伦有次，不淫不守。光光兮作邦之孚，崇崇兮作圣不朽。故我后修五礼，偃五兵。君臣一德，歌舞以行。斯仓斯廪，如坻如京。玉衡正，泰阶平。遂使金也水也，不能知白而守黑；木也火也，不能全曜而自贞。乃并用而丕变，与黄中而同明。东为四方之首，胡不与岁而同色；水为五行之长，胡不助神以同荣。繄土也，是我皇之休运，乃昊天而有成。

且玉烛常明，霜天若镜。邻月魄而璀灿，落天津而隐映。朝临日道，助我后夙兴之勤思；暮入天枢，表圣皇夜寐之勤政。有以见日月之贞观，有以见天地之宝命。暂逢急景之时，更作重晖之咏。①

《登科记考》“崔淙”名下徐松云：“按《吕温集》有《博陵崔公行状》，《文苑英华》子目作《崔淙行状》，淙字君济，出博陵第二房，见《世系表》。按吕云：‘始以经明上第，调佐夏阳；次以词丽甲科，超尉王屋。’”②《全唐文》卷四五九收崔淙《五星同色赋》，《小传》：“大历十四年进士。”劳格《读书杂识》：“《吕衡州文集》五《崔公行状》：‘始以经明上第，调佐夏阳；次以词丽甲科，超尉王屋。’《小传》误。”③可见，依据吕温的记载，知道崔淙是举明经而非中进士，也可推断《文苑英华》中崔淙《五星同色赋》不是进士赋题，而是博学宏词科试题。其赋着重论述“主德而有功必佑”的道理，并辅以“主法而有罪必讨”的劝诫，写得义正词严。

附录本年宏词科试诗试论各一篇，以见宏词科所试赋、诗、论之全。

张叔良《长至日上公献寿诗》：

凤阙晴钟度，鸡人晓漏长。九重初启钥，三事尽称觞。日至龙颜近，天旋圣历昌。休光连雪净，瑞气杂炉香。化被君臣洽，恩沾士庶康。不因稽旧典，谁得记朝章。④

李竦《偃武修文论》：

国有二柄以济人，天有四时以成岁。文武者君之威惠，春秋者天之生成。故人君法天时，顺人望。人归于德，天应以时。莫不奉此而宁灾，由斯而康俗。所谓文者足以经邦国，所谓武者足以定祸乱。故武在合变，不可一黩；文贵经久，可守为常。请借前事而明之，庶斯得矣。

---

① 李昉等：《文苑英华》卷八，文渊阁《四库全书》，第5~6页。
② 徐松：《登科记考》，中华书局1984年版，第372页。
③ 劳格：《读书杂识》卷八，清光绪四年刻本。
④ 李昉等：《文苑英华》卷一八〇，文渊阁《四库全书》，第7页。

夫以尧舜揖让，汤武干戈。干戈在乎止武，揖让资乎偃武。故得享国日久，多历年所。三王既往，霸者是继。晋文伐原以示信，齐桓勤王以称德。宋殇好战以殒越，徐偃专文以丧亡。王霸陵夷，列于秦汉。始皇威慑六国，建万代业。隳城郭，焚诗书。卒使宗庙为墟，身殒下国，黩武之征也。高皇夷秦项，诛韩彭。陆生著书，叔孙制礼，修文之渐也。光武以长者戡难，孟德以应变即戎。故得擒樊崇，破袁绍。虽未悉于至理，道亦存乎息戈。晋文之对何曾，不闻经国；惠皇之溺贾后，竟至破家。吴王石头之都，刘备益州之地。但区区于守险，曾不暇于修文。后魏则多难临朝，后周则经国日浅。虽孝文崇礼制，服衣冠。未能倒载干戈，休放牛马。武帝降高纬，戮晋公，甲兵未宁，中道而殒。武则不可，文则不如。东晋之仅保江山，宋祖之草创社稷。道成以殷忧启祚，萧衍以戡定兴王。陈主以好内亡，隋皇以征辽丧，皆不明于文武，适足为我驱除。况高祖端拱无为，太宗大功继统，高宗致位于玄默，中宗御俗以康宁，睿宗之恭膺大宝，玄宗之克清海内，肃宗之收复二都，皇帝之光有六合。方今四夷向化，万姓归心，总七圣之殊勋，正百王之坠典。然干戈未息，疮痍未瘳，修文之期，取则不远，偃武之义，今则时哉。①

三、大历六年(771)进士试《初日照露盘赋》

徐松《登科记考》卷一〇大历六年未载进士试赋事，然其在“进士二十八人”条下录有卢景亮，并引柳宗元《先友记》韩注：“景亮字长晦，幽州范阳人。大历六年中进士第。”②陈尚君《〈登科记考〉正补》：“《文苑英华》卷一六载郑絪、卢景亮《初日照露盘赋》，皆以‘云表清露，光发金景’为韵。同书卷一八四《省试诗》又录二人《寒夜闻霜钟》诗。知二人为同年进士。徐《考》本年诗赋题皆缺，当据补。”③兹据《文苑英华》录二赋如下：

郑絪《初日照露盘赋》，以“云表清露，光发金景”为韵：

日初出兮露成文，盘既洁兮光乍分。凝素彩而泛滟，鲜颢气之絪缊。忽炯尔以流景，乍揭然而拂云。

若乃势倚金茎，色映霞表。倒初景以摇扬，淡轻烟之缥缈。承露华以逾明，焜霁色而共晓。焕然孤秀，赫奕奕于长川；烂尔生光，照翻翻之高鸟。

盘以贞兮露以盈，日既明兮天以清。焜以相鲜，若曙月之临朝镜；粲然交映，类琼花之杂玉英。金景发色，玉壶肇明。敷皓质以流耀，含太阳之至。

伊昔汉帝初营，求仙是务。我皇复立，承天有裕。乍仿佛于帝台，宛昭彰乎天路。首出庶物，表一人之大明；光发四施，照万方而遐布。岂有屑琼蕊，泫珠露。

① 李昉等：《文苑英华》卷七四二，文渊阁《四库全书》，第2~4页。

② 徐松：《登科记考》，中华书局1984年版，第379页。

③ 陈尚君：《陈尚君自选集》，广西师范大学出版社2000年版，第234页。

冀灵物之来游，望神人之自遇。

懿夫合以成象，丽然增光。干浮云以杲耀，激旭日而悠扬。仙掌斜分，若莲峰之曙景；宸心回想，如昆岫之晴霜。岂比周穆西游，觐王母于昆岳；重华南狩，怨帝子于潇湘。独能睹云阙而饮灵浆者乎？

徒观夫素色上升，清光下发。分回彩以照耀，焜长空而超越。

白华映兮光复临，露彩扬兮色弥深。既炫晃以如玉，乍晶明而散金。且孤高者可拟之以抗志，洁朗者亦仰之而为心。

况地表烟息，天维气整。日之丽矣，与星明而共融；盘实坚然，齐圣祚之悠永。昔之颂灵液，歌浪井，曾不如赋露盘之瑞景。①

汉武帝于建章宫筑神明台，立铜仙人舒掌捧铜盘承接甘露，冀饮以延年。《汉书·郊祀志上》：“其后又作柏梁、铜柱、承露仙人掌之属矣。”苏林注：“仙人以手掌擎盘承甘露。”颜师古注：“《三辅故事》云：建章宫承露盘高二十丈，大七围，以铜为之，上有仙人掌承露，和玉屑饮之。”②此赋中云：“伊昔汉帝初营，求仙是务。我皇复立，承天有裕。”说明唐朝宫廷中也建有承露盘。全赋按照限韵依次押韵，铺叙得体。

卢景亮《初日照露盘赋》，同前韵：

揭金盘而受露，擢仙掌而凌云。当朝阳之出海，属寥廓之无氛。

霁色曈昽，金辉晃晶。光奕奕于九霄之际，色昭昭于众象之表。

大明既照，夕露方盈。金景相映，银华自清。高不可攀，驻王乔之羽驾；仰不可视，夺离朱之目睛。彼方丈之金阙，洎天台之赤城。或炜煌而景耀，或焕赫而霞明。出人寰之杳眇，隔海峤之峥嵘。孰与我之为异，摽景光于上京。

观其茏岌双立，岩峣上耸。轻霭不飞，纤云不度。九成烂烂，摇翠影于楼台；四野荧荧，落浮光于草树。斯亦域中之殊观，其惟作器而盛露。且夫先王立晦，独睹太阳。卷天宇之夜色，引帝庭之曙光。惟大君之攸俟，抑群后之所望。

其彩若电，其形若月。列缺虽伏，常炜炜而不收；蟾蜍已归，实亭亭而未没。日无私而见照，盘既遇而斯发。

请言露盘之始也，林峦掩映，崖谷重深。自蕴于石，孰为之金。遭汉皇之雅尚，会良冶之幽寻。忽范镕而有作，爰奉承之是任。不然者在涂泥而重弃，与瓦砾而湮沉。安敢望微耀之辉映，初阳之照临。

金之为质也光，盘之为体也静。从有感而出日，谅无心而生景。念志士之未偶，因达人而后骋。顾浅陋之凡才，宁觊觎于天幸。③

① 李昉等：《文苑英华》卷一六，文渊阁《四库全书》，第2~3页。

② 班固：《汉书》卷二五，文渊阁《四库全书》，第27页。

③ 李昉等：《文苑英华》卷一六，文渊阁《四库全书》，第3~5页。

此赋比较清晰地描绘了承露盘的形制："观其岦岌双立，岩嶤上骛。轻霭不飞，纤云不度。九成烂烂，摇翠影于楼台；四野荧荧，落浮光于草树。斯亦域中之殊观，其惟作器而盛露。"由其描述，可知承露盘乃两根独立的华表似柱状建筑。此赋在结构上也比较特殊，没有遵循第二段溯源的惯例，直到第六段始用"请言露盘之始也"一句领起，略述露盘的来历，并顺势总结出希望进取的士子心愿"念志士之未偶，因达人而后骋"。

四、大历八年(773)进士试《登春台赋》

徐松《登科记考》卷一〇大历八年"进士三十四人"注："《文苑英华》载陆贽《东郊朝日赋》，以'国家行仲春之令'为韵。《容斋续笔》引《唐登科记》，作《东郊春日赋》，以'国家行仲之令'为韵，误缺一字。是年试《禁中春松诗》，亦见《文苑英华》。"①陈尚君《〈登科记考〉正补》"张蒙"注："《文苑英华》卷五五(当作'五一')收陆贽、苗秀、张蒙《登春台赋》，皆以'晴眺春野，气和感深'为韵，应即本年所试赋。徐氏定本年试《东郊朝日赋》，实误。此赋仅存一篇，并无其他证据可确定为本年试。"②伦按：洪迈《容斋续笔》卷第十三"试赋用韵"条："有六韵者，《止水》、《魍魉》、《人镜》、《三统指归》、《信及豚鱼》、《洪钟待撞》、《君子听音》、《东郊朝日》、《蜡日祈天宗》、《乐德训胄子》诸篇是也。"③彭叔夏《文苑英华辨证》卷一"用韵"条："洪氏《容斋续笔》乃以《唐登科记》、《东郊朝日赋》'国家行仲之令'、《人镜赋》'主圣臣道光贞'，指为六韵。按《文苑》所载，乃是'国家行仲春之令'七韵，'主圣臣忠道光贞观'八韵，盖《登科记》阙此三字(春、忠、观)耳。"④既然洪迈引文有误，则其可信度不高，应当从陈尚君考证，以《登春台赋》为本年进士赋题。

陆贽《登春台赋》，以"晴眺春野，气和感深"为韵：

> 春发生以煦物，台居高而处明。俯而望焉，舒郁郁之和气；登可乐也，畅怡怡之远情。触类斯感，众芳俱荣。风出谷以天霁，云归山而景晴。(明、荣：庚韵。情、晴：清韵。二韵同用。)
>
> 俯视平皋，傍临远峤。穷汉苑以周览，匝秦城而回眺。林峦彩翠，浮佳气于遥天；宫观参差，丽飞甍于夕照。(峤：笑韵。眺：啸韵。照：小韵。三韵同用。)
>
> 望莫若兮望远，感何深兮感春。登其台，则历阶而至极；应乎律，故阴惨而阳伸。令行斯顺，泽布惟均。视虽微而必审，思何远而不亲。(春、均：谆韵。伸、亲：真韵。二韵同用。)
>
> 懿夫情之诱人，人罔或舍。时之感物，物莫能假。台有春而必望，春何情而不

① 徐松：《登科记考》，中华书局1984年版，第380页。
② 陈尚君：《陈尚君自选集》，广西师范大学出版社2000年版，第235页。
③ 洪迈：《容斋随笔·续编》卷一三，文渊阁《四库全书》，第3页。
④ 彭叔夏：《文苑英华辨证》卷一，文渊阁《四库全书》，第6页。

写。条风始至，散灼灼之红桃；谷雨初收，润萋萋之绿野。（舍、假、写、野：马韵。）

天何言哉生众汇，人有灵兮感元气。既望春而可乐，亦升高而足贵。赏同沂水，聊舞雩以咏歌；登异观台，宁睹蜡而增欷。（气、贵、欷：未韵。）

周望既极，含情则多。媚迟日之未下，忧轻风之屡过。目眇眇以心远，野悠悠而气和。可以乐芳时之景物，壮皇室之山河。岂比夫羁士登楼而作赋，硕人在轴而为歌者哉？（多、歌：歌韵。过和：戈韵。二韵同用。）

春无物而不滋，台无远而不览。岂老氏之或论，伊潘生之所感。（览：敢韵。感：感韵。二韵同用。）

稽其趣时之规远，创意之义深。春非台而何乐，台非春而罔寻。故望春者，惟台是履；登台者，惟春是临。繄在物之可用，必从时之所任。傥自下而可托，庶升高而至今。① （深、寻、临、任、今：侵韵。）

陆贽(754—805)是中唐的名相，其骈文写作流利畅达，备受古文家之推崇。其科场考试律赋也写得结构精巧，摇曳生情。全赋依照官韵依次用韵，特别是中间一段："懿夫情之诱人，人罔或舍。时之感物，物莫能假。台有春而必望，春何情而不写。条风始至，散灼灼之红桃；谷雨初收，润萋萋之绿野。"写景清丽流畅，确实显示出名家的大手笔。

张蒙《登春台赋》，以"晴眺春野，气和感深"为韵：

达万类者莫尚于和气，郁万类者莫极于幽情。故登台而豁望，得寓目于春荣。高临乎双阙，迥出乎重城。洞千门而拂曙，披九陌于初晴。云当轩而气润，风溢槛而光清。阴始分而土膏起，阳已动而泉脉生。

缥缈九层之端，希微四达之眺。春驭兴而摇裔，兴牵春而窈窕。

鸧鹒来于东野，鸿雁去于南津。爱烟霞而改旧，嘉草树而含新。思欣欣于丽景，情艳艳于韶春。虽懵阴阳之义，且知天地之仁。

我国家道洽众灵，化涵诸夏。吹律岂劳于邹衍，操音宁藉于子野。德被荒遐而有截，泽周品物而无假。因寿域以同归，奚乐郊而独写。

是知气之所感者情，情之所和者气。气苟达而内惬，情必洽而外慰。等彼纯绵之温，若享太牢之味。固在极于羡溢，宁止臻于仿佛。不然者太昊之令何荣，老氏之言安贵而已也。

春台高兮势峨峨，莺乱啭兮传伐柯。聊登陟兮一过，揽春心兮未和。

春台晓兮光淡淡，花竞落兮如葼葼。远凭临兮一览，袅春心兮多感。

感因外而重遣，和自中而再寻。任三阳之荣悴，齐万化以浮沉。风何知于虎

① 李昉等：《文苑英华》卷五一，文渊阁《四库全书》，第1~2页。

啸，云何识于龙吟。犹春台之蹈泰，与圣政之同深。①

张蒙之赋亦依次用韵，全篇用骈赋句法，不用隔句对。其在第六、七两段用楚辞句式作歌，两段形成长股对，句法节奏转换，是一种创新的追求，可克服律赋结构板滞的弊端。第七段的末字与第八段的首字相同，形成顶针勾连的艺术效果。可见其时之科场律赋，句法上允许自由创作。

五、大历九年(774)东都进士试《蜡日祈天宗赋》

徐松《登科记考》卷一〇大历九年“进士三十二人”下注：“东都试《蜡日祈天宗赋》，见《乾膜子》。上都试《元日含元殿御扇开合诗》，东都试《清明日赐百僚新火诗》，见《文苑英华》。”又于“阎济美”名下引《乾膜子》载阎济美纪事：“某三举及第。初举，刘单侍郎下杂文落第；二举，坐王(明抄本作‘主’)侍郎杂文落第。某当是时，年已蹭蹬，常于江激往径山钦大师处问法。是春，某既下第，又将出关。因献坐主六韵律诗曰：‘謇谔王臣直，文明雅量全。望炉金自跃，应物镜何偏。南国幽沉尽，东堂礼乐宣。输今游异士，更昔至公年。芳树欢新景，青云泣暮天。唯愁凤池拜，孤贱更谁怜。’座主览焉，问某：‘今年何者退落?’具以实告，先榜落第。座主赧然变色，深有遗才之叹。乃曰：‘所投六韵，必展后效。足下南去，幸无疑将来之事。’某遂出关。秋月，江东求荐，名到省后，两都置举，座主已在洛下。比某到洛，更无相知，便投迹清化里店。属时物翔贵，囊中但有五缣，策蹇驴而已。有举公卢景庄已为东府首荐，亦同处焉，仆马甚豪，与某相揖，未交一言。久乃问某曰：‘阎子自何至止?’对曰：‘从江东来。’敬奉不敢怠。景庄一旦际暮醉归，忽蒙问某行第，乃曰：‘阎二十，消息绝好，景庄大险。’某对曰：‘不然，必先大府首荐。声价已振京洛，如某远地一送，岂敢望有成哉?’景庄曰：‘足下定矣。’十一月下旬，遂试杂文。十二月三日，天津桥放杂文榜，景庄与某俱过。其日苦寒，是月四日，天津桥作铺帖经，景庄寻被绌落。某具前白主司曰：‘某早留心章句，不工帖书，必恐不及格。’主司曰：‘可不知礼闱故事，亦许诗赎。’某致词后，纷纷去留。某又遽前白主司曰：‘侍郎开奖劝之路，许作诗赎帖，未见题出。’主司曰：‘赋天津桥望洛阳城残雪诗。’某只作得二十字。某诗曰：‘新霁洛城端，千家积雪寒。未收清禁色，偏向上阳残。’已闻主司催约诗甚急，日势又晚，某告主司：‘天寒水冻，书不成字。便闻主司处分，得句见在将来。’主司一览所纳，称赏再三，遂唱过。其夕，景庄相贺云：‘前与足下并铺，试《蜡日祈天宗赋》，窃见足下用鲁某(明抄本作“丘”)对卫赐。据义，卫赐则子贡也，足下书卫赐作驷马字，唯以此奉忧耳。’某闻是说，反思之，实作‘驷马’字，意甚惶骇。比榜出，某滥忝第。与状头同参座主，座主曰：‘诸公试日，天寒急景，写札杂文，或有不如法。今恐文书到西京，须呈宰相，请先辈等各买好纸，重来请印，如法写净送纳，抽其退本。’诸公大喜。及某撰本却请出，

① 李昉等：《文苑英华》卷五一，文渊阁《四库全书》，第3~4页。

‘驷’字上朱点极大。座主还阙之日，独揖前曰：‘春间遗才，所投六韵，不敢暂忘，聊副素约耳。’”①由阎济美所述选举事，知大历九年春、秋，其曾在东都和上都两次参加进士考试。据《唐诗纪事》卷三四：“大历九年，留守蒋涣试进士于东都。”因知阎济美所说的座主即是蒋涣。王士禛《池北偶谈》卷二“誊卷”条：“唐阎济美铺试《蜡日祈天宗赋》，误书‘卫赐’作‘卫驷’，榜出登第，往参，座主曰：‘诸君试日天寒急景，写札或不如法。恐文书到西京，须呈宰相。请先辈各买好纸，重来请印，如法写净送纳，抽其退本。’旧时直省小试解卷送礼部，例须别誊净本，亦是唐人遗意。”②

六、大历十年(775)上都进士试《五色土赋》，东都进士试《日观赋》

徐松《登科记考》卷一一大历十年“进士二十七人”注：“《文苑英华辨证》引《唐登科记》：‘大历十年，上都试《五色土赋》，东都试《日观赋》。”③查彭叔夏《文苑英华辨证》卷十，原作：“撰人名氏有与《唐登科记》不同者，如崔损《五色土赋》，大历十年上都试，第四崔恒，第六崔橦，无名损者；丁春泽《日观赋》，大历十年东都试，作丁泽。”徐松《登科记考》“崔恒”名下注云：“上都第四人及第，《文苑英华》作崔损，注引《登科记》作崔恒，无崔损。按：崔损乃大历十一年进士，《文苑英华》误。其开元十八年崔损，别是一人。”④

崔恒《五色土赋》，以“皇子毕封，依色建社”为韵：

至哉土德，光含五色。其色也，辨五方以建侯；其德也，发万物以生植。自夏禹而作贡，在徐方而是职。王者立社以封疆，诸侯苴茅而有国。

于赫巨唐，德之皇皇。实乘土而化康，采大汉强干之宜，裂地以爵；法有周维城之制，分土而王。各班其位，各正其方。用甲日而靡忒，建阴气而允臧。定五方而式序，分五色而有章。平野烟销，发卿云之瑞彩；高天雨霁，浮丽日之重光。众色环封，所以示外共其方职；正色居上，所以表内附于中黄。

观其仪，则知大君之有弼；稽其旨，则知邦伯之有秩。列三才则惟数在五，参十端则惟德居一。既明既丽，可以比乎天文；不骞不崩，所以保乎阴骘。配皇王之永久，齐天地而终毕。

矧夫经邦理社，必土是封。光昭圣德，叶赞时雍。

将尊天以亲地，在侯土与国社。既蕃翰乎四海，实底宁乎天下。

若然者，君立社以布政，臣受土而宣威。象君臣之同理，知社土之相依。

是以成百王之则，作万邦之宪。珪璋玉帛，莫不因我而执；公侯伯子，莫不因

---

① 徐松：《登科记考》，中华书局1984年版，第383~384页。所引阎济美事，见《太平广记》，中华书局1961年版，第1335~1336页。

② 王士禛：《池北偶谈》卷二，文渊阁《四库全书》，第21页。

③ 徐松：《登科记考》，中华书局1984年版，第387页。

④ 徐松：《登科记考》，中华书局1984年版，第387页。

我而建。

土之德也斯美，社之义也奚拟。其色也，匪同五星而乍连乍散；其质也，各表一方而岳立山峙。有以崇国祚于我皇，有以同盘石于宗子。夫如是，则其义广矣，岂斯文之所能尽纪。①

此赋作者，《文苑英华》作“崔损”，题下原注：“《按唐登科记》，大历十年上都试赋，第四崔恒，第六崔穜，无名损者。”据徐松《登科记考》，应当改署崔恒。此赋未依照官韵“皇子毕封，依色建社”顺序，实际押韵次序是“色皇毕封，社依建子”。

五色土是天子铺填在祭祀的社坛中所用的五种不同颜色的土。分封诸侯时，天子按封地所在方位取坛上一色土授之，供诸侯王在封国内立社之用。《书·禹贡》：“厥贡惟土五色。”孔传：“王者封五色土为社，建诸侯，则各割其方色土与之。”孔颖达疏：“《韩诗外传》云：天子社广五丈，东方青，南方赤，西方白，北方黑，上冒以黄土。”汉蔡邕《独断》：“天子大社，以五色土为坛。皇子封为王者，受天子之社土，以所封之方色。”

卢士开《五色土赋》，以“皇子毕封，依色建社”为韵：

尊彼国常，乃立人极。依大社以封土，命诸侯以方色。木官复位，东方(一作极)于焉必书；火正是司，南方由之可识。西同白帝之象，北察玄武之职。配中黄而立名，覆四方而作式。

于是端扆穆穆，授策皇皇。贤戚封建，君臣乐康。既载人之尔厚，亦植物而惟良。可以载八纮，包大荒。岂离逖于尔邑，尽东南于我疆。昔神黩无厌，闻革故于有魏；天祚明德，遂惟新于圣唐。总祝融与蓐收，臣玄冥与勾芒。知合之以济代，故贡之以来王。

守于尔位，亦有宠子。思翦桐而是立，故分茅以共理。

所以维城，所以抚封。爰作稼穑，锡之附庸。列五色以相备，和八音以相从。

色能惟正，音乃叶雅。将察之以报功，故封之以立社。

惟人是恤，选贤以建。仰夏王之攸敦，法周官之大宪。

胙之而氏可命，相之而宅可依。五德聿修，万方知归。即之也真彩煌煌，望之也灵坛巍巍。足以表正方夏，发扬德辉。

等乎珪瑞，叶以元吉。建树侯家，藩屏王室。分之惟五，行之惟一。实邦家之永固，与天壤而齐毕。②

此赋作者，《文苑英华》题下原注：“卢士开，《登科记》作士阅。”徐松、孟二冬即改署“卢士阅”名下。陈尚君《〈登科记考〉正补》云：“按《千唐志斋藏志》咸通二年崔居

---

① 李昉等：《文苑英华》卷二五，文渊阁《四库全书》，第5~6页。
② 李昉等：《文苑英华》卷二五，文渊阁《四库全书》，第6~7页。

晦撰《卢氏(夫人)墓志》云：‘夫人皇考讳士阅，建中之际以秀才升第，位至使府监察。’不言士阅为大历进士。颇疑士开、士阅为二人，不应视为一人。”①为审慎起见，此赋作者仍以署卢士开为宜。全赋押韵未依官韵顺序，以“色皇子封，社建依毕”为序。

丁春泽《日观赋》，以“千载之统，平上去入”为韵：

日之升也，浴海而丽天。岳之峻也，切汉而临边。登高者，以致九霄之上；爱景者，欲在万人之先。其所惟一，其仞惟千。伊风灵之有载，彼日观之存焉。

夫其夜刻未终，曙色犹昧。彼穷高之极远，此有进而无退。未辨昏明，斯分覆载。屡闻鸣雁，犹阴沉而不睹；忽听晨鸡，即曈昽而可爱。

于是渐出旸谷，将离地维。岩峦既秀，草树生姿。气则赫(疑作艳)视，人皆仰之。其望也如烛，其照也无私。

昔者帝王御宇，立极垂统。封禅及此成功，巡狩应其春仲。

莫不登兹绝顶，遐烛大明。思煦妪之义，穷造化之精。以为日象一人之德，岳是三公之名。信王侯之设险，俾夷狄之来平。

方今一德无为，三光有象。动植昭泰，神祇肸蠁。千岳瑞色，思效祉以爰升；万壑春云，欲入封而空上。

客有才乏羽仪，心思骞翥。每积聚萤之志，难登望日之处。引领终夕，含情达曙。如(疑作知)照烛之有期，故踌躇而不去。

重曰：日有观兮，绝代独立。登之望兮，无远不及。何太阳之至精，莫不专于出入。②

此赋之作者，《文苑英华》题下注云：“大历十年东都试，《登科录》作丁泽。”徐松《登科记考》据以改署丁泽。《唐诗纪事》卷三四载丁泽《龟负图诗》，注云：“泽，大历十年试《龟负图诗》，为东都第一。”③按：“丁春泽”与“丁泽”应是一人两名，后世文献记载两名皆有，可以两存。

泰山为著名的观日出之处。北魏郦道元《水经注·汶水》引汉应劭《汉官仪》：“泰山东南山顶名曰日观。日观者，鸡一鸣时，见日始欲出，长三丈许，故以名焉。”古代帝王祭天地的大典。在泰山上筑土为坛，报天之功，称封；在泰山下的梁父山上辟场祭地，报地之德，称禅。《史记·封禅书》：“自古受命帝王，曷尝不封禅。”

此赋之限韵颇为特别，以“千载之统，平上去入”为韵，赋文依次用韵。李调元《雨村赋话》卷二：“唐丁春泽《日观赋》云：‘蒙水气以珠暗，露松阴而璧碎。霞色收锦，天

---

① 陈尚君：《〈登科记考〉正补》，《陈尚君自选集》，广西师范大学出版社 2000 年版，第 235 页。

② 李昉等：《文苑英华》卷二〇九，文渊阁《四库全书》，第 1~2 页。

③ 王仲镛校笺：《唐诗纪事校笺》，巴蜀书社 1989 年版，第 940 页。

风敛黛。'又喻㦂《仙掌赋》云：'斡开元气，剖破凝碧。'俱以琢句见长，而气味较浑古。"①

七、Δ大历十年(775)府试《授衣赋》

《全唐诗》卷三〇五《李子卿小传》称："李子卿，大历末与崔损同第。"②《文苑英华》卷六四收李子卿、崔损《饮至赋》，皆以"破敌有功"为韵，应为大历十一年(776)进士赋题。详下年考订。按照进士及第前一年为府试取解年的一般惯例推测，《文苑英华》卷一一三收录李子卿《府试授衣赋》，以"霜降此时，女工云就"为韵，应当是大历十年府试赋题。又同卷收录张何《授衣赋》，与李子卿赋限韵相同，亦应为同时府试赋题。兹据《文苑英华》录二赋于下：

李子卿《府试授衣赋》，以"霜降此时，女工云就"为韵：

九月肃霜。山静风落，天高气凉。蟋蟀入兮堂户近，鸿雁飞兮天路长。欲备岁之无衣无褐，始御冬而载玄载黄。命妇女事，为公子裳。

若乃田畯入室，居人在巷。警杀气之秋殒，切严霜其夜降。

物藏于时，人感于是。虽怀有稔而及节，亦念无衣而在此。绩我丝麻，具尔纨绮。将备服之缥素，岂徒事夫红紫。

则知王者之德，圣人之思。礼法在矣，古今以之。事陈王业，功当天时。泽及周王之道，歌得豳人之诗。

既而涤场，穹室熏鼠。乘其农间，以入室处。爰邀载绩之功，始命缝裳之女。掺掺柔腕，札札鸣杼。天寒夜静，既阅西邻之光；月明更深，齐度南轩之杵。夫如是，事合其制，礼亦有序。物向政方，人知义所。将前规不昧，故斯事必举。资尔绩而卒岁是裳，授余衣而穷冬可御。

方今四隩既宅，九州攸同。人悦物茂，时和年丰。男勤耕于稼穑，女务绩于蚕工。虽悦当今之化，亦由行古之风。

于是彼其(一作己)之子，各称其服；此生之物，咸得其群。念彼及此，务穑劝分。虽非后作，抑有前云。岂上帝之思(疑)我，实下人之戴君。

客有闻而歌曰：天之高兮无不覆，君之大兮无不佑。生人殖物，既庶且富。尔在于时，尔茅于昼。霜始降兮女工就，岁时穷兮寒衣授。③

此赋在押韵上颇为特殊，一是首句"九月肃霜"，以出句末字押韵。二是结尾一联"霜始降兮女工就，岁时穷兮寒衣授"，也以出句末押限韵字，与一般押在对句之末不

---

① 詹杭伦等校证：《雨村赋话校证》，新文丰出版公司1993年版，第32页。

② 彭定求等：《全唐诗》，中华书局1960年版，第3474页。

③ 李昉等：《文苑英华》卷一一三，文渊阁《四库全书》，第5~7页。

同。就其首尾都采用这种押韵句法来看，是有意为之，有吸引试官特别注意的效果。出句押限韵字，前此仅在托名刘知幾的《韦弦赋》出现过一例，值得注意。

张何《府试授衣赋》，以“霜降此时，女工云就”为韵：

惟改岁之弘典，爰授衣于肃霜。稽月令之前制，得豳诗之首章。夫其损益从时，取其观古人象；玄黄既绩，可以为公子裳。促机上之寒杼，发桑间之懿筐。

零露既溥，申（一作肃）霜夕降。聚于燎火，无资于借人；劝其功佣，俾率于同巷。

尔其孰质素，黜华靡。翔（疑）葛履之俭啬，笑麻衣之浮侈。裂素之洁，既无取于流黄；我朱孔阳，复何为乎恶紫。裘狐狸（一作苟狸制）之可识，谅羔羊之在此。

且德惟称服，道在随时。惜光阴之暮矣，恐絺绤之凄其。会斯蚕绩，取彼狐狸。既申之以杂佩，又组之以素丝。信物之美者，惟君子宜之。

借如轻裘被服之客，纤手缝裳之女。昼剪绮纨，夜调砧杵。微芳发，素袖举。丝兮衣兮，爰笑爰语。莫不遵向晦以宴息，乐盛阴之室处。

於戏！圣实作则，皇惟降衷。礼章度数，服制卑崇。鉴羔袖之非类，慎鹬冠之不衷。岂可凛（疑作褒）然充耳，不念女工。俾僭乱以陵上，兴怨言于大东而已。

是以带裳表俭，黻冕昭文。袭缁衣之改造，追补衮之清芬。故能宜象服，集玄纁。将菲薄以为宝，岂浮奢之足云。

有守道固穷，至圄未就。卒岁无褐，忧心如疚。四时迭运，窃独悲此凛秋；万物有托，子何为乎岩岫。空负悲哉之感，徒为胥矣之富。傥有弹冠之期，不忘绨袍之旧。①

此赋结尾用“绨袍”之典，出自《史记·范雎蔡泽列传》。范雎仕秦为相，权势显赫。魏闻秦将东伐，命须贾使秦。范雎乔装，敝衣往见，须贾不知，怜其寒而赠一绨袍。其后知雎即秦相，乃惶恐请罪。雎以贾有赠袍念旧之情，终宽释之。后多用为眷念故旧之典。

八、大历十一年（776）进士试《饮至赋》

徐松《登科记考》卷一一大历十一年未载试赋题，此年进士“崔损”下注：“柳宗元《先友记》：‘损，清河人。’韩注：‘损字至无，系本博陵，大历十一年中进士第。’”②孟二冬《登科记考补正》据《三坟记》补李子卿入本年“明经科”。伦按：《全唐文》卷四五八所收《三坟记》乃李季卿述葬其兄曜卿、叔卿、春卿三坟事，《全唐文》小传云：“季

---

① 李昉等：《文苑英华》卷一一三，文渊阁《四库全书》，第7~8页。

② 徐松：《登科记考》，中华书局1984年版，第393页。

卿，京兆人，明经擢第，代宗朝官潮州刺史。”此李季卿与李子卿似乎没有什么关系。《全唐诗》卷三〇五《李子卿小传》称：“李子卿，大历末与崔损同第。”①《文苑英华》卷六四收李子卿、崔损《饮至赋》，皆以“破敌有功”为韵。王士祥《唐代试赋研究》推测其当为大历十一年进士赋题。② 可以信从。另外，《文苑英华》卷一八三“省试三”收有李子卿《望终南春雪诗》，可作为本年进士诗题。兹据《文苑英华》录赋于下。

李子卿《饮至赋》，以“破敌有功”为韵：

皇矣圣主，贤哉良佐。庙谟克谐，武烈斯播。凿门而上将初出，屈指而西戎已破。既执讯而获俘，遂策勋而类课。睹沙漠之旗偃，见边庭之鼓卧。盖所以示王师之有征，识天兵之不挫者矣。

振旅而还，军容毕觌。其出也谐六月之功，其入也叶三年之绩。庭实既备，皇欢是式。醉百壶而军声恺康，献万寿而喜气绵羃。茂勋彰于寓县，盛礼陈于宗祏。知我功之不宰，知我武之无敌。六师于是乎张皇，百蛮于是乎怵惕。

然后勇爵高设，元功克受。搴旗斩将者其锡蕃，攻城拓土者其赏厚。筑京观而无谓，铭鼎彝而可久。蒲海长清，匈奴已闻于断臂；稿街初列，戎王正见于悬首。舞乾且在于舜阶，挟纩更闻于尧酒。此乃征而不战，为而不有者也。

由是遐荒必通，饮化向风。息去病之深入，罢张骞之凿空。从此止戈，不劳乎四伐五伐；因兹款塞，无限乎自西自东。非我皇明四目，达四聪。上让下竞，君明臣忠。则何以建无大之元功？③

此赋以“破敌有功”限韵，依次运用。“饮至”在先秦本指诸侯朝会盟伐完毕，祭告宗庙并饮酒庆祝的典礼。后代泛指出征奏凯，宴饮庆功之礼。《左传·桓公二年》：“凡公行，告于宗庙。反行，饮至，舍爵，策勋焉，礼也。”④大历十一年出这种题目试士，显然当时的确有奏凯宴饮庆功之事。《旧唐书》卷一一《代宗本纪》：“(大历)十一年春正月，庚寅朔，田承嗣上表请罪，壬辰，遣谏议大夫杜亚使魏州宣慰，许其自新。辛亥，剑南节度使崔宁奏大破吐蕃二十万，斩首万级，生擒首领一千一百五十人，献于阙下。”⑤《册府元龟》卷四三四“将帅部”记载：“鲜于叔明，大历十一年为剑南西川节度使，奏吐蕃寇黎、雅两州，大破之。会南蛮阁罗凤来援，于望汉城生擒吐蕃大笼官论器然，献于阙下。”⑥这些史料，可视为此赋写作的背景。

崔损《饮至赋》，以“破敌有功”为韵：

---

① 彭定求等：《全唐诗》，中华书局 1960 年版，第 3474 页。

② 王士祥：《唐代试赋研究》，上海古籍出版社 2012 年版，第 204~205 页。

③ 李昉等：《文苑英华》卷六四，文渊阁《四库全书》，第 7~8 页。

④ 孔颖达等：《春秋左传注疏》卷四，文渊阁《四库全书》，第 24 页。

⑤ 刘昫：《旧唐书》卷一一，文渊阁《四库全书》，第 52 页。

⑥ 王钦若等：《册府元龟》卷四三四，文渊阁《四库全书》，第 17 页。

圣人推有功，择贤佐。武义举，湛恩播。所谓君良臣忠，上唱下和。鬼方难制，敢称乱以荡摇；遐夷恃险，不恭命而朝贺。然后兴以戈矛，伐其怠惰。自彼曲而我直，必义勇而遥破。有若霸由一战，晋文伐国以定功；师兴七旬，有苗崩角而自锉。

然后陈大礼，广庶绩。乃公乃侯，左贤右戚。一人有庆，必偃武修文；四海无虞，乃销锋铸镝。宰夫供其牢醴，乐人陈其戛击。英英之士，爵劳先以伐谋；屹屹勇夫，宠命嘉其剿敌。

惟我后贯三古之睿哲，继百王之绝纽。用伊吕则举无遗策，扶卫霍则功称不朽。每怀远以赏功，因劳军而献寿。坐朝饮至，同鲁史之策勋；在泮献馘，耻汉家之斩首。远方安而犹慎，多垒静而不有。

及夫殊勋既答，王怿斯崇。劳还师以杕杜，赐侯伯以彤弓。勇爵劝能，懦夫增气于无敌；拔卒为将，武臣誓心于有功。然后寰海远辟，天下大同。教化无外，昭明有融。睹班师之盛礼，莫不励志而饬躬。①

此赋强调发动战争必须具有正义性：“自彼曲而我直，必义勇而遥破。”劳军的目的在于“勇爵劝能，懦夫增气于无敌；拔卒为将，武臣誓心于有功”。立论光明正大，掷地有声。

九、大历十二年(777)进士试《通天台赋》

徐松《登科记考》卷一一大历十二年“进士十二人”下注：“此年试《通天台赋》，以‘洪台独存，浮景在下’为韵。见《文苑英华》。”②孟二冬《登科记考补正》补《小苑春望宫池柳色诗》为本年进士诗题，见《文苑英华》卷一八八。《文苑英华》卷五〇载佚名、任公叔、杨系三篇《通天台赋》。傅增湘据《文苑英华》旧钞本将佚名之作归属黎逢名下。按：《唐摭言》、《玉海》均引黎逢《通天台赋》，此赋为黎逢作，确切无疑。兹据《文苑英华》录黎逢、任公叔二赋于下：

黎逢《通天台赋》以“洪台独出，浮景在下”为韵：

行人徘徊，登秦原而游目，见汉右之荒台。清风穆其尚在，翠华归而不回。对古情至，临高思来。披蔓草以遐想，睹离宫而兴哀。

试问薪者，乃秦人也。云汉之兴，兹台之下。驰道通乎中禁，周墙绕于平野。经逝川而不息，抚环堵而殊寡。

昔汉皇帝，幸甘泉宫。肆目将远，筑台其中。高居物外，若与天通。祈列仙之

---

① 李昉等：《文苑英华》卷六四，文渊阁《四库全书》，第8~9页。

② 徐松：《登科记考》，中华书局1984年版，第393页。

戾止，致寿圣之延洪。

绎绎凭云，蹲蹲捧日。干元气以直上，倚长空而迥出。危槛岧嶤，回途郁律。植承露之盘，开肃神之室。将以接上元，朝太一。乘大君之登降，访惚真之抚实。

於戏，郊祀之义，志而可采。鸿纷之状，望而已改。哀壮丽之都失，想威灵其如在。徒野鸟之飞来，何真人之可待？

且白日可以精贯，玄珠难乎力求。虽层台巇嶬，磴道周流。秦畤乎西面，齐宫乎上头。仰通苍昊，俯瞰皇州。宁不死之可致，谅其生也若浮。

我国家立太平，尚清静。俨宸居以自整，绝仙台之望幸。虽丹槛栖于列宿，飞梁历于倒景。有唐尧之允恭，无汉武之游骋。

化由其衷，居慎其独。有仪可象，无思不服。自然为域中之大，获天下之福。等南山之不骞，何高台之是筑。①

黎逢为本科状元。《唐诗纪事》卷三六："逢登大历十二年进士第。"②王定保《唐摭言》卷五"以其人不称才试而后惊"条："黎逢气貌山野，及第年初场后至，便于帘前设席，主司异之，诮其生疏，必谓文词称是，专令人伺之，句句来报。初闻云：'何人徘徊。'曰：'亦是常言。'既而将及数联，莫不惊叹，遂擢为状元。"③此赋前三段从行人游览遗迹，引发怀古之思，顺势点出通天台的来历。通天台始建于汉代，在甘泉宫中。《汉书·武帝纪》："(元封)二年冬十月……作甘泉通天台。"颜师古注："通天台者，言此台高，上通于天地。"《汉旧仪》云：高三十丈，望见长安城。"④

此赋未依限韵次序，改以"台下洪出在浮景独"为序。前三段用游记写法，谓行人到此，见到此台，遂抚今追昔，生发感慨。第四段着力描写通天台之形状气势，是全赋中最显文采的段落。第五、六两段转向议论，谓此台"徒野鸟之飞来，何真人之可待"，作为郊祀之地则可，作为求仙之处则不可，表明作者持正宗儒学之立场。最后两段落实到本朝，希望帝王学习唐尧，不要学习汉武帝；如果国家如南山一样"有仪可象"，则"自然为域中之大，获天下之福"。此赋完全未采用隔句对，若从格律精致的角度讲，恐怕不如其他声律铿锵之作。但其好处，一则在于从正宗儒学观念出发，表现学识，议论精当；二则在于写景气势宏大，文采斐然，故可独拔头筹。

任公叔《通天台赋》，以"洪台独出，浮景在下"为韵：

武皇起云阳之宫，致崇台于爽垲。就山谷之交会，得神明之所在。近瞰八极，周临四海。将端冕而不二，必垂衣而有待。

---

① 李昉等：《文苑英华》卷五〇，文渊阁《四库全书》，第5~6页。
② 王仲镛校笺：《唐诗纪事校笺》卷三六，巴蜀书社1989年版，第995页。
③ 王定保：《唐摭言》卷五，上海古典文学出版社1957年版，第60页。
④ 班固：《汉书》卷六，文渊阁《四库全书》，第29页。

是用迥载天路，高标地游。依俙玄圃，想象丹丘。磴道邈以特立，通天赫其无俦。托神灵于秦甸，结元气于雍丘。白日旁转，青云上浮。八埏可接于咫步，万象无逃于寸眸。

是岁献春，众灵咸秩。天子乃举群祠，撰吉日。郊上玄，礼太一。风伯陪乘，蚩尤扈跸。向甘泉以整像，届通天而挺出。

既而越氛雾之途，近星辰之境。背麟衍之五畤，面长安之万井。岐阳太华，双标象魏之形；秦岭终南，遥树轩墀之屏。蹈烟霞而有慕，洁斋戒而思眚(一作永)。奉宝位之虔恭，伫神仙于光景。

当其宵衣待曙，旸谷未开。钩陈匝乎营卫，天汉列以昭回。爟火周起，神光迥来。暨三山之遍登，当仰候于斯台。

霭霭高躅，神祇煜煜。喜气周旋，庆云回复。召安期于沧海，降王母于黄屋。树翠玉以青葱，草灵芝以芬馥。上结彩炽(疑)，高居耳目。斯览物以怀柔，非取乐于幽独。

观乎层构陵空，形势作雄。风起而纤埃不致，雨过而瀑溜潜通。其载惟厚，其覆惟洪。所以大启于皇祚，岂徒峻极于苍穹。

是以拥带休征，感通纯嘏。会歌童之曲节，彰从臣之风雅。立极人望，叶灵王者。将大汉之可追，愿侍祠于台下。①

白居易《秦中吟》十首有《伤友》诗："陋巷孤寒士，出门苦恓恓。虽云志气高，岂免颜色低。平生同门友，通籍在金闺。曩者胶漆契，迩来云雨睽。正逢下朝归，轩骑五门西。是时天久阴，三日雨凄凄。蹇驴避路立，肥马当风嘶。回头忘相识，占道上沙堤。昔年洛阳社，贫贱相提携。今日长安道，对面隔云泥。近日多如此，非君独惨凄。死生不变者，惟闻任与黎。"自注："任公叔、黎逢。"②任公叔此赋亦未依从限韵次第，改以"在浮出景台洪独下"为序。

十、Δ大历十二年(777)府试《渥洼马赋》

据本书考订，乔彝为大历十三年(778)进士(详下年考)，则其参加府试，应在大历十二年。乔彝在京兆府参加府试，有一个著名的故事，唐张固《幽闲鼓吹》记载："乔彝京兆府解试时，有二试官，彝日午叩门，试官令引入，则已醺醉，视题曰《幽兰赋》，不肯作，曰：'两个汉相对，作此题?'速改之，为《渥洼马赋》，曰：'校些子。'奋笔斯须而就，警句云：'四蹄曳练，翻瀚海之惊澜；一喷生风，下胡山之乱叶。'便欲首送，京尹曰：'乔彝峥嵘甚。宜以解副荐之。'"③这个故事近似小说家言，唐时士子对考官

---

① 李昉等：《文苑英华》卷五〇，文渊阁《四库全书》，第6~8页。

② 彭定求等：《全唐诗》卷四二五，文渊阁《四库全书》，第5~6页。

③ 张固：《幽闲鼓吹》，文渊阁《四库全书》，第3页。

的态度恐怕不敢这样傲慢。士子置身考场，与考官乃准师生关系，若考中即为座主与门生，岂有两汉相对不能作《幽兰赋》之理？清代陈鸿墀《全唐文纪事》也引用这则故事，并下了按语："鸿墀谨案：今所传《渥洼马赋》'惊澜'作'霜华'，'乱叶'作'木叶'，又有《幽兰赋》，以'远芳袭人，终古无绝'为韵。考唐人《幽兰赋》共五首，限韵俱同，当是应试之文。此云乔彝不肯作者，恐传闻之异也。"①事实上，乔彝既有《渥洼马赋》，又有《幽兰赋》，两赋俱传，前者是其解试赋，后者是其省试赋，不得混淆。

乔彝《渥洼马赋》：

> 域中之宝，生乎天涯。天子之马，产乎渥洼。泽出腾黄，独降精于太乙；神开滇壑，固不涉于流沙。目散电兮彪驳，喙含丹而虎牙。蹑红云而喷玉，沾赤汗以攒花。望兮以久，来无晚耶？（平声佳韵麻韵同用）
>
> 应图合谋，光我帝业。星通两瞳，月贴双颊。四蹄曳练，翻瀚海之霜华；一喷生风，下胡山之木叶。（去声叶韵）
>
> 然后络以金羁，拂于鳞鬐。晴射紫焰，梢垂绿丝。凝骄欲嘶，嚼凄锵之玉勒；迭影不顾，纷偃蹇之朱旗。（平声之韵脂韵同用）
>
> 皇矣武帝，汉网斯缺。凭百万之精劲，倚四夷之磔裂。屠蒲梢而亘大漠，指二师而求汗血。谓灭没之未来，竟羁縻而不绝。（入声屑韵薛韵同用）
>
> 有生必感，有感必通。通也不极，环之无穷。彼潢污之斗水，乃幽赞于神功。然后蹙沙卷浪于冯夷之宫，迭足侧身于黐沦之中。星精降兮河岳动，天驷入兮骛骀空。（平声东韵）
>
> 嗟我皇之英特而牵其惑，欲能败度，侈多凉德。夏后九代，越天地之纪；穆皇八骏；荒帝王之则。而况金通月支，价及疏勒。悉复驰去，终无所得。此余吾之降生，解倒悬于中国。（入声德韵）
>
> 祈招愔愔，式昭德音。感激万古，凄凉至今。愿以采求马之人为求贤之使，待马之意为待贤之心。②（平声侵韵）

渥洼，水名，在今甘肃省安西县境，传说产神马之处。《史记·乐书》："（武帝）又尝得神马渥洼水中，复次以为《太一之歌》。"③此赋题下未限韵，按照实际押韵可分为七段，大致是以平仄平仄平仄平为序。结句"愿以采求马之人为求贤之使，待马之意为待贤之心"，正是士子求进的口吻。

十一、Δ大历十三年（778）进士试《幽兰赋》

徐松《登科记考》卷一一大历十三年未载试赋题。伦按：本年进士有仲子陵，权德

---

① 陈鸿墀：《全唐文纪事》卷三二，清同治十二年方功惠广州刻本。

② 李昉等：《文苑英华》卷一四七，文渊阁《四库全书》，第2~4页。

③ 司马迁：《史记》卷二〇四，文渊阁《四库全书》，第4页。

舆《唐故尚书司门员外郎仲君墓志铭并叙》："君讳子陵，字某。其先鲁献公仲子曰山甫，入辅于周，食采于樊。其后鲁有季路，卫有叔圉，用儒行政事代为家法。曾祖訾，始自彭城徙于蜀郡。祖袭，博究六艺，州闾推重。考远，清静寡欲，理老严之言，三代旷僚，纯白不耀。君丱岁好古学，与同门生肄业于峨嵋山下，采摭前载可以为文章枢要者，䌷绎区别，凡数十万言。大历十三年，举进士甲科，调补秘书省校书郎，历同官、醴泉二县尉。贞元十年，举贤良方正，拜太常博士，转主客司门二员外郎。十八年乙巳，寝疾殁于靖恭里第，享年五十九。"①《文苑英华》卷一四七载乔彝、陈有章、韩伯庸、仲子陵、李公进五篇《幽兰赋》，皆以"远方袭人，终古无绝"为韵，当是本年进士赋题。又《文苑英华》卷一八九"省试十"载仲子陵、张佐同题同韵《秦镜诗》，当是本年进士诗题。乔彝、陈有章、韩伯庸、李公进、张佐，皆可补入本年进士。兹据《文苑英华》，录乔彝、仲子陵二赋于下：

乔彝《幽兰赋》，以"远芳袭人，终古无绝"为韵：

兰之生矣，不以无人而不芳。被广泽，生回塘。和寡调(一作曲)高，未俪郢中之曲；神符梦叶，终传郑国之香。赠虚(疑作灵)修于南浦，袭嘉庆于北堂。

于是芊眠茂远，靡迤秋坂。纫而为佩，骚人之意已深；间以在衿(一作谷)，楚客之情何远。薄秋风而(一作则)香盈十步，泛皓露则花飞九畹。岂(一作宁)众草之敢陵，幸移根之未晚。

若乃吴露清(一作青山)兮天气新，湘水碧兮枫岸春。烟转绿蕙，波摇白苹。荣曲溆之初莲，遗天涯之美人。离别经时，叹孤芳于秀质；艳阳可惜，怅独立于良辰。

复有映金砌，罗玉户。分竹宫，疏蕙圃。因风而起，不随彼茁之蓬；择地以生，能殊有杕之杜。宜其比同心于先哲，冠美名于前古。

兰在幽兮其芳满丛，士守业兮其道未通。入提携固在于高赏，播酷烈当跂于下风。宁使雕急景于散地，迫严凝于岁终。②

况复光阴惨烈，冰霰凄切。静而处顺，不得近于阶墀；长未当门，独遣冒于霜雪。艳歇红时，茎萎紫折。惧鶗鴂之先鸣，掩氛氲而顿绝。

於戏，兰与艾兮异味，熏与莸兮殊途。一室之人，虽当执我之契；十年之臭，尚可攘公之羭。嚣然此道，何有何无。

嗟乎！兰无熏兮搴撷之所不及，士无文兮声华之所不立。倘一借于韶光，庶余香之可袭。③

---

① 权德舆：《权德舆诗文集》卷二〇四，上海古籍出版社 2008 年版，第 367~368 页。

② 此段文字据董诰等：《全唐文》卷五一五，中华书局 1985 年版，第 5536 页所载《幽兰赋》校定。

③ 李昉等：《文苑英华》卷一四七，文渊阁《四库全书》，第 2~4 页。

“幽兰”的意象出自屈原，乔彝赋只是在第二段提及：“纫而为佩，骚人之意已深；间以在衿，楚客之情何远。”并未作深层的探讨。观其赋押“终”字韵一段：“兰在幽兮其芳满丛，士守业兮其道未通。入提携固在于高赏，播酷烈当跂于下风。宁使雕急景于散地，迫严凝于岁终。”以在幽之兰与其道未通的士子相比，盼望高赏提携的心态跃然纸上。士子置身考场，事关人生命运，必然严肃对待，郑重其事，岂有两汉相对不能作《幽兰赋》之理？

仲子陵《幽兰赋》，以“远芳袭人，终古无绝”为韵：

兰惟国香，生彼幽荒。贞正内积，芬华外扬。和气所资，不择地而长；精英自得，不因人而芳。

况乃崖断坂折，蹊分石裂。山有木而转深，径无人而自绝。柔条独秀，芳心(一作气)潜结。翡翠戏而相鲜，蘼芜生而共悦。

然后众草之中，迥为一丛。卑以自牧，和而不同。扬翘布叶，舒翠错红。霄承结露，晓泛光风。倾于阳，希所照无隐；托其地，知其道有终。

且求之昔人，征以邃古。宛成章于楚客，爰命操于尼父。佩之众，匪兰不纫；曲之多，匪兰奚鼓。

夫以熏莸之喻，臭味斯殊。同之则十年犹有，异之则一日而无。

乃清以为露，滋而为畹。比德者以之守真，赠离者以之伤远。

宜其出幽谷之滨，为阶除之珍。罗堂未晚，被径知春。依瑶池而自庇，与玉树之为邻。杜若芳芷，香辛白苹。俱受生于大块，独取象于同人。

是故兰也之采，伊人所急。篇章间起，比兴俱入。道之废可锄而去，道之兴可俯而拾。为君洒微芳于素衿，希见宝于重袭。①

仲子陵(743—802)，唐嘉州峨眉人。其赋章法与乔彝之作稍有不同，前三段着力写幽兰之幽，突出其特立独行的个性，第四段始点出来历：“宛成章于楚客，爰命操于尼父。”谓“幽兰”出自《离骚》，孔子也作有《幽兰操》，皆得到后人的珍重。仲子陵赋与乔彝之作，可谓各臻其妙。仲子陵特别强调幽兰的品性，主要采纳了屈原幽兰意象的第一种含义。宋人高似孙《讳略》卷八评云：“仲子陵《幽兰赋》曰：‘芬华外扬，真正内积；和气所资，精英自得’，此十六字超出笔墨蹊径。”②

十二、大历十四年(779)进士试《寅宾出日赋》

徐松《登科记考》卷一一大历十四年“进士二十人”下注：“是年试《寅宾出日赋》，

① 李昉等：《文苑英华》卷一四七，文渊阁《四库全书》，第6~7页。

② 高似孙著，左洪涛校注：《讳略校注》卷八，浙江大学出版社2012年版，第161页。

以‘大明在天，恒以时授’为韵，见《文苑英华》。试《花发上林苑诗》，见《唐诗纪事》。”①《文苑英华》卷三载王储、独孤授、周渭、袁同直四人同题同韵《寅宾出日赋》，录王储、独孤授二作于下：

王储《寅宾出日赋》，以“大明在天，恒以时授”为韵：

惟天为大兮，尧实则之。命羲和而驭日，俾出纳而从时。肇岁首以平分，既中星鸟；及宵衣而敬导，始见嵎夷。所以示农功之有序，叶君德于无私。

我国家克定三元，光临四海。纂唐虞之旧说，崇德礼而斯在。将举正以履端，奉天时而不改。

繇是春官蒇事，太史作程。天子居青阳之左个，览万物之初生。始昭宣于东作，终协赞于西成。杲杲临空，无幽而不烛；迟迟监下，有蛰而皆惊。伊兆人分地之利，我圣上则天之明。淑气载扬，畅禽鱼而共跃；融风乍扇，逮葵藿而咸倾。

庶绩其凝，三农式就。高台纪于云物，大野陈其搜狩。毕向化以观光，亦顺时而敬授。

岁如何其岁既登，节盈缩兮日有恒。（按：此用解镫韵法）

岁如何其岁将起，兆发生兮日之始。荀奉顺而无违，得祯祥而所以。

原夫君比德于日，日丽光乎天。抚有万方，每朝君于岁始；照临庶物，故出日于春前。煦百泉而冰泮，熏九陌而苍然。合璧表无为之化，重云示有庆之年。信惟贞而惟一，示无党而无偏。

客有藏器俟时，卑躬思泰。遇乾坤之欣合，睹日月之光大。莫不向春景以自娱，沐尧风而永赖。②

“寅宾”的意思是恭敬导引。《尚书·尧典》：“分命羲仲，宅嵎夷曰旸谷，寅宾出日。”孔安国传：“寅，敬。宾，导。”孔颖达疏：“令此羲仲恭敬导引将出之日。”③《尚书考灵曜》：“春夏民欲早作，故令民日出而作，是谓寅宾出日。”④此赋未依限韵次序，实际以“时在明授恒以天大”为序，平仄相间而行。第五、六段两韵组成一联：“岁如何其岁既登，节盈缩兮日有恒。岁如何其岁将起，兆发生兮日之始。”上联以“登”协“桓”，下联以“起”协“始”，这是用一联隔句对解决两个韵字的“解镫韵”法。

独孤授《寅宾出日赋》，以“大明在天，恒以时授”为韵：

古先哲王，允厘内外。虽庶政之咸叙，在司天而为大。所以叶乎上下，所以察

① 徐松：《登科记考》，中华书局1984年版，第399页。
② 李昉等：《文苑英华》卷三，文渊阁《四库全书》，第7~8页。
③ 孔安国等：《尚书注疏》卷一，文渊阁《四库全书》，第9~12页。
④ 黄奭辑：《尚书考灵曜》卷二，清光绪刻本。

乎交会。其职废而时令则乖，其职修而黎人永赖。

岁既阳止，东风作矣。惟时羲仲，奉若天纪。候旸谷之初升，揆农功之当起。寅宾克展，守而勿失；表耜乃修，视其所以。

观乎旭日之渐也，丽苍穹而曜晶，按黄道而徐行。万物发春，仁气良由兹始；四方仰照，阳德协于离明。盈缩必循夫晷度，职司宁阙其将迎。木位值于扶桑，初杲杲以出；土膏润于南亩，且泽泽其耕。

故王者重焉，官不虚授。考之历象，则象是用贞；准之田农，则农靡僭候。

惟帝典之明征，示人有常；惟日官之无改，永代斯在。平秩乎下，以播百谷；钦若乎上，以刑四海。(伦按：未见"恒"字官韵，盖宋人避讳改桓为常。说详下。)

慎尔有司，惟其敬之。是将迈景德于太皞，俟神功于女夷。玉烛开耀，金乌效遅。致人和而岁美，无乱日而废时。

况吾君承乾，玄化昭宣。叙三光以著象，乘六龙而御天。经纪不忒，职官惟贤。分命之事举，曲成之道全。观寅宾之出日，端稼穑兮大田。愿聆舜弦，歌唐年。因末光之可就，与羲驭而回旋。①

此赋亦未依原限韵次序，改以"大以明授常在时天"为序。赋中未见原限韵的"恒"字，查赋中第五段有一联隔句对："惟帝典之明征，示人有常；惟日官之无改，永代斯在。"若将"常"字改为"恒"字，则"恒"与"征"协韵，"在"与"改"协韵。这就是唐钞本《赋谱》所说的"解镫韵"，用一联隔句对，解决了两个限韵字。推测原赋本作"恒"字，宋人为避宋钦宗赵恒讳而改为"常"字。"恒"、"常"二字读音不同而义同，古籍中常互换，如嫦娥又作姮娥，即其显例。在独孤授的时代，试赋限韵已经成熟，恐怕少押一韵已经没有通过的可能性了。

十三、大历十四年(779)宏词试《放驯象赋》

徐松《文苑英华》卷一一大历十四年"博学宏词科"下注："试《放驯象赋》，以'珍异奇兽，无育家国'为韵。《文苑英华》又有《沉珠于泉诗》，当亦此年试题。"②《文苑英华》卷一三一载独孤授、独孤良器同题同韵《放驯象赋》，录于下。

独孤授《放驯象赋》，以"珍异禽兽，无育家国"为韵：

彼炎荒兮，王国是宾。此驯象兮，越俗所珍。化之式孚，则必受其来献；物或违性，所用感于至仁。

吾君于是诏掌兽之官，谕如天之意。惟越献象，不远而致。推己于物，曾何以异。徒见弭雄姿而屈猛志，安知不怀其土而感其类。揆夫国用，刍豢之费则多；许

① 李昉等：《文苑英华》卷三，文渊阁《四库全书》，第8~9页。
② 徐松：《登科记考》，中华书局1984年版，第400页。

(一作计)以方来，道途之勤亦至。与其绁之而厚养，孰若纵之而自遂。

且彼集于禁林，我则有五色九苞之禽；在于灵囿，我则有双胳共抵之兽。(伦按：此联用解镫韵。)

何必致远物于外区，崇伟观于皇都。是用返诸林邑之野，归尔粱山之隅。时在偃兵，岂婴乎燧尾；上惟贱贿，宁恤乎焚躯。非同委弃，罔或踟蹰。知拜跪兮则有，谢渥恩兮岂无。

复得顾侣求群，跨川登陆。食丰草以垂鼻，出平林而瞪月。逍遥乎存存之乡，保守乎生生之福。怀仁初就于牵掣，顺理竟资于亭育。游乎水同反身之龟，处乎山异放麑之鹿。

大道兹始，淳风不遐。感以和乐，亦参乎百兽率舞；驱之仁寿，宁阻乎四海为家。奚必充帝庭之实，驾鼓吹之车，然后可以为国华者哉?

由是圣心，孚于下国。物靡不获其所，化乃允臻其极。放一兽而庶类知归，遂四方而万代作则。彼周驱犀象，汉放骏马，未可论功而校德。①

独孤授，又作“独孤绶”或“独孤受”，各文献列名不同，皆指同一人。放驯象事缘于代宗驾崩，德宗即位，展示仁道。《旧唐书》卷一二《德宗本纪》：“大历十四年五月辛酉，代宗崩。癸亥，即位于太极殿。”同年闰五月“丁亥，诏：文单国所献舞象三十二，令放荆山之阳”②。唐人苏鹗《杜阳杂编》卷上记此事较详：“上每临朝，多令征四方丘园才能学术直言极谏之士，由是题笔贡艺者满于阙下。上亲自考试，用绝请托之门。是时文学相高，公道大振，得路者咸以推贤进善为意。上试制科于宣政殿，或有词理乖谬者，即浓笔抹之至尾。如辄称旨者，必翘足朗吟。翌日则遍示宰臣学士曰：‘此皆朕门生也。’是以公卿大臣已下，无不服上藻鉴。宏词独孤受，所司试《放驯象赋》，及进其本，上自览考之，称叹者久，因吟其句曰：‘化之式孚，则必受于来献；物或违性，斯用感于至仁。’上以绶为知去就，故特书第三等。先是代宗朝文单国累进驯象三十有二，上即位，悉令放之于荆山之南。而绶不辱其受献，不伤放弃，故赏其知去就焉。”③

此赋“且彼集于禁林，我则有五色九苞之禽；在于灵囿，我则有双胳共抵之兽”一联用“解镫韵”，即以“林”协“禽”，以“囿”协“兽”，用一联隔句对，解决了两个限韵字。德宗放驯象归山，意在展示仁慈情怀。

独孤良器《放驯象赋》，以“珍异禽兽，无育家国”为韵：

皇上御宝，历之惟新。阐乾符，发坤珍。德被华夷，敷云雨之大泽；恩及飞走，含天地之全仁。

---

① 李昉等：《文苑英华》卷一三一，文渊阁《四库全书》，第9~10页。

② 刘昫等：《旧唐书》，中华书局1975年版，第319~320页。

③ 苏鹗：《杜阳杂编》，中华书局1985年版，第9页。

乃却走马以反素，斥驯象而不异。非耳目之可役，同宝玉之遐弃。放之于无人之境，归之于不毛之地。或群或友，伊饮龁之无虞；载寝载兴，信生成之自遂。解网之惠无闻，放麑之仁克类。

然后以儒为林，毓贤哲以为禽。以道为囿，利忠良以为兽。（伦按：此亦用“解镫韵”。）亮功格于人神，（至）德齐于宇宙。

是由化与泽俱，仁与道符。贤为其宝，太康之训不作；兽用不扰，虞人之箴遂无。徇物之情允著，好生之德式孚。

可以顺天然，可以遂亭育。既绝燧尾之患，不虞焚身之戮。去狂顾于人寰，徇野心于林麓。

伊昔汉氏，惟其晋家。焚雉头之裘于前殿，却千里之马于后车。犹自扬休垂美，有闻无哗。

况我一人，温恭允塞。本忽之而勿营，非欲之而复抑。往籍之所未睹，前王之所不克。诚可以怀四夷，柔万国者也。①

此赋之起首声明德宗“德被华夷，敷云雨之大泽；恩及飞走，含天地之全仁”，中段则描述放驯象的情景，末尾肯定此举动有“可以怀四夷，柔万国”的效果。赋中“然后以儒为林，毓贤哲以为禽；以道为囿，利忠良以为兽”一联，亦用“解镫韵”。

第二节　建中年间试赋考察

一、建中元年（780）文辞清丽科制举试《指佞草赋》

徐松《登科记考》卷一一建中元年“文词清丽科”未载试赋事。陈尚君《〈登科记考〉正补》“建中元年庚申”条云：“《文苑英华》卷八八有梁肃、沈封、郑辕《指佞草赋》，皆以‘灵草无心，有佞必指’为韵。此三人皆于本年中文词清丽科，此赋当即此科所试，徐氏失收。”②陈尚君所论，证据确凿。兹据《文苑英华》录梁肃、沈封、郑辕三赋于下。

梁肃《指佞草赋》，以“灵草无心，有佞必指”为韵：

圣泽濡煦兮，动植斯形。相彼瑞草兮，逢时效灵。体嘉生于浩气，秉直道于彤庭。昔在尧帝，至化惟馨。伊屈轶之芳贞，协王猷与国经。有皇睿后，德动杳冥。二气畅而群生遂，百祥来而万宇宁。

矧夫佞者小人之道，直者为国之宝。虽纠正于邦宪，实发明于瑞草。象恭言伪，于是焉去而勿疑；叶布茎分，何患乎辨之不早？

① 李昉等：《文苑英华》卷一三一，文渊阁《四库全书》，第10~11页。

② 陈尚君：《陈尚君自选集》，广西师范大学出版社2000年版，第236页。

若乃一人当宇，超黄越虞。百辟来朝，日临云趋。风力论道，伊咎陈谟。瑞草在前，畴敢以谀？故曰：物生于有，有生于无。感此变化，发为祯符。不然，彼植物之何知，乃同功于帝俞。

天道不言，圣人无心。寓形阐教，其用则深。

禾颖降于周王，芝房发于汉后。信呈丰兮告庆，并垂美于不朽。比直指以去邪，谅于功乎何有？我明主所以超三英之躅，彼灵草所以为百瑞之首，有由然也。

史鱼守直，宣父恶佞。佞直不分，邦家靡定。惟草所指，惟皇所听。

指归乎一，听戒乎失。苟君(集作执)道之不弘，徒倚瑞以自必。

重曰：晔彼草兮，直而指。圣之瑞兮，时之礼。颂皇休兮，无极已。①

指佞草一名屈轶草，传说中能识别奸伪的草。王充《论衡·是应》篇："儒者又言：太平之时，屈轶生于庭之末，若草之状，主指佞人。佞人入朝，屈轶庭末以指之，圣王则知佞人所在。"②张华《博物志》："尧时有屈轶草，生于庭。佞人入朝，则屈而指之。一名指佞草。"③《旧唐书》列传第一百三赞语："灵草指佞，谏臣匡失。惟袁(高)与薛(存诚)，人中屈轶。"④

梁肃，《册府元龟》卷六四五贡举部："建中元年，应贤良方正能直言极谏科：姜公辅、元直、樊泽、吕元膺及第；文词清丽科：奚陟、梁辅肃、刘公亮、郑(辕、沈)封、吴通玄及第。"⑤崔元翰《右补阙翰林学士梁君墓志》："建中初，以文词清丽应制，授太子校书。"⑥

梁肃是韩愈、柳宗元之前提倡古文的代表人物之一，其写作律赋，也采用一些散文句法，如押"有"字韵一段，用长句"我明主所以超三英之躅，彼灵草所以为百瑞之首，有由然也"，文气充沛，句式畅达，最后四字不入韵，用漫句作结，可谓文如其人。

沈封《指佞草赋》，以"灵草无心，有佞必指"为韵：

伊嘉卉兮，昔生轩庭。盖历代而莫观其状，至我后而方睹其形。对右平与左墄，间朱草与彤庭(一作阶蓂)。薰风昼洒，湛露宵零。所以彰吾君之睿圣，所以表吾君之德馨。匪然，何以于昭其异，有赫厥灵。

根茎竦擢，枝叶静好。恶夫佞，允叶乎圣心；作乎祥，特异于灵草。

况今勤施五至，克奉三无。多忠良之士，绝谗佞之夫。非斯草之助化，何以臻

① 李昉等：《文苑英华》卷八八，文渊阁《四库全书》，第3~4页。

② 王充：《论衡》卷一七，文渊阁《四库全书》，第11页。

③ 张华：《博物志》卷四，清《指海》本。

④ 刘昫：《旧唐书》卷一五三，文渊阁《四库全书》，第16页。

⑤ 王钦若等：《册府元龟》卷六四五，文渊阁《四库全书》，第21页。此段引文，原缺"辕、沈"二字，据《太平御览》卷六二九引文补。

⑥ 董诰等：《全唐文》卷五二三，中华书局1983年版，第5322页。

于此乎？

指佞之为德也广，指佞之为瑞也深。逢圣斯生，介一人之景福；有佞必指，俾百寮而革心。

故能殊众芳之质，标群瑞之首。彼獬豸之触邪抵罪，在法则严；伊平露之倾叶知方，于人何有。

孰若我应明圣，指邪佞。昔之辅德，告轩后之功成；今也呈祥，赞吾君之理定。

一名屈轶，千载挺出。有佞则指，孰云无必。岂比夫蓮蒲空扇于尧厨，芝房徒歌于汉室哉？

足以彰至理①，荐嘉祉。君子在位，我则恭默以倾心；佞人入朝，我则无私以直指。信可以美芳声于雅颂，垂不朽于国史。②

此赋中“逢圣斯生，介一人之景福；有佞必指，俾百寮而革心”一联，言简意赅，将指佞草的功能概括得很精到。

郑辕《指佞草赋》，以“灵草无心，有佞必指”为韵：

旒扆肃诚，天地降灵。荩臣咸造，屈轶生庭。翠影如植，皇心以宁。暑屏寒生，感蓮蒲之代谢；日来月往，异蓂荚之飘零。

舄奕玄造，诞生厥草。表忠蹇之不迟，惧壬佞之何早。宵承湛露，密叶如倾；昼偃薰风，纤茎若扫。

猗那且都，歌咏难模。其生也则一，其道也乃殊。育于轩阶，其指或有；生于圣代，其用则无。

是灵草之无心，以圣人之为心。对危行而不侮，觌巧言而则侵。荣乎砌阴，实为龟为镜；肃我皇度，式如玉如金。

冠卉之首，绵代旷有。茅三脊之可封，芝九茎而延寿。

曷若兹草之盛，莫之与并。类貂蝉之性洁，均獬豸之质劲。得诗人之无邪，行孔门之远佞。

于铄屈轶，邈乎迥出。遇唐复生，应时作实。经百王而影戢，历千祀而宥密。如执法之不回，奉直道而自必。

所以野退宵人，朝多髦士。同鱼水之合契，绝蝃蝀之莫指。封思齐于大夫，名可比于君子。谢有香之兰荪，恶无言之桃李。③

---

① “至理”原作“郅理”，《旧唐书》卷二七《礼仪志七》：“深情郁乎千载，至理藏于万古。”据改。

② 李昉等：《文苑英华》卷八八，文渊阁《四库全书》，第4~5页。

③ 李昉等：《文苑英华》卷八八，文渊阁《四库全书》，第5~6页。

郑辕为大历九年(774)进士，《唐诗纪事》存其《清明赐新火诗》。据孙星衍《寰宇访碑录》卷四，郑辕仕至监察御史。此赋中谓指佞草“育于轩阶，其指或有；生于圣代，其用则无”一联，可见其小心谨慎的性格。

二、※建中二年(781)进士试《白云起封中赋》

徐松《登科记考》卷一一建中二年“进士十七人”注：“是年原试《白云起封中赋》。按赵赞之奏在十月，故此年试犹用诗赋。”①徐松所谓“赵赞之奏”指唐德宗建中二年(781)十月，中书舍人赵赞奉诏权知贡举，上了一道奏疏《请以箴表等代诗赋奏》，得到皇帝赞同，而在建中三年(782)加以实施。陈尚君《〈登科记考〉正补》建中二年辛酉“高孚”下注：“《文苑英华》卷一二收其《白云起封中赋》，以‘皇汉施德，介丘告成’为韵，为本年试。”②李肇《唐国史补》卷下：“崔元翰为杨崖州所知，欲拜补阙，恳曰：‘愿得进士，由此独步场中，然亦不晓呈试，故先求题目为地。’崔敖知之。旭日都堂始开，敖盛气白侍郎曰：‘若试《白云起封中赋》，傲请退。’侍郎为其所中，愕然，换其题。是岁二崔俱捷。”③王定保《唐摭言》卷九“好知己恶及第”条：“崔元翰为杨崖州炎所知，欲奏补阙，恳曰：‘愿进士。由此独步场中，然不晓呈试，先求题目为地。’崔敖知之。旭日都堂始开，盛气白侍郎曰：‘白云起封中赋，敖请退。’主司于帘中卒愕，换之。是岁二崔俱捷。”④王谠《唐语林》卷一：“京兆府进士、明经解送，设殊、次、平等三级，以甄行能。其后挠于权势而不行。宣宗时韦澳为尹榜曰：‘礼部旧格，本无等第，京府解送，不当区分。今年所送省进士，明经等并以纳策试前后为定，更不分等第之限。’词科本以京兆等第为梯级，建中二年崔元翰、崔敖、崔备三人：府元、府副、第三人。于邵知贡举，依次放及第。盖推崇艺实，不能易也。自文学道丧，朋党弊兴，纷竞既多澳，虽愤浇弊而革之，然人亦惜其故事之废。”⑤

伦按：《文苑英华》卷一八二载颜粲、徐敞同题共作《白露为霜》诗，《唐诗纪事》卷三二称颜粲“登建中进士第”，《全唐诗》卷三一九称徐敞“建中进士”。按：建中仅四年，若是元年登第，按史例一般记述“建中初登第”，若是三年四年，则已停试诗赋，故可定《白露为霜》为建中二年诗题，补颜粲、徐敞为本年进士。崔元翰、崔敖、崔备三人本年所试之赋未见。据《文苑英华》录高孚赋于下：

高孚《白云起封中赋》，以“皇汉施德，介丘告成”为韵：

客有遭逢汉昌，从武帝而登岱，睹白云之效祥。曰此盖非常，不飘不扬，初起封中，方郁郁以呈象；稍浮山上，乍英英而有光。原初出之义也，告成我皇。

① 徐松：《登科记考》，中华书局1984年版，第418页。

② 陈尚君：《陈尚君自选集》，广西师范大学出版社2000年版，第236页。

③ 李肇：《唐国史补》卷下，明《津逮秘书》本。

④ 王定保：《唐摭言》卷九，古典文学出版社1957年版，第97页。

⑤ 王谠：《唐语林》卷一，清《惜阴轩丛书》本。

我皇德以静人，威以平难。廓清诸夏，光启大汉。俗既和兮考时巡，礼既备兮登日观。惟天辅圣，无雨则其明征。惟岳通玄，出云所以幽赞。

不然者，山有四岳，胡独兴于此；地有四极，胡不普而施。观耀质以流彩，若无心而有知。

无心者何，随车而动息；有知者何，表圣之功德。帝穆清以修祠，云故清其容；帝贞白以为心，云故白其色。

岂徒然也，君为万国所仰，岳乃众云所届。其垂思储精，登封俯拜。亦庶乎明神斯荅，景福攸介。

故夫是云也，乘元气而出，冠灵坛而浮。不漠漠以四散，直亭亭于上头。祥光内朗，瑞色旁流。既表庆于兹日，复增华于介丘。此可以见其无疆之休者也。

且夫刻石者所以纪号，泥金者所以昭告。必玄德之已升，乃兹山之可造。若齐桓僭侈，秦帝骄暴。纵倾国以修封，岂嘉祥之云报。

美矣哉，昼日斯清，瑞云孔明。细缊萧索，下应一人之感；仿佛影响，旁闻万岁之声。彼入房彰于殷帝，浮河表于周成，岂可与兹而名哉！①

《全唐文·高孚小传》云："孚，文宗时人，官许昌县主簿。"②记高孚时代有误，应称其为德宗时人。宋王象之《舆地碑记目》卷一载"张常洧碑，唐贞元五年旌表张常洧敕一道，并纪孝行碑，高孚撰"③。

此赋依从限韵次第押韵。赋题本事出自《史记·封禅书》："其夜若有光，昼有白云起封中。"④可见这是一个咏史的题目。此赋即以"从武帝而登岱，睹白云之效祥"展开铺写。一段与二段之间，三段与四段之间，采用"顶针"手法连接，婉转流畅，是其特色。

第三节　贞元年间试赋考察

从建中三年(782)到贞元元年(785)，由于中书舍人赵赞上奏，约有四年时间停试诗赋。《册府元龟》卷六四〇贡举部记载："德宗建中二年十月，中书舍人赵赞权知贡举。先时，进士试诗、赋各一篇，时务策五道。明经策三道。赞奏：'以箴、论、表、赞代诗赋，仍各试策三道。应口问大义明经人。明经之目，义以为先。比来相承，惟务习帖。至于义理，少有能通。经术寖衰，莫不繇此。今若顿取大义，恐全少其人，欲且因循，又无以劝学。请约举司旧例，稍示考义之难。承前问义，不形文字，落第之后，

① 李昉等：《文苑英华》卷一二，文渊阁《四库全书》，第6~7页。
② 董诰等：《全唐文》卷七四七，中华书局1983年版，第7734页。
③ 王象之：《舆地碑记目》卷一，文渊阁《四库全书》，第24页。
④ 司马迁：《史记》卷一二，文渊阁《四库全书》，第13页。

喧竞者多。臣今请以所问录于纸上，各令直书其义，不假文言。既与策有殊，又事堪征证。凭此取舍，庶归至公。如有义、策全通者五经举人，请准广德元年七月敕，超与处分。明经请减两选，伏请每岁甄奖，不过数人。庶使经术渐兴，人知教本。’敕旨：‘明经义、策全通者，令所司具名闻奏，续商量处分，余依。’”①徐松按：“次年进士试《学官箴》，是罢诗赋自三年始，第不知复于何年用诗赋。考《文苑英华》载贞元四年试《曲江亭望慈恩寺杏园花发诗》，大约贞元之初，即复旧制，故大和间礼部奏言‘国初以来试诗赋，中间或暂改更，旋即仍旧’是也。”②根据现有文献可知，贞元二年(786)包佶知贡举，已有诗赋考试。贞元四年(788)，刘太真知贡举，也有诗赋考试。

一、Δ贞元二年(786)进士试《如石投水赋》

徐松《登科记考》卷一二贞元二年进士科未列试赋题目，孟二冬《登科记考补正》亦未补充。伦按：据徐松考订，本年进士有刘辟。《文苑英华》卷三二载刘辟、白敏中、卢肇三篇《如石投水赋》，其中白敏中、卢肇赋以“圣奖忠直，从谏如流”为韵，刘辟赋以“仁义忠信，公平能谏”为韵，知刘辟赋与其他两篇非同时所作。日藏唐抄本《赋谱》引《如石投水赋》云“石至坚兮水至清。坚者可投而必中，清者可受而不盈”比“义兮如君臣之叶德，事兮因谏纳而垂名”③。这篇《如石投水赋》的赋句不见于上述三篇同题赋作，而其用韵与刘辟赋之“平”字韵相同。可见，《赋谱》引用的《如石投水赋》与刘辟赋是同题同韵之作，由此可以证明，刘辟赋是一篇省试赋作。兹据《文苑英华》录其赋作于下：

刘辟《如石投水赋》，以“仁义忠信，公平能谏”为韵：

> 圣之求贤也详明，水之受物也柔顺。石遇柔而不阻，臣俟明而必进。汉祖兴兮昌言纳，留侯辅兮皇威振。喻石水以兴词，配盐梅而称隽。坚脆性异，应广纳而来投；尊卑礼殊，致精诚而取信。
>
> 伊水为体，既清而平。犹君为德，既贞而明。石岂自投，假海纳之弘量；臣非苟进，由天听而察诚。用率于有类，将感于无情。虚而受者其理远，含而容者其道行。何幽邃之能间，奚渺弥之足惊。
>
> 夫国之勃兴，必多贤智。继九臣之迹，膺三杰之义。焕发英藻，呈龙章与凤姿；敬宣嘉猷，谓岳生而天赐。
>
> 岂不由山有巨石，水有通津。忽击流以澎湃，俄答响于瀹沦。虽源深流长，乃入无不至；而体柔处润，则托有所因。移他山之贞质，依上善之全仁。夫水石之奥旨，与君臣之等伦。

---

① 王钦若等：《册府元龟》卷六四〇，文渊阁《四库全书》，第13~14页。

② 徐松：《登科记考》，中华书局1984年版，第418页。

③ 詹杭伦：《赋谱校注》，《唐宋赋学研究》，中国社会科学出版社2004年版，第76~77页。

今天子端居穆清，时和海晏。念投石之契，爰求秉钧；思箴阙之规，载征骤谏。

由是如石之义启，投水之情通。彼以诚应，我亦符同。悬天爵之荣，获斯人瑞；尊五岳之礼，视乎上公。恒启沃以为志，方清明而在躬。

比石固业，钦贤缵功。傥或水不周容，石乃无由；寓质君不虚己，臣则曷能推忠。可以垂诫训，可以流德风。

则知圣既作兮政惟恒，石既投兮贤必澄。敢献良哉之咏，愿扬美于廉能。①

赋题出自《文选》载李康《运命论》：“张良受黄石之符，诵三略之说，以游于群雄，其言也如以水投石，莫之受也；及其遭汉祖也，其言也如以石投水，莫之逆也。”②赋中称“夫水石之奥旨，与君臣之等伦”，可知水石之喻等同君臣之情。此赋写水石相遇与君臣相合的情景非常真切，也不回避若“君不虚己，臣则曷能推忠”的教训，是写君臣际遇题材的佳作。

二、※贞元四年(788)进士试《曲江亭望慈恩寺杏园花发诗》

王定保《唐摭言》卷三《慈恩寺题名游赏赋咏杂纪》条：“进士题名，自神龙之后，过关宴后，率皆期集于慈恩塔下题名，故贞元中，刘太真侍郎试《慈恩寺望杏园花发诗》。”③徐松《登科记考》卷一二贞元四年“进士三十一人”注：“《摭言》：‘贞元中，刘太真侍郎试《曲江亭望慈恩寺杏园花发诗》。’按太真连放两榜，此未知何年，姑载于第一榜，俟考。《五百家韩注》引孙注：‘贞元四年，侍郎刘太真知举，放进士三十六人，崔立之中第。’④按此年三十一人，云三十六人，未知孰是，或误以五年人数当之也。”⑤伦按：崔立之应为贞元五年(789)进士。崔立之，字斯立。方崧卿《韩集举正》卷五《蓝田县丞厅壁记》注：“斯立贞元四年进士，六年中博学宏辞。”陈尚君《〈登科记考〉正补》贞元四年考云：“《文苑英华》卷一八〇《省试诗》有崔立之、裴次元、王良士(误作士良)《南至日隔霜仗望含元殿炉香》诗。今知立之本年进士及第，次元本年举制科，良士为本年或明年刘太真知举时登第(见裴度《刘太真神道碑》，徐氏附载明年)。综合诸证，《南至日……》当为本年所试。《摭言》云刘太真试《曲江亭望慈恩寺杏园花发诗》，应为明年试题。”⑥伦按：崔立之不一定是贞元四年进士登第。韩愈《蓝田县丞厅壁记》云：“博陵崔斯立种学积文，以蓄其有，泓涵演迤，日大以肆。贞元初，挟其能战艺于京师，再进再屈于人。”又《寄崔二十六立之》诗云：“连年收科第，若摘颔底髭。”对于韩文与韩诗评述崔立之的看似矛盾之处，宋代注家纷纷为之解说，或谓“屈”字当解作“使人

① 李昉等：《文苑英华》卷三二，文渊阁《四库全书》，第9~10页。
② 萧统编，李善注：《文选》卷五三，文渊阁《四库全书》，第10页。
③ 王定保：《唐摭言》卷三，古典文学出版社1957年版，第28页。
④ 韩愈：《五百家注昌黎文集》卷五《寄崔二十六立之》诗注，文渊阁《四库全书》。
⑤ 徐松：《登科记考》，中华书局1984年版，第444页。
⑥ 陈尚君：《陈尚君自选集》，广西师范大学出版社2000年版，第237页。

屈”，或谓“于”字乃“千”字之误，其实皆不得要领。依笔者之见，韩文所说，乃崔立之贞元三年(787)四年(788)落第之事；韩诗所言，乃崔立之贞元五年(789)进士中第，贞元六年(790)宏词登科之事。宋人蒲积中《岁时杂咏》卷三九有崔立之《南至日隔仗望含元殿香炉》诗，下注：“贞元六年。”据此，似应将该诗定为贞元六年宏词诗题。贞元四年的进士诗题，在无新材料佐证下，仍应维持徐松的判断为妥。

《文苑英华》存崔立之诗凡三首：卷一八〇“省试一”《南至日隔霜仗望含元殿炉香》、卷一八三“省试四”《春风扇微和》、卷一八三“省试四”《曲池洁寒流》。其中《南至日隔霜仗望含元殿炉香》为贞元六年宏词诗题，《春风扇微和》为贞元十年进士题(详该年考)，仅剩《曲池洁寒流》，似可定为贞元五年进士诗题。因为“曲池洁寒流”为唐德宗本人贞元四年九月所作诗句，贞元五年，刘太真以德宗诗句出题选士，亦是合乎情理之事。

三、Δ贞元五年(789)进士试《南风之熏赋》

徐松《登科记考》卷一二贞元五年“进士三十六人”下未载试赋题。陈尚君《〈登科记考〉正补》：“《文苑英华》卷十三收张正元、吴仲舒、李夷亮、李方叔《南风之熏赋》，皆以‘悦人阜财，生物成遂’为韵。正元、方叔为本年进士，因知此赋即本年试。”①

伦按：本年进士诗题应为“曲池洁寒流”诗。《旧唐书》卷一三七《刘太真传》：“太真尤长于诗句，每出篇，人皆讽诵。德宗文思俊拔，每有御制，即命朝臣毕和。贞元四年九月赐宴曲江亭，帝为诗序曰：‘朕在位仅将十载，实赖忠贤左右，克致小康。是以择三令节锡兹宴赏，俾大夫卿士得同欢洽也。夫共其戚者同其休，有其初者贵其终。咨尔群僚，颁朕不暇，乐而能节，职思其忧，咸若时则，庶乎理矣。因重阳之会，聊示所怀’：‘早衣对庭燎，躬化勤意诚。时此万枢暇，适与佳节并。曲池洁寒流，芳菊舒金英。乾坤爽气澄，台殿秋光清。朝野庆年丰，高会多欢声。永怀无荒诫，良士同斯情。’因诏曰：‘卿等重阳会宴，朕想欢洽欣慰，良多情发于中，因制诗序。今赐卿等一本，可中书门下简定文词士三五十人应制，同用“清”字，明日内于延英门进来。’宰臣李泌等虽奉诏，简择难于取舍，由是百僚皆和。上自考其诗，以太真及李纾等四人为上等，鲍防、于邵等四人为次等，张蒙、殷亮等二十三人为下等，而李晟、马燧、李泌三宰相之诗，不加考第。”②在这种君臣爱诗的风气之下，刘太真以礼部侍郎知贡举，自然需要维护帝王的权威。崔立之有《曲池洁寒流》诗，载《文苑英华》卷一八三“省试四”：“闲寻欹岸步，因向曲池看。透底何澄澈，回流乍屈盘。稍随高树古，迥与远天寒。月入镜华转，星临珠影攒。纤鳞时蔽石，转吹或生澜。愿假涓微效，来濡拙笔端。”③此诗“寒韵”、“桓韵”合用，是一首标准的试帖诗。据《文苑英华》录应试赋作于下：

① 陈尚君：《陈尚君自选集》，广西师范大学出版社2000年版，第238页。

② 刘昫：《旧唐书》卷一三七，文渊阁《四库全书》，第5~6页。

③ 李昉等：《文苑英华》卷一八三，文渊阁《四库全书》，第11页。

张正元《南风之熏赋》，以“悦人阜财，生物咸遂”为韵：

昔者南风和醇，明德惟新。创五法而配夏，感万物以如春。不然者，夔何以得为典乐，舜何以尊为圣人者哉？

其风乃周流遐裔，荡涤庶物。廓宇宙以澄清，屏腐余之伊郁。故表太平之至理，俾寰宇之无咈也。

且顺而随时曰巽，气之相感曰咸。合之宁间于幽林旷野，散之何啻乎万壑千岩。

当其南正司辰，朱明应节。我风在德，何以验乎枯桑；我风在仁，何必候于空穴。人奚以钦，物既斯悦。熏不在乎器，物莫能同；叶不在乎兰，人何以结。①

知执德不回，嘉祥有开。始斯人之解愠，倏仪凤以爰来。有孚颙若，至德休哉。足以成天下之务，畜天下之财。

今国家以义为利，知风之自。实皇猷之穆穆，因皇道之易易。竹帛之功斯在，丝桐之音不坠。夫如是，未有灵瑞之不臻，生成之不遂者也。

宁与夫蓬振尘惊，飕飗凄清。或败物者有坠，或中人而丧精。未若我皇内协正德，外和厚生。在乎野，而草自偃；入乎林，而条不鸣。

是则良哉元首，克洽九有。仰南风兮，何翕尔而纯和，幸得咏时康与俗阜。②

赋题的出处见王肃《孔子家语》卷八《辩乐解》：“昔者舜弹五弦之琴，造南风之诗，其诗曰：‘南风之熏兮，可以解吾民之愠兮；南风之时兮，可以阜吾民之财兮。’得其时阜盛也。”③试官以“悦人阜财，生物咸遂”为限韵，不仅揭示了赋题的意义，而且为铺写的内容层次给出了清晰的指引，即需要从人悦和财富两方面落笔。此赋实际以“人物咸悦，财遂生阜”为押韵次序。

吴仲舒《南风之熏赋》，以“悦人阜财，生物咸遂”为韵：

歌南风之熏兮，肇自前烈；美凯风以时兮，流乎俊哲。淡淡荡荡，生乎无间；馥馥微微，播于有截。故功成作乐，而上下昭著；治定制礼，而君臣有别。吾亦乘日月之至明，致中和之令节。言而履之，万国称庆；动而法之，千寮胥悦。

此所谓规模帝舜，慰洽吾人。操五弦之琴而八风从律，征三代之乐而六气平均。使天下霈然而有感，穷海外飒尔而知春。

至于传之永久，垂之不朽。可以动萌芽，可以荣林薮。熏风之有德也，使国富

---

① 数句原作：“物既斯悦。熏不在乎器，人奚以钦。物莫能同，叶不在乎兰，人何以结。”《文苑英华》原注：“此数句疑有颠倒。”今据用韵移正，以便阅读。

② 李昉等：《文苑英华》卷一三，文渊阁《四库全书》，第8~9页。

③ 王肃：《孔子家语》卷八，文渊阁《四库全书》，第6页。

以人安。熏风之有惠也，使时和而俗阜。

若乃燠佳气兮允塞，扫祥烟兮乍开。早绽青门之柳，先惊上苑之梅。晦入阳春之曲，潜吹玉管之灰。此亦韶年之丽景，况有顺时而丰财。

或披襟而乍对，或临水而轻拂。承长养则芳气袭于一人，阐煦妪则膏露沾于万物。

斯以发号施令，前规后监。三农以之协洽，兆人以之无(疑)咸。

如此则典礼备，麟凤至。吾道不乐兮，发身有时；熏风自南兮，万物咸遂。

物本无情，因时而生。百姓日用而不觉，五音岁兆于未萌。傥高飙之借便，顺下风而长鸣。①

此赋实际以“悦人阜财，物咸遂生”为序，平仄相间而行。写景的一段“早绽青门之柳，先惊上苑之梅。晦入阳春之曲，潜吹玉管之灰”，清新自然，音节嘹亮。

四、Δ贞元六年(790)进士试《清济贯浊河赋》

徐松《登科记考》卷一二贞元六年进士未定赋题，以为柳宗元《省试观庆云图诗》当为本年所作。孟二冬认为此诗非本年所作，《文苑英华》卷一八〇载李程、柳宗元、李行敏三人《观庆云图诗》，三人同登贞元十二年(796)宏词科[伦按：当为贞元十三年(797)，详该年考订]，颇疑此诗为该年宏词试题；于是，另定《文苑英华》卷一八九“省试十”所载许尧佐、李君房《石季伦金谷园诗》为本年进士诗题。② 伦按：《文苑英华》卷三四载李君房、许尧佐同题同韵《清济贯浊河赋》，当为本年进士赋题，据录于下：

李君房《清济贯浊河赋》，以“与浊同流清源自别”为韵：

济有澜兮，清泠不穷。以清激浊兮，洪河之中。迤灵长而委注，忽洊至而争雄。惧淈乎泥，我则贯而愈净；将合于道，我则和而不同。

徒睹其虚明皎洁，秀色澄澈。漾清泚以遐分，界飞涛而划绝。始骋迅以中泻，载流谦而东泄。德惟静，自澄之于本源；体虽柔，岂混之于派别。

懿夫贞不受污，清非可混。喷中流而激射，劈巨浪之崩奔。状浮云决开，晴天之洒空碧；若轻埃乍敛，明镜之洗蒙昏。远而望之，孤烟横于曲渚；迫而察也，霜练引于灵源。

是知夫道恶比周，物莫相与。彼流湿之为类，尚沿源而异处。匪泥沙之可杂，岂湍洑之能阻。

越洪涛之浮浮，驶清浪之悠悠。不学淄渑之难辨，且殊泾渭之同流。于以用

① 李昉等：《文苑英华》卷一三，文渊阁《四库全书》，第9~10页。

② 孟二冬：《登科记考补正》卷一二，燕山出版社2003年版，第529页。

之，甘见和之醴；就其深矣，欣可泛乎舟。

状盘涡之瀺灂，不染乎浊；前跳沫之飞惊，不伤夫清。均上善以清美，含至虚而体平。度龙堂而愈洒，洗贝阙而增明。何必溱洧之阳，然后濯其发；宁俟沧浪之畔，然后澡其缨。

截河而流，所以为异；导沇而注，明乎所自。酾浊波而回亘，沛惊湍以自致。庶弥久而不渝，鉴妍媸兮无愧。

命题出自《诗·邶风·谷风》："泾以渭浊。"毛传："泾渭相入而清浊异。"又见《史记·苏秦列传》："天时不与，虽有清济、浊河，恶足以为固!"清浊本指清澈的济水与浑浊的浊河，引申则指世人有清流与浊流之分。李君房此赋着重写清济保持本性，不与浊河相混，以喻士人应当以清流自居。

此赋押韵未依官韵次第，改以"同别源与流浊清自"为序，平仄相间而行。"状盘涡之瀺灂，不染乎浊；前跳沫之飞惊，不伤夫清"一联，用"解镫韵"法。

许尧佐《清济贯浊河赋》，以"与浊同流清源自别"为韵：

河之并济兮，惟秩其平。济之贯河兮，势若相倾。非刚克，无以见其柔立；非甚浊，无以彰其至清。是以灵源浚发，柔德兼呈。

徒观其流波委注，秀色澄澈。冲融而浊水遥开，鼓怒而洪流直截。遂使还淳之士，疑二气之初分；策功之臣，惊一带兮中裂。既处浊而不染，每含贞而自洁。苟与和光者殊致，宁与淈泥者无别。

是以霍濩波激，崩腾势翻。济水与河水相辉，光容易识；清流与浊流不杂，质性难论。苟征之于变化，可察之于本源。

于以表德，于以辨类。方九折而横流，启重泉而直至。故以盘涡浑晓日之辉，迭镜写晴峰之翠。绝河而去，孰与我争先；导沇斯来，孰谓我奚自。

若乃冲虚是玩，迅激难俦。广可涉兮，思航苇于寒渚；清可挹也，欲濯缨于夕流。贯长川之浸浸，委轻浪之悠悠。

然下流绵邈，愿表清而不浊；上善昭融，故守和而不同。故可扶正直之纯志，助润泽之成功。动涟漪于回浦，萃光景于微风。

且淮之清兮滨于夷，江之远兮界于楚。岂若贯大川以扬波，临大都而分渚。含清浊而独秀，求匹敌而谁与。苟河清之可期，愿朝宗而为侣。

此赋亦未依原官韵次第，改以"清别源自流浊同与"为序，平仄相间而行。押"浊"字和"同"字一联"下流绵邈，愿表清而不浊；上善昭融，故守和而不同"，亦采用"解镫韵"法。

许尧佐因有传奇《柳氏传》(载《太平广记》卷四八五)而颇受时人重视。许氏在贞元十年(794)又举贤良方正能直言极谏科，某些小说研究者以为许是贞元十年进士，则非是。

五、Δ贞元六年(790)宏词试《南至郊坛有司书云物赋》

徐松《登科记考》卷一二贞元六年"博学宏词科"未载赋题。孟二冬未予补充。伦按：本年宏词试有崔立之，字斯立。方崧卿《韩集举正》卷五《蓝田县丞厅壁记》注："斯立贞元四年进士，六年中博学宏辞，'再进而屈千人'，少陵诗所谓'笔阵独扫千人军'者是也。"①王溥《唐会要》卷九下引《德宗本纪》："(贞元)六年九月己卯诏：'十一月八日有事于南郊，太庙行从官吏将士等一切并令自备食物，其诸司先，无公厨者以本司阙职物充其王府官度支，量给廪物，其仪仗礼物并仰御史撙节处分。'十一月庚午日南至，上亲祀昊天上帝于郊丘，礼毕还宫，御丹凤楼，宣赦见禁囚徒，减罪一等。立仗将士及诸军兵赐十八万段匹。"②宏词试一般在年底举行，试官以天子有事于南郊为题是合宜之举。《文苑英华》卷一一有崔立之《南至郊坛有司书云物赋》，应是本年博学宏词科赋题。《文苑英华》卷一八〇省试一载崔立之、裴次元、王良士《南至日隔霜仗望含元殿炉香》诗，应是本年宏词诗题。

崔立之《南至郊坛有司书云物赋》，以题为韵：

> 唯皇动天，辨方正位。稽大明于北陆，郊上玄于南至。五夜祗肃，载维列祖之诚；三日罔愆，用表致斋之意。
>
> 于是乘法驾，鸣和鸾。玉漏声晓，金波影残。环卫俨以星拱，簪裾列而云攒。备肃肃之盛礼，咸济济于灵坛。大吕云门，既六变而斯阕；嘉栗旨酒，感百神而具欢。
>
> 矧器用陶匏，藉以包茅。光逾泰畤，馨迈周郊。朱火炀烟，远浮于华盖；玄酒明水，近映乎长旓。
>
> 懿夫宇宙氛氲，晴郊景曛。宗伯司礼，保章辨云。荣光烛于九野，佳气覆于六军。飘飘飖飖，郁郁纷纷。足以昭上帝，瑞吾君。时谓唐时，歌卿云之五色；德称虞德，咏南风之再薰。
>
> 是以惟圣惟寿，可大可久。既丰稔之足征，复灾疠(一作眚)之何有。
>
> 既而旋天步，回象舆。大孝是展，皇情未摅。将欲超羲轩于上古，方淳朴于太初。俾时和俗阜，涂谣史书。土阶攸则，而琼室靡居。
>
> 且虑乎贤哲尚屈，所以敦于云物；缅乎德化未覃，所以郊于国南。祈动植之攸济，匪娱乐而是甘。(伦按：押"物"字用解镫韵。)
>
> 然后景福来格，无疆在兹。笑竹宫之求应，鄙宣室之受厘。是以降哀矜之诏，

---

① 方崧卿：《韩集举正》卷五，文渊阁《四库全书》，第6页。

② 王溥：《唐会要》卷九下，文渊阁《四库全书》，第39~40页。

宣恻隐之慈。布政施德，逮惸与嫠。举沉沦于是日，庶闻之于有司。①

云物，指云的色彩与预兆。《周礼·春官·保章氏》："以五云之物，辨吉凶水旱降丰荒之祲象。"郑玄注："物，色也。视日旁云气之色降下也，知水旱所下之国。郑司农云：以二至二分观云色，青为虫，白为丧，赤为兵荒，黑为水，黄为丰。"此赋原限以题为韵，实际押韵次序是"至坛郊云有书物南司"，凡九韵。第七段"虑乎贤哲尚屈，所以敦于云物；缅乎德化未覃，所以郊于国南"一联，以"屈"协"物"，以"覃"协"南"，用解镫韵。

六、贞元七年(791)进士试《珠还合浦赋》

徐松《登科记考》卷一二贞元七年"进士三十人"下注："试《珠还合浦赋》，以'不贪为宝，神物自还'为韵；《青云干吕诗》。见《文苑英华》。"②《唐诗纪事》卷四二《令狐楚》条："贞元七年，杜黄裳知举，微服访名士于尹枢。枢言子弟有崔元略，孤进有林藻、令狐楚。其年枢冠，榜试《珠还合浦赋》。藻赋成，梦人谓曰：'何不叙珠来去之意?'既寤，改之。黄裳谓藻曰：'叙珠来去，如有神助。'是年楚第五，藻第十。"③《全唐文》卷六一九《尹枢小传》："枢，贞元七年进士第一，时年已七十余。"④郑岳《莆阳文献列传》："林藻以词赋擢贞元七年进士，省试《合浦还珠赋》，稿成假寐，恍惚见人语曰：'何不叙珠去来?'藻悟，援笔修之曰：'珠之去也，山无色兮氛雾冥冥，海无光兮空水浩浩；珠之来也，川有媚兮祥风习习，地有润兮生物振振。'果中第。及谢主司，杜黄裳曰：'叙珠去来，岂有神助耶?'莆人第进士自藻始，官至殿中侍御史。"⑤《文苑英华》卷一一七收录尹枢、陆复礼、令狐楚三人同题同韵之赋，录于下：

尹枢《珠还合浦赋》，以"不贪为宝，神物自还"为韵：

骊龙之珠，无胫而至。骇浪浮彩，长川再媚。回夜光之错落，反明月之瑰异。非经汉女之怀，宁泣鲛人之泪。状征既往，莫究奚自。偶良吏兮斯来，遇贪夫兮则阏。

想夫旋返之仪，圆明可期。辉如电转，粲若星驰。光浦溆，窜蛟螭。映沙砾，晃涟漪。在暗而投，诚则悲路人未鉴；沉泉而隐，亦常表帝者无为。欣出处兮据德，幸浮沉兮中窥。

是以特表殊姿，潜怀有道。中含逸彩，上系玄造。丑当时之饕餮，应为政之美好。真列郡之尤祥，实重泉之至宝。

---

① 李昉等：《文苑英华》卷一一，文渊阁《四库全书》，第6~7页。
② 徐松：《登科记考》，中华书局1984年版，第457页。
③ 王仲镛校笺：《唐诗纪事校笺》卷四二，巴蜀书社1989年版，第1146页。
④ 董诰等：《全唐文》卷六一九，中华书局1983年版，第6251页。
⑤ 郑岳：《莆阳文献列传》(明万历刻本)，《林蕴传》第二。

于是焕清濑，辉浅湾。奔璀璨，走斓斑。岂能与石前却，随流往还。泛连波之下，盈一水之间而已哉？

兹川兮始明，老蚌兮勿剖。瓴甋兮罢笑，琼瑰兮莫偶。抱圆质而胥既，扬众彩而未久。方载沉而载浮，且曷澣而曷不。

玉非宝，泉戒贪，实为国之司南。

诚感神，德繄物，在为政之不咈。(伦按：此用"解镫韵"。)

愚是以颂其宝而悦其人，美斯政而感斯珍。想沿洄于旧渚，念涵泳于通津。则知美政不远，嘉猷入神。故中潜皎晶，下沉斒沦。转则无颣，磨而不磷。诚丹泉之莫拟，谅赤水之非珍。苟或疑此为虚诞，愿征之于水滨。①

"珠还合浦"典出《后汉书·孟尝传》："合浦郡不产谷实而海出珠宝，与交趾比境，常通商贩，贸籴粮食。先时宰守并多贪秽，诡人采求，不知纪极。珠遂渐徙于交趾郡界。于是行旅不至，人物无资，贫者饿死于道。尝到官，革易前敝，求民病利。曾未逾岁，去珠复还。"②这是一个戒贪的典故，故考官以"不贪为宝，神物自还"为限韵。实际押韵次序为"自为宝还，不贪物神"，平仄相间。"玉非宝，泉戒贪，实为国之司南。诚感神，德繄物，在为政之不咈"一联，限韵字"贪"、"物"放在上下联股对的中间，亦是"解镫韵"的特殊形式。

陆复礼《珠还合浦赋》，以"不贪为宝，神物自还"为韵：

珠行藏兮，与道为邻。政善恶兮，感物生神。私以务贪，必去土而匿耀；光之崇俭，则还浦而归淳。

我政无累，匪求而至。宛若中流，昭然明媚。对三光而分色，契一德而潜致。盈虚无胜，不随月魄以哉生；往返有孚，殊异奔星之出使。徒见其表迹，罔知其奚自。睹映水之新规，谓沉泉之初弃。为人利也，且一贯以称珍；与众共之，虽十斛而不匮。

然知此珠之感，唯政是随。当政至而则至，偶俗离而则离。人而无道兮，不去何以；人而有德兮，不复何为。止旧浦而可采，同暗投而在斯。质若累累，疑点缀于霄汉；色仍皎皎；终炫耀乎涟漪。

且夫彼邦政悖，我则为不居之物。彼邦政闲，我则能应道而还。(伦按：此联用解镫韵。)

岂专巨蚌是剖，实惟无胫而走。将不贪以共存，非甚爱之能守。浦之不吝，任

---

① 李昉等：《文苑英华》卷一一七，文渊阁《四库全书》，第3~4页。

② 范晔：《后汉书》卷一〇六，文渊阁《四库全书》，第17页。

变化以往还；珠之员来①，辨政理之奸不。诚可以孚，明可以久。处泥沙而有光，知进退而不苟。利用溥博，何必取之于龙颔；报德宏多，奚犹得之于蛇口。

其来也所以辅正，其去也所以戒贪。警循良之夕惕，俾傲狠以知惭。

勿以珠为蕴蓄，勿以珠为珍好。且还浦而难期，且离邦而难宝。将守之而勿失，在闲邪以存道。②

此赋首联破题，为海珠之或行或藏，与政道之善恶相关。第二段表彰政通人和，海珠耀彩。第三段海珠具有“惟政是随”的特性。第四段和第五段以解镫韵句法，讲海珠来去的原则。第六段讲海珠具有分辨“政理之奸不”的功效。第七段讲海珠辅正戒贪的意义。第八段讲不要把海珠当成珍宝，而要将其视为存道的见证。“且夫彼邦政悖，我则为不居之物。彼邦政闲，我则能应道而还”一联，以“悖”协“物”，以“闲”协“还”，一联解决两个限韵字，用“解镫韵”法。

令狐楚《珠还合浦赋》，以“不贪为宝，神物自还”为韵：

物之多兮珠为珍，通其货而济乎人。才披沙以晶耀，俄错彩以璘玢。避无厌之心，去在他境；归克俭之政，还乎旧津。繇是观德，孰云无神。

相彼南州，昔无廉吏。富期润屋，贪以败类。孤汉主析珪之恩，夺苍梧易米之利。滥源既启，真质斯闷。从予旧而不遐，谅天视兮有自。

孟君来止，惠政潜施。欲不欲之欲，为无为之为。不召其珠，珠无胫而至；不移其俗，俗如影之随。尔其状也，上掩星彩，遥迷月规。粲粲离离，与波逶迤。

乍入潭心，时依浦口。惊泉客之初泣，疑冯夷之始剖。依于仁里，天亦何言；富彼贪夫；神之所不。

沙下兮泥间，韬光而自闲。映石华之皎皎，杂鱼目之鳏鳏。岂比黄帝之使象罔，玄珠乃得；蔺生之诡秦主，荆玉斯还。

繇是发润洲苹，增辉岸草。水容益媚，泽气弥好。川实效珍，地宁爱宝。隐见谅符乎龙跃，亏全非系乎蚌老。岂惟彰太守之深仁，可以表天子之至道。

观夫杲耀外澈，英华内含。饰君之履兮岂不可，照君之车兮岂不堪。犹未遭于采拾，尚见滞于江潭。虽旧史之录，与前贤之谈。终思入掬以腾价，永得书绅而厉贪。

于惟明时，不贵异物。徒饬表者招累，而握珍者难屈。是珍也，居下流而委弃，历终岁而堙郁。望高鉴兮暗投，幸余波之洗拂。③

---

① 员来：《文苑英华》原注：“此二字赋中屡用，案《书·秦誓》‘若弗云来’，正义曰：‘员即云也。’《集韵》：‘云通作员。’不可妄改。”

② 李昉等：《文苑英华》卷一一七，文渊阁《四库全书》，第4~6页。

③ 李昉等：《文苑英华》卷一一七，文渊阁《四库全书》，第6~7页。

此赋押韵未依官韵次序，改为“神自为不还宝贪物”，一平一仄，相间而行。首段写海珠之神奇，次段写海珠之来历，第三段写孟尝的事迹，第四段写海珠之去，第五段写海珠之还，第六段借孟尝而表彰天子，第七段写海珠去而复还的故事可以为历史之鉴，末段表达希望考官高鉴提携的愿望。

七、贞元八年(792)进士试《明水赋》

徐松《登科记考》卷一二“进士十二人”下注：“试《明水赋》，以‘玄化无宰，至精感通’为韵，见《文苑英华》；《御沟新柳诗》，见洪兴祖《韩子年谱》。”①《文苑英华》卷五七录夏棱、欧阳詹、韩愈、陈羽、佚名共五人同题同韵之作。按：此“夏棱”当作“贾棱”，为本年进士状元。洪兴祖《韩子年谱》卷一：“《唐科名记》云：‘贞元八年，陆贽主司，试《明水赋》、《御沟新柳诗》，其人贾棱、陈羽、欧阳詹、李博、李观、冯宿、王涯、张季友、齐孝若、刘遵古、许季同、侯继、穆贽、韩愈、李绛、温商、庾承宣、员结、胡谅、崔群、邢册、裴光辅、万珰，是年一榜多天下孤隽伟杰之士，号龙虎榜。’按：姚康《科第录》，李博实本年末名，《科名记》录于第四，非也。又《欧阳詹传》谓詹与韩愈、李观、李绛、崔群、王涯、冯宿、庾承宣联第，皆天下选，时称龙虎榜。盖是榜由此八人而重也。”②吴曾《能改斋漫录》卷四：“贞元八年，是岁壬申，兵部侍郎陆贽知贡举，所取二十三人，贾棱为首，欧阳詹第二人。是榜其后为宰相者三人：王涯、李绛、崔群。赋题《明水》，诗题《御沟新柳》。”③

贾棱④《明水赋》，以“玄化无宰，至精感通”为韵：

祭祀上洁，精诚克宣。伊明水之为用，谅至诚以为先。积阴以成符，嘉应于冥数；以鉴而取，感无私于上玄。将假以表敬，式彰乎告虔。皎皎泛月，瀼瀼降天。

既禀气在阴，亦成形于夜。有无虽系于恍惚，融结宁随于冬夏。明者诚也，我则暗然而彰；水惟信焉，吾非倏尔而化。

徒观其清霄雾敛，朗月轮孤。鉴清荧而类镜，水滴沥而疑珠。混金波而共洁，迷玉露而全无。感而遂通，配阳燧之为火；融而不涸，异寒冰之在壶。

彼既无情，此何有待。始同方而合体，宁望远而功倍。故能佐因心于霜露，均润下于江海。有形有实，徒加以强名；无臭无声，孰知其真宰。

是以昭其俭，洁其意。含水月之淳粹，修粢盛于丰备。作玄酒而礼崇，登清庙之诚贵(疑)。嗤潢污之野荐，陋甘醴之莫致。(未见至字官韵)

祀事孔明，其仪既精。无朕而有，不为而成。二气相临，本自蟾蜍之魄；三危

① 徐松：《登科记考》，中华书局1984年版，第463页。

② 洪兴祖：《韩子年谱》卷三，民国景刊《韩文类谱》本，第11~12页。

③ 吴曾：《能改斋漫录》卷四，文渊阁《四库全书》，第24页。

④ 贾棱：原作“夏棱”，据《全唐文》卷五九四改。

莫比，殊非沆瀣之英。至道自玄而兆，醴泉因地而生。

原夫月丽于天，水习乎坎。物有时而出，故方诸而夜呈；事有朕而因，故阴灵而不(疑作下)感。

大满若冲，其来不穷。风尘莫染其真质，天地不隔其幽通。况国家崇仪礿祀，荐敬旻穹。方欲行古道，稽淳风。客有赋明水之事，敢闻之于闷宫。①

古代占卜和祭祀时，需要用明火和明水。明火是用铜镜映日聚光所产生的火。《周礼·春官·菙氏》："凡卜，以明火爇燋。"郑玄注："明火，以阳燧取火于日。"《旧唐书·礼仪志四》："欲为祭馔，将阳燧望日取火，谓之明火。""明水"是古代祭祀所用的净水。《周礼·秋官·司烜氏》："以鉴取明水于月。"孙诒让《周礼正义》："窃意取明水，止是用鉴承露。"考官以此命题，要求士子描写用明水祭祀的场面和意义。

状元贾棱的赋作即由祭祀用明水，表达至诚之意开篇，接着推原以鉴取水的来历，再描述用明水祭祀的场面，最后论证天人感通的道理。此赋之好处在于句法非常整饬，多以紧句、长句、隔句对相次而行。但其第五段，《文苑英华》原注："未见'至'字官韵。"按此段所押意、备、致，为至韵，押贵字，为未韵。据戴震《声韵考》卷二《考定广韵独用同用四声表》，"未韵"独用，与"至韵"不通押。故《文苑英华》原校者在"贵"字下标注"疑"字。从各赋押韵次第来看，本年应有按照官韵依次用韵的规定。

韩愈《明水赋》，以"玄化无宰，至精感通"为韵：

古者圣人之制祭祀也，必主忠敬，崇吉蠲。不贵其丰，乃或荐之以水；不可以渎，斯用致之于天。其事信美，其义惟玄。月实水精，故求其本也；明为君德，因取以名焉。

于是命烜氏，候清夜。或将祭圆丘于玄冬，或将祭方泽于朱夏。持鉴而精气旁射，照月而阴灵潜下。视之不见，谓合道于希夷；挹之则盛，方同功于造化。

应于有，生于无。形象未分，徒逞离娄之目；光华暗至，如还合浦之珠。既齐高于醴酒，讵比贱于潢污。

明德惟馨，神功不宰。于以表诚洁，于以诫荒怠。苟失其道，杀牛之祭何为；如得其情，明水之荐斯在。

不引而自致，不行而善至。虽辞曲蘖之名，实处樽罍之器。降于圆魄，殊匪金茎之露；出自方诸，已似鲛人之泪。将以赞于阴德，非独配于阳燧。

夜寂天清，烟消气明，桂华吐耀，玉兔腾精。聊设教以取水，伊不注而能盈。霏然有象，的尔而呈。始茫茫以霜积，渐微微而浪生。

岂不以德叶于坎，有类则感。(伦按：此为解镫韵。)

形昭在空，气应则通。鹤鸣在阴之论不谬，虎啸于谷之道可崇。庶令知圣真之

① 李昉等：《文苑英华》卷五七，文渊阁《四库全书》，第2~3页。

无党，验天地之至公。窃比大羹之遗味，幸希荐于庙中。①

计有功《唐才子传》："韩愈，字退之，南阳人。早孤依嫂，读书日记数千言，通百家。贞元八年擢第。"②韩愈曾经四次参加进士考试，前三次皆落榜，第四次始登第。其《上宰相书》云："四举于礼部，乃一得。"③又《答崔立之书》云："及来京师，见有举进士者，人多贵之。仆诚乐之，就求其术，或出礼部所试赋、诗、策等以相示。仆以为可无学而能。因诣州县求举，有司者好恶出于其心，四举而后有成。"④韩愈本习古文，心气甚高，不屑于作骈俪格律之文，但四次考试始中举的经历使其逐渐纯熟地掌握了此种文体的写作格式和技巧。据《新唐书》本传，韩愈以合格的律赋中举，后来"才高数黜，官又下迁，乃作《进学解》以自谕。……执政览之，奇其才，改比部郎中、史馆修撰。转考功，知制诰，进中书舍人"⑤。《进学解》一文既有古文之流畅，又有骈俪文铺张扬厉的辞气。可见，在提倡古文的同时善用骈偶文，乃韩愈一生仕途转折的关键。

韩愈《明水赋》首段破题，"月实水精，故求其本也；明为君德，因取以名焉"一联，破"明水"二字，十分巧妙。次段原题，描述司烜氏以鉴取水的过程。"持鉴而精气旁射，照月而阴灵潜下"一联，写得神完气足。第三、四、五段议论明水的功用和性质。第六段再描写以鉴取水的情景，为全赋中最富有形象性的段落。第七段押"感"字韵，用解镫韵法，与第八段紧密勾勒，再写天人感通而作结。从此赋叙述层次的内在脉络来看，若将第六段移至第三段，则破题→原题→描写→议论→通感，内在的理路更加逻辑贯通，怡然理顺。显然，目前此赋的结构受制于限韵字"玄化无宰，至精感通"依次押韵的规定，并非是最合理的架构。

八、贞元八年(792)宏词试《钧天乐赋》

徐松《登科记考》卷一三贞元八年"博学宏词科"条下注："试《中和节诏赐公卿尺诗》，见《玉海》。按《文苑英华》有《钧天乐赋》，以'上天无声，昭锡有道'为韵，裴度、陆复礼、李观皆有赋，为宏词试题无疑。"⑥伦按：王应麟《玉海》卷八"唐中和节赐尺"条："《李泌传》请以二月朔为中和节，因赐大臣戚里尺，谓之裁度。……贞元八年，宏词以此命题，李观、裴度有诗。"⑦

《文苑英华》卷七三载裴度、佚名、李观三人同题同韵《钧天乐赋》，徐松据《永乐大典》载旧本《文苑英华》补佚名之作为陆复礼作。兹据《文苑英华》录陆复礼、裴度二赋

---

① 李昉等：《文苑英华》卷五七，文渊阁《四库全书》，第5~6页。
② 傅璇琮等校笺：《唐才子传校笺》卷五，第二册，中华书局1990年版，第437页。
③ 董诰等：《全唐文》，中华书局1983年版，第5582页。
④ 董诰等：《全唐文》，中华书局1983年版，第5586页。
⑤ 欧阳修等：《新唐书》卷一七六，文渊阁《四库全书》，第4页。
⑥ 徐松：《登科记考》，中华书局1984年版，第469页。
⑦ 王应麟：《玉海》卷八，文渊阁《四库全书》，第8页。

于下：

陆复礼《钧天乐赋》，以“上天无声，昭锡有道”为韵：

何上天之默默，有钧天之可名。盖德至而则至，从无声而有声。和乐发音，与梦寐而潜契；精诚自感，何耳目之能营。

懿乎玄德升闻，天降灵贶。匪同乎搏拊之和，岂在乎霄云之上。

感夫心志，达乎肌肤。都万物而有喜，闻九奏而可娱。其静也寂寂，其动也于于。异霜天之钟应，同汉日之山呼。肸蠁兮乍有，杳冥兮若无。表穆公之休烈，为简子之祥符。以遨以游，实我心之独得；不考不击，岂他人之是愉。

惟兹至乐，信夫玄造。非天私于二君，惟天飨于有道。

不然，何融融泄泄，发于自然。万籁不杂，八音相宣。且降欢以入梦，知惟德之动天。实深乎骨髓之内，岂专于视听之前。惟寤语之有说，何言词之能全。

至哉，无金石之迭代，无宫商之先后。忽变化于合漠，韵铿锵于妙有。既登不死之福庭，自谐保生之仁寿。则知夫天可通兮道可守，自感应之无差，知影响之不苟。

降鉴匪遥，德音孔昭。鄙未善之周武，甚尽美之虞韶。

岂独聆之兮四肢酣畅，感之兮心神洗涤。将使道德之不昧，必受如斯之殊锡者也。①

钧天乐的本事出自《史记·赵世家》：“赵简子疾，五日不知人。大夫皆惧，医扁鹊视之，出，董安于问，扁鹊曰：血脉治也，而何怪？在昔秦缪公尝如此，七日而寤，寤之日告公孙支与子舆曰：我之帝所甚乐，吾所以久者，适有学也。帝告我晋国且大乱，五世不安，其后将霸，未老而死，霸者之子且令而国男女无别……居二日半，简子寤。语大夫曰：我之帝所甚乐，与百神游于钧天，广乐九奏万舞，不类三代之乐，其声动人心。”由此可见，“钧天乐”指天上的音乐、仙乐，包含秦穆公、赵简子二人在睡梦中游览天庭，聆听仙乐的故事。

计有功《唐诗纪事》卷四〇“陆复礼”名下注：“正(贞)元八年，宏词试《中和节诏赐公卿尺诗》云：‘春仲令初吉，欢娱乐大中。皇恩贞百度，宝尺赐群公。欲使方隅法，还令规矩同。捧观珍质丽，拜受圣恩崇。如荷丘山重，思酬分寸功。从兹度天地，与国庆无穷。’是岁复礼第一人，李观、裴度次之。”②陆复礼诗赋俱佳。此赋押韵实际以“声上无道天有韶锡”为序，平仄相间而行。首段用问句发端，自问自答，点明钧天乐乃无声之乐，乃至德之乐。次段进一步申论，聆听钧天乐是上天的恩赐，与搏拊之类人工奏乐不同。第三、四段形容聆听仙乐的感受，指明是天赐予有道之人。第五、六段讲解钧

① 李昉等：《文苑英华》卷七三，文渊阁《四库全书》，第9~10页。

② 王仲镛校笺：《唐诗纪事校笺》，巴蜀书社1989年版，第1106页。

天之乐无声的特性，“实深乎骨髓之内，岂专于视听之前”，所以只能在梦寐的状态中欣赏。第七、八两段总结钧天乐超越于人间的音乐，宣扬只有潜心修养道德，才能获得上天的殊赐。

裴度《钧天乐赋》，以“上天无声，昭锡有道”为韵：

嘉大乐之同和，惟上帝之申锡。岂功成之可致，必神遇而来觌。吉梦足征，奇音无斁。爰升天表，备听乎皦如绎如；方悟人间，徒闻乎击石拊石。

想夫秦穆赵简，游魂太清。下连宵而无觉，上和奏而有声。感之深，殊九变之曲；神而化，异三代之名。

则知昭假于下，潜通在上。俾昼作夜，既尚寐而冥蒙；好乐无荒，乃克谐而浏亮。翕然并作，隐尔尽畅。所以娱其精诚，所以涤夫昏妄。

既而受天锡，降天衢。空惚恍于冲漠，犹仿佛于虚无。余响愔愔而在听，抚躬眇眇而异途。

原夫育万灵，腾九有。纵未央之娱乐，表不息之悠久。

永为二主，观乐钧天。假梦中之高会，岂邦内之欢然。未若我皇冲一气而独运，协六律而相宣。发善令为钟鼓，播仁声于管弦。将兴庆于乾坤之内，非取乐于耳目之前。

不识不知，顺天之道。旁流喜气，宁候于铿锵；尽得欢心，讵资于击考。

斯乃常闻于率土，不闷于重霄。致中和而广被，诚教化之孔昭。是曰钧天之乐也，又何万舞之与九韶。①

裴度此赋押韵实际以“锡声上无有天道昭”为序，亦采用平仄相间的方式。前五段所写钧天乐之特性，以及对秦穆公、赵简子的表彰，与陆复礼之赋略无二致。第六段则翻出一番新意，对秦、赵二公“假梦中之高会，岂邦内之欢然”，略表遗憾，顺势表彰当今帝王“冲一气而独运，协六律而相宣。发善令为钟鼓，播仁声于管弦”，可谓善于颂圣，而不露谄媚的痕迹。

九、贞元九年(793)进士试《平权衡赋》

徐松《登科记考》卷一三贞元九年“进士三十二人”下注：“是年试《平权衡赋》，以‘昼夜平分，铢钧取则’为韵。《风光草际浮诗》，见《永乐大典》载《瑞阳志》引《登科记》。”②《文苑英华》卷一〇四载刘禹锡、李宗和、陈佑三人同题同韵《平权衡赋》，录刘、李二赋于下：

刘禹锡《平权衡赋》，以“昼夜平分，钧铢取则”为韵：

① 李昉等：《文苑英华》卷七三，文渊阁《四库全书》，第8~9页。

② 徐松：《登科记考》，中华书局1984年版，第478页。

惟天垂象，惟圣作程。播二气而是分晷度，立五则而在审权衡。上穆天时，应阴阳之克正；下统人极，俾准绳而惟平。

于是黍累无差，毫厘必究。等度量而化通远迩，体平均而势行宇宙。当其夹钟中律，南吕戒候。铜浑应节于寒暑，玉漏方齐乎宵昼。

繇是命有司而申令，考前王而是遵。权轻重以审则，中规矩而和钧。事垂文兮，风传乎千古；道如砥兮，日用于兆人。

懿夫正以处中，平而立矩。命其同也，有虞之制克彰；称其谨焉，宣父之言可取。

故能用该仁里，象合天文。既左旋而右折，量轻并而重分。持平罔亏，可谓范于秉钧之佐；位(疑当作“莅”，见《礼记》)信惟一，将有助于执契之君。

不然，则何以悬之而息彼奸诈，正之而协于晨夜。得平则正，我之道兮允执厥中；益寡裒多，众所用兮不言而化。

化之有孚，功莫可逾。立规程罔惭夫龟镜，揣钧石宁失乎锱铢。匪假垂钧，而其用不；何劳剖斗，而所争自无。

方今百度惟贞，万邦承则。顺时设教兮靡不获所，同律和声兮允臻其极。玉衡正而三阶(一作直而悬衡)以平，七政齐而庶政不忒矣。美君臣之同体，犹权衡以合德。宰准绳之在心，庶轻重之不惑。①

权衡是称量物体轻重的器具。权，秤锤；衡，秤杆。《礼记·深衣》：“规矩取其无私，绳取其直，权衡取其平。”②唐人张鷟《朝野佥载》卷四：“子位处权衡，职当水镜，居进退之首，握褒贬之柄。”③五则，指计量物体的五个标准。《汉书·律历志上》：“权与物钧而生衡，衡运生规，规圜生矩，矩方生绳，绳直生准，准正则平衡而钧权矣，是为五则。”④

此赋未依官韵次序，实际押韵为“平昼钧取分夜铢则”，四平四仄，相间而行。首段云：苍天在上显示天象，圣人在下制定准则。上天播撒阴阳二气以划分日晷刻度，圣人制定五则来审察重量工具。上和自然时节，应和阴阳以达到公正；下统社会准则，使用准绳以求公平。可见其是以天人合一的原则来论述权衡制度的。

李宗和《平权衡赋》，以“昼夜平分，钧铢取则”为韵：

王者统四时，均五则。彼权衡之为准，验阴阳之不忒。钩深致远，黍累于焉靡

---

① 李昉等：《文苑英华》卷一〇四，文渊阁《四库全书》，第3~4页。

② 孔颖达等：《礼记注疏》卷五八，文渊阁《四库全书》，第8页。

③ 张鷟：《朝野佥载》卷四，清《畿辅丛书》本。

④ 班固：《汉书》卷二一上，文渊阁《四库全书》，第15页。

差；称物平施，晷度由之斯得。

惟权也分其重，惟衡也取其平。明乎国经，固悬兹以垂范；掌乎天秩，如用兹而永贞。衡任权以钧物，权资衡以作程。故一人体之以清万国，万国仰之而庶政以成。

当其玄鸟司分，畴人敬授。既量诸夕，又测其昼。盈虚气等，何藉于土圭；日夜时分，已传于玉漏。莫不同度量以应其时(原作兹，据《全唐文》改)，平权衡以叶其候。苟顺气以颁节，实从时而不谬。

其功斯博，其道式孚。谅同均(原作君，据《全唐文》改)于远近，故不失于锱铢。俾称物者守之无易，抡材者持之罔逾。

皇矣我君，康哉神化。万方取则，自得于均平；二气尚分，无愆于昼夜。

不然者，何以佐璇枢之斟酌，调元气以氤氲。申乎旧章，孰以权衡之大；匪无同异，所纪(原作季，据《全唐文》改)春秋之分。

齐其重轻，等其规矩。岂钧铢之是待，在绳准而有取。

固将平邦国，亦以叙彝伦。七政惟齐，有符乎应天之运；百工咸赖，实资乎秉国之钧。宜其平域中而齐律度，贞天下而利黎人。惟正直可法，惟中平可均。夫如是，则权衡者盖亦考兹义而是遵。①

此赋亦未依官韵次序，实际押韵为"则平昼铢夜分取钧"，仄平仄平，相间而行。末段的"七政"指天、地、人和四时。《尚书大传》卷一："七政者，谓春、秋、冬、夏、天文、地理、人道，所以为政也。"②此赋较刘禹锡之作，更加强调执掌权衡的人的作用，强调秉政者应当把握"惟正直可法，惟中平可均"的原则，因而具有强烈的劝诫意义。

十、贞元九年(793)宏词试《太清宫观紫极舞赋》

徐松《登科记考》卷一三贞元九年"博学宏词科"下注："试《太清宫观紫极舞赋》、《颜子不贰过论》，见洪兴祖《韩子年谱》引《科第录》。"③陈尚君《〈登科记考〉正补》："《文苑英华》卷一八〇收李绛、张复元《恩赐耆老布帛诗》，为今年博学宏词科试，徐氏失收。"④《文苑英华》卷一二五收张复元、李绛同题同韵赋，录于下：

张复元《太清宫观紫极舞赋》，以"大乐与天地同和"为韵：

乐者所以谐万国，舞者所以节八风。故玄宗致紫极之舞，朝太清之宫。俾观舞

① 李昉等：《文苑英华》卷一〇四，文渊阁《四库全书》，第4~5页。
② 伏生：《尚书大传》卷一，文渊阁《四库全书》，第8页。
③ 徐松：《登科记考》，中华书局1984年版，第482页。
④ 陈尚君：《陈尚君自选集》，广西师范大学出版社2000年版，第238页。

以知德，德以容备；省风以作乐，乐以文同。吾君缵道纪，修祖功。将有事以朝献，必斯舞之是崇。

方其一人在庭，群后列位。奉常执礼以恭命，太乐陈仪而蒇事。望圣主以龙升，见舞童而麇至。舞之作矣，应其度而展其容；乐乃变焉，动于天而蟠于地。

其始也，顾步齐进，蹁跹有序。既乍抑而复扬，遂将坠而还举。始蹑迹以盼睐，每动容于取与。陈器用之煌煌，曳衣裳之楚楚。

观乎俯仰回旋，乍离乍联。轻风飒然，杳兮俯虹霓而观列仙。飘飖迁延，或却或前。清宫肃然，俨兮若披云雾而睹青天。惟紫也，取紫宫之清；唯极也，明太极之先。用之则邦国之光备，施之则中和之气宣。

徐而匪浊，比上帝钧天之乐。静而不过，小园丘云门之和。(伦按：此用解镫韵)亦何必持彼羽旌，方闻乎得礼；执其干戚，然后必止戈。彼延陵空叹于象箾，宋玉徒美其阳阿。讵能合天地之大德，调阴阳之大讹者乎？

洪惟我后，遵祖为大。道(一作遵)其乐使万物无不宣，饰其容使兆人无不赖。客有观而作颂，愿播之于九域之外。①

"紫极舞"是一种道教的乐舞。封演《封氏闻见记》卷一"道教"条："国朝以李氏出自老君，故崇道教。高祖武德三年，晋州人吉善行于羊角山，见白衣老父呼善行，谓曰：'为我语唐天子，吾是老君，即汝祖也。今年无贼，天下太平。'高祖即遣使致祭，立庙于其地，遂改浮山县为神山(一作神仙)县，拜善行为朝散大夫。高宗乾封元年，还自岱岳，过真源县，诣老君庙，追尊为玄元皇帝。玄宗开元二十一年，亲注老子《道德经》，令学者习之。二十九年，两京及诸州各置玄元皇帝庙，京师号玄元宫，诸州号紫极宫。寻改西京玄元宫为太清宫，东京玄元宫为东京为太微宫。"②《乐府诗集》卷一一《唐太清宫乐章》有"紫极舞"："至道生元气，重圆法混成。无为观大象，冲用体常名。仙乐临丹阙，云车出玉京。灵符百代应，瑞节九真迎。宝运开皇极，天临映太清。长垂一德庆，永庇万方宁。"③

此赋未依官韵次序，实际以"同地与天乐和大"为序。押"天"字韵一段句式有些混乱，疑有错简。若将"飘飖迁延，或却或前"一联移前："观乎俯仰回旋，乍离乍联。飘飖迁延，或却或前。轻风飒然，杳兮俯虹霓而观列仙。清宫肃然，俨兮若披云雾而睹青天。"则庶几整齐可观，怡然理顺。"徐而匪浊，比上帝钧天之乐；静而不过，小园丘云门之和"一联，是采用"解镫韵"法，即上联用"浊"协"乐"，下联用"过"协"和"，用一联隔句对，解决两个韵字。

李绛《太清宫观紫极舞赋》，以"大乐与天地同和"为韵：

---

① 李昉等：《文苑英华》卷一二五，文渊阁《四库全书》，第3~5页。

② 封演：《封氏闻见记》卷一，文渊阁《四库全书》，第1页。

③ 郭茂倩：《乐府诗集》卷一一，文渊阁《四库全书》，第3页。

开元中，赐海内以正朔，示天下以礼乐。舞紫极于宫廷，飨玄元于云幄。

乃树以旌旃，设以宫悬。由中出以表静，用上荐于告虔。盛德之容，昭之于行缀；至和之节，奉之以周旋。激乎流音之下，存乎大乐之先。八佾以敷，肃然舞于清庙；九奏之作，杳若享乎钧天。如是则文始不得盛于汉日，大章未可比于尧年。振万古而独出，岂百王之相沿。

洎乎秉翟而叙，候乐以举。协黄钟，歌大吕。乍阳开于箫管，忽阴闭于柷敔。淹速以度，正直是与。若中正而离立，复徐动而进旅。和之感物，应鸟兽以跄跄；礼以成文，垂衣裳之楚楚。

由是俾有司夙夜在躬，候吉日鼓钟于宫。方将万舞，爰节八风。于以易其俗，于以告厥功。因乎所自，制在其中。申敬也其恭翼翼，宣滞也其乐融融。齐无声于合莫，感有情而统同。

则其业之所肄，习之则利。作兹新乐，著为故事。享当其时，舞于此地。退而成列，周庙之干戚以陈；折而复施，鲁宫之羽钥斯备。

美乎！冠之象以峨峨，舞其容以傞傞。合九变之节，动四气之和。散玄风以条畅，洽皇化之弘多。

是时也，天地泰，人神会。舞有容，歌无外。故曰作乐以象德，有功而可大。

《乐府诗集》卷一一《唐太清宫乐章》引《唐书·礼仪志》曰：“玄宗开元二十年正月，诏两京诸州置玄元庙，天宝二年三月，以西京玄元庙为太清宫。其乐章，降仙圣，奏煌煌；登歌发炉，奏冲和；上香毕，奏紫极舞；撤醮，奏登歌；送仙圣，奏真和。《会要》曰：‘太清宫荐献圣祖玄元皇帝，奏混成紫极之舞。’”①唐人王泾《大唐郊祀录》云：“荐献大圣祖于太清宫，则奏紫极之舞，作煌煌之乐一章。紫极之舞，天宝七年玄宗之所置也。以舞三十六人，服四时方色衣履，戴仙童抽环冠，其舞有序有破，诸乐工人皆戴进德冠，青绫裤褶白绫大口裤，引舞者执金莲花以象神仙自天而至，故名之曰紫极之舞也。”②

此赋未依限韵次序，以“乐天与同地和大”为序，形成平仄相间的格局。

十一、※贞元十年(794)进士试《风过箫赋》

徐松《登科记考》卷一三贞元“进士二十八人”条注：“是年试《风过箫赋》，见《酉阳杂俎》。”③陈尚君《〈登科记考〉正补》：“按《文苑英华》卷一八三‘省试诗’收陈九流、张汇、范传正、陈通方、柳道伦、崔立之、郭遵、豆卢荣、邵偃《春风扇微和》诗，徐氏考定传正、通方为本年进士，前列记载可定汇亦本年第，九流等五人皆贞元中第，因可

---

① 郭茂倩：《乐府诗集》卷一一，文渊阁《四库全书》，第3~4页。

② 王泾：《大唐郊祀录》卷二，清《适园丛书》刊旧钞本。

③ 徐松：《登科记考》，中华书局1984年版，第488页。

确定《春风扇微和》为本年试诗。立之于四年及第，缘何有本题诗，俟考。”①伦按：不仅崔立之有《春风扇微和》诗，而且晚唐咸通十二年(871)进士公乘亿也有同题诗作(《唐诗纪事》卷四一将此诗误署蒋防名下)。唐代进士诗题，后人可能拟作，因此，《文苑英华》中的同题共作只要有反证，即不能视为当年的作品。另外，还有一个值得注意的情况，陈九流、张汇、范传正、柳道伦诗是以诗题中的“风”字为韵，陈通方是以“微”字为韵，崔立之与郭遵是以“春”字为韵，豆卢荣是以“扇”字为韵，押仄声字。这种押韵不一致的情况，如果试官严格限某一字，那是不可能出现的；当然，如果是“任以题中字为韵”，那又另当别论。

陈尚君又指出：“《文苑英华》卷六八收李逢吉、陈讽、柳道伦、陈左流、窦从直、范传正《进善旌赋》，皆以‘设之通衢，俾人进善’为韵。综徐氏及本文前考，其中五人皆本年及第者，因知此赋为本年试题，从直亦本年举。”②孟二冬《登科记考补正》依从陈尚君考证。但是，段成式《酉阳杂俎续集》卷四：“范传正中丞举进士，省试《风过箫赋》③，甚丽，为词人所讽。然为从竹之箫，非萧艾之萧也。《荀子》云：‘如风过萧，忽然已化。’④义同草上之风必偃。相传至今，已为误。予读《淮南子》云：‘夫播棋丸于地，圆者趣窐，方者止高，各从其所安，夫人又何上下焉。若风之过箫也，忽然感之，可以清浊应矣。’高诱注云：‘清商浊宫也。’”⑤柳宗元《河东先生集》卷四〇《祭李中臣文》注：“传正，字西老，贞元十年举进士。”王士祥《唐代试赋研究》认为：“段成式为晚唐时人，以博闻广识称，卒于咸通六年(865)四月，去范传正登进士第不远，故其言更具实录性。”⑥伦按：王士祥说颇有道理，既然段成式明言范传正以《风过箫赋》登第，似不宜轻易否定。不过，陈尚君考订《进善旌赋》为本年试，涉及多人的同题同韵赋，材料也很重要。综合权衡，似可既保留《风过箫赋》为本年进士试题，又将《进善旌赋》作为本年范传正等应博学宏词试赋题，详下节考订。

《文苑英华》卷一三载范传正、夏方庆同题同韵《风过箫赋》，据录于下：

范传正《风过箫赋》，以“无为斯化，有感潜应”为韵：

风为气兮溥畅，箫在物而虚受。何相会于自然，合无情于妙有。泠泠斯韵，习习占久。如闻松盖之巅，宁比土囊之口。

飒尔而至，锵然辄随。响才度已俄远，声成文而不亏。其虚其实，是可披襟而纳；以条以畅，何烦鼓腹之吹。彼孔雀下降，凤凰来仪。虽见美于格物，岂不惭于有为。

---

① 陈尚君：《陈尚君自选集》，广西师范大学出版社2000年版，第239页。

② 陈尚君：《陈尚君自选集》，广西师范大学出版社2000年版，第239页。

③ “箫”原误作“竹”，据下文改。

④ 此处所引《荀子》疑为《文子》之误。

⑤ 段成式：《酉阳杂俎》，中华书局1981年版，第230页。

⑥ 王士祥：《唐代试赋研究》，上海古籍出版社2012年版，第183页。

彼箫之韵，惟风所借。或激越于清晓，或凄凉于永夜。寂寞之内，爰生不考之音；希夷之间，是合不言而化。谓越客乍流其遗响，谓秦女遥度其仙驾。

散彼寥敻，复于沉潜。被治国之风，以安以乐；在敬心所感，乃直乃廉。动有轻重，应无洪纤。

解愠且和，可并鼓琴之唱；不奸而顺，亦其从律之占。若乃听其所以(四字据《全唐文》补)，察其所感。盖有符于玄漠，岂惟契于闲淡。

籁之所之，智之所知。诚万殊之舛错，终一贯而逶迤。风从虎兮飘忽，箫象凤兮参差。何体异之如彼，而音同之若斯？

岂不以宫商所合，唱和为称。类霜钟之暗叩，同灰管之潜应。时然后起，风匪躁求；激而乃扬，箫为静胜。

彼钧天之音肸蠁，洞庭之乐虚无。岂比风箫之感召，亦由律吕之相须。异搜奇于蔡笛，鄙滥吹于齐竽。征颜成南郭之言，浩然难究；拟宋玉王褒之赋，庶或同途。①

风过箫的典故，出自《文子·自然篇》："昔尧之治天下也，舜为司徒，契为司马，禹为司空，后稷为田畴，奚仲为工师。其导民也，水处者渔，林处者采，谷处者牧，陆处者田。地宜事，事宜其械，械宜其材，皋泽织网，陵坡耕田。如是，外民得以所有易所无，以所工易所拙。是以离叛者寡，听从者众。若风之过萧，忽然而感之，各以清浊应物，莫不就其所利，避其所害。是以邻国相望，鸡狗之音相闻，而足迹不接于诸侯之境，车轨不结于千里之外，皆安其居也。"②伦按：其中的"风之过萧"应当遵从段成式之说，改正为"风之过箫"。读范传正之赋，知其全篇都在讨论音乐，不是风过草偃的意思。此赋实际以"有为化潜感斯应无"为序，平仄相间而行。

夏方庆《风过箫赋》，以"无为斯化，有感潜应"为韵：

风之过兮，一气之作；箫之应也，众音以殊。虽高下以异响，终合散而同途。体宫商而自得，韵清浊以相须。动必造适，用当其无。怡然理顺，昭与道俱。

以(疑)由一人之化，为而不有。万物之心，以虚为受。帝于何力，各自遂其生成；天且不言，乃能恒于悠久。

观夫指大块之噫气，裁众管而声随。始飕飕兮清越，终杳杳以逶迤。远而聆之，初疑白虎方啸；近而察也，旋惊丹凤来仪。知化本之有朕，见天籁之在斯。

道固无名，物罔不感。彼命宫而商应，信阳舒而阴惨。云何事而从龙，水何情而习坎。故达人作用而虚清其心，大道不疵乃涤其玄览。

之风也，扇其轻重；之箫也，应以洪纤。彼若疾而飘，我则以号以嗷；彼若和

---

① 李昉等：《文苑英华》卷一三，文渊阁《四库全书》，第6~7页。

② 杜道坚：《文子缵义》卷八《自然篇》，明正统道藏本。

而静，我则若沉若潜。曷异夫暴心感而粗以厉，敬心感而直以廉。

尔其断续清空，萧寥永夜。历虚无而轻飙自远，拂松竹而幽韵相借。微闻阙下，伴金奏之发天庭；迥彻云中，疑笙箫之随羽驾。庄生托之以齐物，子綦由是而观化。

化之至矣，兹焉可知。风乃不私其用，箫亦自得其宜。玄元立言事无事，我后垂拱为无为。

君子曰：风箫也，罔(疑)不争其善胜，契不言而自应。是将观彼以化成，岂独因之而比兴。①

此赋押韵实际以“应为化潜感斯有无”为序，平仄相间。赋之立意重在阐释道家思想，以为风之过箫乃天籁之音，治国者明白这个道理，应当无为而化。

十二、Δ贞元十年(794)宏词试《进善旌赋》

徐松《登科记考》卷一三贞元十年“博学宏词科”下注：“洪兴祖《韩子年谱》引《科第录》：‘十一年，试《朱丝绳赋》、《冬日可爱诗》、《学生代斋郎议》。’按《韩文考异》，《学生代斋郎议》诸本作贞元十年应博学宏词，是洪氏谱误。”②伦按：《学生代斋郎议》确实可定为贞元十年宏词试题，而《朱丝绳赋》、《冬日可爱诗》和《片言折狱论》当为贞元十一年(795)宏词试题，详下年考。

《旧唐书》卷一八五《范传正传》：“范传正，字西老，南阳顺阳人也。父伦，户部员外郎，与郡人李华敦交友之契。传正举进士，又以博学宏辞及书判，皆登甲科，授集贤殿校书郎。”③《文苑英华》卷六八收李逢吉、陈讽、柳道伦、陈左流、窦从直、范传正《进善旌赋》，皆以“设之通衢，俾人进善”为韵。其中李逢吉、范传正等皆本年进士，既然本传明言范传正又举宏词，似可将其《进善旌赋》定为贞元十年博学宏词科赋题。兹录范传正、李逢吉二作如下：

范传正《进善旌赋》，以“设之通衢，俾人进善”为韵：

为君者莫大乎求贤，审贤者莫先于进善。不立表以取则，何勗人于自勉。故我后纂唐德，酌尧典。爰揭旌以建标，若悬鉴而攸选。

其制惟新，难乎所陈。置于朝，惧来而有阻；树于野，虑献之无因。于是施之五达之陌，以招四远之人。

乃析羽上插，缀旄傍委。映旭日之曈曈，随长风而靡靡。孤标迥出，中立无倚。将举事以举言，在率土而率俾。

---

① 李昉等：《文苑英华》卷一三，文渊阁《四库全书》，第7~8页。

② 徐松：《登科记考》，中华书局1984年版，第493页。

③ 刘昫：《旧唐书》卷一八五下，文渊阁《四库全书》，第28页。

仪神都，耸康衢。或敛衽以下过，或峨冠以来趋。善或可闻，岂持之而有怍；德苟未进，敢欺之而自诬。

旌因名而助顺，士修业以求进。小人斯远，实曰不怒而威；君子必臻，可谓不言而信。瞻之者其行励，仰之者其心慎。非表善之为崇，亦惩恶而能峻。

故得有善者不拥，无媒者自通。所以导人之志，达帝之聪。岂比夫舞于两阶，徒有格苗之用；樊缨七就，何旌进善之功。

亭亭不挠，奕奕斯设。招一善而百善知归，纳一人而万人胥悦。谅厥裁之为美，与恒用而有别。施之行马，岂得耀于朱门；授乃元戎，何贵偶夫全节。

藏器以待时，与斯而若期。惟事匪细，惟贤是司。傥片善可录，至公不疑。愿伫立于旌下，幸因兹而进之。①

“善旌”是古代人主为求善言所立之旗。典出《管子·桓公问》：“舜有告善之旌而主不蔽也。”《汉书·文帝纪》：“古之治天下，朝有进善之旌。”颜师古注引如淳曰：“欲有进者，立于旌下言之。”

此赋未依照官韵次第，实际押韵为“善人俾衢进通设之”，平仄相间而行。

李逢吉《进善旌赋》，以“设之通衢，俾人进善”为韵：

皇唐之与伊唐也，浚哲文思，异代同时。咸进善以钦若，又建旌以求之。不进善焉，何以延侧陋之士；不彰别也，何以嘉谠正之词。

是宜式创宏模，聿陈令典。缀析羽以藻耀，植修竿之偃蹇。相其地以崇树所宜，因其人以康庄是践。即之者有以翊圣，瞻之者于焉迁善。

忠謇之徒，风驰云趋。毕效臣节，同膺帝俞。犹金砺而君臣合契，类土圭而形影相符。迥立岧亭，而克同国柄；直行劲挺，而自陟天衢。

由是悉索草茅，罔资介傧。高悬垂逮下之德，仰视知不言之信。咸策足以员来，思捐躯而自徇。同于舞羽，至诚之感必臻；异彼弨弓，非礼之招不进。

大哉求仁，其必有因。懿此标表，本乎咨询。制其事者，上惟允恭之帝；集其下者，众皆可封之人。是必随谤木以用舍，与谏鼓为等伦。

若夫容卫繁多，制度奇诡。玄蛇始务其厌胜，翠凤式崇乎侈靡。熊虎之示勇则那，日月之比崇徒尔。宁有裨于启沃，且无取于率俾。

伟夫有台有官，胡为乎途中。所以阐于圣聪，使无不通。

爰树爰揭，岂惟乎人悦。所以遵彼隽杰，使皆就列。然后朝廷迈德嗣于羲轩，得贤方于稷卨。躬好问之裕，有知人之哲。固以日奏于嘉言，矧斯旌之攸设。②

---

① 李昉等：《文苑英华》卷六八，文渊阁《四库全书》，第10~11页。

② 李昉等：《文苑英华》卷六八，文渊阁《四库全书》，第4~5页。

李逢吉此赋，以为“善旌”与“谏鼓”、“谤木”等功用相等。其赋押韵亦未依照官韵次第，以“之善衢进人俾通设”为序，平仄相间而行。

十三、Δ贞元十一年(795)宏词试《朱丝绳赋》

徐松《登科记考》卷一四贞元十一年未载试赋题，孟二冬亦未予以补充。伦按：本年博学宏词科试《朱丝绳赋》，说详下。

崔玄亮为本年进士。《旧唐书》卷一六五《崔玄亮传》载：“崔玄亮字晦叔，山东磁州人也。玄亮贞元十一年登进士第。”①《全唐文·崔元亮小传》：“元亮字晦叔，磁州昭义人，贞元十一年进士。元和中累转驾部员外郎，出为密歙湖三州刺史。文宗朝迁右散骑常侍，历虢州刺史。卒。年六十六。赠礼部尚书。”②伦按：此“崔元亮”即“崔玄亮”，避清帝讳改。白居易《白氏长庆集》卷第六十一《唐故号州刺史赠礼部尚书崔公墓志铭》：“公幼嗜学，长善属文，以辞赋举进士，登甲科；以书判调天官，入上等。前后文集凡若干卷，尤工五言七言诗，警策之篇，多在人口，其余制述，作者许之，可不谓文学乎？”③王士祥《唐代试赋研究》认为：“可见崔元亮举进士年有试赋事，但赋题不详，赋作不存。”④本年诗题为《立春日晓望三素云》，载《文苑英华》卷一八二。清人朱亦栋《群书札记》考证“三素云”云：“按：《云洞真经》立春日，清朝北望，有紫、绿、白云，为三元君，三素飞云，垂八舆之轮上，诣天帝，天子候见，再拜自陈，某乞愿侍轮毂，三见元君之辇者，白日升天。唐试进士以‘立春日望三素云’为题，出此。”⑤

本年博学宏词科试赋事，可以考知韩愈本年曾参加博学宏词科考试。徐松《登科记考》卷一三贞元十年“博学宏词科”下注：“洪兴祖《韩子年谱》引《科第录》：‘十一年，试《朱丝绳赋》、《冬日可爱诗》、《学生代斋郎议》。’按《韩文考异》，《学生代斋郎议》诸本作贞元十年应博学宏词，是洪氏谱误。”⑥伦按：检洪兴祖《韩子年谱》卷一：“十年甲戌《省试学生代斋郎议》，其下注云：‘贞元十年应博学宏词。’”(方崧卿)按：“《学生代斋郎议》：本题实作《罢斋郎以学生享议》，然亦来岁之试也。《科第录》：‘十一年试《朱丝弦赋》、《冬日可爱诗》。’《议》乃此也。或注十年而洪从之，非也，盖公并来岁凡三试宏词故也。”⑦据此可知，洪兴祖《韩子年谱》原系《学生代斋郎议》作于贞元十年(794)，方崧卿据唐人《科第录》将其校改为贞元十一年。方崧卿《韩集举正》卷五“省试学生代斋郎议”下注：“今本此下有‘贞元十年应博学宏辞’九字，三本皆无之。考《登科

---

① 刘昫：《旧唐书》卷一六五，中华书局1975年版，第4313页。

② 董诰等：《全唐文》卷六一五，中华书局1983年版，第6215页。

③ 白居易：《白氏长庆集》卷六一，《四部丛刊》本。

④ 王士祥：《唐代试赋研究》，上海古籍出版社2012年版，第183、207~208页。

⑤ 朱亦栋：《群书札记》卷六，清光绪武林竹简斋刻本。

⑥ 徐松：《登科记考》卷一四，中华书局1984年版，第493页。

⑦ 洪兴祖：《韩子年谱》卷一，《五百家注音辨昌黎先生文集》本。

记》，当在贞元十一年。”①四库本、明刻本《文苑英华》卷七六五韩愈《省试学生代斋郎议》题下注：“贞元十一年。”均依方崧卿之说而改。其实，洪兴祖之说自有见裁，他并未否定贞元十一年宏词试《朱丝绳赋》、《冬日可爱诗》，仅仅将《学生代斋郎议》改定为贞元十年。方松卿乃误解洪兴祖之意。此外，本年宏词有欧阳詹，《文苑英华》卷七四九载欧阳詹《片言折狱论》，下注：“怀州应宏词试。”当为本年宏词论题。可见，贞元十年宏词试题有《学生代斋郎议》，贞元十一年宏词试题为《朱丝绳赋》、《冬日可爱诗》、《片言折狱论》。

《文苑英华》卷七七载阙名、庾承宣两篇《朱丝绳赋》，徐松据《永乐大典》将阙名赋归王太真名下，录入贞元十年，兹据本书新考移至贞元十一年。

王太真《朱丝绳赋》(限韵脱落)：

达者睹物而自识，眷绳而象直。白能受采，知成用而可修；乐匪在音，遂执中而有得。谅丝绳之为物，类托质以自(一作孤)植。幸操张以一伸，任纵横而取则。

故能贞而守正，劲以全真。含至和以不屈，抱孤直以谁邻。若刚克以自致，谅柔立而有音。齐达人之履道，比君子之修身。久而莫渝，岂红紫之见夺；劲而不挠，非纠缠之为伦。

当其涚水初滋，势如束理。女工爰作，视其所以。如(疑)积微于杪忽，遂立质于经纪。察其本，同成经以自纶；喻乎时，表直道以如砥。挂端标以有准，持正色而为美；将配德于清壶，愿齐名于直矢。

故能从绳作直，因物寓词。苟一绳之可法，将百行以为师。义足仰而象矣，理自中而得之。直可自侔，奚感鲍君之与；色非我行，徒兴墨子之悲。将劲挺而自守，庶回邪而不欺。

俾夫取象师心，必由斯道。考(一作盼)朱丝之外物，得素尚于中抱。奚水鉴之足征，拒韦弦之是保。

观夫正不与奸色俦，劝吾人之聿修。(伦按：此用解镫韵。)

直不为虚声枉，俾吾人之取象。

故能名昭乐曲，义畅人谟。鄙在棼而不理，贱为直以就污。愿处微而自正，终守直以不渝。足以诡良材而转雅操，端循质而喻通途。苟中正之可进，愿从绳而已乎。②

朱丝绳指琴瑟上的丝弦。赋题出自南朝宋鲍照《代白头吟》诗句：“直如朱丝绳，清如玉壶冰。”

此赋的作者原阙名，连同限韵字一并脱落，好在根据赋中各段押韵考察排比，并将

① 方松卿：《韩集举正》卷五，文渊阁《四库全书》，第12页。

② 李昉等：《文苑英华》卷七七，文渊阁《四库全书》，第9~10页。

其与下首庾承宣赋对照，可以恢复其限韵为以“修身之道，以直象乎”为韵，实际押韵次第为“直身以之道修象乎”，平仄相间而行。全赋按照限韵可分为八段。首段押“直”字韵，点明朱丝绳有“象直”的意义。次段更明确地说朱丝绳是君子修身的比喻。第三段回溯女工缫丝，叙述朱丝绳的来历。第四段讲述朱丝绳以直为本的秉性。第五、六、七段，皆表明君子应对朱丝绳取象修身。第八段则对君子从绳守直之道作出总结。

在押韵上，采用了“解镫韵”手法。第六、七段是一联隔句对“正不与奸色俦，劝吾人之聿修。直不为虚声枉，俾吾人之取象”，上联“修”与“俦”协韵，下联“象”与“枉”协韵，用一个隔句对，解决了两个限韵字。

庾承宣《朱丝绳赋》，以“修身之道，以直象乎”为韵(新拟)：

丝之为体兮，柔以顺德；丝之为用兮，施之则直。从其性而不改，成其音而罔忒。

故君子体直以为象，履中而立身。岂委曲而取媚，将劲挺而惟新。既端懿以难匹，想高张而莫伦。初未为弦兮，信任其舒卷；既比夫矢也，谅难乎屈伸。宁惧不合于众而改操，不同其类而易真。虽立质以假物，立音而因人。

敦夫㡛氏之功，辨夫园客之养。非绕指以可悦，将如丝而是仰。志士以是而兴叹，诗人因此而取象。清庙之瑟，非我而莫闻；空桑之琴，非我而奚响。

惟直是与，惟端是求。恶靡然以从俗，耻纷若以随流。天心保贞，侧媚见而用悔；神道助正，謇谔鉴而无忧。信乎去邪以受福，孰不履正而身修。

间其色兮未嘉，素其质兮孰美。信挺挺而直绳是若，固奕奕而渥丹无比。欲众之好我，染之而匪他；知代之恶邪，直之而有以。

非矫其俗，将迁其时。宁三思而有赞，谅一向而无疑。道在斯而为得，文舍此而何之。

古所以嗟是非而莫分，怨邪正之难考。多将任情而媚俗，鲜能率性而行道。

何不鉴朱绳而独异，与群类而且殊。其美虽偶，其道则孤。傥斯言而是当，又可得而已乎。①

庾承宣是贞元八年(792)进士，《新唐书》卷二百三《欧阳詹传》：“举进士与韩愈、李观、李绛、崔群、王涯、冯宿、庾承宣联第，皆天下选，时称龙虎榜。”贞元十一年(795)举博学宏词科，劳格《唐尚书省郎官石柱题名考》：“《文苑英华》七十七有庾承宣《朱丝绳赋》，百八十一有《冬日可爱诗》。《韩文类谱》三引《科第录》：‘贞元十一年，博学宏词试《朱丝弦赋》、《冬日可爱诗》、《罢斋郎以学生享议》。或作十年，非。’似承宣于十一年登宏词科也。”②伦按：《罢斋郎以学生享议》当移入贞元十年宏词试题，本

---

① 李昉等：《文苑英华》卷七七，文渊阁《四库全书》，第10~11页。

② 劳格：《唐尚书省郎官石柱题名考》卷十。

年宏词试题为《片言折狱论》，说见前。

将此赋与王太真同题赋相比较，可知两赋都是以“修身之道，以直象乎”为韵。本赋实际的押韵改为平仄相间而行，以“直身象修以之道乎”为序。

十四、贞元十二年(796)进士试《日五色赋》

徐松《登科记考》卷一四贞元十二年“进士三十人”条注：“试《日五色赋》，以‘日丽九重，圣符土德’为韵。《春台晴望诗》，见《柳宗元集》注。”①《文苑英华》卷五载李程、湛贲、崔护三篇同题同韵赋作，录李程、崔护之作于下：

李程《日五色赋》，以“日丽九华，圣符土德”为韵：

德动天鉴，祥开日华。首三光而效祉，彰五色而可嘉。验瑞典之所应，知淳风之不遐。禀以阳精，体乾爻于君位；昭夫土德，表王气于皇家。

懿彼日升，考兹礼斗。因时而出，与圣为偶。仰瑞景兮灿中天，和德辉兮光万有。既分羲和之职，自契黄人之守。舒明耀，符君道之克明；丽九华，当帝业之嗣九。

时也寰宇廓清，景气澄霁。浴咸池于天末，拂若木于海裔。非烟捧于圆象，蔚矣锦章；余霞散于重轮，焕然绮丽。

固知畴人有秩，天纪无失。必观象以察变，不废时而乱日。合璧方而孰可，抱珥比而奚匹。泛草际而瑞露相鲜，动川上而荣光乱出。信比象而可久，故成文之不一。足使阳乌迷莫黑之容，白驹惊受彩之质。

浩浩天枢，洋洋圣谟。德之交感，瑞必相符。五彩彰施于黄道，万姓瞻仰于康衢。

足以光昭前古，照临下土。殊祥著明，庶物咸睹。名翚矫翼，如威凤兮鸣朝阳；时藿倾心，状灵芝兮耀中圃。

斯乃天有命，日跻圣。太阶平，王道正。同夫少昊，谅感之以呈祥；异彼夏王，徒指之而比盛。

今则引耀神州，扬光日域。设象以启圣，宣精以昭德。彰烛远于皇明，乃备彩于方色。故曰惟天为大，吾君是则。②

李程，字表臣，陇西人。生于唐代宗永泰中，卒于武宗会昌初，享年七十七。贞元十二年(796)进士，又举博学宏词。累辟使府，为监察御史，充翰林学士。元和中，知制诰，拜礼部侍郎。敬宗即位，以吏部侍郎同平章事。后罢为河东节度使。武宗立，为东都留守。卒，谥曰缪。《新唐书》卷一三一有传。

---

① 徐松：《登科记考》，中华书局1984年版，第502页。

② 李昉等：《文苑英华》卷五，文渊阁《四库全书》，第3~4页。

此赋破题受时人推崇。《唐摭言》卷八“已落重收”条：“贞元中，李缪公先榜落矣。先是出试，杨员外於陵省宿归第，遇程于省司，询之所试，程探靿中，得赋稿示之，其破题曰：‘德动天鉴，祥开日华。’於陵览之，谓程曰：‘公今年须作状元。’翌日杂文无名。於陵深不平。乃于故策子末缮写而斥其名氏，携之以诣主文，从容绐之曰：‘侍郎今者所试赋，奈何用旧题？’主文辞以非也。於陵曰：‘不止题目向有人赋，次韵脚亦同。’主文大惊，於陵乃出程赋示之，主文叹赏不已。於陵曰：‘当今场中若有此赋，侍郎何以待之？’主文曰：‘无则已，有则非状元不可也。’於陵曰：‘苟如此，侍郎已遗贤矣，乃李程所作。’亟命取程所纳面对，不差一字。主文因而致谢，於陵于是请擢为状元，前榜不复收矣，或曰出榜重收。”①又卷三“惜名”条：“李缪公贞元中试《日有五色赋》及第，最中的者赋头八字，曰‘德动天鉴，祥开日华’。后出镇大梁，闻浩虚舟应宏词，复赋此题，颇虑浩赋逾己，专驰一介取本，既至启缄，尚有忧色，及睹浩破题云‘日丽焜煌，中含瑞光’，程喜曰：‘李程在里。’”②《唐诗纪事》卷四一“李程”条亦载：“程，贞元中试《日五色赋》，破题云‘德动天鉴，祥开日华’，其卷已黜，杨於陵质之主文吕谓，于是已落重收。”③此赋押韵未依官韵原序，改以“华九丽日符土圣德”为序。赋作意在颂圣，但全然不着谄媚痕迹，只是反复声明“德之交感，瑞必相符”的道理。赋中广泛引用与日有关的典故，可见其熔铸经典的功力。《新唐书》本传称：“《日五色》造语警拔，士流推之。”此赋不仅破题好，结尾也好。李调元《雨村赋话》卷二评曰：“句句精神，字字庄雅，胜人处尤在‘故曰：惟天为大，吾君是则’一结。”④

崔护《日五色赋》，以“日丽九华，圣符土德”为韵：

阳精之瑞兮，惟瑞之嘉。首三光而委照，备五色以连华。繁彩遥分，叶二数于圣运；祥光下烛，赞元吉于皇家。

且夫天之降祯，昭示群有。日之效庆，丕应元后。轶图牒而称灵，著策书而不朽。径惟千里，表年历而当千；丽彼九华；彰帝业之在九。

懿其廓烟霄而朗霁，敛天宇之氛曀。出旸谷之方融，历离宫而增丽。羲和疑而愕立，畴人骇以横睇。循黄道以迟迟，烁青冥而晰晰。

观其瑞景中焕，浮晶外溢。所以告昌期，符圣日。结金天以标异，掩群祥而首出。仰其众色，比河上之荣光；征彼谣言，异江中之萍实。

景丽天衢，明均八区。知神光之有宰，信玄化之潜敷。媚韶阳于紫陌，混佳气于皇都。于是见土行之善应，识帝载之珍符。

君一德兮，格于上天；日五色兮，临于下土。实有感而斯见，固惟仁而是辅。

① 王定保：《唐摭言》，古典文学出版社1957年版，第90页。
② 王定保：《唐摭言》，古典文学出版社1957年版，第149页。
③ 王仲镛校笺：《唐诗纪事校笺》，巴蜀书社1989年版，第1404页。
④ 詹杭伦等校证：《雨村赋话校证》，新文丰出版公司1993年版，第26页。

乘虚散彩，状朝烟之暧空；缘隙通辉，若晴虹之入户。

灿烂同耀，玄黄交映。汇藻绘于金轮，聚云霞于宝镜。当道泰以垂贶，契河清之表圣。谅四彗之莫俦，岂再中而攸竞。

则知天意非昧，人情可测。所以异其彩，示辉光之日新；所以呈其祥，庆文明之允塞。伟夫彼日之瑞，可以象君之德。谬膺荐于春闱，幸观光于上国。①

《唐诗纪事》卷四〇《崔护小传》："护字殷功，贞元十二年登第，终岭南节度使。"②孟棨《本事诗》载其"人面桃花相映红"故事，脍炙人口。其赋学成就也颇为可观。破题之联"首三光而委照，备五色以连华"，典丽高华。揭示主旨之联"君一德兮，格于上天；日五色兮，临于下土"，简洁工整。结句"谬膺荐于春闱，幸观光于上国"，表明士子身份，谦恭得体。与李程赋相比较，实各有所长。

十五、※贞元十二年(796)宏词试《百步穿杨叶赋》

徐松《登科记考》卷一四贞元十二年"博学宏词科"条，原以《披沙拣金赋》为本年博学宏词科赋题，根据王士祥及笔者的考订，《披沙拣金赋》当为下一年的博学宏词试题，详见贞元十三年(797)考证。伦按：贞元十二年的博学宏词科赋题，很可能是冯宿应宏词科所试的《百步穿杨叶赋》，理由如下：

王起《赠吏部尚书冯公神道碑铭(并序)》："惟唐开成元年岁在执徐十二月三日，检校礼部尚书东川节度使长乐公享年七十，薨于位。……弱冠以工文硕学称。年廿六举进士，是时明有司即兵部侍郎陆公贽其人也。又应宏词科，试《百步穿杨叶赋》，虽为势夺，而其文至今讽之，后生以为楷。已而有志于四方，历东诸侯，为彭门仆射张公建封所器异，因表为试太常寺奉礼郎，充节度巡官。"③冯宿在贞元八年(792)陆贽知贡举时进士及第，与韩愈等人号"龙虎榜"，已见贞元八年考述。根据王起所撰《墓志铭》推论，冯宿是在应宏词科不第之后，"已而有志于四方，历东诸侯"，则其参加宏词科考试，应当在贞元八年举进士之后，贞元十五年(799)入张建封幕府之前。故王士祥《唐代试赋研究》将试《百步穿杨叶赋》系于贞元十四年(798)，并称未见作品传世。④ 伦按：将试《百步穿杨叶赋》系于贞元十四年，有一个问题不好解释，即贞元十四年，德宗曾诏停武举。《册府元龟》卷六四〇记载："十四年九月诏：'乡贡武举并应百只箭及三十只箭人等，今年宜权停。'时谏议大夫田敦因蒙召对，奏言兵部武举等每年常数百千人持挟弓矢出入皇城间，恐非所宜。上闻而矍然，故命停之。其实武举者每岁不过十数人，时议恶敦惯欲非短旧事，奏议不实。自是讫于贞元，更不复置。"⑤在这种诏停武举的形

---

① 李昉等：《文苑英华》卷五，文渊阁《四库全书》，第6~7页。

② 王仲镛校笺：《唐诗纪事校笺》卷四〇，巴蜀书社1989年版，第1377页。

③ 董诰等：《全唐文》卷六四三，中华书局1983年版，第6507~6508页。

④ 王士祥：《唐代试赋研究》，上海古籍出版社2012年版，第98~100页。

⑤ 王钦若等：《册府元龟》卷六四〇，文渊阁《四库全书》，第18页。

势下，考官恐怕不敢顶风作案，采用“百步穿杨”这种与比武有关的题目。根据本书的考订，在贞元八年至贞元十五年之间，仅有贞元十二年和贞元十四年尚未落实宏词科赋题，既然贞元十四年出此题有忤旨的风险，那么宏词试此题，恐怕就只能定在贞元十二年了。另外，王士祥以为《百步穿杨叶赋》未见作品传世，失考。《文苑英华》卷一〇〇收有贾竦的一篇《百步穿杨叶赋》，录于下。

贾竦《百步穿杨叶赋》，以“艺精意专，发必能中”为韵：

有美一人兮，操其矢，献其艺。发兹手敏，与彼心契。广场爰设，砥平乎百步之中；众目所瞻，星流乎片叶之际。恒规规而月满，乍肃肃而风厉。是时也，固当审毫厘，分巨细。槁木斯立，自应往昔之无；贯珠而来，孰谓后难为继。

岂非妙归至习，道合惟精。积少之多而无失，以小观大而有程。克中之时，吃诟不能以施力；造微之处；离娄不得以争明。

不然，则一矢之短，宁期乎必至；一叶之微，若有乎余地。谅有开而必先，故无往而不利。然后知射也，舍耳而任目，外形而专意。出乎一札，焉知来者之不如；中乃百全，勿虑前功之并弃。

且夫禀绝伦之伎，当明试之前。为众所推，发不可不中；冀君所赏，情不可不专。由是舍矢而破，固叶是穿。翻光而白雪驰羽，振响而清风激弦。名加彻札，术异攻坚。非后来之居上，信直道而无偏。

夫然，则习艺者不得暂阅，控弦者不可不发。

弦不发，则吾何以述；艺不修，则尔亦无必。

安得穷五善之妙，出百夫之能。积时之功且弃，必获之美徒称。

嗟夫，今之习射则多，选才斯众。若穿杨叶者，旷千载而一中。①

贾竦的这篇赋作是否其本人参加博学宏词科考试的作品，甚可怀疑。据徐松《登科记考》，贾竦是贞元十九年(803)进士，该年试《中和节百辟献农书赋》。又登元和三年(808)的贤良方正能直言极谏科。显然，贾竦是不可能参加贞元十二年(796)的博学宏词科考试的，如何解释他有《百步穿杨叶赋》呢？推论可能的原因有两个：其一，前引王起《冯公神道碑铭》说，冯宿“应宏词科，试《百步穿杨叶赋》，虽为势夺，而其文至今讽之，后生以为楷”。王起与贾竦是同年进士，说明他与贾竦等人都能讽诵冯宿的这篇赋作，并以此赋作为写作范式。那么，贾竦的这篇赋有可能是模仿冯宿同题之作而写成的作品。其二，这篇赋的原作者本是冯宿，贾竦抄写过这篇赋作，后人在整理贾竦著作时，据贾竦笔迹将冯宿之作误归于贾竦名下。总之，冯宿有此题赋在前，贾竦有此题赋在后，这就给后人提供了解释和推论的空间。当然，上述的推论是否成立，需要发现新的材料作为证据。

---

① 李昉等：《文苑英华》卷一〇〇，文渊阁《四库全书》，第4~5页。

又，孟二冬认为《文苑英华》卷一八〇载李程、柳宗元、李行敏同题《省试观庆云图诗》，三人同登贞元十二年宏词科，颇疑此诗为该年宏词试题。① 伦按：李程、柳宗元、李行敏皆贞元十三年登宏词科，详下年考订。

十六、贞元十三年(797)进士试《西掖瑞柳赋》

徐松《登科记考》卷一四贞元十三年"进士二十人"注："《玉芝堂谈荟》作三十人。试《西掖瑞柳赋》，以'应时呈祥，圣德昭感'为韵，见《旧书》本传。《文苑英华》又载《龙池春草诗》，当是此年试题。"②本年知贡举为礼部侍郎吕渭，《旧唐书》卷一三七《吕渭传》载："渭授礼部侍郎，中书省有柳树，建中末枯死，兴元元年车驾还京后，其树再荣，人谓之瑞柳。渭试进士，取《瑞柳》为赋题，上闻而嘉之。"③伦按："闻而嘉之"的"嘉"字有异文，《太平御览》卷第九百五十七木部六引《唐书》曰："吕渭为礼部侍郎，中书省有柳树，建中末枯死，兴元元年车驾还京，其树再荣，人谓之瑞柳。以为赋题，上闻而恶之。渭因入阁遗失请托文记，遂出为潭州刺史。"④《唐会要》卷七六亦载此事："兴元元年，中书省有柳树，建中末枯，至是再荣，人谓之瑞柳。礼部侍郎吕渭试进士，以瑞柳为题。上闻而恶之。"⑤徐松云："考李翱《独孤郁墓志铭》，当从《会要》。"⑥伦按：无论是德宗"闻而嘉之"还是"闻而恶之"，都不影响礼部侍郎已用"西掖瑞柳"出题的事实。"独孤郁"当作"独孤朗"，李翱《唐故福建等州都团练观察处置等使兼御史中丞赠右散骑常侍独孤公墓志铭》云："公讳朗，字用晦。……年二十一，与弟郁同来举进士，其二年既得之矣，会有司出赋题，德宗不悦。宰相喻使减人数，故公与十余人皆黜。"⑦《文苑英华》卷八七载郭炯、陈诩同题同韵《西掖瑞柳赋》两篇，据录于下：

郭炯《西掖瑞柳赋》，以"应时呈祥，圣德昭感"为韵：

乾坤至诚，草木无情。神灵乘化而致理，枯朽效祥而发生。当圣泽未沾，故兀然枯瘁；及天光回照，遂蔼尔敷荣。因万物以咸遂，与百祥而毕呈。

故得垂阴琐闼之中，固本凤池之侧。始孤标而颖拔，乍苒弱而条直。长充西掖之佳玩，迥夺东门之秀色。芬敷自异，永垂不朽之名；变化无(一作殊)常，用表好生之德。

懿其荑生渐蔚，干耸惟条。拂瑞景而增丽，袅祥风而独摇。可以彰圣主之玄

---

① 孟二冬：《登科记考补正》卷一二，燕山出版社2003年版，第529页。
② 徐松：《登科记考》，中华书局1984年版，第514页。
③ 刘昫：《旧唐书》，中华书局1975年版，第3768页。
④ 李昉等：《太平御览》卷九五七，文渊阁《四库全书》，第3页。
⑤ 王溥：《唐会要》卷七六，文渊阁《四库全书》，第10页。
⑥ 徐松：《登科记考》，中华书局1984年版，第515页。
⑦ 董诰等：《全唐文》卷六三九，中华书局1983年版，第6449页。

感，可以见昊天之孔昭。舒卷以时，陋梧桐之半死；荣枯顺理，鄙松柏之后雕。

且春布发生之庆，秋行肃杀之令。于天地而不失其常，在金木而各得其性。众皆毕出尽达，我则向日而衰；众皆黄落萎腓，我则感时而盛。不然何以知至德之动天，运神功而瑞圣者矣。

翠色牂牂，异酒泉嘉柰之祥；轻阴淡淡，同鄗郡枯梓之感。(伦按：此为"解镫韵"。)烟销雨霁，霏素雪于宸居；日宴(疑作晏)春深，杂繁花于睿览。

青翠葳蕤，垂轩拂墀。在日月偏临之处，当鸳鸯(一作鸾)集苑之时。

至矣哉，天降灵贶，圣为明证。既得地而不杂众流，常托根而独标美称。是知天听自人而应者也。①

此赋押韵未依官韵次序，改以"呈德昭圣祥感时应"为序，一则平仄相间，声调和谐；二则表达祥瑞感应主旨，井然有序。其中"翠色牂牂，异酒泉嘉柰之祥；轻阴淡淡，同鄗郡枯梓之感"一联，采用"解镫韵"，即"牂"与"祥"协韵，"淡"与"感"协韵，用一联隔句对，解决两个限韵字。

陈诩《西掖瑞柳赋》，以"应时呈祥，圣德昭感"为韵：

柳变西掖，瑞彰圣时。感巡游之未至，失荣落于先期。雨露所均，常比中园之郁郁；宫闱暂闭；若无春日之迟迟。所以望车尘之行幸，慰都人之怨思。

物或有凭，神固难测。生植不易地而殊荣，孤影忽同秋而异色。岂上天之降鉴，俾下民之是则。于以激忠臣之心，于以彰大君之德。

初斯柳之失常，人未知其为祥。秦原之烟景明媚，汉苑之草树芬芳。独孤雕而槁瘁，似永隔于风光。无絮花之似雪，意膏露之凝霜。

及夫天回旧步，木得其性。千官捧日以输忠，万骑从龙而翊圣。彼众芳之已歇，我得秋而始盛。岂固异于常材，实愿贞乎景命。

伟夫瑞发匪遥，成天意之孔昭；德惟可览，结人心之幽感。(伦按：此用解镫韵。)

不然，柳且无情，曷枯而生。其枯也当烟尘之晦，其生也表氛沴之清。与时不偶，叶圣斯呈。政或可持，疾风始知夫草劲；节无所立，岁寒徒称乎柏贞。宜其俯凤池而洒润，接鸡树以连荣。

儒有因物比兴，属词揣称。闻瑞柳于春宫，遂揄扬于天应。②

此赋押韵实际以"时德祥圣昭感呈应"为序，也是平仄相间。其赋的好处在于，将枯柳与重荣形成强烈的对比。也采用了"解镫韵"法，"夫瑞发匪遥，成天意之孔昭；德

① 李昉等：《文苑英华》卷八七，文渊阁《四库全书》，第6~8页。

② 李昉等：《文苑英华》卷八七，文渊阁《四库全书》，第8~9页。

惟可览，结人心之幽感”一联，“遥”与“昭”协韵，“览”与“感”协韵，用一联隔句对，解决两个限韵字。

十七、Δ贞元十三年(797)宏词试《披沙拣金赋》

徐松《登科记考》卷一四贞元十二年(796)“博学宏词科”条注：“试《披沙拣金赋》，以‘求宝知道，同乎选材’为韵，见《文苑英华》。又有《竹剑有筠诗》，亦当为是年试题。”①《文苑英华》卷一一八载李程、柳宗元、席夔、张仲方四篇同题同韵《披沙拣金赋》，李程名下有小注：“贞元十二年宏词。”徐松《登科记考》贞元十二年“博学宏词科”列入“李程”，下注：“《广卓异记》引《登科记》：‘李程，贞元十二年进士状元及第，十三年宏词头登科。’按：十三年为十二年之讹。”②检乐史《广卓异记》卷一九“进士状元却为宏词头”条，李程之前记载：“陈讽，贞元十年进士状元及第，当年宏词头登科。”③伦按：如果李程的确是贞元十二年宏词头登科，则著录方式应当与陈讽相同，按其书法，乐史没有将“十二年”讹误为“十三年”的可能性，所以，根据《广卓异记》引《登科记》，李程应为贞元十三年宏词头登科。又，柳宗元《与杨诲之第二书》云：“吾年十七求进士，四年乃得举；二十四求博学宏词科，二年乃得仕。”④查施子愉著《柳宗元年谱》：“贞元十二年，柳宗元二十四岁，应博学宏词科，未第。”⑤可见，柳宗元贞元十二年宏词试而未第，其登博学宏词科，乃贞元十三年事，《披沙拣金赋》为其宏词登科之作。王士祥《唐代试赋研究》亦将《披沙拣金赋》改系于贞元十三年宏词试。⑥ 又《文苑英华》卷一八〇载李程、柳宗元、李行敏三首《观庆云图》诗，当为本年宏词诗题。关于李行敏，《唐摭言》有记载：“贞元十三年，李挚以大宏词振名，与李敏同姓同年同登第又同甲子(及第时俱二十五岁)又同门。挚尝答行敏诗曰：‘因缘三纪异，契分四般同。’”⑦此李敏当即李行敏，徐松将李挚和李行敏皆列为应贞元十二年宏词科试，非是。兹据《文苑英华》录李程、柳宗元二赋于下：

李程《披沙拣金赋》，以“求宝之道，同乎选才”为韵：

物有感者，其沙之同流。韬至精之未吐，俟明鉴以来求。披隤沲，历汀州。期往而有觌，必专而是谋。

若不克见，何远不讨。大无间于洪流，细宁忽于潢潦。必因目击，信夫川则效珍；不假镜临，所谓地不藏宝。

---

① 徐松：《登科记考》，中华书局1984年版，第505页。
② 徐松：《登科记考》，中华书局1984年版，第505页。
③ 乐史：《广卓异记》卷一九，广陵书社1983年版，第3页。
④ 柳宗元：《柳宗元集》，中华书局1979年版，第856页。
⑤ 施子愉：《柳宗元年谱》，湖北人民出版社1958年版，第16页。
⑥ 王士祥：《唐代试赋研究》，上海古籍出版社2012年版，第97页。
⑦ 王定保：《唐摭言》，上海古典文学出版社1957年版，第48页。

於戏，未分美恶，必在妍媸。当有期于慎简，幸无见于忽遗。经营乎永昌之日，徘徊乎丽水之湄。初若决浮云，摇星光之的的；又似剖群蚌，贯珠彩之累累。充一镒而有待，贯三品而方期。出轻涟而沉潜自照，别丽景而光炅生姿。（未见“之”字官韵）

洎乎沙之汰之，既坚既好。断之则同心斯得，用之则从革是宝。必资作砺，自同选众以求仁；曾是满籯，未若观学而知道。

伊昔识真者寡，罕遇良工。遗我于一撮之内，混我于众流之中。纯固空知夫自守，精英不得而外融。与砂碛而杂居，则如云积；处矿璞而自异，讵可雷同。

宝既有矣，况于人乎？夫辨之掌握，尚辱在泥涂。

则将排碧沙，涉清浅。虽有怀于拣金，庶不遗于片善。（未见“选”字官韵）

今则藻鉴既朗，庸将自媒。兴公雅符于通论，士衡犹患于多才。不然者，则怀宝而退矣，曷为体物而来哉？①

“披沙拣金”亦作“披沙简金”，原指从沙中淘金，后比喻从大量作品中挑选精华。钟嵘《诗品》卷上：“陆文如披沙拣金，往往见宝。”刘知幾《史通·直书》：“虽古人糟粕，真伪相乱，而披沙拣金，有时获宝。”此赋则以限韵“求宝之道，同乎选才”规定了写作的方向是用披沙拣金来比喻选才的方法。李程此赋前三段都写沙中寻宝，第三、四段承上启下，点明“披沙拣金”犹如“选众以求仁”。后三段则重点写选材，告诫主考者应当秉持公心，善于选才，片善不遗，否则士人有可能“怀宝而退”，出现于国不利的状况。赋中“之”字官韵、“选”字官韵，皆未出现。“之”字尚有说，《文苑英华》原校者即云：“此韵未见‘之’字官韵，虽有‘沙之汰之’而不入韵，不叶，似与八十三卷欧阳詹《春盘赋》‘日惟上春’之句同，当考。”伦按：《文苑英华》卷八三欧阳詹《春盘赋》，以“裁红晕碧巧助春情”为韵。其中一段云：“日惟上春，时物将革。柳依门以半绿，草连河而欲碧。”首句押“春”字，次句“革”字属“麦韵”，与下联“碧”字协韵。这种情况是不正常的，《文苑英华》校者即说：“唐赋虽有第一句用官韵，第二句复协韵。今当考。”②至于“选”字官韵缺席，若非脱简，当属疏漏。考官录取李程，不拘小节，当是受到李程进士登第《日五色赋》大名的影响。

柳宗元《披沙拣金赋》，以“求宝之道，同乎选才”为韵：

沙之为物兮，视污若浮。金之为物兮，耻居下流。沉其质兮，五材或阙；耀其德而，六府孔修。然则抱成器之珍，必将有待；当慎择之日，则又何求。配珪璋而取贵，岂泥滓而有俦。

披而择之，斯焉见宝。荡浸淫而顾盼，指炫炅而探讨。动而愈出，将去幽以即

① 李昉等：《文苑英华》卷一一八，文渊阁《四库全书》，第5~6页。

② 李昉等：《文苑英华》卷八三，文渊阁《四库全书》，第6页。

明；湼而不缁，实既坚而且好。

潜虽伏矣，获则取之。翻浑浑之浊质，见耀耀之殊姿。久暗处固，亦冀将君是望；先迷后得，孰谓弃余如遗。

其隐也，则杂昏昏，沦浩浩，晦英精兮自宝，和光同尘兮合于至道；其遇也，则散奕奕，动融融，焕美质乎其中，明道若昧乎契彼玄同。傥俯舍而不弃，谅致美于无穷。欲盖而彰，故炯尔而见素；不索何获；遂昭然而发蒙。

观其振彼污涂，积以锱铢。研清晖而竞出，晖真质而将殊。锥处囊而纤光乍比，剑拭土而异彩相符。用之则行，斯为美矣；求而必得，不亦悦乎？

岂徒媚旭日以晶荧，带长川之清浅。皎如珠吐，类剖蚌而乍分；粲兮星繁，似流云之初卷。是以周诗作比，而祈招即咏；陆文可侔，而昭明是选。

若然者，可以议披沙之所托，明拣金之所裁。良工何远，善价员来。拂以增光，宁谢满籯之学；汰之逾朗，讵凭掷地之才。客有希采掇于求宝之际，庶斯文之在哉。①

柳宗元此赋写得精炼流畅，前六段都是直接写沙中淘金，披沙见宝，直到第六段才用选文作比喻，末段则表明自己希望被选择的心愿。赋中有一股对长联“其隐也，则杂昏昏，沦浩浩，晦英精兮自宝，和光同尘兮合于至道；其遇也，则散奕奕，动融融，焕美质乎其中，明道若昧乎契彼玄同”，对后世八股文句法当有所影响。

十八、Δ贞元十三年(797)解试《万年县试金马式赋》

唐代乡贡进士、明经的来源，先须通过县试和府试，然后选送礼部。韩愈在《赠张童子序》中曾对明经的甄选过程作过描述：“天下之以明二经举于礼部者，岁至三千人。始自县考试，定其可举者，然后升于州若府，其不能中科者，不与是数焉。州若府总其属之所升，又考试之如县，加察详焉，定其可举者，然后贡于天子而升之有司，其不能中科者，不与是数焉，谓之乡贡。有司者总州府之所升而考试之，加察详焉，第其可进者以名上于天子，而藏之属之吏部，岁不及二百人，谓之出身。能在是选者，厥惟艰哉。”②目下所知，现存的唐代县试赋仅有《文苑英华》卷一三二收录的吕鐏、王起《万年县试金马式赋》两篇。据《全唐文》卷五九四《吕鐏小传》：“镈(鐏)，贞元十四年进士。”③《旧唐书》卷一六四《王播传》：“弟起，字举之，贞元十四年擢进士第，释褐集贤校理，登制策直言极谏科，授蓝田尉。”④按照唐代的科举制度推算，士子通过解试，一般在擢进士第的前一年，故可定吕鐏、王起《万年县试金马式赋》为贞元十三

① 李昉等：《文苑英华》卷一一八，文渊阁《四库全书》，第6~7页。

② 廖莹中注：《东雅堂昌黎集注》卷二〇，文渊阁《四库全书》，第3页。

③ “镈”当作“鐏”。《金石萃编》，卷一一五“金部员外郎”有“吕鐏”。

④ 刘昫：《旧唐书》卷一六四，文渊阁《四库全书》，第4页。

年县试赋。

吕鐏《万年县试金马式赋》，以“汉朝铸金为名马式”为韵：

马以行地致用，式乃范金取规。表骐骥以立则，拟形容而可知。合诸法象，遵彼权奇。卓尔趫姿，想从革而乍见；骇兹殊相，疑轶尘而载驰。毫发尽此，纤秾不差。诚骏骨之倜傥，亦巧心之云为。

本其称自前朝，制于往汉。金也者，持坚刚之可久；式也者，验逸异而有案。形乃辨于千里，功讵劳于万锻。匪刻鹤之同科，岂偶人而齐贯。

载炼载精，我马是程。武眷乍睹，龙文可名。星气想合，金光发明。蜿足不前，如俟孙阳之顾；望云邈视，宁殊洼水之生。向日而疑将奋影，临风而状若长鸣。

曲尽其趣，不愆于素。写逸态以全能，制兰筋而巧附。瞳双镜而可鉴，颧两月以合度。谓天骥之呈材，乃良金之所铸。

取则不远，其象孔昭。常骄骄以示象，特昂昂而建标。騕褭在目，飞黄立朝。哂求市之三年，终观骏死；无相肥于一概，何虑驹跳。

所以稽乎骥德，垂此作式。指半汉以成规，岂驽骀之可惑。置于宫壶，有待献书之贤；铸以越铜，载假伏波之力。

事与名远，理将意深。宁俟造父之能驯，骅骝乃觌；何必九方之善相，骊牝独寻。等循形以观影，咸得骏于斯金。

故曰考兹术也，选无违者。可以断臧否，明取舍。形分似是，类别真假。欲献状于国门，期一中于名马。①

金马指金制的马匹模型。《汉书·张骞传》：“天子既好宛马，闻之甘心，使壮士车令等持千金及金马以请宛王贰师城善马……(宛王)遂不肯予汉使。汉使怒妄言，椎金马而去。”②这样的金马在唐朝出土，故万年县以其出题试士。

此赋押韵实际以“为汉名铸朝式金马”为序。全赋八段可分前后两个部分，前四段具体写金马的制作和形态，后四段加入议论，引用九方皋相马的典故，用相马比喻为国求才的方法。

王起《万年县试金马式赋》，以“汉朝铸金为名马式”为韵：

先贤铸金之英，为马之形。马无韁而致用，金不朽而垂名。瞻之在前，则至宝山立；寂然不动，则异体峰平。固将六龙可验，八骏斯营。遐迫绝足，远契长鸣。岂徒玩荧煌之彩，眄熠爚之情哉？

---

① 李昉等：《文苑英华》卷一三三，文渊阁《四库全书》，第7~8页。

② 班固：《汉书》卷六〇，文渊阁《四库全书》，第10页。

始其模既全，体将具。思求绝尘之貌，是假在镕之铸。踊跃其液，渥洼之形未出；扑灭其烟，浮云之姿已露。

方中矩兮圆中规，势倜傥兮精权奇。诚可传而可继，每不驱而不驰。其巧既毕，安贞莫移。岂贪夫而是徇，谅工者之所为。

若乃大阅群驺，旁搜万国。献绛阙而咸萃，充华廏而尚惑。乃审厥象，俾臻其极。仰从革之辉光，知代劳之轨则。驽骀沓至，自乖百炼之形；驵骏俱来，允叶万邦之式。

其状惟肖，其仪孔昭。仰沛艾以龙翥，若骖驔而鹿超。摧秣勿施，异乘黄之伏皂；絷维罔及，殊赭白之来朝。

翼翼雄姿，煌煌壮观。恒引耀以错落，每腾精而半汉。牛以石兮多惭，池以铜兮非玩。

是知武皇之制博，伏波之旨深。用之则行，昔飞声于东道；确乎不拔，终成象于南金。高门洞辟，秘殿旁临。将万古以骇目，俾四方而宅心。岂作赂大宛，其形见弃；为神蜀郡，厥祀方歆者哉？

固宜无逃于众寡，不昧于取舍。永作镜于域中，比悬衡于天下。则称骥德，颂駉牧者。未若似是而非，常以马而喻马。①

王起是作赋的高手，此赋押韵实际以“名铸为式朝汉金马”为序，虽是场屋所作，实则一气呵成，以真马写金马，透过其描写文字，金马栩栩如生的形态跃然在目。

十九、贞元十四年(798)进士试《鉴止水赋》

徐松《登科记考》卷一四贞元十四年“进士二十人”注：“按《吕衡州集》有礼部试《鉴止水赋》，注云：以‘澄虚纳照，遇象分形’为韵，任不依次用，限三百五十字以上成。又有《青出蓝诗》，注云：‘题中用韵，限四十字成。’《文苑英华》所载同，是为此年试题。”②《文苑英华》卷三二载吕温、张仲素、王季友三篇同题同韵赋作，录前二人之作于下：

吕温《鉴止水赋》，以“澄虚纳照，遇象分形”为韵：

水止矣，静之其徐；物鉴矣，久而益虚。既无情于美恶，又奚议夫亲疏。委质由来，所期乎上善同利；忘筌已悟，宁患乎至清无鱼。

若乃回塘月抱，高岸环合。泥滓湛而自沉，金沙炯其不杂。同道德以虚而受，异川泽唯污是纳。

有斐君子，此焉明征。气随浪息，心与源澄。端形赴影，如木从绳。其表微

---

① 李昉等：《文苑英华》卷一三三，文渊阁《四库全书》，第8~9页。

② 徐松：《登科记考》，中华书局1984年版，第518页。

也，挂金镜而当昼；其索隐也，隔玉壶而见冰。

尔其色必洞澈，光无滉瀁。不蒸蓊郁之气，不激潺湲之响。百丈在目，千仞指掌。恶每自乎中见，美实非乎外奖。鉴形之始，方似以身观身；得意之间，乃同求象忘象。

观其下倒星汉，上披烟云。守其常而性将偶合，居其止而物以群分。君鉴之以平心，临下必简；臣鉴之以励节，在邦必闻。

妍媸无形兮，惟人所召；物我兼进兮，水无不照。廉士以之洗心，至人以之观妙。

岂比夫流若激矢，波如建瓴。不舍昼夜，争输沧溟。徒乖躁静之理，莫辨真伪之形者哉！

邦国以贤为止水，鉴有余裕。群形鳞集，万景云附。滥巾窃吹者，十手共指；研精摭实者，千载一遇。夫如是，姑自摄其威仪，亦何忧而何惧。①

鉴止水的典故出自《庄子·德充符》："仲尼曰：'人莫鉴于流水而鉴于止水。'"成玄英疏："止水所以留鉴者，为其澄清故也。"②又见《文子·上德》篇："老子曰：道以无有为体，视之不见其形，听之不闻其声，谓之幽冥，幽冥者，所以论道而非道也。夫道者，内视而自反，故人不小觉不大迷，不小慧不大愚，莫鉴于流潦而鉴于止水。"③

此赋押韵实际以"虚纳澄象分照形遇"为序。吕温赋写得很规矩，也很大气，如"君鉴之以平心，临下必简；臣鉴之而励节，在邦必闻"，认为凡人皆当以水为鉴，上至君，下至臣，概莫能外。

张仲素《鉴止水赋》，以"澄虚纳照，遇象分形"为韵：

水可取鉴，人能就诸。将审已以征实，必含形而内虚。其止也静，其清也徐。方湛兮而皎镜，异沔彼而沦胥。符上善之心，自多弘纳。见无私之状，临或踌躇。资坎德之深矣，谐至人之淡如。

当其晓日增鲜，光风未度。既清泠以爰止，持炯戒以为喻。等滥觞之犹蓄，何一杯之是措。谅善恶之咸观，必形影之自遇。

岂独无当五色，空涵众文。伊吉凶之肇起，如动静之潜分。俯而窥，似神交之淡泊；默而察，若灵化之细缊。

且义叶养蒙，道深观窍。洞虚无以责有，在清明而惟肖。心不同也，常称厚貌之疑；鉴之精兮，未若重泉之照。辨妍媸而无失，固洁著而为妙。斯所以田巴览之而独悲，陆云观之而自笑。

---

① 李昉等：《文苑英华》卷三二，文渊阁《四库全书》，第3~4页。

② 郭庆藩：《庄子集释》(清光绪思贤讲舍刻本)，卷二下。

③ 文子：《文子》卷上，明《子汇》本。

若乃芳塘始启，白水初澄。有美人兮方觌，坐曲岸而情凝。毫发已分，想沉姿而映藻；清华不动，见浮彩之生灵。

是知声有往而必复者，谓其响答；水以止而能鉴者，谓之冥合。方取则于川渟，孰混归于海纳。

此亦纪人事，垂正经。庶在观身而责影，岂徒品物而流形。

今则万顷方临，群容在掌。随方圆以见意，在清通而赋象。苟明鉴之不遗，愿饬躬而是往。①

此赋押韵实际以“虚遇分照澄纳形象”为序。张仲素是中唐律赋大家，其赋写美人临水照镜一段“若乃芳塘始启，白水初澄。有美人兮方觌，坐曲岸而情凝。毫发已分，想沉姿而映藻；清华不动，见浮彩之生灵”，注重细节描写，摇曳生情，在场屋之作中是难能可贵的。

二十、贞元十五年(799)宏词试《乐理心赋》

徐松《登科记考》卷一四贞元十五年“博学宏词科二人”注：“试题为《乐理心赋》，以‘易直子谅，油然而生’为韵。《终南精舍月中闻磬诗》②，题中用韵，六十字成。见《吕衡州集》。”③《文苑英华》卷七五载独孤申叔、吕温同题同韵《乐理心赋》，据录于下：

独孤申叔《乐理心赋》，以“易直子谅，油然而生”为韵：

心为灵府，乐有正声。感通而调畅之理自得，欣合而邪僻之虑不生。翕如冥契，混若化成。孕和平于德宇，保纯粹于元精。

故先王立极受命，制民作则。修匏土革木之器，备干戚羽旄之饰。将以悦万人，康四国。动荡其心志，推移于道德。熏然而煦日以和，悠尔而跻之寿域。成文不乱，知至乐之有融；从律弗奸，见王道之甚直。

声之所感，性罔不悛。致和易于无象，禁奸邪于未然。希夷自适，郁结攸宣。苟斯须之不去，何嗜欲之能迁。

况乎大乐同和，至音交畅。听寂寞而何求，视窅冥而无状。将欲革骄志以纯仁，化贪心为贞谅。

在乎思不惑兮心不流，安至乐兮优而柔。顺至性之荡荡，符大道之油油。纯如皦如，足养浩然之气；融融泄泄，宁抱悄尔之忧。

是知以德音为音，则合于仁义；以淫乐为乐，则比于慢易。

咸濩作而理亦随之，郑卫兴而时乃殆而。信至化之所系，实和乐之攸资。

---

① 李昉等：《文苑英华》卷三二，文渊阁《四库全书》，第4~5页。

② “磬”原作“盘”，据《吕衡州文集》改。

③ 徐松：《登科记考》，中华书局1984年版，第525页。

是以重华明兮箫韶若此，独夫靡兮颠沛若彼。忘味兴叹于宣尼，观风见称于季子。则知乐之为用也，不独逞烦手，欢俚耳。正心术而导淳源，非听其铿锵而已。①

赋题出自以乐治心的理念，典出《史记·乐书》："生民之道，乐为大焉。君子曰：礼乐不可以斯须去身，致乐以治心，则易直子谅之心油然生矣。"②此赋押韵实际以"生直然谅油易而子"为序，遵循平仄相间而行的范式。赋作强调以乐治心，必须区分乐有正声与邪声之分，以正声感人，则可培养正气。

吕温《乐理心赋》，以"易直子谅，油然而生"为韵：

道无象，天无声。圣人不有作，曷以观化成。由是鼓吹大块，铿锵元精。因乎心而式是理本，形乎器而强为乐名。以齐五方之俗，以厚万物之生。始积中而发外，率充性而养情。乐与心冥。则所谓固天之纵；心由乐理，亦得夫自明而诚。

至若乐在朝廷，君臣叶义。一发而阳唱阴和，九变而云行雨施。上以见为君之难，下以知为臣不易。有国者理心以此。必睹仪凤之嘉瑞。

若乃乐在闺闱，父子静专。盖取诸无荒而乐，有节而宣。和以严济，爱由敬全。有家者理心以此，必返天性于自然。

且夫乐之作也，一动一息；心之理也，惟清惟直。然后在听而必聪，无入而弗克。节有序，观贯珠而匪珠；声成文，见五色而无色。

其或惟邪是念，惟慝是度。则虽琴瑟在御，管磬聿修。立乐之方既失，理心之术何求。亦焉望变淳风之浩浩，致和气之油油。

徒观其心尚元通，乐资交畅。明则赞天地之化育，幽则索鬼神之情状。会节有极象之则，发而时中；应变无方拟之则，贞而不谅。

大矣哉！至乐希夷，俟其祎而。听之以思，固不资于子野；作必在听，亦无俟于后夔。

方今敦和统同，反本复始。别六律以分听，纳八风而齐轨。洪钟虚受，我则开其直言；朱弦遗音，我则戒夫专美。此吾君之以乐理心也，宜乎贵为天子。③

吕温此赋押韵实际以"声易然直油谅而"为序，章法谨严，首段以心是理本，器为乐名破题；第二段讲乐在朝廷，需要君臣合德；第三段讲乐在家庭，需要和爱；第四段从正面立论；第五段从反面驳论；第六段赞美心尚变化；第七段崇尚大音希声；第八段以歌颂当今皇上圣明作结。

---

① 李昉等：《文苑英华》卷七五，文渊阁《四库全书》，第9~10页。

② 司马迁：《史记》卷二〇四，文渊阁《四库全书》，第35页。

③ 李昉等：《文苑英华》卷七五，文渊阁《四库全书》，第10~11页。

二十一、Δ贞元十五年(799)宣州解试《射中正鹄赋》

宋人陈振孙《白氏文公年谱》考订："贞元十五年，是岁举进士于宣州，试《射中正鹄赋》、《窗中列远岫诗》，公预荐送，有《伤远行赋》云：'分微禄以归养。'自鄱阳而归洛阳。又云：'今我来兮，秋风其凉。'盖公既被荐，乃归省，而其家当复自徐徙寓洛也。"①由此可见，白居易是在家乡洛阳取解无望的情况下，投靠在宣州做官的叔父，通过获取宣州解送，才得以在次年进士登第的。

白居易《射中正鹄赋》，以"诸侯立戒，众士知训"为韵：

圣人弦木为弧，剡木为矢。惟弧矢之用也，中正鹄而已矣。是谓武之经，礼之纪。故王者务以选诸侯，诸侯用而贡多士。

将俾乎礼无秕稗，位有降杀。广场辟而堵墙开，射夫同而钟鼓戒。

于以致国用，修岁贡。使技痒者出于群，艺成者推于众。在乎矢不虚发，弓不再控。射，绎志也，信念兹而在兹；鹄，小鸟焉，取难中而能中。

乃设五正，张三侯。叶吉日于清昼，顺杀气于素秋。礼事展，乐容修。既五善而斯备，将百中而是求。

于是诚心内蕴，壮容外奋。升降揖让，合君子之令仪；进退周旋，伸先王之彝训。故礼举而义具，且无声而有闻。

及夫观者坌入，射者挺立。矢既挟，弓既执。抗大侯，次决拾。指正则掌内必取，料鹄乃彀中所及。雕弧乍满，当昼而明月弯弯；银镝急飞，不夜而流星熠熠。其一发也，騞若彻札；其再中也，攙如贯笠。玉霜降而弓力调，金气劲而弦声急。惬群心而踊跃，骇众目而翕习。若然者，安知不能空弯而雁落，虚引而猿泣者也。

矧乃正其色，温如洒如；游于艺，匪疾匪徐。妙能曲尽，勇可贾余。岂不以志正形直，心庄体舒。不出正兮，信得礼之大者；无失鹄也，岂反身而求诸。

斯盖弓矢合规，容止有仪。必气盈而神王，宁心耆而力疲。则知善射者，在乎合礼合乐，不必乎饮羽；在乎和容和志，不必乎主皮。夫如是，则射之礼，射之义，虽百代而可知。

这是一道讲武的题目，典出《礼记·中庸》："子曰：'射有似乎君子，失诸正鹄，反求诸其身。'"郑玄注："画布曰正，栖皮曰鹄。"陆德明释文："正、鹄皆鸟名也。一曰：正，正也；鹄，直也。大射则张皮侯而栖鹄，宾射张布侯而设正也。"②

白氏此赋押韵实际以"士戒众侯训立诸知"为序。古人之习射也可以比喻士子之登科，故白居易一方面写射箭者之潇洒"雕弧乍满，当昼而明月弯弯；银镝急飞，不夜而

---

① 陈振孙：《白氏文公年谱》(明钞本)。

② 孔颖达等：《礼记注疏》卷五二，文渊阁《四库全书》，第16页。

流星熠熠”；另一方面也表达自己行文之快意。李调元《雨村赋话》卷一评说：“唐白居易《射中正鹄赋》云：‘正其色，温如洒如；游于艺，匪疾匪徐。妙能曲尽，勇可贾余。’此数语乃自道其行文之乐也。”①

二十二、贞元十六年(800)进士试《性习相近远赋》

徐松《登科记考》卷一四贞元十六年“进士十九人”注：“据白居易诗云：‘慈恩塔下题名处，十七人中最少年。’则‘十九人’当作‘十七人’。试《性习相近远赋》，以‘君子之所慎焉’为韵。《玉水记方流诗》，见《摭言》。”②《文韵英华》卷九三载白居易、郑俞同题同韵赋作，据录于下：

白居易《性习相近远赋》，以“君子之所慎焉”为韵：

噫！下自人，上达君。咸德以慎立，而性由习分。习则生常，将俾夫善恶区别；慎之在始，必辨乎是非纠纷。

原夫性相近者，岂不以有教无类，其归于一揆；习相远者，岂不以殊途异致，乃差于千里。昏明波注，导为愚智之原；邪正岐分，开成理乱之轨。安得不稽其本，谋其始。观所由，察所以。考成败而取舍，审臧否而行止。俾流遁者返迷途于骚人，积习者遵要道于君子。

且夫德莫德于老氏，乃曰道是从矣；圣莫圣于宣尼，亦曰非生知之。则知德在修身，将见素而抱朴；圣由志学，必切问而近思。在乎积艺业于黍累，慎言行于毫厘。故得其门，志弥笃兮性弥近矣；由其径，习愈精兮道愈远而。

其旨可显，其义可举。勿谓习之近，徇迹而相背重阻；勿谓性之远，反真而相去几许。亦犹一源派别，随浑澄而或浊或清；一气脉分，任吹煦而为寒为暑。是以君子稽古于时习之初，辨惑于成性之所。

然则性者中之和，习者外之徇。中和思于驯致，外徇诫于妄进。非所习而习则性伤，得所习而习则性顺。故圣与狂由乎念与罔念，福与祸在乎慎与不慎。

慎之义，莫匪乎率道为本，见善而迁。观炯诫于既往，审进退于未然。故得之则至性大同，若水济水也；失之则众心不等，犹面如面焉。诚哉习性之说，吾将以为教先。③

这篇赋的题目出自《论语·阳货篇》子曰：“性相近也，习相远也。”意谓人的先天本性是相近的，由于后天习染不同而相去甚远。人生在世，必须处理好本性与习染的关系，所以写作此赋特别规定，以“君子之所慎焉”为韵。白居易此赋从论述层次上可以

---

① 詹杭伦等校证：《雨村赋话校证》卷一，新文丰出版公司 1993 年版，第 7 页。

② 徐松：《登科记考》，中华书局 1984 年版，第 531 页。

③ 李昉等：《文苑英华》卷九五，文渊阁《四库全书》，第 4~5 页。

分成四个层次：首段破题，押“君”字韵，论述性相近、习相远的道理，是君子立德的需要，是人生善恶区分的关键。第二段原题，押“子”字韵，阐明人性习染，不仅是个人愚蠢或智慧的源头，而且是国家社会治乱的根源。第三、四段申论，押“之、所”二韵，阐明无论从老子的学说还是从孔子的学说来看，都认可君子立身若能秉持入门须正、道路须直的要义，既可返璞归真，亦可超凡入圣。第五、六段结论，押“慎焉”二韵，阐明将性习之说列为立教之先的必要性。

白居易的赋作在当时影响很大，五代王定保撰《唐摭言》卷三记载：“白乐天一举及第，诗曰：‘慈恩塔下题名处，十七人中最少年。’乐天时年二十七，省试《性习相近远赋》、《玉水记方流诗》，携之谒李凉公逢吉。公时为校书郎，于时将他适，白遽造之，逢吉行携行看，初不以为意，及览赋头曰：‘噫！下自人，上达君。咸德以慎立，而性由习分。’逢吉大奇之，遂写二十余本，其日十七本都出。”①

郑俞《性习相近远赋》，以“君子之所慎焉”为韵：

> 酌人心之善败，惟性习之所分。习者物之迁，以动为主；性者生之质，以静为君。运情有同于镕铸，通志亦比夫耕耘。或定心以纯一，或逐境而纠纷。故定心者，若疏源而自得；逐境者，犹理丝而又棼。
>
> 且物之惑人无穷，人之徇物无已。近之则归于正性，远之则灭于天理。虽真妄之多端，谅御用而由己。至若习于所是，则孟母之训子。其居也，初阛阓之是邻，遂贾鬻而无耻。及夫又徙于学，徒示以坟史。卒能振文行以标名，郁古今而播美。岂不以性相近而习之至矣？
>
> 又若效之而非，则寿陵之从师。其故也，等善行之无辙，见大道之甚夷。及夫邯郸之学，匍匐于兹。既所能之未尽，终故步而莫追。岂不以习相远而性亦失之。
>
> 固宜人定其情，物安其所。苟欲迁性习以交丧，易贤愚之攸处。则舍于己而效于人，学弥得而性弥阻。述而莫息，亦莫之御。
>
> 是非乖理而亦徇，未若袭慎而委顺。勿牵外以概名，在执中而克慎。
>
> 钦若奥旨，闻诸古先。习之则善道可进，守之则至理自全。兹义也，智所不染，愚亦难迁。傥中庸之可甄，愿斯焉而取焉。②

与白居易赋写得精巧不同，郑俞此赋写得平实自在，首段破题之后，次段即以孟母训子为例，正面褒扬，第三段再举邯郸学步，反面告诫。最后再归于中庸之道。句法上似对非对，如写古文，可谓开律赋“以古为律”之先声。陆棻《历朝赋格》选入此赋，并加以评论：“习者物之迁，性者生之质，可补汉疏。执中克慎，要言不烦。皇极西铭，

---

① 王定保：《唐摭言》，古典文学出版社1957年版，第43页。

② 李昉等：《文苑英华》卷九五，文渊阁《四库全书》，第5~7页。

义不外此。理学一席，宁俟宋人。”①

二十三、贞元十七年(801)进士试《乐德教胄子赋》

徐松《登科记考》卷一五贞元十七年“进士十八人”注：“《文苑英华》(载)《乐德教胄子赋》，以‘育材训人之本’为韵，有郑方赋，知是此年赋题。”②孟二冬按：“《闰月定四时诗》为本年试题。”③《文苑英华》卷七六载李彦方、罗让、徐至、郑方、刘积中、杜周士六人同题同韵赋作，录李彦方、郑方二赋于下：

李彦方《乐德教胄子赋》，以“育材训人之本”为韵，依次用：

王子垂训导于门子，戒骄盈于代禄。厉师严以成教诲，敷乐德而宣化育。长能从而可久，幼能正以不黩。悦之以道，宁假乎干戚羽旄；动之斯和，讵资乎匏土革木。

是知深于乐者，岂徒然哉。畅生成于寿域，导纯粹于灵台。明明而六德是以，荡荡而群心有开。瞻之在前，伫将成于国栋；由乎充选，庶有嗣于乡材。登于隽造，释其奸回。聆音乃接武而至，乐善而差肩载来。

且于中者表得中而可尊，和者达至和而不紊。繄吾道之克广，谅乃心之是训。青衿选其悦学，绛帐资乎待问。于以识琬琰之姿，于以言始终之训。(伦按：此段出现两个“训”字押韵，疑后一“训”字当作“运”。)

然则祗者敬也，居敬足以修身；彝者常也，守常而能化人。萃群生之济济，达诱善以循循。肃穆以居，而文明有耀；条畅斯及，而乐教惟新。然后以孝友俾其师资，春秋则教，夙夜惟寅。

弘广博易良，人胥效矣；美父母兄弟，谁能间之。内必成性，外无越思。匪铿锵而感物，咸敬顺以亲师。异齐国之闻于宣父，叶虞帝之命以后夔。

惟德音之是进，岂奸声之能混。入于国学，习者由是知归；祭于瞽宗，享者于焉报本。至哉圣人之设教，谅终古而无损。④

乐德，指古代音乐教育中的中、和等六种品德。《周礼·春官·大司乐》：“以乐德教国子：中、和、祗、庸、孝、友。”郑玄注：“中，犹忠也；和，刚柔适也；祗，敬；庸，有常也；善父母曰孝；善兄弟曰友。”⑤胄子，古代指帝王或贵族的长子。《尚书·舜典》：“夔！命汝典乐，教胄子。”孔安国传：“胄，长也，谓元子以下至卿大夫子弟。”

---

① 陆棻：《历朝赋格》(清康熙刻本)，上集“文赋格”卷四。

② 徐松：《登科记考》，中华书局 1984 年版，第 541 页。

③ 孟二冬：《登科记考补正》，燕山出版社 2003 年版，第 623 页。

④ 李昉等：《文苑英华》卷七六，文渊阁《四库全书》，第 5~6 页。

⑤ 郑玄等：《周礼注疏》卷二二，文渊阁《四库全书》，第 3 页。

孔颖达疏："继父世者，惟长子耳，故以胄为长也。"①李彦方此赋以限韵为序，分六段依次铺写。首段赞乐德之功，次段讲化育人才，第三段释中和之训，第四段论孝友之人，第五段谓成性之效，第六段小结圣人立教之本。

郑方《乐德教胄子赋》，以"育材训人之本"为韵：

国有学，家有塾。播乐德之文采，率胄子以化育。始先激其清浊，而后攻其节目。鼓箧之士，宣声音以相和；函杖之时，俾心志而思服。

语于效者，执德不回；道以乐者，知阳必来。盈耳之声讵作，理心之教有开。实俎豆之闻矣，宁钟鼓而云哉。动于外而畅于中，使和其性；进以德而举以事，各尽其材。

惟其敩学，必有谟训。咸养以致和，强学以待问。观德毕贤愚之贯，序德同长幼之分。

岂不以乐之至也通乎神，教之至也慎乎身。惟彼乐之为德，是彰教之有伦。不在匏竹设，金石振。乃贵于祗庸备，孝友陈。岂不念终始而典学，美教化于成均。遂乃与诵讽，观屈伸。斯可以移风易俗，不止于温故知新。保和于心，畅五声而授之有道；将逊其业，崇四术而弘之在人。

厥类可知，允怀在兹。谅审乐以知政，由切问而近思。初感至音，听角声而恻隐变矣；终怀雅性，闻羽奏而宽大似之。且被之以箫管，加之以训辞。升学而在于春候，合射而戒于秋时。然则不教以中和，不能知学；不教以博依，不能安诗。

是以学者为王化之端，乐者系国风之本。故曰观大学之道，然后刚知困而满知损。②

试赋的限韵字若与主题密切关合，则作者可以每段皆以限韵字为关键词，此赋即是如此。作者按照"育材训人之本"的次序，第一段写乐之功能在于化育，第二段写进德举事，人尽其才，第三段写圣贤谟训，第四段写弘扬乐教关键在人，第五段写听乐之感，第六段写乐为国本，可谓怡然理顺。

二十四、※贞元十八年(802)进士试《海上生明月赋》

徐松《登科记考》卷一五贞元十八年"进士二十三人"注："《文苑英华》有《风动万年枝诗》，当是此年试题。"未列赋题。伦按：此年状元为徐晦，《文苑英华》卷七载其《海上生明月赋》，其赋结尾写到自己"淹翔有年"，与其临川羡鱼，不如退而结网，表明士子求进身份，可暂定为本年赋题。徐应秋《玉芝堂谈荟》卷二："(贞元)十八年进士二十

① 孔安国等：《尚书注疏》卷二，文渊阁《四库全书》，第36页。

② 李昉等：《文苑英华》卷七六，文渊阁《四库全书》，第9~10页。

三人，状元徐敏。”①徐松《登科记考》卷一五：“《玉芝堂谈荟》作徐敏，误。《永乐大典》引《莆阳志》：‘贞元十八年，徐晦状元。’”②刘昫《旧唐书》卷一六四《徐晦传》：“徐晦，进士擢第，登直言极谏制科，授栎阳尉，皆自杨凭所荐。及凭得罪，贬临贺尉，交亲无敢祖送者，独晦送至蓝田，与凭言别。时故相权德舆与凭交分最深，知晦之行，因谓晦曰：‘今日送临贺，诚为厚矣，无乃为累乎？’晦曰：‘晦自布衣受杨公之眷，方兹流播，争忍无言而别，如他日相公为奸邪所谮，失意于外，晦安得与相公轻别？’德舆嘉其真恳，大称之于朝。不数日御史中丞李夷简请为监察，晦白夷简曰：‘生平不践公门，公何取信而见奖拔？’夷简曰：‘闻君送杨临贺，不顾犯难，肯负国乎？’由是知名。历殿中侍御史、尚书郎，出为晋州刺史，入拜中书舍人。宝历元年，出为福建观察使。二年，入为工部侍郎。出为同州刺史，兼御史中丞。大和四年，征拜兵部侍郎。五年，为太子宾客，分司东都。晦性强直，不随世态，当官守正，唯嗜酒太过，晚年丧明，乃至沉废，以礼部尚书致仕。开成三年三月卒，赠兵部尚书。”③白居易《白氏长庆集》卷六二《吟四虽》：“酒酣后，歌歇时，请君添一酌，听我吟四虽。年虽老，犹少于韦长史；命虽薄，犹胜于郑长水；眼虽病，犹明于徐郎中；家虽贫，犹富于郭庶子。省躬审分何侥幸，值酒逢歌且欢喜。忘荣知足委天和，亦应得尽生生理。”④

徐晦《海上生明月赋》：

巨浸不极，太阴无私。搴积水之游气，睹圆魄之殊姿。皓皓天步，苍茫地维。泱漾崩腾，助金波玉浪之势；晶荧激射，当三五二八之期。盖进必以道，岂出非其时。继倾曦以对越，擅浮光而在兹。

嗟乎！空阔之容若彼，清明之状如此。蜃楼旁起，疑庾亮之可从；珠蚌潜开，异随侯之所委。躔次虽游，风涛讵弭。出霞岸而不遅，过鳌山而孔迩。顾兔摇曳，姮娥徙倚。将运行以故然，谅涤濯之难揣。

远绝昏霾，迥临津涯。竟无幽而不烛，斯冥力而上排。希逸之赋可称，界于斜汉；仲言之诗有作，映彼清淮。未若皎皎初吐，苍苍可阶。叶朝夕以晦朔，宁望断而意乖。

滃沦涳洞，雪翻烟弄。水族将蟾影交驰，浪花与桂枝相送。凝目是远，赏心斯众。苟佳景之必存，孰良辰之不共。

滔滔节宣，冉冉徂迁。循彼万流，差广纳而观海；推夫两曜，候久照而得天。客有吟想此夜，淹翔有年。感浮桴而偶圣，庶乘槎而逢仙。亦将览孤景，盥洪涟。聊学抽毫而进牍，岂追羡鱼以临川。⑤

① 徐应秋：《玉芝堂谈荟》卷二，文渊阁《四库全书》，第50页。
② 徐松：《登科记考》卷一五，中华书局1984年版，第553页。
③ 刘昫：《旧唐书》卷一六四，文渊阁《四库全书》，第35~36页。
④ 白居易：《白氏长庆集》卷六二，文渊阁《四库全书》，第13~14页。
⑤ 李昉等：《文苑英华》卷六，文渊阁《四库全书》，第10~11页。

徐晦此赋题下未注明限韵，检查各段押韵字，知其是以“天涯共此时”为韵，实际押韵以“时此涯共天”为序。赋题与限韵均出自张九龄《望月怀远》诗：“海上生明月，天涯共此时。情人怨遥夜，竟夕起相思。灭烛怜光满，披衣觉露滋。不堪盈手赠，还寝梦佳期。”①

全赋分五段，首段写月出之景，次段感叹清明之状，第三段引前人之诗赋，第四段极写“共”字，“水族将蟾影交驰，浪花与桂枝相送”一联，既描写海上明月之实景，又暗喻蟾宫得桂之吉利，可称名句。结尾谓自己“淹翔有年”，与其临川羡鱼，不如退而结网，符合进士求进之身份。

李调元《雨村赋话》卷一评云：“徐晦《海上生明月赋》云‘希逸之赋可称，界于斜汉；玄晖之诗有作，映彼清淮’，关合海上，属对颇工，但‘月映清淮流’是何仲言诗中语，而曰玄晖，误矣。”伦按：唐人常将“月映清淮流”体认为谢朓诗句，如皮日休《皮日休文集》卷七《郢州孟亭记》云：“谢朓之诗句，精者有‘露湿寒塘草，月映清淮流’，先生则有‘荷风送香气，竹露滴清声’，此与古人争胜于毫厘也。”②至宋人黄伯思《东观余论》卷下《跋何水曹集后》，始将此诗判归何逊名下。胡仔《苕溪渔隐丛话后集》卷九：“‘露湿寒塘草，月映清淮流。’此(皮日休)以为谢朓诗，《东观余论》以为何逊诗，东观见何逊集而云之，则日休以为谢朓诗，恐误也。”③

二十五、贞元十八年(802)宏词试《瑶台月赋》

徐松《登科记考》卷一五贞元十八年“博学宏词科”注：“试《瑶台月赋》，以‘仙家帝室，皎洁清光’为韵。见《文苑英华》。”④中华书局本《文苑英华》卷七收王淮《瑶台月赋》，名下小注“至元十八年试宏博”⑤。《四库全书》本和明刻本《文苑英华》均无此小注。伦按：“王淮”为“王涯”之误，“至元”为“贞元”之误。据《四库全书》本《文苑英华》录此赋于下。

王涯《瑶台月赋》，以“仙家帝室，皎洁清光”为韵：

素月宵凝，寒空迥彻。照琼树以增丽，焕瑶台而共洁。远而望，浮皎晶之精光；近而察焉，带巍峨之积雪。

美其清荧互映，绚练相鲜。洞玉砌以周设，对金波而正圆。增构参差，迥出林峦之表；光辉照烛，还同昆阆之前。睹重壁以发地，瞻百常之造天。乍动乍摇，难审详于众目；若明若灭，疑陟降于群仙。

---

① 张九龄：《曲江集》卷五，《四部丛刊》景明成化本。

② 皮日休：《皮日休文集》卷七，《四部丛刊》景明本。

③ 胡仔：《苕溪渔隐丛话后集》卷九，清乾隆刻本。

④ 徐松：《登科记考》，中华书局1984年版，第101页。

⑤ 李昉等：《文苑英华》卷七，中华书局1966年版，第37页。

顾兔凄凉，崇台窅窱。惵尔意骇，倏然魂悄。骈阶级以云矗，粲琼瑛之霄皎。徒引耀之可观，岂怀材之足表。

若见仙阙，如游玉京。月映台而九天共霁，台照月而万里俱明。含冰霰而逾洁，轶氛埃而更清。斯可以涤鄙夫之幽抱，畅达士之高情。

皎皎寒光，悠悠清质。凝精以降，委照而出。玩浮光而神竦，炫微辉而皆溢。视乎外美，清莹乎瑶华；鉴乎中致，斋庄于虚室。

由斯可保，亦既有光。始激射以内照，忽飞腾而外扬。璧彩遥分，夺冰壶以的的；桂华中映，同日观之煌煌。

于是天地朗然，纤埃不翳。九成由其直上，八表可以旁睨。将以象清都，朝玉帝。岂徒恣遐想，穷远睇。徘徊于台榭之间，怅望于蟾蜍之际。

而已哉，吟玩既久，规圆已斜。叹将倾于桂魄，思复搴于琼华。庶竭精于册府，宁远慕于仙家。①

《全唐文》卷四四八《王涯小传》："涯字广津，太原人。贞元八年进士，又举宏词。累擢翰林学士，进起居舍人。元和中，转工部侍郎，封清源县男，拜中书侍郎同中书门下平章事。罢相，守兵部侍郎。文宗朝为左仆射，以本官复同平章事，封代国公，拜司空加开府仪同三司。李训谋诛宦官事败，仇士良鞫涯笞，令手书自诬同谋，诛。昭宗天复初，大赦，明其冤，追复爵位。"②

瑶台指传说中的神仙居处。王嘉《拾遗记·昆仑山》："昆仑山者，西方曰须弥山，对七星之下，出碧海之中。上有九层，第六层有五色玉树，荫翳五百里，夜至水上，其光如烛。第三层有禾穟，一株满车。有瓜如桂，有奈冬生如碧色，以玉井水洗食之，骨轻柔能腾虚也。第五层有神龟，长一尺九寸，有四翼，万岁则升木而居，亦能言。第九层山形渐小狭，下有芝田蕙圃，皆数百顷，群仙种耨焉。傍有瑶台十二，各广千步，皆五色玉为台基。最下层有流精霄阙，直上四十丈。东有风云雨师阙。南有丹密云，望之如丹色，丹云四垂周密。西有螭潭，多龙螭，皆白色，千岁一蜕其五脏。此潭左侧有五色石，皆云是白螭肠化成此石。有琅玕璆琳之玉，煎可以为脂。北有珍林别出，折枝相扣，音声和韵。九河分流。南有赤陂红波，千劫一竭，千劫水乃更生也。"③

此赋押韵实际以"洁仙皎清室光帝家"为序。其赋所写虽然是望月求仙的题材，但归结于"庶竭精于册府，宁远慕于仙家"，符合士子的身份。

二十六、贞元十九年(803)进士试《中和节百辟献农书赋》

徐松《登科记考》卷一五贞元十九年"进士二十八人"注："《文苑英华》载《中和节百

① 李昉等：《文苑英华》卷七，文渊阁《四库全书》，第3~4页。

② 董诰等：《全唐文》卷四四八，中华书局1983年版，第4577页。

③ 王嘉：《拾遗记》卷七，明《汉魏丛书》本。

辟献农书赋》，以‘嘉节初吉，修是农政’为韵，当是此年试题。”①孟二冬按：“《太常观阅骠国新乐诗》，当是此年试题。”②《文苑英华》卷二二载侯喜、贾悚、胡直钧、郑式方四人同题同韵赋作，录侯喜、贾悚赋于下：

侯喜《中和节百辟献农书赋》，以“嘉节初吉，修是农政”为韵：

我后令节，中和孔嘉。冻已全解，桃仍欲华。庆赏之多，燕乐既均于九有；播植之始，教化爰贞于四遐。

于是心膂周召，股肱稷卨。洎彼庶尹，当兹新节。阳和溥畅，言拜赐于生成；稼穑艰难，乃载陈于睿哲。

观其克合天意，咸造皇居。佥曰国以人为本，人以食为储。政令不差，则夷华知劝；水旱无备，则仓廪其虚。且自古在昔，靡不有初。敬授人时，而尧典垂记；大无禾麦，则鲁史频书。

今陛下夔夔栗栗，日慎一日。惟人是忧，惟农是恤。是以域中无事，海内殷实。人献其诚，神降之吉。

臣等叨遇昌运，思裨大猷。惟兹南亩，可致崇丘。虔考令辰，实当四仲之首；敬举彝典，庶为六府孔修。

岂止合彼九畴，冠夫百氏。高悬象魏，必日就而月将；永播蒸黎，自风行而草靡。帝曰善哉，子之言是。

于变时雍，恭慎是宗。应天地中和之气，备朝廷中和之容。君告成中和之功，久而作乐；臣献守中和之术，先告三农③。

此所谓超羲越轩，臣贤主圣。树光宅之深本，为经邦之善政。美哉启沃之义，于斯为盛。④

李肇《唐国史补》卷下：“贞元五年，初置中和节，御制诗，朝臣奉和。诏写本赐戴叔伦于容州，天下荣之。”⑤《新唐书·李泌传》：（贞元五年）“帝以前世上巳、九日皆大宴集，而寒食多与上巳同时，欲以二月名节，自我为古，若何而可。泌谓废正月晦以二月朔为中和节，因赐大臣戚里尺，谓之裁度；民间以青囊盛百谷瓜果种相问遗，号为献生子；里闾酿宜春酒，以祭勾芒神祈丰年；百官进农书，以示务本。帝悦，乃著令，与上巳、九日为三令节，中外皆赐缗钱燕会。”⑥

---

① 徐松：《登科记考》，中华书局1984年版，第563页。

② 孟二冬：《登科记考补正》，燕山出版社2003年版，第646页。

③ “三农”原作“川农”，据《全唐文》改。《周礼·天官·大宰》：“一曰三农，生九谷。”郑玄注引郑司农曰：“三农，平地、山、泽也。”

④ 李昉等：《文苑英华》卷二二，文渊阁《四库全书》，第2~3页。

⑤ 李肇：《唐国史补》卷下，文渊阁《四库全书》，第8~9页。

⑥ 欧阳修等：《新唐书》卷一三九，文渊阁《四库全书》，第17页。

侯喜此赋以“嘉节初吉，修是农政”限韵为序，分为八段。首段言时逢令节，第二、三、四、五段皆写大臣上奏，陈述中和节献农书的理由，第六段言人主听从善言，允准建议。第七、八两段，赞美善政，写得有条不紊。

贾悚《中和节百辟献农书赋》，以“嘉节初吉，修是农政”为韵：

圣上睹万国之无事，伟三农之可嘉。因月令之初，爰询播植；俾年丰之庆，无隔幽遐。

于是文武毕陈，威仪斯列。爰修耒耜之务，用广异同之说。将斯国实京坻，人怀礼节。捧书而进，知地利之可分；足食是图，见天心之载悦。

既而启文字，俨簪裾。焕夔龙之献纳，掩河洛之图书。得富国以如此，契生人于厥初。稽重谷之言，徒称董仲；验深耕之法，何愧朱虚。

所以候惊蛰之辰，应夹钟之律。昭八政之所用，蓄九年之罔失。是薰是蓘，将致乎千斯仓；爰始爰谋，必因乎四之日。故当载阳之候，以进为邦之术。俾农识不耕之凶，岁获终亩之吉。

且中也者，表天地之交泰；和也者，象德化之优柔。致中和之令节，展稼穑之允修。将明肥硗异等，丰歉殊收。人靡在阿之叹，野传击壤之讴。

已矣哉，富庶之规既如此，弼谐之道必于是。佐玄化之风行，动黎元而草靡。

故得祥生地表，庆发天宗。百谷允修，臣罔惭于后稷；兆人乃粒，帝有迈于神农。

伊斯事之明盛，掩前代之辉映。因献寿之嘉辰，遂启心于善政。何必考李悝之地力，览崔实之月令。懿此群公之书，永作九州之庆。①

《旧唐书·贾悚传》：“贾悚字子美，河南人。祖渭、父宁。悚进士擢第，又登制策甲科。文史兼美，四迁至考功员外郎。长庆初，策召贤良选。当时名士考策，悚与白居易俱为考策官，选文人以为公。寻以本官知制诰，迁库部郎中，充职四年。为张又新所构，出为常州刺史。太和初，入为太常少卿。二年，以本官知制诰。三年七月，拜中书舍人。四年九月，权知礼部贡举。五年榜出，后正拜礼部侍郎。凡典礼闱三岁，所选士七十五人，得其名人多至公卿者。”②

贾悚此赋也按照限韵，依次铺陈。其“中也者，表天地之交泰；和也者，象德化之优柔”一段，论述中和节之意义，立言尤其允当。

二十七、※贞元十九年(803)宏词试《汉高祖斩白蛇赋》

徐松《登科记考》卷一五“博学宏词科”注：“是年试《汉高祖斩白蛇赋》。《文苑英

① 李昉等：《文苑英华》卷二〇二，文渊阁《四库全书》，第3~4页。
② 刘昫：《旧唐书》卷一六九，文渊阁《四库全书》，第17页。

华》又载吕炅、王起《贡举人谒先师闻雅乐诗》，盖亦此年试题。”①伦按：徐松定此年宏词赋题，盖据《唐摭言》卷一〇《载应不捷声价益振》条：“贞元中，乐天应宏词，试《汉高祖斩白蛇赋》，考落，盖赋有‘知我者谓我斩白帝，不知我者谓我斩白蛇’也。然登科之人，赋并无闻，白公之赋，传于天下也。”②然而，元稹《元氏长庆集》卷第一六载《酬哥舒大少府寄同年科第》诗云：“前年科第偏年少，未解知羞最爱狂。九陌争驰好鞍马，八人同看彩衣裳。”自注：“同年科第，宏词：吕二炅、王十一起。拔萃：白二十二居易。平判：李十一复礼、吕四频、哥舒大烦、崔十八玄亮，逮不肖八人，皆奉荣养。”徐松据以载白居易本年以书判拔萃科登第，并云：“居易祖讳锽，与宏同音，故白公不应宏词试，《摭言》谓公试宏词，赋考落者，误。”③白居易避祖讳不应宏词之事，最早见于李商隐《唐刑部尚书致仕赠尚书右仆射太原白公墓碑铭》④，其次见于陈振孙《白氏文公年谱》：“十九年癸未，以拔萃选登科，时郑珣瑜为吏部。李商隐撰公墓碑云：‘前进士，避祖讳，选书判拔萃。’盖公祖名锽，与宏同音，言所以不应宏辞也。”⑤可见徐松所说，实有依据。白氏此赋可能是行卷之作，故徐松未将此作收入《登科记考》。不过，检查《广韵》，“锽”为庚韵，户盲切；“宏”为耕韵，户萌切，二字并非同音。白居易自己并未说过避祖讳而不应宏词，因此，《唐摭言》所谓“乐天应宏词，试《汉高祖斩白蛇赋》，考落”，似亦不宜轻易否定。且《文苑英华》卷四二此题仅载白氏赋一篇，录之以备科场故事。

白居易《汉高祖斩白蛇赋》，以“汉高皇帝，亲斩长蛇”为韵：

汉高帝将戡时难，拨祸乱。乃耀圣武，奋英断。提神剑于手中，斩灵蛇于泽畔。何精诚之潜发，信天地之幽赞。卒能灭强楚，降暴秦，创王业于炎汉。

于时瓜剖区宇，蠭起英豪。以坚甲利兵相视，以壮图锐气相高。皆欲定四海之汹汹，救万姓之嗷嗷。帝既心窥咸阳，气王芒砀。率卒晨发，纵徒夜亡。有大蛇兮出山穴，亘路旁。凝白虹之精彩，备素龙之文章。鳞甲皑以雪色，睛眸艳而电光。耸其身，形蜿蜿而莫犯；举其首，势矫矫而靡亢。勇士闻之而挫锐，壮士观之而摧刚。

于是行者，告于高皇。高皇乃奋布衣，挺干将。攘臂直进，瞋目高骧。一呼而猛气咆哮，再叱而雄姿抑扬。

观其将斩未斩之际，蛇方纵毒螫，肆猛噬。我则审其计，度其势。口噪雷霆，手操锋锐。凛龙颜而色作，振虎威而声厉。天之启，神之契。举刃一挥，溘然而毙。不知我者谓我斩白蛇，知我者谓我斩白帝。

---

① 徐松：《登科记考》，中华书局1984年版，第564页。

② 王定保：《唐摭言》，古典文学出版社1957年版，第105页。

③ 徐松：《登科记考》，中华书局1984年版，第565页。

④ 李商隐：《李义山文集》卷四，《四部丛刊》景稽瑞楼钞本。

⑤ 陈振孙：《白氏文公年谱》(明钞本)。

于是洒雨血，摧霜鳞。涂野草，溅路尘。嗟乎！神化将穷，不能保其命；首尾虽在，不能卫其身。盛矣哉！圣人之草昧经纶，应乎天而顺乎人。制勍敌必示以乃武乃神，殄灾沴不可以弗躬弗亲。

原夫龙泉黯黯，秋水湛湛。苟非斯剑，蛇不可斩。天威煌煌，神武洸洸，苟非我王，蛇不可当。

是知人在威不在众，我王也万夫之防；器在利不在大，斯剑也三尺之长。于以摄万物，于以骇八方。历数既终，闻素灵之夜哭；嗜欲将至，知赤帝之道昌。

繇是气吞豪杰，威振幽遐。素车降而三秦归德，朱旗建而六合为家。彼诛鲸鲵截犀兕，未若提青蛇而斩白蛇。①

《史记·高祖本纪》记载："高祖以亭长，为县送徒骊山，徒多道亡，自度比至，皆亡之。到丰西泽中，止饮，夜乃解纵所送徒，曰：'公等皆去！吾亦从此逝矣。'徒中壮士愿从者十余人。高祖被酒夜径泽中。令一人行前，行前者还报曰：'前有大蛇当径，愿还。'高祖醉，曰：'壮士行何畏！'乃前拔剑击斩蛇，蛇遂分为两，径开。行数里，醉因卧。后人来至蛇所，有一老妪夜哭。人问何哭？妪曰：'人杀吾子，故哭之。'人曰：'妪子何为见杀？'妪曰：'吾子白帝子也，化为蛇，当道，今为赤帝子斩之，故哭。'"②

白居易此赋作为敷衍历史事件的赋作，其精妙处在于想象斩蛇当时的情景，活灵活现，如"观其将斩未斩之际"一节，白蛇之凶残，高祖之英勇，跃然纸上，极富画面感。

第四节　元和年间试赋考察

一、Δ元和元年(806)进士试《土牛赋》

徐松《登科记考》卷一六元和元年"进士二十三人"注："《文苑英华》载《山出云诗》，是此年试题。"③赋题缺。伦按：本年进士状元为武翊黄，《唐语林》载："武翊黄，府送为解头，及第为状头，宏词为敕头，时为'武三头'。"④《文苑英华》卷一八六《省试七》载武翊黄、陈中师同题同韵《瑕瑜不相掩》诗，当是本年宏词科诗题。白居易《白氏长庆集》卷三四载《陈中师除太常少卿制》："敕：尚书吏部郎中兼侍御史陈中师，早以体物之文，待问之学，中乡里选，第甲乙科。及筮仕立身，皆有本末。不背俗以矫逸，不趍时以沽名。从容中道，自致问望。累践郎署，再参宪司。官无卑崇，事无简剧。如玉在

① 李昉等：《文苑英华》卷四二，文渊阁《四库全书》，第9~11页。

② 司马迁：《史记》卷八，文渊阁《四库全书》，第6~7页。

③ 徐松：《登科记考》卷一六，中华书局1984年版，第584页。

④ 王谠：《唐语林》卷六，清《惜阴轩丛书》本。

佩，动必有声。为时所称，何用不可。”这里的“第甲乙科”是第进士科的另一种说法。既然陈中师与本年状元有同题省试诗，那就说明他肯定参加了本年的考试（春天礼部的进士试和秋天吏部的宏词试）。一般先中进士，后考宏词，即使陈氏没能考中宏词，但考中进士则是没有问题的。据劳格《唐尚书省郎官石柱题名考》卷三考订，“陈中师”又作“陈仲师”，二名指一人。《文苑英华》卷二五载陈仲师与阙名两篇同题同韵《土牛赋》，应是本年进士赋题，据录于下：

陈仲师《土牛赋》，以“以示农耕之蚤晚”为韵：

> 服牛是比，合土成美。将十钧之重斯得，而一撮之多有以。虽欲勿用，泥蟠之质初分；谁谓尔无，块立之形酷似。是月也，采吕氏时令，征圬人巧指。始辨涂附，宁分脉起。诚安愧乎角立，复何劳于肉视。
>
> 然后遵土训，启人时。戒晓而出，迎春是资。于以审先后之节，有以占疾徐之期。仰白榆之文，惭其睆彼；叶葱犗之色，则而象之。能首出于泥滓，岂群分于毫厘。
>
> 彼刍狗之列，饰文绣以求媚；泥龙之兴，因舞雩而取类。曷若标国典，配田器。比物以作则，顺时以相示。同乎非马，契庄叟之至言；偶彼真龙，殊叶公之绘事。质美埏埴，巧逾覆篑。那虞食角之患，宁假茨蹄之异。俾游刃者讶全之于目，运斤者喜墁之在鼻。
>
> 且耒耜斯呈，我则正春扈于农耕；干戈既偃，我则归郊马于岁晚。（伦按：此为解镫韵。）将物候自然，谅人情何远。必也擘红縻，亲绀幰。睹似是之足，尚谓来思；使畜疑之人，犹将屡饭。
>
> 由是出五种，命三农。乃修故事，于彼穷冬。辟我疆则厥壤爰度，考尔牧则其犉有宗。
>
> 今也物被殊私，形分大造。载之以厚地之德，奉之以先天之道。时将敬授，在三推播植之前；物或肇牵，察庶物生成之蚤。其用则大，其仪可考。故曰如土委地者，岂必以载牛为宝。①

土牛是用泥土制的牛。汉代和唐代都实行立春时造土牛以劝农耕，象征春耕开始。《礼记·月令》：“（季冬之月）命有司大难，旁磔，出土牛，以送寒气。”郑玄注：“土牛者，丑为牛，牛可牵止也。”孙希旦集解：“出土牛者，牛为土畜，又以作之，土能胜水，故于旁磔之时，出之于九门之外，以禳除阴气也。”《后汉书·礼仪志上》：“立春之日，夜漏未尽五刻，京师百官皆衣青衣，郡国县道官下至斗食令史，皆服青帻，立青幡，施土牛耕人于门外，以示兆民，至立夏。”白居易《和三月三十日四十韵》：“布泽木龙催，迎春土牛助。”此赋押韵实际以“以之示耕晚农蚤”为序，注重平仄交替。“耕”

① 李昉等：《文苑英华》卷二五，文渊阁《四库全书》，第10~11页。

字一韵用解镫韵。

阙名《土牛赋》，以“以示农耕之蚕晚”为韵(新拟)：

土牛所置，惟民是利。将立表以劝农，胜陶冶而为器。相牵之状，或垂象而在天；观出之期，谅成形而在地。所以无刍豢之损，殊死生之类。实大块之所资，岂一撮之所致。故乃用为恒典，蕆其成事。执农政之后先，固策人以相示。

观夫出康庄之际，当立春之期。既合土而成象矣，还服箱而似之。诚鞭策而无用，信耒耜之是持。异彼土龙，每因旱而方致；同夫刍狗，表至仁而无私。若非农为国本，曷能敬授人时。

原其事始，诚则有以。图白巫以侔形，每葱犗而在视。宁同日夕，与群羊而下来；谅在月穷，惟御人之所指。

是以先春斯举，农正是供。察之者觉顺时而行令，观之者知有事于上农。

既惟人而是瞻，岂与骥而同皂。足以符务农之政，足以叶劝人之道。立之于后，讶春事之尚迟；御之于前，悟农功之在蚤。

令出惟行，百姓昭明。既有象而垂则，表得时而亲耕。立以示农，岂忧燧尾之祸；莫由而饭，奚闻扣角之声。

事有开而必先，义任重而致远。既遵之而为蚤，方验之而知晚。非同金锁，入寒渚而无踪；有异绀辕，行藉田而方垦。夫然，则土牛之出也，可以为农政之本。①

《文苑英华》卷二五陈仲师《土牛赋》后，载两篇同题赋，一篇以四声为韵，另一篇题下未注明限韵，排比各段韵字，可知此赋押韵实际以“示之以农蚕耕晚”为序，亦采用平仄交替的方式，与陈仲师之赋为同题共作。

二、元和二年(807)进士试《舞中成八卦赋》

徐松《登科记考》卷一七元和二年“进士二十八人”注：“《文苑英华》载《舞中成八卦赋》，以‘中和所制，盛德思存’为韵。又有《贡院楼北新栽小松诗》，为此年试题。”②《文苑英华》卷七九载张成则、白行简、钱众仲三篇同题同韵赋作，录张、白二赋于下。

张存则《舞中成八卦赋》，以“中和所制，盛德斯陈”为韵：

乐之容，舞为则。导于情，崇于德。制其衣而五方咸备，颁其序而八卦不惑。

然后体利贞而疾徐有度，法行健而循环不穷。数盈而刚柔匪杂，缀短而明德将融。初配六以回旋，状马行于此；及变三而成列，知龙化其中。信乾坤之简易，应

① 李昉等：《文苑英华》卷二五，文渊阁《四库全书》，第12~14页。

② 徐松：《登科记考》，中华书局1984年版，第620页。

金石之变通。

于是步日而前，因风而举。乘飘扬而婆娑杂沓，映照烛而长短合序。既顺之而不却，亦明之而有所。则离巽之不差，岂进退之无旅。

则有应水之理，象木之规。迭若奔溜，散如繁丝。五色相宣，谓神龟初负；八音咸奏；知灵凤来仪。震也坎也，何斯违斯。

既以悦随，企其遵令。象山而乍结乍凝，依泽而若游若泳。状巍巍之德，仰之弥高；节荡荡之音，于斯为盛。是知艮兑之为美，故必随而不竞。

是故圣人穷乐之变，制舞惟新。效知来而藏往，故有要而有伦。非干戚之前设，若钧天之所陈。

至若卿云共临，瑞日同霁。乍离乍合，若翔若滞。随方辨色，非前代之旧章；应节成文，实我唐之新制。

是知舞以适道无颇，乐以审政同和。观象取则，异乎侧弁峨峨。则斯舞也，实百代之不讹。①

唐德宗制《中和乐舞曲》，事见《旧唐书》本纪第十三《德宗下》："十四年……二月壬子朔。戊午，上御麟德殿，宴文武百僚，初奏《破陈乐》，遍奏《九部乐》，及宫中歌舞妓十数人列于庭。先是上制《中和乐舞曲》，是日奏之，日晏方罢。"②又见《旧唐书》卷二八《音乐志一》："十四年二月，德宗自制《中和舞》，又奏《九部乐》及禁中歌舞。伎者十数人，布列在庭，上御麟德殿会百僚观新乐诗，仍令太子书示百官。"③

此赋押韵未依原限韵次第，改用"德中所斯盛陈制和"为序，每段平仄相间。

白行简《舞中成八卦赋》，以"中和所制，盛德斯陈"为韵：

卦惟体德，舞以象功。分其节于乾坤之位，列其画于缀兆之中。相彼六爻，爰配数于六律；侔兹八体，俾叶义于八风。

原夫乍合乍离，进旅退旅。参于繇而九变无挠，辨于位而五方有序。作既自于天心，用必在夫君所。刚柔斯别，皆取象于负图；俯仰可观，各分行于曳绪。

尔其舞既备，位亦陈。赞阳和之启蛰，助雷雨之解屯。卦始画于庖牺，当皇唐贞元之岁；易咸列于宣父，在圣祖中和之辰。

度曲未终，变态无极。震艮以节其动止，离坎以分其南北。闻之者正性命而深和，睹之者守精微而不贼。继虞韶之尽美，哂夏乐之惭德。

征其本，察其仪。成于巽而德风备矣，变为兑而圣泽在斯。近取诸身，且表乎是则是效；大合乎乐，孰谓乎不识不知。

---

① 李昉等：《文苑英华》卷七九，文渊阁《四库全书》，第6~7页。

② 刘昫：《旧唐书》卷一三，文渊阁《四库全书》，第30页。

③ 刘昫：《旧唐书》卷二八，文渊阁《四库全书》，第19页。

矧夫作者既取诸身，演者必因于圣。谅旷代而莫睹，实于斯而为盛。其始也，取于卦而施诸人；其终也，观其妙而通乎政。

是以契兹穆穆，异彼偞偞。象在于中，将致天地交泰；德形于外，以明保合太和。

且夫周八佾而非美，汉五行而徒制。虽冠华秉翟于干戚之间，起索隐钩深于天人之际。曷若容止合于象象，幽赜殊乎卜筮。客有欣千载之一时，歌圣功而献艺。①

此赋押韵实际次序为"中所陈德斯圣和制"，平仄相间而行。从元和首二年试赋来看，考生实际赋作皆将原限韵次序改动为平仄相间，这种押韵方式似乎已成为新的常态。

三、Δ元和四年(809)进士试《萤光照字赋》

徐松《登科记考》卷一七元和四年"进士二十人"注："《文苑英华》有《荐冰诗》，当是此年试题。"②伦按：本年进士有赵蕃，《文苑英华》卷六三载杨弘贞、赵蕃、蒋防三篇同题同韵《萤光照字赋》，当是此年赋题，并可补杨弘贞、蒋防为本年进士。《文苑英华》卷一八七"省试八"载蒋防、郑求、王约、郑师贞同题共作《日暖万年枝》诗，按照"丝牵绳贯"之法，郑求、王约、郑师贞亦可补入本年进士。兹据《文苑英华》录赋作于下：

杨弘贞《萤光照字赋》，以"能励躬，必大成"为韵：

儒有贫居在阴，志学无必。思照字之物类，得聚萤于心术。散点熠熠，文彩之旁流；开卷荧荧，古今之洞出。

曈昽隐映，积小而成。临竹简而增美，历银钩而转明。读周室之书，每见日中之字；览庞涓之传，犹疑火照其营。既有求于时习，奚勿用而宵行。

想夫交错积中，英华发外。鱼鸟飞动，铅黄暗霭。无心于处暗，弥见精专；取足于临文，岂劳光大。

炫晃无穷，心勤饬躬。泛凝晖于垂露，翻碎影于雕虫。笔精之体无隐，藻思之文有融。既的皪于六身之上，复浸淫于三豕之中。

则知雅善从宜，功能自励。时当炎燠，嗟映雪而未期；义涉穿窬，忌偷光之失计。

是用聿求昭质，承乏华灯。每扬之自此知照，况烛之因以辉弘。斯作者所以警

① 李昉等：《文苑英华》卷七九，文渊阁《四库全书》，第8~9页。

② 徐松：《登科记考》，中华书局1984年版，第643页。

清士而体物，俾无忘其所能。①

作者杨弘贞在《文苑英华》中或作“杨宏真”，或作“杨真宏”，盖后人避讳而改动。杨弘贞是能赋之人，《全唐文》共收录其赋作七篇。然其年未三十即谢世，未能在历史上留下更多事迹。白居易《白氏长庆集》卷九有《伤杨弘贞》诗云：“颜子昔短命，仲尼惜其贤。杨生亦好学，不幸今复然。谁识天地意，独与龟鹤年。”卷一五有《见杨弘贞诗赋因题绝句以自谕》诗云：“赋句诗章妙入神，未年三十即无身。常嗟薄命形憔悴，若比弘贞是幸人。”

萤光照字是历史上著名的勤学典故。《晋书·车胤传》：“胤恭勤不倦，博学多通。家贫不常得油，夏月则练囊盛数十萤火以照书，以夜继日焉。”此赋押韵改动官韵次序，实际以“必成大躬励能”，平仄相间而行。

赵蕃《萤光照字赋》，以“能励躬，必大成”为韵：

丹鸟火荧，临书育明。假蠢尔之微照，俟终焉而有成。

由是引素囊，开缥帙。文的皪而可见，影循环而无必。孤悬虚牖，依依而鸟迹初分；回隐薄帷，幕幕而龟文乍出。

嘉其炯若流耀，焕乎发蒙。莹分寸而靡隔，助舒卷而不穷。所以藉微索，积轻躬。隐映有余，宁亏武子之志；荧煌如贯，爰明苍颉之功。临墨池而珠还合浦，映草翰而燎点寒藂。

至若暗室方扃，清宵未艾。炫微质于幽邃，阅群言于宵霭。余光不灭，能温故而知新；疏彩乍临，为积小而成大。

尔其杳杳皆征，历历可凭。分白黑而为度，随编简而不恒。初讶无烟，潜凝化草之状；才瞻吐耀，暗分垂露之能。

及夫皓若云舒，明如珠缀。互离离而发色，纷漠漠而流睇。是以象钩深，类冥契。傥观光之不昧，庶微躬之足励。②

《全唐文》卷七二二《赵蕃小传》：“蕃，元和中进士。官侍御史，出为袁州刺史，历尚书郎。武宗时，为太仆卿，持节使黠戛斯(伦按：今吉尔吉斯)。”③王定保《唐摭言》卷二《为等第后久方及第》条：“韦力仁、赵蕃并三年。”④按：《四库全书》本、《学津讨原》本《唐摭言》此条皆作：“韦力仁、赵蕃、黄颇并十三年。”⑤此赋亦未依官韵次序，改为以“成必躬大能励”为序，平仄相间而行。

---

① 李昉等：《文苑英华》卷六三，文渊阁《四库全书》，第5页。

② 李昉等：《文苑英华》卷六三，文渊阁《四库全书》，第5~6页。

③ 董诰等：《全唐文》卷七二二，中华书局1983年版，第7428页。

④ 王定保：《唐摭言》卷二，古典文学出版社1957年版，第16页。

⑤ 王定保：《唐摭言》卷二，文渊阁《四库全书》，第4页。

蒋防《萤光照字赋》，以“能励躬，必大成”为韵：

士有阅简策，尚专精。恒俾夜而作昼，每聚萤以袭明。期照烛于无隐，俟沉研而有成。缥帙时开，玉篆共丹辉并耀；银钩下映，繁星与片月俱生。

帷幌之际，微明舒蔽。或熠熠以光吐，复离离而珠缀。俯而察，焕乎呈科斗之文；静而观，炯尔见雕虫之艺。谅依人以明道，匪韬光以自卫。居暗室者，怀我而载寝载兴；遇明时者，假我而自强自励。

用或因物，勤斯饬躬。不晦乎风雨，不翳乎昏蒙。临墨池则珠还合浦，映草圣则燎点寒藂。

谁谓向乎晦，照篇籍兮无小无大；谁谓藏乎密，随昼夜兮无固无必。（伦按：此用解镫韵。）金辉始彻，疑清露之腾文；鸟迹旋分，谓灵乌之就日。

可以穷永夕，可以佐残灯。舍之则其功不足，用之则其道弥弘。顾萤光之在照，盖欲罢而不能。①

宋人史能之《（咸淳）重修毗陵志》记载：“蒋防，澄之后。年十八，父诫令作《秋河赋》，援笔即成，警句云：‘连云梯以迥立，跨星桥而径渡。’于简遂妻以子。李绅即席命赋《鞴上鹰》诗云：‘几欲高飞上天去，谁人为解绿丝绦？’绅识其意，荐之。后历翰林学士，中书舍人。”②李绅《龙宫寺诗序》：“元和三年（808），余以前进士为故薛苹常侍招至越中。”③蒋防是义兴（今宜兴）人，李绅元和三年在越中（今绍兴），两地相距不远，他推荐蒋防，应是荐其入京应试。蒋防于元和四年（809）登第，这在时间上是吻合的。

此赋亦未依原限韵次第，改以“成励躬大必能”为序。“谁谓向乎晦，照篇籍兮无小无大；谁谓藏乎密，随昼夜兮无固无必”一联，用“晦”协“大”，用“密”协“必”，采用“解镫韵”法。

四、元和五年（810）进士试《洪钟待撞赋》

徐松《登科记考》卷一八元和五年“进士三十二人”注：“是年试《洪钟待撞赋》，见韩文五百家注。”④韩愈有《送孟管秀才序》，孙注：“元和五年刑部侍郎崔枢知举，试《洪钟待撞赋》，孟管中第。《唐书·艺文志》有管《岭南异物志》一卷，其岭南人欤？”⑤伦按：孟管乃湖南郴州人，明廖道南《楚纪》记载：“孟管，郴州人，唐元和间五年崔枢知贡举，试《洪钟待撞赋》，举进士。韩愈赠之文曰：‘今年秋见孟氏子于郴，年甚少，礼甚度，手其文一编甚巨，吾固心存而目识之矣。十月吾道于衡潭，累见之，其所与偕

---

① 李昉等：《文苑英华》卷六三，文渊阁《四库全书》，第6~7页。

② 史能之：《（咸淳）重修毗陵志》卷一七，明刻本。

③ 孔延之：《会稽掇英总集》卷九，文渊阁《四库全书》，第1页。

④ 徐松：《登科记考》，中华书局1984年版，第647页。

⑤ 魏仲举等：《五百家注昌黎文集》卷二〇，文渊阁《四库全书》，第13~14页。

尽善人长者，吾以是益奇之。京师进士以千数，吾尝折肮焉，其要在详择而固交之，其于高爵犹阶而升堂，况其细者耶？'管所著有《岭南异物志》。"①《洪钟待撞赋》未见流传。洪迈《容斋续笔》卷一三"试赋用韵"条："有六韵者：《止水》、《魍魉》、《人镜》、《三统指归》、《信及豚鱼》、《洪钟待撞》、《君子听音》、《东郊朝日》、《蜡日祈天宗》、《乐德训胄子》诸篇是也。"②

五、※元和六年(811)进士试《性犹湍水赋》

徐松《登科记考》卷一八元和六年未载试赋题。陈尚君《〈登科记考〉正补》据《文苑英华》卷一八八补《金谷园花发怀古诗》为本年诗题。检《唐诗纪事》卷五〇引侯冽《金谷园怀古》诗："金谷千年后，春花发满园。红芳徒笑日，秾艳尚迎轩。雨湿轻光软，风摇碎影翻。犹疑施锦帐，堪叹罢朱纨。愁态莺吟涩，啼容露缀繁。殷勤问前事，桃李竟无言。"下注："冽，登元和六年进士第。"徐松即据此定侯冽为本年进士。《全唐诗》卷四八九收录侯冽此诗，改题为《金谷园花发怀古诗》。孟二冬《登科记考补正》将此诗补入本年。

伦按：《文苑英华》卷三六收录侯冽《性犹湍水赋》，可暂定为本年进士赋题，兹录于下。

侯冽《性犹湍水赋》，以"性之为善，犹水趋下"为韵：

人立性兮，诚明为本。水激湍兮，动直惟柔。将以游心于淡，故其从善如流。天理斯在，坎德可求。谓置怀而必将流恶，同赴势而咸得处休。至人之情，唯当浩浩；君子之道，所以犹犹。

原夫性本皆善，诱成迁化。湍有常行，决而上下。得其道则致和平，汩其流遂成奸诈。

故圣人行当顺动，义不诡随。欲滔滔而处下逾洁，将渺渺而致远不疲。顺意周流，诚随波而迁染；由衷激发，庶合道以云为。

托以洗心，从之洁已。尊派别脉分之要道；守涤瑕荡秽之至理。符老君之立教，心乃善泉；同太史之奏言，德方在水。势虽相近，意当一揆。法润下流谦之迹，莫非有为为之；爱漂沙宕石之功，是皆景行行止。

心源洞适，德泽潜敷。在审思其决泄，岂求润于沾濡。远近相沿，宛见为仁由已；始终共济，足见循道而趋。

不然则□其贞，失其正。动必旁午，志皆纷竞。安能使通达为无滞之姿，禀受成善利之性。

德如毛而转润，行有叶而逾滋。心镜之前，若光明而上下察也；情田之内，同

① 廖道南：《楚纪》卷四一，明嘉靖二十五年何城李桂刻本。

② 洪迈：《容斋随笔·续笔》卷一三，文渊阁《四库全书》，第3页。

澹泊而左右流之。懿其义戒中人，事标前典；是明各有原本，不可迁移。

岂徒虚阅波澜，以方清浅。若然者，信乎孟子之言，所谓惩恶而劝善。①

此赋作者，《中华书局》本《文苑英华》作“侯洌”，《四库全书》本和明刻本《文苑英华》均作“吴冽“，乃形近之误。

“性犹湍水”的命题出自《孟子·告子上》：“告子曰：‘性犹湍水也，决诸东方则东流，决诸西方则西流，人性之无分于善不善也，犹水之无分于东西也。’孟子曰：‘水信无分于东西，无分于上下乎。人性之善也，犹水之就下也。人无有不善，水无有不下。’”②

此赋实际以“犹下为水趋性之善”为押韵次第，符合元和以来试赋押韵以平仄相间的惯例。

六、Δ元和七年(812)进士试《人镜赋》

徐松《登科记考》、孟二冬《登科记考补正》未列此年试赋题目。王士祥《唐代试赋研究》据《酉阳杂俎》、《文苑英华》，考得《人镜赋》当为此年试题。③ 伦按：段成式《酉阳杂俎》续集卷二载：“相国李公固言：元和六年下第游蜀，遇一老姥言，郎君明年芙蓉镜下及第，后二纪拜相，当镇蜀土，某此时不复见郎君出将之荣也。明年，果然状头及第，诗赋题有《人镜》、《芙蓉》之目。”④《文苑英华》卷一八八“省试九”载陈至、贾谟《芙蓉出水诗》，当为此年诗题。陈至亦可补入本年进士。徐松《登科记考》据《文苑英华》载《荐冰诗》，将陈至列入元和四年(809)进士。但陈至《荐冰诗》“藉茅心共结，出鉴水渐明”一联，“渐”字平仄失当，也许其因此而考落，元和七年再考而登第。

《文苑英华》卷九四收录阙名《人镜赋》，傅增湘校本补作者为贾谟，中华书局版《文苑英华》卷首总目，亦列此赋作者为贾谟，据录于下。

贾谟《人镜赋》，以“主圣臣忠，道光贞观”为韵：

金为镜兮，其鉴则明。人为镜兮，其象则精。彼有取其昭烛，我方致乎和平。广霁而磨砻既至，酌献而邦家以贞。悬于心则四听(一作聪)常朗，置于握而万方不倾。

惟贤任贤，自圣传圣。守之则通幽洞冥，执之乃穷理尽性。致和乐，功逾止水之平；征古今，道光仁寿之镜。比璇枢以潜运，挂灵台而韬映。是委照以无疲，每含光而不竞。

无鉴于水，自视于人。曷容华之自饰，惟道德之所亲。镕范义陈，协于君臣

---

① 李昉等：《文苑英华》，中华书局1966年版，第163页。

② 孟轲：《孟子》卷一一《告子上》，《四部丛刊》本。

③ 王士祥：《唐代试赋研究》，上海古籍出版社2012年版，第187、208~210页。

④ 段成式：《酉阳杂俎》，中华书局1981年版，第215~216页。

（八字一作"功匪勤于镕范，义将协于君臣"）。斯乃至宝，载光皇道。辨物数之纷纷，洞晦冥之杲杲。放之可包乎海岳，卷之可盈乎怀抱。

焕乎发蒙，皎若晴空。光甚鉴兮尘不能翳，德若容兮物莫能充。以是为臣，则献可替否；以是为镜，则进思尽忠。斯为理兮化洽，斯为镜兮照穷。

惟贤圣之光赞，含英华而不散。执一法而不回，仰千龄而殊观。贞明而魑楚角逐，皎洁而群邪冰泮。

兹镜也，克念则正，罔念则荒。播无疆以垂范，披六幽而散光。烛明明而洞洞，历久久而煌煌。

圣作物睹，镜清寰宇。验成败之原，知荣辱之主。我镜在德，曾无盘龙之雕；我镜在心，自有山鸡之舞。若然则皇唐迈德于陶唐，吾君齐圣于文祖。①

《全唐文》卷七二三《贾谟小传》："谟，宜春人，元和七年进士。"徐松《登科记考》据《永乐大典》引《宜春志》载："谟，登元和七年进士第。"

赋题出自吴兢《贞观政要》卷二："太宗后尝谓侍臣曰：夫以铜为镜，可以正衣冠；以古为镜，可以知兴替；以人为镜，可以明得失。朕常保此三镜，以防己过。"②

据《文苑英华》附录陈至、贾谟《芙蓉出水》诗于下：

陈至《芙蓉出水》：

菡萏迎秋吐，夭摇映水滨。剑芒开宝匣，峰影写蒲津。下照参差荇，高辞苒弱苹。自当巢翠甲，非止戏赪鳞。莫以时先后，而言色故新。芳香正堪玩，谁报涉江人。

贾谟《芙蓉出水》：

的皪舒芳艳，红姿映绿苹。摇风开细浪，出沼媚清晨。翻影初迎日，流香暗袭人。独披千叶浅，不竞百花春。鱼戏参差动，龟游次第新。涉江如可采，从此免迷津。③

七、元和十年（815）进士试《乡老献贤能书赋》

徐松《登科记考》卷一八元和十年"进士三十人"注："《文苑英华》有《春色满皇州

① 李昉等：《文苑英华》卷九四，文渊阁《四库全书》，第3~5页。

② 吴兢：《贞观政要》卷二，文渊阁《四库全书》，第10~11页。

③ 李昉等：《文苑英华》卷一八八，文渊阁《四库全书》，第5页。

诗》，当是此年试题。”①陈尚君《〈登科记考〉正补》：“本年缺进士赋题。按《文苑英华》卷六七收封敖（明刻误封殷）、张嗣初、滕迈（明刻误滕遇）《乡老献贤能书赋》，皆以‘行艺昭洽，可升王庭’为韵。三人皆本年进士，因知是赋为本年试。”②录封敖、滕迈赋作于下：

封敖《乡老献贤能书赋》，以“行艺昭洽，可升王庭”③为韵：

至哉！求士之方，稽彼侧陋，书乎善良。备采择于乡老，爰升荐于天王。乃曰行之，实艺之长。可谓举不逾等，信乎幽而有芳。用之则行，岂遐方之系滞；时不可失，逢昭代之明扬。于是申众寡，称旗章。播唐风而靡阙，同周制而有常。操简兢兢，愿献岩廊之器；率徒济济，咸从礼义之乡。

佐理之源，匡时之盛。可以荣乡党，可以辅国政。岂徒称艺能，褒德行而已。

亦以示尊宠，尚贤能。再拜之仪设，五物之礼兴。俾地官而是载，命天府而爰登。膺选以行，岂黄冠而是阻；策名之后，见青云而可升。

所谓纳刍荛，拔淹滞。或端庄而果行，或踊跃而负艺。闻善必举，诚哉不过其辞；惟贤是求，岂曰后难为继。

是以臻彼道德，致乎云霄。多士如流，可阅一编之上；群才是选，宁辞万里之遥。矧物类之咸若，在皇明之孔昭。考乡闾之中，既已为善；顾周行之内，无愧嘉招。

原夫进以守法，明乎化洽。庶所以观士，无取乎彻甲。

方今搜贤乡党，致理国经。具名氏于尺牍，先贡献于彤庭。随籍而来，先容必假于垂白；进善以致，克己自期乎拾青。

士有其心徒坚，其诚未果。道宁忘于光大，艺必惭乎微琐。沉潜下国，随乡书而计偕；希望荣名，在王庭之试可。④

赋文作者封敖原误作封殷。劳格《读书杂识》卷八《读全唐文札记》：“封殷无考。《乡老献贤能书赋》旧钞《文苑英华》六十七作封敖，当改并入七百二十八封敖文。”《旧唐书》卷一六八《封敖传》：“封敖字硕夫，其先渤海蓨人，祖希奭，父谅，官卑。敖元和十年登进士第，累辟诸侯府。大和中入朝为右拾遗。会昌初以员外郎知制诰，召入翰林为学士，拜中书舍人。敖构思敏速，语近而理胜，不务奇涩。武宗深重之。”⑤

赋题出自《三国志·魏书·傅嘏传》载傅嘏《难刘劭考课法论》：“昔先王之择才，必本行于州闾，讲道于庠序，行具而谓之贤，道修则谓之能，乡老献贤能于王，王拜受

① 徐松：《登科记考》，中华书局1984年版，第659页。
② 陈尚君：《陈尚君自选集》，广西师范大学出版社2000年版，第242页。
③ “艺”原作“谊”，《全唐文》作“艺”，赋文实际押韵亦作“艺”，据改。
④ 李昉等：《文苑英华》卷六七，文渊阁《四库全书》，第7~8页。
⑤ 刘昫：《旧唐书》卷一六八，文渊阁《四库全书》，第20页。

之，举其贤者出使长之科，其能者入使治之。此先王收才之义也。”这是一个选贤任能的题目，作者由古及今，畅论选举要义，实际押韵以“王行升艺昭洽庭可”为序，押“行”字一韵用仄声，全赋平仄相间而行。

滕迈《乡老献贤能书赋》，以“行艺昭洽，可升王庭”为韵：

审其贤，必乡之耆德；纳其献，惟国之哲王。爰进牍以举善，希命官之必良。修身既浃于闾里，累行宜应乎搜扬。垂鹤头之书，来自衡门之下；俯鲐背而献，发乎丹阙之旁。

书曰能蕴于艺文，贤彰其德行。文可以赞谋猷，光教命；德可以镇邦慝，备匡诤。今则潜获其人，可施于政。咸能藏器以自持，秉心而无竞。处乎野，兴在轴之歌；遇其时，仰干旄之咏。矧臣察之而甚熟，交之而益敬。逼桑榆暮景，敢罔于天聪；当杞梓良材，将裨于国庆。

若夫博通之艺可称，亏污之德难升。臣不敢书其德，而妄举贤能。

若乃闺门之风虽浃，乡党之言未洽。臣不敢请于王，而远离荷锸。

凡所称无党，所覆有经。录其功，能策勋于盟府；采其艺，能掞藻于天庭。

岂以臣之职，所言莫可。昔明王问政于耆耋，圣后取人于农琐。

帝乃启书而相，视贤不佻。听谠言而其容穆穆，纳嘉猷而厥德昭昭。

由是道冠百王，风驰四裔。使居乡者契(一作洁)其己，在家者修其艺。以黄发荐士之书为式，欲庶官推贤之路无蔽。彼周询乡老，汉延群儒，未足量功而并利。①

此赋实际以“王行升洽庭可昭艺”为押韵次第，“行”字用仄声，在《广韵》中属于“映、诤、劲”三韵同用。全赋平仄相间而行。末一韵的“艺”字原误作“义”，据《全唐文》改正。此题之作，需要阐明两点：一是乡老由下至上向朝廷推荐贤能之才，二是贤才的标准包括德行和文艺两端。此赋首段破题，次段即从德行与文艺两端立贤才之规范，第三、四、五段皆从乡党上言朝廷立论，第六、七、八段则表彰帝王善纳乡党之言，脉络清晰，说理透彻。

八、Δ元和十一年(816)进士试《学殖赋》

徐松《登科记考》，元和十一年进士三十三人，周匡物名下下引资料为《永乐大典》引《漳州志》及《太平广记》引《闽川名士传》，未载本年诗赋题目。② 孟二冬《登科记考补正》在周匡物名下未补充资料。考清《(嘉庆)大清一统志》卷四二九《人物》著录：“(唐)周匡物，字几本，龙溪人，元和十一年进士。名誉蚤著，尝赋《轩辕古镜歌》，王

① 李昉等：《文苑英华》卷六七，文渊阁《四库全书》，第9~10页。

② 徐松：《登科记考》，中华书局1984年版，第665页。

播见而异之。御试《学殖赋》、《莺出谷诗》，为时传诵。官至高州刺史。闽人举进士，自匡物始。"①检《文苑英华》卷六二载张泰《学殖赋》(又见《全唐文》卷二〇〇、《历代赋汇》卷六〇、《古今图书集成·理学汇编·学行典》卷六和卷八七)，是此年进士试赋仅存者，可据补张泰为本年进士。唐人李绰《尚书故实》云："今谓进士登第为迁莺者久矣，盖自《伐木诗》：'伐木丁丁，鸟鸣嘤嘤。出自幽谷，迁于乔木。'又曰：'嘤其鸣矣，求其友声。'并无'莺'字。顷岁省试《早莺求友诗》，又《莺出谷诗》，别书固无证据，岂非误欤？"②李绰的质疑恰好证明《莺出谷诗》为唐人的省试诗。按《文苑英华》卷一八五"省试诗"载钱可复、张鹭、刘庄物、刘得仁同题共作《莺出谷诗》四首，则可补前三人为本年进士。至于刘得仁则不可补入本年，《唐摭言》卷一〇《海叙不遇》明言："刘得仁，贵主之子。自开成至大中三朝，昆弟皆历贵仕，而得仁苦于诗，出入举场三十年，竟无所成。"③刘得仁未能登第，似乎不是因为其诗作得不好，或是因为其他考试项目，如律赋、试策之类未能过关，或是因为如其诗中所言"外家虽是帝，当路且无亲"，有人事纠葛方面的政治因素阻挠。不过，由于后来韦庄奏疏《奏请追赠不及第人近代者》的举荐，仍可称其为追赠进士。兹据《文苑英华》录张泰赋作于下：

张泰《学殖赋》，以"深根固柢，无使将落"为韵：

学者人之本也，必资乎穷要道，励专心。故假农以为喻，将克己而攸箴。笔力载耕，既研精而不倦；情田以耨，将覃思而惟深。

懿兹善喻，丰滋是务。当勤劳而有获，岂灭裂而不固。种德潜润，比土膏之勃兴；修业大成，方云稼之森布。

切磋讨论，将究其根。孜孜而其功且倍，矻矻而其教弥尊。苟惰以自安，则耒耜之用废；习而不辍，则藨蔉之道存。蕴经笥而焕乎既庶，成行业而油然实繁。

且夫以兹训语，譬彼树艺。学者在清其本末，农者在立其根柢。庶存心而有补，期竭力而无替。顾三冬之足用，且俟经时；异四体之不勤，而能望岁。

其道既敷，其志不渝。自微至著，生有于无。厥修乃来，类京坻之可积；不思则罔，同水旱之是虞。

原夫匪独化人，聿兼为己。宁徒取于披阅，固可移于任使。功成久习，宋人之揠足伤；事不两全，樊迟之学诚鄙。

稽其存于日省，就此月将。睹专专以开帙，媲汲汲而筑场。劳而无怠焉，奚必乎四之日；禄在其中矣，可期乎万斯箱。

客有服膺糟粕，惟善是乐。恒虑失而不逮，讵怀安而自若。取(疑作敢)窃比

---

① 穆彰阿等：《(嘉庆)大清一统志》卷四二九，《四部丛刊续编》，上海古籍出版社 2008 年版，第 31 页。

② 李绰：《尚书故实》，文渊阁《四库全书》本，第 20 页。

③ 王定保：《唐摭言》卷一〇，古典文学出版社 1957 年版，第 108 页。

于农夫，惧见逢于摇落。①

《全唐文》的作者小传仅仅注明："泰，官耒阳县令。"伦按：迄今唐代知名张泰者有数人。官耒阳县令者为初唐张泰，唐人张鷟《龙筋凤髓判》卷上《御史台二条》："御史王铨奉敕权衡州，司马钟建未返制命，辄干他事，解耒阳县令张泰，泰不伏。"②《全唐文》的张泰小传应当据此写成。欧阳修《新五代史》卷三八《宦者传》载："张承业字继元，唐僖宗时宦者也，本姓康，幼阉，为内常侍张泰养子。"③此晚唐张泰为宦官，与科举律赋无涉。检周绍良主编《唐代墓志汇编》，从上元到宝历，有五方墓志涉及张泰，但其事迹均与中唐进士张泰无涉。

从押韵来看，此赋的押韵不仅完全符合《广韵》韵部的独用同用规定，而且在实际押韵中对限韵字"深根固柢无使将落"稍稍作了调整，成为"深固根柢无使将落"，这就将原来的"平平仄仄平仄平仄"变成了"平仄平仄平仄平仄"。这种调整限韵字，让四平四仄交替而行的做法，在初盛唐赋作中罕见，是元和以来名家作赋的常例。如王棨《梦为鱼赋》，原限韵"故知人生不似鱼乐"，易其次第，以"鱼不生似人故知乐"为韵；《曲江池赋》，原限韵"城中人日同集池上"为韵，易其次第，以"池集人上城日同中"为韵。赋家改动原限韵字次序，让其平仄相间而行，是为了让整篇律赋在音调上更加和谐，读起来抑扬顿挫，娓娓动听。

九、Δ元和十二年(817)府试《晨光丽仙掌赋》

郑方坤《全闽诗话》卷一载："潘存实，字镇之，漳浦人。初应举，以《晨光丽仙掌赋》及《双陆子赋》得名。元和十三年，庾承宣侍郎下试《礼耕情田赋》及《玉声如乐诗》，入格登第，初授东宫左庶子，累迁户部侍郎。浦人登第，自存实始。"④据此所述，潘存实的《晨光丽仙掌赋》，当是一篇府试的赋作，此赋今存《文苑英华》卷二八，据录于下：

潘存实《晨光丽仙掌赋》，以"有如攀青天捧白日"为韵：

晴天既曙，峻岳凝青。仰熙熙之旭将吐，见高高之掌呈形。假彼晶光，庶有分于清浊；挺兹秀异，示无双于杳冥。

爂矣而升，岧然相射。浮艳华之烂烂，靡太虚之奕奕。写乾坤之丽色，先觉曈昽；廓烟雾之余姿，转见明白。

疑参若木，似坼芙蕖。杲杲之容渐积，惨惨之状不如。下映而千岩共晓，上照而丹霞共舒。影曜人间，每当瞻瞻之早；迹居物外，长承煦煦之初。

---

① 李昉等：《文苑英华》卷六二，文渊阁《四库全书》，第8~10页。

② 张鷟：《龙筋凤髓判》(清《学津讨原》本)，卷上。"耒阳"，原作"来阳"，《全唐文》卷一七二引作"耒阳"，据改。

③ 欧阳修等：《新五代史》卷三八，文渊阁《四库全书》，第1页。

④ 郑方坤：《全闽诗话》卷一，文渊阁《四库全书》，第18页。

昭昭以临，峨峨莫匹。向空凝彩，若月下之对金茎；绕指流辉，异楼上之呈素质。既炫晃之旁达，亦孤标而独出。幸当清净之晨，免敌沉阴之日。

佳气或烁，朝云不还。发明媚于紫霄之际，擎彩翠于碧落之间。自彰和朗，宁俟跻攀。

遥挥六龙，迥临万有。初分焜耀，讶仿佛以成文；俯掬清光，信烂漫而入手。

则知事不自妍，理资相鲜。因流光德，获照金天。想清风旁来，宛其穆若；视晴景中驻，何愧拳然。故得无私功博，润色道全。当八极洞开之次，明二仪交泰之先。岂独擘洪蒙而干造化，设形象以配神仙而已哉。

于是灵踪长耸，日华长捧。不然，何群山逦迤而相奉。①

福建武夷山有仙掌峰，潘存实在本地解试，所写题材乃当地风光。此赋押韵实际以“青白如日攀有天捧”为序，调整为平仄相间而行。

十、元和十三年(818)进士试《修礼耕情田赋》

徐松《登科记考》卷一八元和十三年“进士三十二”：“《文苑英华》有《玉声如乐诗》，当是此年试题。”劳格《唐尚书省郎官石柱题名考》卷一一：“潘存实：《全唐文》七百三十：‘甘棠人，元和十三年进士，累迁户部侍郎。’(有《晨光丽仙掌赋》、《四公子赞》、《藏剑铭》)《古今万姓统谱》二十五：‘潘存实，字镇之，漳浦人，登元和进士，试《修礼耕情田》(疑脱赋字)、《玉声如磬诗》，官历户部郎中、左庶子。”陈尚君所补同，孟二冬更征引《闽书》卷一一九记载：“潘存实……元和十三年，庾承宣侍郎下试《礼耕情田赋》、《玉声如乐诗》，入格登第。”

伦按：潘存实《修礼耕情田赋》未见传世。赋题出自《礼记·礼运》：“故人情者圣王之田也，修礼以耕之，陈义以种之，讲学以耨之，本仁以聚之，播乐以安之。”②

十一、Δ元和十三年(818)华州府试《登山采珠赋》

本年，马植在华州府试《登山采珠赋》。《唐摭言》卷二《争解元》条：“同、华解最推利市，与京兆无异。若首送，无不捷者。元和中，令狐文公镇三峰时，及秋赋，榜云：特加置五场。盖诗、歌、文、赋、帖经为五场。常年以清要书题求荐者，率不减十数人，其年莫有至者。虽不远千里而来，闻是皆浸去。唯卢弘正尚书独诣华请试。公命供帐，酒馔侈靡于往时。华之寄客，毕纵观于侧。弘正自谓独步文场，公命日试一场，务精不务敏也。弘正已试两场，而马植下解。植将家子弟，从事辈皆窃笑。公曰：‘此未可知。’既而试《登山采珠赋》，略曰：‘文豹且异于骊龙，采斯疏矣；白石又殊于老

① 李昉等：《文苑英华》卷二八，文渊阁《四库全书》，第11~12页。

② 郑玄等：《礼记注疏》卷二二，文渊阁《四库全书》，第28页。

蚌，剖莫得之。’公大服其精当，遂夺弘正解元。”①伦按：华岳有三峰，“令狐文公镇三峰”，即令狐楚任华州刺史。据《旧唐书》卷一七二《令狐楚传》：“元和十三年四月出为华州刺史，其年十月，皇甫镈作相，其月以楚为河阳怀节度使。”②《旧唐书》卷一七六《马植传》载：“植，元和十四年进士擢第，又登制策科。”③则其以《登山采珠赋》取解元当在元和十三年(818)四月至十月令狐楚任华州刺史之时。

清人浦铣《历代赋话·续历代赋话》引录《唐摭言》马植事之后，浦铣加按语云：“《后汉书·刘玄传》李淑上书曰：今以所重加非其人，望其毗益万分，兴化致理，譬犹缘木求鱼，升山采珠。”④登山采珍珠，比喻求之非所。可见这是一个反讽的题目，马植试赋得其旨意，因而受到令狐楚的赞扬。

十二、元和十四年(819)进士试《王师如时雨赋》

徐松《登科记考》卷一八元和十四年“进士三十一人”注：“《文苑英华》(载)《王师如时雨赋》，以‘慰悦人心，如雨枯旱‘为韵，又有《骐骥长鸣诗》，皆此年试题。”⑤《文苑英华》卷一八五载《骐骥长鸣诗》。《文苑英华》卷六五载陈去疾、章孝标两篇同题同韵赋作，据录于下：

陈去疾《王师如时雨赋》，以“慰悦人心，如雨枯旱”为韵：

惟唐十二叶，盛德如春。虽幽无不被，而犷有未臣。帝曰苟非我武，焉能庇人。于是考田策，谐咨询。投干戈于苗扈之地，拯黎庶于涂炭之辰。

是师也，以胜残为心，以除暴为主。得周宣之薄伐，非汉皇之黩武。尔乃誓六师，命吉甫。鼓而出兮，俯而取。始天声乍发，阚若雷霆；终圣泽旁流，霈如甘雨。

既殲元恶，不问其余。诚与之更始，而待之如初。箪食壶浆，将争先以邀路；缁黄耆艾，知弛负以宁居。是以足蹈手舞，怨释愤摅。洗心灵而沃若，类草木之贲如。

始其闻金鼓之声，疑杀戮之谓。及其蒙沾濡之赐，众乃欷歔以相慰。

曰：岂图污俗，犹轸圣心。殷云雷以作解，与枯槁而为阴。济济烝徒，一以贯乎睿旨；颙颙噍类，咸得涤其烦襟。

渥恩既溥，幽夏(疑作忧)爰泄。爰离毕之时见，睹燎原之焰灭。始凭鼓怒，信天步之不回；终乃发生，谅人情之大悦。

既而新厥政，革其谟。遂开儒风与文教，载櫜越棘与燕弧。正皇纲于寒暑，变

① 王定保：《唐摭言》，古典文学出版社1957年版，第17页。
② 刘昫：《旧唐书》卷一七二，文渊阁《四库全书》，第2页。
③ 刘昫：《旧唐书》卷一七六，文渊阁《四库全书》，第18页。
④ 浦铣：《历代赋话·续历代赋话》卷六，清乾隆五十三年刻本。
⑤ 徐松：《登科记考》，中华书局1984年版，第675页。

下国之荣枯。

夫如是，莫不沐仁泽以愉愉，咏恩波之侃侃。方且观濠梁之鱼乐，岂复比农夫于岁旱。①

这篇赋的写作背景是唐宪宗于元和十三年(818)五月至次年二月，连发五道兵符征讨反复叛唐的淄青李师道的战争。在战争中，唐宪宗采用了怀柔的政策，据《旧唐书》卷一二四《李正己附李师道传》记载："初，东军诸道行营节度擒逆贼将夏侯澄等共四十七人，诏曰：'附丽凶党，拒抗王师，国有常刑，悉合诛戮。朕以久居污俗，皆被胁从，况讨伐已来，时日不几，纵怀转祸之计，未有效款之由，情似可矜，朕不忍杀。况三军百姓，孰非吾人，诏令颁行，罪止师道。方欲拯于涂炭，是用活其性命，诚为屈法，庶使知恩。并宜特从释放，仍令却递送至魏博及义成行营，各委节度收管驱使。如父母血属犹在贼中，或羸老疾病情切归还者，仍量事优当放去，务备相全贷，何所疑留。'及澄等至行营，贼觇知传告，叛徒皆感朝恩。"②这一怀柔政策对于瓦解敌方士气起到了关键作用，所以，这场战事以朝廷全胜而结束。此赋未依原限韵次序，改以"人雨如慰心悦枯旱"为序，平仄相间而行。

章孝标《王师如时雨赋》，以"慰悦人心，如雨枯旱"为韵：

念黎庶兮罹于毒痛，我兴师以剪屠。如旱岁之稼穑，得膏雨之沾濡。岂不以垂渥泽，润涸枯。草木之心，宁虑叹其干矣；天人之意，将同卫讨邢乎？

至乃锐戈矛，齐卒伍。诚告虔于上帝，祈发生于下土。龙旗电掣，疑驱蔚矣之云；鼍鼓雷奔，似送霈然之雨。

匪六师之是侵，实百姓以为心。所谓谋臣如雨，猛将如林。驰之驱之，似得时而将降；六伐七伐，谓决渠而就深。

既踊跃而成列，象沉阴之欲泄。青萍剃而破块将分，白羽麾而散丝不绝。奚润草之芳茂，信洗兵之是阅。异包茅之贡矣，尔职不恭；同阴雨以膏之，我心则悦。

不疾不徐，箕张翼舒。向兵革而自弭，喻霶霈之有余。多鼓钧声，知上善之不若；密云不雨，想西郊之未如。

且宣王六月兮非旱之备，高宗三年兮适足为费。惟鬼方之是惧，何人伦之足慰。岂比指绿林于一戎，养苍生于百卉。

知我者信号令如春，不知我者疑甘泽随轮。一鼓而风云作气，再麾而寰宇清尘。以此出征为活国，不能无战乃爱人。

故得戎羯来王，淮夷纳款。嗟蝼蚁之犹聚，将刑戮而尚缓。今挟泰山压危卵，

① 李昉等：《文苑英华》卷六五，文渊阁《四库全书》，第8~9页。

② 刘昫：《旧唐书》卷一二四，文渊阁《四库全书》，第21~22页。

不得已而用师，如救岁之大旱。①

此赋亦未依原限韵次序，改以“枯雨心悦如慰人旱”为序，平仄相间而行。此种押韵方法，在元和年间已成为常态。

十三、元和十五年(820)进士试《太羹赋》

徐松《登科记考》卷一八元和十五年“进士二十九人”注：“试《早春残雪诗》，见《唐诗纪事》。”②孟二冬按：“《大羹赋》(以‘宗本诚敬，遗味有礼’为韵)当为本年试题。”③《文苑英华》卷一八二载施肩吾等《早春残雪诗》，当为本年诗题。《文苑英华》卷五七载施肩吾《太羹赋》，录于下：

施肩吾《太羹赋》，以“宗本诚敬，遗味由礼”为韵：

至诚尚洁，在礼惟恭。飨异四时，大飨以先王为裕；羹重五味，太羹以无味为宗。荐既殊于禘礿，礼乃变乎秋冬。

则知此祭不数，此羹不混。法明水以成功，恶咸鹾而是撙(一作损)。义由反古，类稿秸之无文；道尚全真，喻恬淡而为本。

故宜轻八簋，黜三牲。其味唯德，其色唯清。若谓我在物，则物不在于盐莱；若谓我在水，则水不在于污行。小周人之尚臭，哂殷家之贵声。虽无形而可挟，务展礼而由诚。

观乎一鼎无包，百王是庆。法君长以为尊，事鬼神而听命。既陈既酌，弥重乎精诚；不絜不调，莫先乎圣敬。

聿修前典，不可度思。因七献以成礼，纳(一作约)三岁而为期。飨燕既终于匆匆，礼容方盛乎迟迟。且在有名而可重，孰云无味而见遗。

是以不飨甘苦，不由饔饩。涪虽假于一烹，用不因乎多味。澄渟在洁，恶姜桂以为滋；肸飨降灵，歆明德以为气。

是以礼因羹而克举，羹因礼而允修。乍同西伯之禴，宁比东邻之牛。一以表专一而不二，一以表通微而阐幽。岂徒不和而为贵，亦以明反本之所由。

懿夫其名类馃，其正在礼。下以叙人伦，上以亲祖祢。苟倾覆之无虞，谅威仪之由体者也。④

作者及第之年，前人著录不一，徐松、孟二冬作了考证甄别。王定保《唐摭言》卷

① 李昉等：《文苑英华》卷六五，文渊阁《四库全书》，第9~10页。
② 徐松：《登科记考》，中华书局1984年版，第680页。
③ 孟二冬：《登科记考补正》，燕山出版社2003年版，第767页。
④ 李昉等：《文苑英华》卷五七，文渊阁《四库全书》，第8~9页。

八“及第后隐居”条：“施肩吾，元和十年及第。以洪州之西山乃十二真君羽化之地，灵迹具存，慕其真风，高蹈于此，常赋《闲居遣兴诗》一百韵，大行于世。”①计有功《唐才子传》：“施肩吾，字希圣，睦州人。元和十五年卢储榜进士，第后《谢礼部陈侍郎》云：‘九重城里无亲识，八百人中独姓施。’不待除授，即东归。”②徐松按：“是年为李建知举，《才子传》以为陈侍郎，误。《摭言》又以肩吾为元和十年及第，亦误。”③孟二冬按：“《唐诗纪事》卷四十一谓施肩吾‘元和十年登第’，亦误。《郡斋读书志》卷四著录施肩吾《西山集》，注云：‘元和十五年进士。’《直斋书录解题》卷一九同。《舆地纪胜》卷八《两浙西路·严州·人物》：‘施肩吾，唐元和十五年进士及第。登科自施肩吾始。’又元洪景修编《新编古今姓氏遥华韵》甲集卷六：‘施肩吾字希圣，延陵。唐元和进士，习《礼记》。主文李建，《大羹玄酒赋》、《早春残雪诗》，卢储第一，施在十三。’”④

此赋或作《太羹赋》，或作《大羹赋》，或作《大羹玄酒赋》，其名不一，可以互通。大羹是不和五味的肉汁。《礼记·乐记》：“大飨之礼，尚玄酒而俎腥鱼，大羹不和，有遗味者矣。”郑玄注：“大羹，肉湆，不调以盐菜。”赋文原限韵即四平四仄，故依原韵次序构段。

第五节　长庆年间试赋考察

一、长庆元年(821)进士重试《孤竹管赋》

徐松《登科记考》卷一九长庆元年进士科未载诗赋题。孟二冬《登科记考补正》：“《孤竹管赋》、《鸟散余花落诗》为本年重试试题。”⑤

《旧唐书·穆宗本纪》：长庆元年三月敕：“今年礼部侍郎钱徽下进士及第郑朗等一十四人，宜令中书舍人王起、主客郎中知制诰白居易等重试以闻。”⑥此事之背景，《旧唐书·钱徽传》所载甚详：“钱徽(钱起之子)，长庆元年，为礼部侍郎。时宰相段文昌出镇蜀川。文昌好学，尤喜图书古画。故刑部侍郎杨凭兄弟，以文学知名，家多书画，钟、王、张、郑之迹在《书断》、《画品》者，兼而有之。凭子浑之求进，尽以家藏书画献文昌，求致进士第。文昌将发，面托钱徽，继以私书保荐。翰林学士李绅亦托举子周汉宾于徽。及榜出，浑之、汉宾皆不中选。李宗闵与元稹素相厚善。初稹以直道谴逐久之，及得还朝，大改前志。由径以侥进达，宗闵亦急于进取，二人遂有嫌隙。杨汝士与徽有旧。是岁，宗闵子婿苏巢及汝士季弟殷士俱及第。故文昌、李绅大怒。文昌赴镇。

---

① 王定保：《唐摭言》，古典文学出版社1957年版，第92页。
② 傅璇琮等校笺：《唐才子传校笺》卷六，第三册，中华书局1990年版，第139~140页。
③ 徐松：《登科记考》，中华书局1984年版，第681~682页。
④ 孟二冬：《登科记考补正》，燕山出版社2003年版，第768页。
⑤ 孟二冬：《登科记考补正》，燕山出版社2003年版，第779页。
⑥ 刘昫：《旧唐书》卷一六，文渊阁《四库全书》，第19页。

辞日，内殿面奏，言徽所放进士郑朗等十四人，皆子弟艺薄，不当在选中。穆宗以其事访于学士元稹、李绅，二人对与文昌同。遂命中书舍人王起、主客郎中知制诰白居易，于子亭重试，内出题目《孤竹管赋》、《鸟散余花落》诗，而十人不中选。”①

穆宗为此再下诏曰：“国家设文学之科，本求才实，苟容侥幸，则异至公。访闻近日浮薄之徒，扇为朋党，谓之关节，干挠主司。每岁策名，无不先定。永言败俗，深用兴怀。郑朗等昨令重试，意在精核艺能，不于异书之中固求深僻题目，贵令所试成就以观学艺浅深。‘孤竹管’是祭天之乐，出于《周礼》正经，阅其呈试之文，都不知其本事，辞律鄙浅，芜累亦多。比令宣示钱徽，庶其深自怀愧，诚宜尽弃，以警将来。但以四海无虞，人心方泰，用宏宽假，式示殊恩。特掩尔瑕，庶明予志。孔温业、赵存约、窦洵直，所试粗通，可与及第，裴撰，特赐及第。郑朗等十人并落下(《本纪》作‘卢公亮等十一人可落下’)。钱徽从别敕处分。自今以后，礼部举人宜准开元二十五年敕，及第讫，所试杂文并策，送中书门下详覆。”②

《孤竹管赋》未见传世之作，其典故出于《周礼·春官·大司乐》：“孤竹之管，云和之琴瑟，云门之舞，冬日至，于地上圜丘奏之。”郑玄注：“孤竹，竹特生者。”贾公彦疏：“孤竹，竹特生者，谓若峄阳孤桐。”③

二、长庆二年(822)进士试《木鸡赋》

徐松《登科记考》卷一九长庆二年“进士二十九人”注：“《唐诗纪事》：‘周墀以《木鸡赋》及第。’是《木鸡赋》为此年试题，《木鸡赋》以‘致此无敌，故能先鸣’为韵，见《文苑英华》。《文苑英华》又载《琢玉诗》，当亦是此年试题。”④《唐诗纪事》卷五五“周墀”条：“武宗会昌三年，王起仆射再主文柄，起自长庆，至此凡三领贡籍。墀时刺华州，以诗寄贺云：‘文场三化鲁儒生，三十余年振重名。曾忝木鸡夸羽翼，又陪金马入蓬瀛。(自注：墀初年《木鸡赋》及第，常陪仆射守职内庭。)虽欣月桂居先折，更羡春兰最后荣。欲到龙门看风雨，关防不许暂离营。’”⑤《文苑英华》卷一三八载浩虚舟《木鸡赋》，据录于下：

浩虚舟《木鸡赋》，以“致此无敌，故能先鸣”为韵：

惟昔有人，心至术精，得鸡之情。情可驯而无小无大，术既尽而不飞不鸣。对勍敌以自持，坚如挺植；登广场而莫顾，混若削成。

初其教以自然，诱之不惧。希渐染而能化，将枯槁而是喻。质殊朴斫，用明不竞之由；状匪雕镂，盖取无情之故。

---

① 刘昫：《旧唐书》卷一六八，文渊阁《四库全书》，第9页。
② 刘昫：《旧唐书》卷一六八，文渊阁《四库全书》，第9~10页。
③ 郑玄等：《周礼注疏》卷二二，文渊阁《四库全书》，第22页。
④ 徐松：《登科记考》，中华书局1984年版，第710页。
⑤ 王仲镛校笺：《唐诗纪事校笺》，巴蜀书社1989年版，第1847页。

然则饮啄必异，嬉游每殊。伫栖心而自若，期顾敌而如无。日就月将，功尽而稍同颠栫；不震不竦，性成而渐若朽株。

已而玄羽讵翔，雕笼莫闭。卓然之至全变，兀若之姿已致。首圆胫直，轮桷之状俱呈；嘴利距铦，枳枸之铓并利。

是以纵逸情绝，端良气全。臆离披而踵附，眸眩曜而节穿。惊被文而锦翼蔚矣，迷搴木而花冠烂然。虚憍者怀不才之虞，安能自恃；贾勇者有攻坚之惧，莫敢争先。

故能进异激昂，处同虚寂。郢工误起乎心匠，郈氏徒惊乎目击。淡然无挠，子綦之质方俦；确尔不回，周勃之强未敌。

其喻斯在，其由可征。驯致已忘乎力制，积习潜通乎性能。是则语南国者，未足与议；斗东郊者，无德而称。

士有特力自持，端然不倚。块其形而与木无二，灰其心而顾鸡若是。彼静胜之深诚，冀一鸣而在此。①

“木鸡”的典故出自《庄子·达生》“纪渻子为王养斗鸡，十日而问曰：‘鸡已乎？’曰：‘未也，方虚憍而恃气。’……十日又问，曰：‘几矣，鸡虽有鸣者，已无变矣。望之似木鸡矣，其德全矣，异鸡无敢应者，反走矣。’”成玄英疏：“神识安闲，形容审定……其犹木鸡不动不惊，其德全具，他人之鸡，见之反走。”②纪渻子是训练斗鸡的高手，他训练的鸡参加决斗时，神态镇定，望若木鸡；其他鸡不敢应战，仓皇逃走。后因以“木鸡”喻指修养深淳而以镇定取胜者。白居易有一道《礼部试策》说：“事有躁而失，静而得者，故木鸡胜焉。”③浩虚舟的《木鸡赋》正是从“以静胜躁”的角度立论。赋头引出古人驯鸡的故事，赋项叙述驯鸡之方法，赋腹五段则从各个角度描述斗鸡的姿态及其以静制躁的本领，赋尾以木鸡比喻士人的操行，也暗示出自己一举成功的希望。《木鸡赋》在押韵上也很有特色，它以“致此无敌故能先鸣”八字为韵，每段押一韵，但不依原次序，改成“鸣故无致先敌称此”为序，平仄相间而行。唐抄本《赋谱》云：“近来官韵多勒八字，而赋体八段，宜乎一韵管一段，则转韵必待发语，递相牵缀，实得其便，若《木鸡》是也。”④可见，《木鸡赋》实是律赋的正格。掌握一种文体的正格，对于研究这种文体无疑是大有帮助的。

三、Δ长庆二年(822)杭州府试《长剑倚天外赋》

长庆二年，徐凝、张祜等杭州府试《长剑倚天外赋》。范摅《云溪友议》卷中《钱塘

---

① 李昉等：《文苑英华》卷一三八，文渊阁《四库全书》，第2~4页。

② 郭庆藩：《庄子集释》卷七，清光绪思贤讲舍刻本。

③ 白居易：《白氏长庆集》卷三〇，文渊阁《四库全书》，第14页。

④ 詹杭伦：《赋谱校注》，《唐宋赋学研究》，中国社会科学出版社、华龄出版社2004年版，第73页。

论》条："致仕尚书白舍人初到钱唐，令访牡丹花。独开元寺僧惠澄近于京师得此花栽，始植于庭，栏圈甚密，他处未之有也。时春景方深，惠澄设油幕以覆其上，牡丹自此东越分而种之也。会徐凝自富春来，未识白公，先题诗曰：'此花南地知难种，惭愧僧闲用意栽。海燕解怜频睥睨，胡蜂未识更徘徊。虚生芍药徒劳妒，羞杀玫瑰不敢开。惟有数苞红幞在，含芳只待舍人来。'白寻到寺看花，乃命徐生同醉而归。时张祜榜舟而至，甚若疏诞，然张、徐二生未之习隐，各希首荐焉。中舍曰：二君论文，若廉白之斗鼠穴，胜负在于一战也。遂试《长剑倚天外赋》、《余霞散成绮诗》，试讫解送，以凝为先，祜其次耳。张曰：'祜诗有地势遥尊岳，河流侧让关。多士以陈后主日月光天德，山河壮帝居，此徒有前名矣。'又祜《题金山寺诗》曰：'此寺大江中，树影中流见，钟声两岸闻。虽綦毋潜云：塔影挂青汉，钟声和白云。此句未为佳也。'祜《观猎》四句及宫词，白公曰：'张三作猎诗以较王右丞，予则未敢优劣也。'王维诗曰：'风劲角弓鸣，将军猎渭城。草枯鹰眼疾，雪尽马蹄轻。忽过新丰戍，还归细柳营。回看失雁处，千里暮云平。'张祜诗曰：'晓出禁城东，分围浅草中。红旗开向日，白马骤临风。背手抽金镞，翻身控角弓。万人齐指处，一雁落寒空。'白公又以《宫词》四句之中皆数对，何足奇乎？然无徐生云'今古长如白练飞，一条解破青山色'。徐凝赋曰：'谯周室里，定游夏于立虔；马守帷中，分易礼于卢郑。如我明公荐，岂唯偏党乎？'张祜曰：'虞韶九奏，非瑞马之至音；荆玉三投，伫良工之必鉴。且鸿钟运击，瓦缶雷鸣。荣辱纠绳，复何定分？'祜遂行歌而迈，凝亦鼓枻而归。二生终身偃仰，不随乡试者矣。"①

据陈振孙《白氏文公年谱》，白居易于长庆二年七月自中书舍人出守杭州，长庆四年(824)三月改苏州刺史。徐凝与张祜在杭州取解，正是长庆二年之事。胡可先《〈登科记考〉匡补》据《乾隆杭州府志》卷一〇七《选举志》论证徐凝为长庆三年(823)癸卯郑冠榜进士，其长庆二年于杭州取解无疑。② 孟二冬《登科记考补正》据以补充徐凝为长庆三年(823)进士。

《太平广记》卷一九九《杜牧》条："先是李林宗、杜牧与白辇下较文，具言元、白诗体舛杂，而为清苦者见嗤，因兹有恨。白为河南尹、李为河南令，道上相遇，尹乃乘马，令则肩舆，似乖趋事之礼。李尝谓白为嗫嚅公，闻者皆笑，乐天之名稍减矣。白曰：'李直木，林宗字也，吾之猘子也，其锋不可当。'后杜牧守秋浦，与张祜为诗酒之交，酷吟祜《宫词》，亦知钱塘之岁，白有非祜之论，尝不平之，乃为诗二首以高之，曰：'谁人得似张公子，千首诗轻万户侯。'又云：'如何故国三千里，虚唱歌词满六宫。'张诗曰：'故国三千里，深宫二十年。一声何满子，双泪落君前。'此为祜得意之语也。李杜已下盛言其美者，欲以苟异于白而曲成于张也。故牧又著论言：'近有元白者，喜为淫言媟语，鼓扇浮嚣，吾恨方在下位，未能以法治之。'斯亦敷佐于祜耳。"③

---

① 范摅：《云溪友议》卷中，文渊阁《四库全书》，第12~14页。

② 胡可先：《〈登科记考〉匡补》，《文献》1988年第1期。

③ 李昉等：《太平广记》卷一九九，文渊阁《四库全书》，第1~2页。

皮日休《论白居易荐徐凝屈张祜》："祜元和中作宫体诗词曲，艳发当时，轻薄之流重其才，合噪得誉，及老大稍窥建安风格，诵乐府录，知作者本意，讲讽怨谲时，与六义相左右，此为才之最也。祜初得名，乃作乐府艳发之词，其不羁之状往往间见。凝之操履不见于史，然方干学诗于凝，赠之诗曰：'吟得新诗草里论。'戏反其词谓朴里老也。方干世所谓简古者，且能讥凝，则凝之朴略椎鲁，从可知矣。乐天方以实行求才，荐凝而抑祜，其在当时，理其然也。令狐楚以祜诗三百篇上之，元稹曰：'雕虫小技，或奖激之，恐害风教。'祜在元白时，其誉不甚持重。杜牧之刺池州，祜且老矣，诗益高，名益重。然牧之少年所为亦近于祜，为祜恨白，理亦有之。余尝谓文章之难在发源之难也，元白之心本乎立教，乃寓意于乐府雍容宛转之词，谓之讽谕，谓之闲适，既持是取大名，时士翕然从之，师其词失其旨，凡言之浮靡艳丽者，谓之元白体。二子规规攘臂解辩，而习俗既深牢不可破，非二子之心也。所以发源者非也，可不戒哉！"①

四、长庆三年(823)进士试《丽龟赋》

徐松《登科记考》卷一九长庆三年"进士二十八人"注："其年试《丽龟赋》，见《书录解题》。"②陈振孙《直斋书录解题》卷一九《袁不约集》一卷："唐袁不约还朴撰，长庆三年进士，其年试《丽龟赋》。"③

此赋今不传，典故出自《左传·宣公十二年》："麋兴于前，射麋丽龟。"杜预注："丽，著也；龟，背之隆高当心。"④本指古时田猎射中龟背中心处，后用以比喻科举时中试得官。释贯休《禅月集》卷二〇《送黄宾于赴举》诗："冬暮雨霏霏，行人喜可稀。二阶欣夜雪，亚圣在春闱。马疾顽童远，山荒冻叶飞。经师无一事，应见丽龟归。"⑤

五、长庆四年(824)进士试《金用砺赋》

徐松《登科记考》卷一九长庆四年未载诗赋题。陈尚君《〈登科记考〉正补》云："本年试《金用砺赋》、《震为苍筤竹诗》，见《韩子年谱》引《讳行录》。"⑥

清戚学标《辨孟县韩昶墓石》："韩文公为唐孟州河阳县人，史误以为邓州南阳，有人辨之。其子朝议郎检校尚书户部郎中襄州别驾昶志石，明万历间出孟县古尹村韩王垄前者，人并执为信，则未有辨也。昶虽不及父，曾于李宗闵下擢进士第，试《金用砺赋》、《震为苍筤竹诗》中选，其文当可观览。"⑦

---

① 董诰等：《全唐文》卷七九七，中华书局1983年版，第8359页。
② 徐松：《登科记考》，中华书局1984年版，第715页。
③ 陈振孙：《直斋书录解题》，上海古籍出版社1987年版，第570页。
④ 杜预等：《春秋左传注疏》卷二三，文渊阁《四库全书》，第20页。
⑤ 贯休：《禅月集》卷二〇，文渊阁《四库全书》，第5页。
⑥ 陈尚君：《陈尚君自选集》，广西师范大学出版社2000年版，第244页。
⑦ 戚学标：《鹤泉文钞续选》卷一，清嘉庆十八年刻本，第9页。

金用砺的典故出自《国语·楚语上》:“若金,用女作砺。若津水,用女作舟。”①洪迈《容斋随笔·续笔》卷一三“试赋用韵”条:“有五平三侧者,《金用砺》以‘商高宗命傅说之官’为韵是也。”②韩袛《金用砺赋》未见传本。李程有《金受砺赋》,以“圣无全功,必资佐辅”为韵,见《文苑英华》卷一一八,与本年赋题大约相同而限韵不同,可以参考。

朱庆余有《震为苍筤竹诗》,见《文苑英华》卷一八七。然而,朱庆余为宝历二年(826)进士,何以有此题?盖其曾参加长庆四年(824)进士考试,诗虽过关,其他文类考落。

第六节 宝历、大和年间试赋考察

一、宝历二年(826)进士试《齐鲁会于夹谷赋》

徐松《登科记考》卷二〇宝历二年未载试赋题。孟二冬按:“《锦绣万花谷后集》卷十九《科举》‘科第放此风汉’条引《玉泉子》:刘蕡,杨嗣复门生也。宝历二年,杨嗣复下三十五人裴休(按:当作‘俅’)等,时蕡第十五,试《齐鲁会于夹谷赋》、《晦日与同志昆明池泛舟诗(原误作‘时’)》及第。策直言,中官嫉怒,仇士良谓嗣复曰:‘奈何以国家科第放此风汉及第耶?’嗣复惧曰:‘昔与蕡及第时,犹未风耳。’按今本《玉泉子》,无‘宝历二年’以下数句。考《文苑英华》卷一八九省试诗有朱庆余及失名之同题《晦日同志昆明池泛舟》诗;又《古今岁时杂咏》卷九录朱庆余《省试晦日同志昆明池泛舟》诗,与《英华》所录诗同。朱庆余本年登进士第,知《锦绣万花谷》所录有据。据上所考,则《齐鲁会于夹谷赋》、《晦日同志昆明池泛舟》诗当为本年进士科试题。”③

伦按:清于敏中《日下旧闻考》卷一三五“刘蕡”条引《玉泉子》与《锦绣万花谷后集》所引同。“齐鲁会于夹谷”的本事出自司马迁《史记》卷四七《孔子世家》:“定公以孔子为中都宰,一年四方皆则之,由中都宰为司空,由司空为大司寇。定公十年春,及齐平夏,齐大夫黎锄言于景公曰:‘鲁用孔丘,其势危。’齐乃使使告鲁为好会,会于夹谷。鲁定公且以乘车好往,孔子摄相事曰:‘臣闻有文事者必有武备,有武事者必有文备。古者诸侯出疆,必具官以从,请具左右司马。’定公曰:‘诺。’具左右司马,会齐侯夹谷,为坛位土阶三等,以会遇之礼相见,揖让而登。”④这是一个讨论外交礼节的咏史题目,可惜唐人本题赋作不存,宋人之作或可聊补遗憾。李调元《雨村赋话》卷一:“宋李纲《有文事必有武备赋》云:‘夹谷之会,真儒相事。谓敌国素称乎多诈,而上策莫善于

① 韦昭注:《国语解》卷一七,文渊阁《四库全书》,第15页。
② 洪迈:《容斋随笔·续笔》卷一三,文渊阁《四库全书》,第3页。
③ 孟二冬:《登科记考补正》,燕山出版社2003年版,第822页。
④ 司马迁:《史记》卷四七,文渊阁《四库全书》,第9页。

自治。'又云：'德以服人，义存御侮。有所济者，以威之克爱；无能达者，以仁而不武。'借题发挥，语语切中时病。凡此皆所谓言之有物者。"①

二、大和元年(827)进士试《观民风赋》

徐松《登科记考》卷二〇"大和元年"未载进士诗赋题。孟二冬按："日本藏(康熙)《永州府志》卷一〇《选举志上·进士年表》大和元年录有李合，注云：'状元，廷试《观民风赋》、《求友诗》。'"②

伦按：此所谓《求友诗》，当即《早莺求友诗》之省称。唐人李绰《尚书故实》："今谓进士登第为迁莺者久矣，盖自《伐木诗》：'伐木丁丁，鸟鸣嘤嘤。出自幽谷，迁于乔木。'又曰：'嘤其鸣矣，求其友声。'并无'莺'字。顷岁省试《早莺求友诗》，又《莺出谷诗》，别书固无证据，岂非误欤？"③此段又载韦绚《刘宾客嘉话录》等。胡承珙《毛诗后笺》对此有详细辨析："王楙《野客丛书》引《东皋杂录》曰：诗正文与注皆未常及黄鸟，白乐天作《六帖》始类莺门中。洪驹父称《禽经》莺鸣嘤嘤，要是后人附会。张平子《东京赋》：'雎鸠鹂黄，关关嘤嘤。'然则以嘤嘤为黄鹂用，自汉已然，不可谓自乐天始也。叶大庆《考古质疑》曰：《缃素杂记》谓今人吟咏多用迁莺、出谷事，又曲名《喜迁莺》，皆循唐人之误。惟汉梁鸿《思友人》诗曰：'鸟嘤嘤兮友之期，念高子兮仆怀思。'《南史》梁刘标《绝交论》云：'嘤鸣相召，星流电激。'是真得诗意。大庆按：《诗》嘤嘤，虽非指莺，然汉张衡《归田赋》：'王雎鼓翼，仓庚哀鸣。交颈颉颃，关关嘤嘤。'又《东京赋》：'雎鸠鹂黄，关关嘤嘤。'盖仓庚鹂黄即所谓莺也。张衡皆以嘤嘤言之。则唐人以嘤嘤为莺，又未必不本于此。又梁元帝《言志赋》：'闻莺而怀友。'陈杨谨《从祀麓山庙诗》：'窗幽细网合，阶静落花明。檐巢始入燕，轩树已迁莺。'自梁陈已用迁莺事，而曰承袭唐人之误，非也。承珙谓：汉赋言关关嘤嘤者，似是泛举鸟声，未必分属二鸟，且如《羽猎赋》又云'鸿雁嘤嘤'矣。即《玉篇》莺字注云：鸟有文。此本桑扈《毛传稽古编》作有'友鸟'，'友'恐'文'字之误。《文选·王元长曲水诗序》云：'乱嘤声于绵羽。'李善注虽引《诗》'鸟鸣嘤嘤'，又引《诗》'绵蛮黄鸟'，然本文究无'莺'字，惟梁昭明太子《锦带书姑洗二月启》曰：'啼莺出谷，争传求友之声。'始明出'莺'字，唐人殆沿此而误耳。"④

三、Δ大和二年(828)杜牧以《阿房宫赋》得第

徐松《登科记考》卷二〇大和二年未载进士赋题。王定保《唐摭言》卷六"公荐"条却记载有一则杜牧以赋得第的故事："崔郾侍郎既拜命于东都试举人，三署公卿皆祖于长

---

① 詹杭伦等校证：《雨村赋话校证》，新文丰出版公司1993年版，第8页。

② 孟二冬：《登科记考补正》，燕山出版社2003年版，第827页。

③ 李绰：《尚书故实》，文渊阁《四库全书》本，第20页。

④ 胡承珙：《毛诗后笺》卷一六，清道光刻本。

乐传舍，冠盖之盛，罕有加也。时吴武陵任太学博士，策蹇而至。郾闻其来，微讶之，乃离席与言。武陵曰：‘侍郎以峻德伟望为明天子选才俊，武陵敢不薄施尘露。向者偶见太学生十数辈，扬眉抵掌，读一卷文书。就而观之，乃进士杜牧《阿房宫赋》，若其人真王佐才也。侍郎官重，必恐未暇披览。’于是搢笏朗宣一遍，郾大奇之。武陵曰：‘请侍郎与状头。’郾曰：‘已有人。’曰：‘不得已，即第五人。’郾未遑对，武陵曰：‘不尔，即请还此赋。’郾应声曰：‘敬依所教。’既即席白诸公曰：‘适吴太学以第五人见惠。’或曰：‘为谁？’曰：‘杜牧。’众中有以牧不拘细行间之者，郾曰：‘已许吴君矣，牧虽屠沽，不能易也。’”①伦按：《阿房宫赋》虽然不是本年进士赋题，且其赋体裁亦与进士律赋不类，但时人能够欣赏此种文赋，预示其蕴藏着鲜活的生命力。《阿房宫赋》在唐代还有一篇姊妹赋，那就是杨敬之的《华山赋》，其做法与《阿房宫赋》类似，而杨敬之与韩愈同时，其赋在杜作之前，宋人洪迈《容斋五笔》卷七甚至认为：“《阿房赋》实摹仿杨作也。”②说杜作受到杨作的影响或启发是有可能的，说“摹仿”则言之过重了，杜作总的来说是自出机杼，自铸伟辞，故清人浦铣在《复小斋赋话》中评价说：“牧之笔最健，诸赋中以《阿房宫》为第一，句调自己出，不肯剽贼前人一字。”③

四、大和五年(831)进士试《题桥赋》

徐松《登科记考》卷二一大和五年未载试赋题。王士祥《唐代试赋研究》据明人曹学佺《蜀中广记》知李远登第年有省试《题桥赋》事，赋见《文苑英华》卷四六，可据补。④曹学佺《蜀中广记》卷四五载：“李远字求古，云阳人也。举咸通进士。历杭、建二州刺史，所至有善政声。远工于诗，清婉有风骨。省试《题桥赋》，见《文苑英华》。”⑤伦按：曹学佺谓李远举咸通进士，非是。辛文房《唐才子传》卷七《李远传》载：“远字求古，太和五年杜陟榜进士及第，蜀人也。少有大志，夸迈流俗。为诗多逸气，五彩成文。早历下邑，词名卓然。宣宗时宰相令狐绹进奏，拟远杭州刺史。上曰：‘朕闻远诗有青山不厌千杯酒，白日惟销一局棋，是疏放如此，岂可临郡理人？’绹曰：‘诗人托此以写高兴耳，未必实然。’上曰：‘且令往观之。’至，果有治声。性简俭，嗜啗凫鸭，贵客经过，无他赠厚者，绿头一双而已。后历忠、建、江三州刺史，仕终御史中丞。”⑥即此可知，李远在宣宗时已出任杭州刺史，自不可能晚至懿宗咸通年间始成进士。明人徐应秋《玉芝堂谈荟》卷二：“文宗太和元年，状元卢储；四年，状元宋祁；五年，状元李远，夔州人。”⑦

---

① 王定保：《唐摭言》，古典文学出版社 1957 年版，第 63 页。
② 洪迈：《容斋随笔·五笔》卷七，文渊阁《四库全书》，第 3 页。
③ 浦铣：《复小斋赋话》卷下，清乾隆五十三年刻本。
④ 王士祥：《唐代试赋研究》，上海古籍出版社 2012 年版，第 192 页。
⑤ 曹学佺：《蜀中广记》卷四五，文渊阁《四库全书》，第 8 页。
⑥ 傅璇琮等校笺：《唐才子传校笺》卷七，第三册，中华书局 1990 年版，第 217~226 页。
⑦ 徐应秋：《玉芝堂谈荟》卷二，文渊阁《四库全书》，第 51 页。

兹据《文苑英华》卷四六录李远《题桥赋》于下：
李远《题桥赋》，以“望在云霄，居然有异”为韵：

昔蜀郡之司马相如，指长安兮，将离所居。意气而登桥有感，沉吟而命笔爰书。倪并迁莺，将欲夸其名姓；非乘驷马，誓不还于里闾。

原夫别骑留连，乡心顾望。铜梁杳杳以横翠，锦水翩翩而逆浪。徘徊浮柱之侧，睥睨长虹之上。神偃下笔，俄闻风雨之声；影落中流，已动龙蛇之壮。

观者纷纷，嗟其不群。染翰而含情自负，挥毫而纵意成文。渥泽向（疑作尚）遥，滴沥空瞻于垂露；翻飞未及，离披且睹其崩云。

意以立誓无疑，传芳不朽。人才既许其独出，富贵应知其自有。潜生肸蠁之心，暗契纵横之手。

于是名垂要路，价重仙桥。离离迥出，一一高标。参差鸟迹之文，旁临（一作邻）彩槛；踊跃鹏抟之势，下视丹霄。

既而玉垒经过，金门宠异。方陪侍从之列，忽奉西南之使。乘轺电逝于遐方，建节风生于旧地。结构如故，高低可记。追寻往迹，先知今日之荣；拂拭轻尘，宛是昔时之字。

想夫危梁藓剥，渍墨虫穿。长含气象，久滞风烟。几遭凡目之见嗤，徒云率尔；终俟瑰姿之后至，觉始昭然。

所谓题记数行，寂寥千载。何搦管而无感，如合符而中在。警后进而慕前贤，亦丁宁而有待。①

此赋未依原官韵次第，改以“居望云有霄异然在”为序，平仄相间而行。首段中“驷马”指显贵者所乘的驾四匹马的高车，表示地位显赫。许浑《将赴京师留题孙处士山居》诗之一：“应学相如志，终须驷马回。”②李调元《雨村赋话》卷四：“唐人有言曰：‘许浑诗李远赋，不如不做。’丁卯固未尝以八韵擅名，且有揶揄之以为口实者。然求古篇什雄视晚唐，而此君律赋亦精妙无匹。如《题桥赋》云：‘神偃下笔，俄闻风雨之声；影落中流，已动龙蛇之状。皆能于虚处传神。一时爱憎之口，固不足以为定评。亦可见唐人诵法高雅，今之所谓工丽绵密者，在当日则卑之无甚高论者。’”③此赋以司马相如题桥事迹为本事，精妙地传达出“警后进而慕前贤”的名胜意义。司马相如与李远先后辉映，作为蜀人出外打拼成就事业的典型，他们的个性和行为，他们为人生理想奋斗的精神，给后人留下了深刻的启示。

---

① 李昉等：《文苑英华》卷四六，文渊阁《四库全书》，第10~11页。
② 许浑：《丁卯诗集》卷下，文渊阁《四库全书》，第27页。
③ 詹杭伦等校证：《雨村赋话校证》，新文丰出版公司1993年版，第62~63页。

五、大和六年(832)进士试《君子之听音赋》

徐松《登科记考》卷二一大和六年“进士二十五人”注：“《文苑英华辨证》引《登科记》：大和六年试《君子之听音赋》，以‘审音合志铿锵’为韵。”①伦按：《文苑英华辨证》卷一《用韵二》：“洪氏又云自大和后始以八韵为常。按《登科记》大和六年试《君子之听音赋》，以‘审音合志铿锵’为韵，犹是六韵；开成三年试《霓裳羽衣曲赋》，任用韵，《文苑》所载三首，第一篇六韵，第二第三篇皆七韵。今云大和后八韵为常，未必然也。”②《君子之听音赋》未见传本。

六、大和八年(834)进士停试诗赋

司马光《资治通鉴》卷二四四记载，唐文宗大和七年(833)七月，“上患近世文士不通经术，李德裕(时任中书侍郎，同中书门下平章事)请依杨绾议(即前引《条奏贡举疏》)，进士试论议，不试诗赋。”③唐文宗于大和七年八月颁布《册皇太子德音》诏书，其中谈道：“进士之科，尤要厘革。虽乡举里选，不可复行，然务实抑华，必有良术。”于是下令：“其进士学，宜先试帖经，并略问大义，取经义精通者，次试议、论各一首，文理高者，便与及第，其所试诗赋并停。”④大和八年(834)甲寅正月，礼部侍郎李汉呈上奏章：“准太和七年八月敕，贡举人不要试诗赋策，且先帖大经小经共二十帖，次对正义十道，次试议、论各一首讫，考核，放及第。”⑤

上述停试诗赋措施施行仅一年，大和八年(834)十月，礼部即呈上奏疏：“进士举人，自国初以来试诗赋，帖经，时务策五道。中间或暂改更，旋即仍旧。盖以成法可守，所取得人故也。去年八月节文，先试帖经口义论议等。以臣商量，取其折衷，伏请先试帖经，通数依新格处分，时务策五道，其中三道问经义，两道时务，其余并请准太和六年以前格处分。”文宗不得已，敕旨：“依奏。”⑥司马光《资治通鉴》记载：“[大和八年(834)十月]庚寅，以李宗闵为中书侍郎同平章事，甲午，以中书侍郎同平章事李德裕同平章事，充山南西道节度使。”礼部贡院正是在这种“牛李党争”背景下，上奏进士恢复考试诗赋：“(十月)乙巳，贡院奏进士复试诗赋，从之。”⑦贡院的理由是“成法可守，所取得人”，所以文宗也只得应允。文宗开成元年(836)二月癸未，宰臣奏事于紫宸殿，帝曰：“从来文格非佳，昨试进士题目是朕自出，所见诗赋似胜去年。”宰臣李

---

① 徐松：《登科记考》，中华书局1984年版，第755页。
② 彭叔夏：《文苑英华辨证》卷一，文渊阁《四库全书》，第8页。
③ 司马光：《资治通鉴》卷二四四，文渊阁《四库全书》，第27页。
④ 宋敏求：《唐大诏令集》卷二九，文渊阁《四库全书》，第14页。
⑤ 王钦若等：《册府元龟》卷六四一，文渊阁《四库全书》，第4页。
⑥ 王钦若等：《册府元龟》卷六四一，文渊阁《四库全书》，第5页。
⑦ 司马光：《资治通鉴》卷二四五，文渊阁《四库全书》，第4页。

石曰："陛下改诗赋格调，以正颓俗。高锴亦能厉精取士，仰副圣旨。"①徐松据以认为："开成元年文宗谓宰臣所见诗赋似胜去年，是大和九年仍用诗赋也，则停试诗赋，惟大和甲寅(八年)一年耳。"②

李调元《雨村赋话》云："唐初进士试于考功，尤重帖经试策，亦有易以箴论表赞而不试诗赋之时，专攻律赋者尚少。大历、贞元之际，风气渐开，至大和八年，杂文专用诗赋，而专门名家之学，樊然竞出矣。"③学术界对这段话所指常有误解，以为是说大和八年之后，杂文考试才专用诗赋；其实这段话的意思是说，从大历、贞元以后直到大和八年，杂文试皆专用诗赋，专攻律赋者逐渐形成专门名家之学，而不是说大和八年以后，杂文试才专用诗赋。其之所以提出"大和八年"，所指正是此年停试诗赋之事。

---

① 王钦若等：《册府元龟》卷四〇，文渊阁《四库全书》，第41页。

② 徐松：《登科记考》，中华书局1984年版，第757页。

③ 詹杭伦等校证：《雨村赋话校证》卷一，新文丰出版公司1993年版，第3页。

第十章　晚唐科举与试赋

第一节　开成年间试赋考察

一、※开成元年(836)进士试《曲水杯赋》

徐松《登科记考》卷二一“进士四十人”下未载诗赋题目。据《册府元龟》记载，文宗开成元年(836)二月癸未，宰臣奏事于紫宸殿，帝曰：“从来文格非佳，昨试进士题目是朕自出，所见诗赋似胜去年。”宰臣李石曰：“陛下改诗赋格调，以正颓俗。高锴亦能厉精取士，仰副圣旨。”①本年知贡举为中书舍人高锴，《旧唐书·高锴传》：“(大和)七年迁中书舍人，九年十月以本官权知礼部贡举。开成元年春试毕，进呈及第人名。文宗谓侍臣曰：‘从前文格非佳，昨出进士题目，是朕出之，所试似胜去年。’郑覃曰：‘陛下改诗赋格调，以正颓俗。然高锴亦能励精选士，仰副圣旨。’”②徐松据以认为：“开成元年文宗谓宰臣所见诗赋似胜去年，是大和九年仍用诗赋也，则停试诗赋，惟大和甲寅(八年)一年耳。”③

本年进士有陆瑰，徐松《登科记考》据《永乐大典》引《苏州府志》载其开成元年登第。《全唐文》载陆瑰赋四篇：《曲水杯赋》、《沧浪濯缨赋》、《垓下楚歌赋》、《冰赋》。这些赋皆出自《文苑英华》，若按照《全唐文》收赋的惯例，只要《文苑英华》中前一篇赋作有主名，后面紧跟的无名氏赋作皆可归于该作者名下，则《水始冰赋》也可归为陆瑰之作。这些赋作中，以《曲水杯赋》甚合进士赋体，为观当时赋格，可暂定此赋为本年进士赋题，以俟进一步考订。兹据《文苑英华》录此赋于下：

陆瑰《曲水杯赋》，以“曲水同醉，乐如之何”为韵：

丽景云暮，欢情奈何。水散循环之势，杯浮一勺之多。樽俎必呈，反本源于抔

① 王钦若等：《册府元龟》卷四〇，文渊阁《四库全书》，第41页。
② 刘昫：《旧唐书》卷一六八，文渊阁《四库全书》，第14页。
③ 徐松：《登科记考》，中华书局1984年版，第757页。

饮；歌钟合奏，起觞饮于流波。

尔其洋溢折旋，从容娱乐。观滴沥以缭绕，将灌注而酬酢。袒裘解带，笑沉醉以山颓；永日暄风，期竭欢于水涸。

狎玩未已，回环不穷。方醴泉之自异，念酒池而莫同。满座酡颜，尽染桃花之水；缘堤芳草，尚遗蒲杓之风。

是以布令如流，娱情忽起。已控清流而引满，遂用销忧而饰喜。且异载沉而载浮，宁同以水而济水。情符泛爱，误比投醪之时；曲辨灵长，足见滥觞之始。

尔乃负舟无力，载酒何如。波卷每观其泛蚁，钩深自致乎无鱼。成礼交欢，宁酒流而生祸；效奇行怪，岂杯度以凭虚。

所以上下随波，方圆在器。念缩茅而自别，比浮芥而亦异。献寿终叹于流川，如渑倍符于此地。已倾壶而扬觯，默尔无喧；方枕曲而藉糟，块然复醉。

想夫饮流毕会，倒载为期。乘波而潏潏回疾，入曲而悠悠转迟。投辖留宾，自有清澄之色；污樽就饮，翻疑朴略之时。分巡而小大殊矣，绕座而左右流之。

时也酒且以阑，景云暮促。惬兰亭之嘉会，散阳春之丽曲。终已时移，但山高而水绿。

此赋写“曲水流觞”的文士习俗。王羲之《兰亭集序》：“又有清流激湍，映带左右，引以为流觞曲水。”①李调元《雨村赋话》评云：“唐陆环《曲水杯赋》云：‘宁酒流而生祸……岂杯渡以凭虚。’点缀依媚，而高雅之致尚存，正喜其略带一分朴质。”②此赋押韵未依官韵次第，改以“何乐同水如醉之曲”为序，平仄相间而行。

二、开成二年(837)进士试《琴瑟合奏赋》

徐松《登科记考》卷二一开成二年“进士四十人”注：“试《琴瑟合奏赋》、《霓裳羽衣曲诗》。”③范摅《云溪友议》卷上《古制兴》条：“文宗元年秋，诏礼部高侍郎锴复司贡籍，曰：‘夫宗子维城，本枝百代，封爵便宜，无令废绝。常年宗正寺解送人，恐有浮薄以忝科名，在卿精拣艺能，勿妨贤路。其所试赋，则准常规；诗则依齐梁体格。’乃试《琴瑟合奏赋》、《霓裳羽衣曲诗》。”④高彦休《唐阙史》卷下：“开成初，文宗皇帝躭玩经典，好古博雅，尝欲黜郑卫之乐，复正始之音。有太常寺乐官尉迟璋者，善习古乐，为法曲，箫磬琴瑟，戛击铿锵，咸得其妙，遂成《霓裳羽衣曲》以献。诏中书门下及诸司三品已上，具常朝服班坐，以听自全奏，相顾曰：‘不知天上也，瀛洲也。’因以曲名宣赐贡院，充试进士赋题。”⑤《唐诗纪事》卷五二《李肱》条：“高锴奏曰：臣锴昨日

① 房玄龄：《晋书》卷八〇，文渊阁《四库全书》，第8页。

② 詹杭伦等校证：《雨村赋话校证》，新文丰出版公司1993年版，第45~46页。

③ 徐松：《登科记考》，中华书局1984年版，第771页。

④ 范摅：《云溪友议》卷上，文渊阁《四库全书》，第19页。

⑤ 高彦休：《唐阙史》卷下，明万历十六年谈长公钞本，第17页。

奉宣进旨，令将进士所试诗赋进来者。伏以陛下聪明文思，天纵圣德，今年诗赋题目出自宸衷，体格雅丽，意思遐远。诸生捧读相贺，自古未有。倍用研精覃思，磨砺缉谐。其今年试诗赋，比于去年，又胜数等。臣日夜考校，敢不推公。就中进士李肱《霓裳羽衣曲诗》一首最为迴出，更无其比，词韵既好，去就又全。臣前后吟咏近三五十遍，虽使何逊复生，亦不能过，兼是宗枝，臣与状头第一人，以奖其能。次张堂诗一首，亦绝好，亚次李肱，臣与第二人。其次沈黄中《琴瑟合奏赋》，又似《文选》中《雪》、《月赋》体格，臣与第三人。其次王收赋，自立意绪，言语不凡，臣与第四人。其次柳棠诗赋，兴思敏速，日中便成，臣与第五人。凡此五卷诗赋，擢其中科，实所不愧。其余三十五人，或奖旧文别录，人材非止一途，四面搜择，臣并与及第。李肱旧文亦好，人物绝奇，每事且他日必为卿相，宗枝之俊，实谓难得。况属籍之中，读书为文者甚少，伏望圣恩，俯留宸览。李肱等五人诗赋，若有不堪，敢受欺天之罪；如或可采，伺候圣心，其李肱诗赋，伏望陛下圣慈，特赐降奖饰，宣示百寮，以劝皇族修饰之道。臣谬忝主司，不胜悽悽之诚。其诗赋总为一卷，谨随状奉进以闻。"①

《文苑英华》卷一八四仅载李肱《霓裳羽衣曲诗》一首，《琴瑟合奏赋》未见传世。

三、开成三年(838)进士试《霓裳羽衣曲赋》

徐松《登科记考》卷二一开成三年"进士四十人"注："《文苑英华辨证》引《登科记》：'开成三年，试《霓裳羽衣曲赋》，任用韵。'《卢氏杂说》：'是年试《太学创制石经诗》。'"②《文苑英华辨证》卷一《用韵二》："洪氏又云自大和后始以八韵为常。按《登科记》大和六年试《君子之听音赋》，以'审音合志铿锵'为韵，犹是六韵；开成三年试《霓裳羽衣曲赋》，任用韵，《文苑》所载三首，第一篇六韵，第二第三篇皆七韵。今云大和后八韵为常，未必然也。"③王定保《唐摭言》卷一五"杂记"条："开成二年高侍郎锴主文，恩赐诗题曰《霓裳羽衣曲》。三年，复前诗题为赋题，《太学石经诗》，并辞入贡院日面赐。"④

《文苑英华》卷七四载沈朗、阙名、陈嘏三人《霓裳羽衣曲赋》，录沈、陈二作于下：

沈朗《霓裳羽衣曲赋》，任用韵：

> 儒有悦声教以自勖，睹至乐于实录。如玄宗之圣代，制霓裳之丽曲。岂惟象德以饰喜，将以变风而易俗。
>
> 原夫鼎湖道洽，熏弦思深。恶繁声以惑志，思雅乐以理心。调乎琴瑟之间，无非故曲；奏自云韶之下，尽是凡音。乃制神仙之妙响，是知郑卫之难侵。与钧天之

---

① 王仲镛校笺：《唐诗纪事校笺》卷五二，巴蜀书社1989年版，第1409页。

② 徐松：《登科记考》，中华书局1984年版，第777页。

③ 彭叔夏：《文苑英华辨证》卷一，文渊阁《四库全书》，第8页。

④ 王定保：《唐摭言》，中华书局1985年版，第133页。

潜契，冀瑶池之可寻。

时也廷臣并观，乐器斯设。弦匏由是而居次，箫管因之而在列。假宫商之具举，成曲度之妙绝。变虚徐之歌态，始讶遏云；振飘飒之舞容，忽惊回雪。既应弦而合雅，亦投袂而赴节。

已而乐自宸虑，备于太常。首琼殿之法曲，改梨园之乐章。配八佾以称美，旌九功而无荒。尽文物之全盛，致众庶之欢康。

是知和平有因，雅正无比。既容与而在目，复周旋而盈耳。融融然节奏合度，傞傞然周旋有旨。逸调奏兮既彻，嘉名播兮未已。

今皇帝奕叶继代，明德是资。开元之圣运复启，羽衣之余响宁遗。观两阶之舞干，既柔殊俗；睹二清之仙乐，复播明时。下臣就列以贡赋，喜闻韶而在兹。①

作者沈朗，《文苑英华》作“沈郎”，据《全唐文》改。此赋虽题下注明“任用韵”，但检查各段押韵字，可列出六个韵字“曲音绝章比资”，知其仍然坚持了元和以来试赋平仄相间的押韵原则。

《霓裳羽衣曲》是唐玄宗依据西凉乐曲改作的。《太平广记》卷二六“叶法善”条：“尝因八月望夜，师与玄宗游月宫，聆月中天乐，问其曲，名曰：‘紫云曲。’玄宗素晓音律，默记其声，归传其音，名之曰‘霓裳羽衣’。自月宫还，过潞州城上，俯视城郭，悄然而月光如昼。师因请玄宗以玉笛奏曲，时玉笛在寝殿中，师命人取，顷之而至，奏曲既，投金钱于城中而还。旬日潞州奏，八月望，夜有天乐临城，兼获金钱以进。”②《新唐书·礼乐志》记载：“其后，河西节度使杨敬忠献《霓裳羽衣曲》十二遍。”③王灼《碧鸡漫志》卷三：“《霓裳羽衣曲》，说者多异，予断之曰：西凉创作，明皇润色，又为易美名，其他饰以神怪者，皆不足信也。”④《册府元龟》卷五六九《掌礼部》：“开成元年七月，教坊进霓裳羽衣舞女十五已下者三百人。帝绝畋游驰骋之事，思玉帛钟鼓之本。语及音律，每谓丝竹自有正声，人但趣于郑卫，乃造云韶等法曲，遇内宴奏之。顾大臣曰：笙磬同音，沉吟耽味，不图为乐之至于斯。十月，太常教成云韶乐。”⑤

陈嘏《霓裳羽衣曲赋》，任用韵：

我玄宗心崇至道，化叶无为。制神仙之妙曲，作歌舞之新规。被以衣裳，尽法上清之物；序其行缀，乃从中禁而施。

原夫采金石之清音，象蓬壶之胜概。俾乐工以交泰，俨彩童而相对。漓洒合节，初闻六律之和；摇曳动容，宛似群仙之态。

---

① 李昉等：《文苑英华》卷七四，文渊阁《四库全书》，第4~5页。

② 李昉等：《太平广记》卷二六，文渊阁《四库全书》，第5页。

③ 欧阳修等：《新唐书》卷二二，文渊阁《四库全书》，第4页。

④ 王灼：《碧鸡漫志》卷三，清《知不足斋丛书》本，第1页。

⑤ 王钦若等：《册府元龟》卷五六九，文渊阁《四库全书》，第37页。

尔其绛节回互，霞袂飘扬。或眄盼以不动，或轻盈而欲翔。八风韵肃，清音思长。引洞云于丹墀之下，飒天风于紫殿之旁。

懿乎乐洽人和，曲含仙意。杂弦管之繁节，淡君臣之玄思。清凄满听，无非冲漠之音；飒沓盈庭，尽是云霄之事。

吾君所以凝清虑，慕玄风。无更旧曲，用纂成功。既心将道合，乃乐与仙同。悦康平于有截，延圣寿于无穷。

美矣哉，调则冲虚，音惟雅正。于以臻逍遥之境，于以畅恬和之性。遂使俗以廉平，人无纷竞。见天地之欣合，致朝廷之清净。

小臣抃而歌曰：圣功成兮至乐修，大道叶兮皇风流。愿揣侔于竹帛，赞玄化于鸿休。①

此赋题下虽注明"任用韵"，但检查各段押韵字，可列出七个韵字"为态长思风正流"，"思"字用作仄声，知作者坚持了平仄相间的押韵规范。

四、※开成五年(840)进士试《春雨如膏》诗

徐松《登科记考》卷二二开成五年未载诗赋试题。辛文房《唐才子传》卷七："喻凫，毗陵人，开成五年李从实榜进士，仕为乌程县令。有诗名，晚岁变雅，凫亦风靡，专工小巧，高古之气扫地，所畏者，务陈言之是去耳。后来才子皆称喻先辈，向慕之情足见也。"②伦按：《文苑英华》卷一八二省试三载喻凫《春雨如膏》诗，当是本年诗题。

清代曾用此诗题考察翰林和詹事。法式善《槐厅载笔》(清嘉庆刻本)卷九引《翰詹源流编年》："嘉庆三年戊午春二月，御试翰詹于正大光明殿。擢陈琪等官，余降调休致有差。试题《拟徐阶〈井鲋赋〉》，以题为韵；《春雨如膏》诗，得讹字，五言八韵；《征邪教疏》。一等二人：编修陈琪，升侍读；修撰潘世恩，升侍讲。"③

第二节　会昌年间试赋考察

一、※会昌元年(841)进士试《凿混沌赋》

徐松《登科记考》卷二二会昌元年进士科未载诗赋题，孟二冬也未予补充。伦按：本年进士有薛逢。薛逢《上白相公启》自称："山妻敛袂而前曰：尔以词赋掇高科，以诗篇达天听，以政事取章绶，以孤直沉下僚。"④钱易《南部新书》卷三："薛逢命一真士貌真，自为赞曰：'壮哉薛逢，长七尺五寸。'于是笔终，未能续。一旦，忽有羽衣诣门，

---

① 李昉等：《文苑英华》卷七四，文渊阁《四库全书》，第6~7页。

② 傅璇琮等校笺：《唐才子传校笺》卷七，第三册，中华书局1990年版，第282~285页。

③ 法式善：《槐厅载笔》卷九，清嘉庆刻本。

④ 李昉等：《文苑英华》卷六六二，文渊阁《四库全书》，第2页。

延之与语，忽于东壁见真，读赞，乃命笔续之曰：‘手把金锤，凿开混沌。’长揖而退，出门不知所去(逢，《凿混沌赋》驰名)。”①这是唐人笔记常常记载的人生命运前定的故事，《凿混沌赋》应当就是薛逢成名的省试赋，《文苑英华》卷一二五载薛逢《凿混沌赋》，但赋仅一篇，录此备考。

薛逢《凿混沌赋》，以“清浊忽分，物来伤已”为韵：

有物混成，先天地生。言乎地兮不浊，谓乎天兮不清。物我俱亡，莫究希夷之际；玄黄未判，因标混沌之名。

有南海之帝曰倏，北海之帝曰忽。胥遇于兹，一言相发。伊人以视听食息滋养，观尔则耳目口鼻俱阙。将欲擿尔听以置音声，抉尔明以分日月。疏尔准而通气，翕尔喙而容龁。

厥议既臧，厥臂用攘。揕颡舂脰，真随手伤。一之二之日，视之茫茫；三之四之日，听之锵锵；六日而穷鼻齁息，七日而巨口箕张。

於戏，奸伪兹始，回邪作矣。中明役神，外物攻己。一彼一此，无终无已。痛乎道德丧而仁义生，亦由形兆分混沌死。

嗜欲悲哀，声牵响来。蘧然寤觉，划尔形开。日月星辰，强配阴阳之数；轮辕榱桷，争标曲直之材。

徒观夫执仁斤，横义斫。剖圭角，析清浊。投伊砺乃之器，入彼敦弓之朴。势腾凌，声瀺灂。静者地而动者天，融为河而结为岳。

则知朴能成器，器成朴分。木能生火，火盛木焚。盖所为聪明著而胜负交战，智勇昭而是非纠纷。

夫如是，又安得二气凝而不流，万有来而不拂。吾欲寂唱和于声响，缦文章于黼黻。然后弃尔见而阻尔闻，复归于无物。②

赋题出自《庄子·应帝王》：“南海之帝为倏，北海之帝为忽，中央之帝为浑沌。倏与忽时相与遇于浑沌之地，浑沌待之甚善。倏与忽谋报浑沌之德，曰：人皆有七窍，以视听食息，此独无有，尝试凿之。日凿一窍，七日而浑沌死。”此赋押韵未依原限韵次第，实际以“清忽伤已来浊分物”为韵。

二、※会昌三年(843)进士试《如石投水赋》

徐松《登科记考》卷二二会昌三年进士未载诗赋题，孟二冬也未予补充。伦按：本年进士状元为卢肇，肇有《文标集》，集中有古体大赋《海潮赋》，是其行卷之作。《文苑英华》卷一八三“省试四”载卢肇等《风不鸣条诗》，为本年进士诗题；《文苑英华》载卢肇、白敏中同题同韵《如石投水赋》，应是本年进士赋题。然白敏中(792—863)为白居

① 钱易：《南部新书》卷三，文渊阁《四库全书》，第9~10页。

② 李昉等：《文苑英华》卷一二五，文渊阁《四库全书》，第10~11页。

易从弟，长庆二年(822)进士，何以有此赋题，待考。《北梦琐言》载："唐相国李太尉德裕抑退浮薄，奖拔孤寒，于时朝贵朋党，掌武破之，由是结怨而绝于附会，门无宾客。唯进士卢肇，宜春人，有奇才，每谒见，许脱衫从容。旧例：礼部放榜，先禀朝廷，恐有亲属言荐。会昌三年，王相国起知举，先白掌武，乃曰：'某不荐人，然奉贺今年榜中得一状元也。'起未喻其旨，复遣亲吏于相门侦问，吏曰：'相公于举子中独有卢肇，久接从容。'起曰：'果在此也。'其年卢肇为状头及第。时论曰：'卢虽受知于掌武，无妨主司之公道也。'"①据《文苑英华》卷三二录此赋于下：

卢肇《如石投水赋》，以"圣奖忠直，从谏如流"为韵：

石比臣心，水犹君德。诚见投而不阻，如从谏而无极。盖所以作仁圣，思正直。清逾万顷，能容落落之姿；操或一拳，以透沉沉之色。

惟我圣后，启乎宸聪。每以淡然之德，能取会尔之功。言乎水也，逾汉祖之虚受；称乎石也，遇留侯之尽忠。

是以王事竭诚，群臣报政。具怀凿凿之美，允纳洋洋之圣。君心润下，已覃滂沛之恩；臣志补天，愿表坚贞之性。故得朝廷肃穆，上下交庆。小伊傅以输忠，配唐虞而比盛者也。

当其欲进嘉谋，心怀隐忧。思衮职而有补，随谏鼓以来投。于是咸趋丹陛，若蹈洪流。且推诚而上达，亦虚心而下求。

既乃契皇情，承天奖。介然允臻乎浃洽，涣若尽纳其忠谠。一言初进，开龙颜而似激圆波；万国皆闻，入宸心而若流清响。

乃知窥日月之光，有亏必谏；震雷霆之怒，有谏必从。虽磊落以难进，乃广大而见容。既无悔以无尤，子产徒言于狎水；那将恐而将惧，韩非奚患于婴龙。

且夫琼瑶为报而匪珍，夜光处暗而多患。未若我喻水于盛德，比投于纳谏。允当上善之求，勿谓下流之讪。

遂用握金镜，临玉除。忠言得进以无隐，圣虑每征于往初。如是则祥符出，惠泽舒。将无事而无谏，见寰瀛之晏如。

"如石投水"是比喻君臣契合、互相投合的典故。《文选》卷五三载李康《运命论》："张良受黄石之符，诵《三略》之说，以游于群雄。其言也，如以水投石，莫之受也；及其遭汉祖，其言也，如以石投水，莫之逆也。"

首段以"石比臣心，水犹君德"八字破题，干净利落。次段原题，点出张良遭际汉高祖的故事。第三、四、五段讲述臣如石而尽忠，王若水而虚受的道理。第六、七、八段则展开议论，以为臣能进谏，王能采纳，则政通人和，环海晏如。此赋押韵未依限韵次序，改以"直忠圣流，奖从谏如"为韵，平仄相间而行，符合中唐元和以来试赋的

① 孙光宪：《北梦琐言》卷三，文渊阁《四库全书》，第1页。

惯例。

第三节　大中年间试赋考察

一、大中元年(847)进士试赋故事

《旧唐书》卷一八下《宣宗本纪》第十八下："二月丁酉，礼部侍郎魏扶奏：'臣今年所放进士三十三人，其封彦卿、崔琢、郑延休等三人，实有词艺，为时所称。皆以父兄见居重位，不得令中选。'诏令翰林学士承旨户部侍郎韦琮重考覆，敕曰：'彦卿等所试文字，并合度程，可放及第。有司考试，祇在至公。如涉请托，自有朝典。今后但依常例放榜，不得别有奏闻。'帝雅好儒士，留心贡举。有时微行人间，采听舆论，以观选士之得失。每山池曲宴学士，诗什属和。公卿出镇，亦赋诗饯行。凡对臣僚，肃然拱揖，鲜有轻易之言。大臣或献章疏，即烧香盥手而览之。当时以大中之政有贞观之风焉。"①

《册府元龟》卷六四一记载："宣宗大中元年正月，礼部侍郎魏扶放及第二十三人，续奏：'堪放及第三人：封彦卿、崔琢、郑延休等，皆以文艺为众所知。其父皆在重任，不敢选取，其所试诗赋并封进，奏进止。'令翰林学士户部侍郎知制诰韦琮等考，尽合程度。其月二十五日，奉进止：'并赴所司放及第。有司考试，只合在公。如涉徇私，自有刑典。从今以后，但依常例取舍，不得别有奏闻。'"②

《唐会要》卷七六："大中元年正月，礼部侍郎魏扶放及第二十三人，续奏堪放及第三人：封彦卿、崔琢、郑延休等，皆以文艺为众所知，其父皆在重任，不敢选取，其所试诗赋封进，奏进止。令翰林学士户部侍郎知制诰韦琮等考，尽合程度。其月二十五日，奉进止：并付所司放及第，有司考试，祇合在公，如涉徇私，自有典刑，从今已后，但依常例取舍，不得别有奏闻。"③

《旧唐书》卷一八上《宣宗本纪》第十八上："左仆射王起频年知贡举，每贡院考试讫，上榜后更呈宰相取可否，后人数不多。宰相延英论言：'主司试艺，不合取宰相与夺。比来贡举艰难，放人绝少，恐非弘访之道。'帝曰：'贡院不会我意，不放子弟即太过。无论子弟、寒门，但取实艺耳。'李德裕对曰：'郑肃、封敖有好子弟，不敢应举。'帝曰：'我比闻杨虞卿兄弟朋比贵势，妨平人道路。昨杨知至、郑朴之徒，并令落下，抑其太甚耳。'德裕曰：'臣无名第，不合言进士之非。然臣祖天宝末以仕进无他伎，勉强随计，一举登第。自后不于私家置《文选》，盖恶其祖尚浮华，不根艺实。然朝廷显官，须是公卿子弟。何者？自小便习举业，自熟朝廷间事，台阁仪范，班行准则，不教

---

① 刘昫：《旧唐书》卷一八下，文渊阁《四库全书》，第6~7页。

② 王钦若等：《册府元龟》卷六四一，文渊阁《四库全书》，第8~9页。

③ 王溥：《唐会要》卷七六，文渊阁《四库全书》，第7~8页。

而自成。寒士纵有出人之才，登第之后，始得一班一级，固不能熟习也。则子弟成名，不可轻矣。'"①

叶适《习学记言》："武宗论王起不放子弟事。自古有国，私其所近，未有不用卿相子弟者。虽尧舜三代以道起天下之材，然而草野寒门终得其志者，鲜矣。及汉武尽破前世之法，而三百年间遂化布褐为公侯。魏晋南北，又不然矣。及词艺既胜，习俗已成，则自隋唐至今，无不由闾巷单寒出者，盖其势所偏积而然，非中道也然。而缘是能使人主求士，常以寒畯为主，无圣人之道而合圣人之心，其于致治之源亦非小故尔。而李德裕乃言：'朝廷显官须是公卿子弟，台阁仪范，班行准则，不教自成。寒士纵有出人之材，登第之后，始得一班一级，固不能熟习。'然则皋陶九德，成汤克知，三有宅心灼见三有俊心，皆可废也。德裕区区以干力负天下重任，其议论密勿之际，童骙鄙暴如此。欲为名宰相，难哉!"②

二、大中二年(848)知贡举首访能赋人

《旧唐书》卷一六八《封敖传》："宣宗即位，迁礼部侍郎。大中二年，典贡部，多擢文士。"③王谠《唐语林》卷三《方正》："封侍郎知举，首访能赋人。卢骈诣罗邵舆云：'主司爱赋十九官。'罗曰：'主司安邑住，邵舆居宣平，彼处爱赋，无由得知。'"④伦按：封敖乃元和十年(815)进士，其年以《乡老献农书赋》登第。

三、大中三年(849)进士试《尧仁如天赋》

徐松《登科记考》卷二二"进士三十人"注："试《尧仁如天赋》，见《唐语林》。"⑤检《唐语林》卷七《补遗》："大中三年，李褒侍郎知举，试《尧仁如天赋》。宿州李使君弟渎不识题，讯同铺，或曰：'止于"尧之如天"耳!'渎不悟，乃为句曰：'云攒八彩之眉，电闪重瞳之目。'赋成将写，以字数不足，忧甚。同辈给之曰：'但一联下添一"者也"，当足矣。'褒览之大笑。"⑥伦按：唐人此试赋未见传世，南宋则有试官复出此题。周密《癸辛杂识后集》卷三"私取林竹溪"条记载："林竹溪希逸字肃翁，又号鬳斋，福清人。乙未，吴榜由上庠登第，凡三试，皆第四。是岁真西山知举，莆田王迈实之亦预考校。西山欲出《尧仁如天赋》，立说：尧为五帝之盛，仁为四德之元，天出庶物之首。西山以此题为极大，实之云：'题目自好，但矮些个。'西山默然。林居与王隔一岭，素相厚善，省试前，林衣弊衣邀王车，密扣题意。王告以必用圣人以天下为一家，要以《西铭》主意，自第一韵以后皆与议定，首韵用三极一家。次韵云大圣人之立极，合天下为

① 刘昫：《旧唐书》卷一八下，文渊阁《四库全书》，第26~27页。

② 叶适：《习学记言》卷三八，文渊阁《四库全书》，第18~19页。

③ 刘昫：《旧唐书》卷一六八，文渊阁《四库全书》，第20页。

④ 王谠：《唐语林》卷三，清《惜阴轩丛书》本。

⑤ 徐松：《登科记考》，中华书局1984年版，第812页。

⑥ 王谠：《唐语林》卷七，清《惜阴轩丛书》本。

一家，四韵尧宅禹宫，大铺叙《西铭》。至是西山局于无题可拟，乃谓实之曰：‘日逼，无题奈何?’王以位下辞避，西山再四扣之不已，王久之若不得已，乃以前题进，并题韵之意大略，西山击节。至引试日，题将揭晓，循例班列拈香，众方对越，闻王微祝云：‘某誓举所知，神其鉴之。’是时乡人林彬之元质亦在试中，上请，以乡音酬答，亦授以意，亦预选云。”①

四、Δ大中十一年(857)府试《三箭定天山赋》

王棨以《三箭定天山赋》府试取解。黄璞《王郎中传》：“初就府荐，冯涯为试官，《三箭定天山赋》当意，为涯所知，欲显滞遗，明设科第，以宋言为解头，公为第二。时毅夫中丞尹京兆怒涯不取旨挠，命收榜，扱破名第申省。其年等第虽破，公道益彰。凡曾受品题，数年之间，及第殆尽。前今舆论，莫不美冯公之善得其材，荣公之获任其选。”②

王棨《三箭定天山赋》，以“远仗皇威大降番骑”为韵：

丑虏侵塞，将军耀威。弓一弯而天山未定，箭三发而铁勒知归。骁骑来时，迭利镞以连中；官人祭处，收黄尘而不飞。

始夫寇犯朔方，檄传边壤。高宗乃将钺斯授，仁贵而君恩是仗。初持汉节，鹰扬貔虎之威；爰臂燕狐，肉视豺狼之党。

军压亭障，营临塞垣。九姓犹凭其桀骜，六钧亦昧于戎番。既而胡兵鸟集，贼骑云屯。将军于是勇气潜发，雄心自论。拈白羽以初抽，手中雪耀；攀雕鞍而乍逐，碛里星奔。

由是控彼乌号，伸兹猿臂。军前而弦开边月，空际而髇鸣朔吹。声穿劲甲，俄惊胆于千夫；血染平沙，已僵照于一骑。斯一箭之中也，尚猖狂而背义。

是用再调弓矢，重出麾幢。耀英武于非类，昭雄棱于异邦。赤羽远开，骋神机而未已；胡雏又毙，惊绝艺以无双。斯二箭之中也，犹凭凌而未降。

且曰：志以安边，誓将去害。苟犬羊之众斯舍，则卫霍之功不大。又流镝以虻飞，复应弦而狼狈。斯三箭之中也，遂定七戎之外。

昔在秦汉，尝开土疆。或劳师于征讨，徒耀武以张皇。未若湾狐手妙于主皮，大降虏众；骋伎心同于掩月，遂静沙场。

故得元化覃幽，皇风被远。鸟岭之烽已息，灵台之伯斯偃。然知鲁连虽下于聊城，岂定穷荒之绝巘。③

---

① 周密：《癸辛杂志后集》，文渊阁《四库全书》，第52~53页。

② 黄璞：《王郎中传》卷首，附载《天壤阁丛书》本《麟角集》，光绪十年刻本。

③ 王棨：《麟角集》，文渊阁《四库全书》，第23~24页。

"三箭定天山"是唐太宗时大将薛仁贵的故事，赋中"丑虏侵塞，将军耀威。弓一弯而天山未定，箭三发而铁勒知归。骁骑来时，迭利镞以连中；宫人祭处，收黄尘而不飞"一段，描写十分精彩，与《旧唐书·薛仁贵传》可以比观："时九姓有众十余万，令骁健数十人逆来挑战。仁贵发三矢射杀三人，自余一时下马请降。仁贵恐为后患，并坑杀之。更就碛北安抚余众，擒其伪叶护兄弟三人而还。军中歌曰：'将军三箭定天山，战士长歌入汉关。'九姓自此衰弱，不复更为边患。"①

五、※大中十二年(858)进士试《渔父辞剑赋》

徐松《登科记考》卷二二大中十二年未载进士赋题，孟二冬《登科记考补正》也未予以补充。范摅《云溪友议》记载："宋言端公近十举而名未播，大中十一年将取府解。言本名岳，因昼寝，似有人报云：'宋二郎秀才若头上戴山，无因成名，但去其山，自当通泰。'觉来便思去之，不可名狱，遂去二犬，乃改为言。及就府试，冯涯侍郎作掾而为试官，以解首送言也。时京兆尹张大夫毅夫以冯参军解送举人有私，奏谴澧州司户，再试退解头宋言为第六十五人。知闻来唁，宋曰：'来春之事，甘已参差。'李潘舍人放榜，以言为第四人及第。言感恩最深，而为望外也。乃服冯涯知人，寻亦获雪。"②伦按：宋言为能赋之人，《新唐书·艺文志》载其有《赋集》一卷，《全唐文》据《文苑英华》录其赋三篇：《渔父辞剑赋》、《学鸡鸣度关赋》、《鹤归华表赋》。其中《鹤归华表赋》在《文苑英华》中未署作者，《学鸡鸣度关赋》未署限韵，而《渔父辞剑赋》有可能是其进士登第赋作，但赋作仅一篇，尚待进一步考定。兹据《文苑英华》录其赋文于下：

宋言《渔父辞剑赋》，以"济人之急，取利诚非"为韵：

彼子胥兮亡命江湄，赖渔父兮停桡在兹。既横流而济矣，因解剑以酬之。厚意殷勤，何惜千金之器；高情特达，竟陈三让之辞。

稽其去国无途，迷津独立。前临积水之阻，后有追兵之急。踌躕而鹤发相哀，顾盼而渔舟可入。忧心尽展，凭刳木以何虞；渡口虽遥，挂轻帆而已及。

繇是拂拭青萍，披陈素诚。念险难以知我，顾提携而赐卿。拔三尺之荧荧，波间电落；横七星之凛凛，掌上风生。

叟乃莞尔兴言，揩颐话志。本期浩渺以排难，讵可怆惶而徇利。酬仁报惠，诚多公子之心；害义伤廉，且异老夫之意。

况乎楚令方急，严刑且陈。尽索奔亡之党，先诛隐匿之人。若以爵禄为念，荣华是亲。则械尔躬而赴国，持尔剑以防身。整棹西归，自受执圭之赏；论功北面，宁亡切玉之珍。

盖由恻隐为心，艰危是济。方图散发之乐，岂假吹毛之锐。情高而俗虑难量，

---

① 刘昫：《旧唐书》卷八三，文渊阁《四库全书》，第12页。
② 范摅：《云溪友议》卷下，文渊阁《四库全书》，第3页。

语罢而鸣榔忽逝。连环吐月，空临玉匣之间；一叶乘风，渐入寒烟之际。

岂不以识达精微，言穷是非。弃霜刃以长往，弄云涛而不归。寂寞岩烟，沉东流之渺渺；凄凉浦树，含落日以依依。

异乎义立一朝，名超万古。决云之异状徒逞，蛟日之深诚不取。则知美范蠡而述鲁连，信斯人之可伍。①

此赋以伍子胥感渔父渡其过江之恩，以佩剑相赠，而渔父不受赠的故事敷衍而成，典出《史记·伍子胥传》："伍胥惧，乃与胜俱奔吴到昭关，昭关欲执之，伍胥遂与胜独身步走，几不得脱。追者在后，至江，江上有一渔父乘船，知伍胥之急，乃渡伍胥。伍胥既渡，解其剑曰：'此剑直百金，以与父。'父曰：'楚国之法，得伍胥者赐粟伍万石，爵执珪，岂徒百金剑邪？'不受。"②

赋作实际押韵改易官韵次第，以"之急诚利人济非取"为序，平仄相间而行。作为咏史题材之赋，首段概括史实，次段写伍子胥仓皇之状，第三段写伍子胥赠剑。第四、五段写渔父辞谢。末三段议论渔父的高情雅意，表达愿意与伍子胥、渔父为伍的志愿。

六、大中十二年(858)博学宏词科重用字考落

王溥《唐会要》卷七六："(宣宗)十二年三月，中书舍人李潘知举，放博学宏词科陈琬等三人。及进诗赋论等，召谓潘曰：'所赋诗中，重用字何如？'潘曰：'钱起《湘灵鼓瑟诗》有重用字，乃是庶几。'上曰：'此诗似不及起。'乃落下。"③

范摅《云溪友议》卷中"贤君鉴"条："唐宣宗十二年，前进士陈玩等三人应博学宏词选，所司考定名第。及诗赋论进呈讫，上于延英殿诏中书舍人李潘等对，上曰：'凡考试之中，重用字如何？'中书对曰：'赋忌偏枯丛杂。论忌褒贬是非。诗忌缘题落韵。(只如《白云起封中诗》云："封中白云起"是也。)其间重用文字，乃是庶几，亦非常有例也。'又曰：'孰诗重用字？'对曰：'钱起《湘灵鼓瑟诗》有二不字，诗曰：'善抚云和瑟，常闻帝子灵。冯夷空自舞，楚客不堪听。逸韵谐金石，清音发杳冥。苍梧来怨慕，白芷动芳馨。流水传湘浦，悲风过洞庭。曲终人不见，江上数峰青。'上览钱公此年宏词诗曰：'一种重用文字，此诗似不及起。起则今之协律之字也，合于匏革宫商，即变郑卫文奏。惟谢朓云："洞庭张乐地，潇湘帝子游。云去苍梧野，水还江汉流。"此比《鼓瑟》一篇，摛藻妍华无以加。其前进宏词诗重用字者，登科更待明年考校，起诗便付吏选。'"④

---

① 李昉等：《文苑英华》卷一〇三，文渊阁《四库全书》，第10~11页。
② 司马迁：《史记》卷六六，文渊阁《四库全书》，第3~4页。
③ 王溥：《唐会要》卷七六，文渊阁《四库全书》，第25页。
④ 范摅：《云溪友议》卷中，文渊阁《四库全书》本，第31页。

第四节　咸通年间试赋考察

一、咸通二年(861)进士试《盛德日新赋》

徐松《登科记考》卷二三咸通二年未列试赋题目。本年以中书舍人薛耽权知贡举。《太平广记》卷一八三引《卢氏杂说》云："刘允章题目《天下为家赋》，给事中杜裔体进疏论，事虽不行，时以为当。崔淡《至仁伐不仁赋》，亦颇招时议。薛耽《盛德日新赋》，韵脚云'循乃无已'，刘子震通状请改为'修'字，当时改正。"孟二冬按："唐王棨有《盛德日新赋》(以'修乃无已，尧舜何远'为韵)，见《麟角集》。王棨登咸通三年(862)进士第，此赋为其咸通二年所试，然试而未第。赋题当从《卢氏杂说》，用韵当从《麟角集》。"①兹据《麟角集》录此赋于下：

王棨《盛德日新赋》，以"修乃无已，尧舜何远"为韵：

皇德弥盛，宸心未休。虽昭昭而光启，犹日日以勤修。常怀姑务之情，渐宏帝道；转见增光之美，益阐王猷。

岂非潜契无为，思齐不宰。诚荡荡之可及，故汲汲而罔怠。所以宅八极，家四海。实宪文之道长，信鉴武之功倍。惕如御朽，化行克协于明哉；忧若纳隍，令出必资乎慎乃。

是故将致丕洽，克勤诞敷。亭育旁覃于九有，英明上合于三无。每俨形容，建前王之标表；未尝暑刻，废哲后之规模。

怀德兮如斯，好生兮何已。承昌运兮咸称鼎盛，在圣躬兮宁唯玉比。旋立后图，亟更前轨。盖垂法于列辟，非取规于君子。

由是祚既超汉，仁惟纂尧。式孚已及于千品，克懋匪由乎一朝。振三代之风，咸知允叶；绍百王之业，是谓光昭。

自可国肥，讵徒身润。焦思无惭于夏禹，膻行远符乎虞舜。遂使卿云瑞露，皆感之以呈祥；凿齿雕题，具怀之而纳赆。

况乎混文轨，倒干戈。惟馨之义斯在，既饱之人若何。播以乐章，八音而尽善尽美；导乎邦政，万物而无偏无颇。

大矣哉，垂拱端居，风行草偃。全臻教化之要，渐积邦家之本。臣知合天地而日新又新，岂致君子云远。②

王棨此赋，为表彰君王勤于修身而作。"盛德日新"之说，出自《易经·大畜》彖辞：

① 孟二冬：《登科记考补正》，燕山出版社2003年版，第937页。
② 王棨：《麟角集》，《知不足斋丛书》本，第47~48页。

"大畜刚健，笃实辉光，日新其德，刚上而尚贤，能止健，大正也。不家食，吉，养贤也。利涉大川，应乎天也。"

此赋依照限韵次序押韵，分成八段。作为颂圣题材的作品，其内容要在激励君王师法前王，勤于修身，建立功绩，垂范后昆。

二、咸通三年(862)进士试《倒载干戈赋》

徐松《登科记考》卷二三咸通三年"进士三十人"注："试《倒载干戈赋》，以'圣功克彰，兵器斯戢'为韵，《天骥呈才诗》，见《王郎中传》。"①兹据《麟角集》录黄璞《王郎中传》于下，个别文字据《全唐文》卷八一七校正。

> 王棨，字辅之，福唐人也。咸通三年郑侍郎从谠下进士及第，试《倒载干戈赋》、《天骥呈才诗》。公词赋清婉，托意奇巧，有《江南春赋》，末云："今日并为天下春，无江南兮江北。"又有《诏遣轩辕先生归旧山赋》及《马惜锦障泥赋》，尤美。公风姿雅茂，举措端详，时贤仰风，盛称人瑞。成名归觐，廉使杜公宣猷请署团练巡官，景慕意深，将有瑶席之选；公辞以旧与同年陈郎中翚有要约，就陈氏婚好。时益以诚信奇之。初就府荐，冯涯为试官，《三箭定天山赋》当意，为涯所知，欲显滞遗，明设科第，以宋言为解头，公为第二。时毅夫中丞尹京兆怒涯不取旨挠，命收榜，扱破名第申省。其年等第虽破，公道益彰。凡曾受品题，数年之间，及第殆尽。前今舆论，莫不美冯公之善得其材，荣公之获任其选。从事本府，乞假入关。寻又首捷，《玉不去身赋》、《春水绿波诗》、《古公去邠论》。李公骘，时擅重名，自内翰林出为江西观察使，辟为团练判官。自使下监察赴调，复平判入等，授大理司直。未几，除太常博士。入省，为水部郎中。公初上第，乡人李颜累举进士，郁有声芳，赠公歌诗云："蓬瀛上客颜如玉，手探月窟如夜烛。笑顾嫦娥玉兔言，谓折一枝情未足。"时谓颜状得其美，若有前知。公十九年内三捷，其于盛美，盖七闽未之有也。不幸黄巢窃据京阙，朝士或殍或戮者，不可胜计。公既遇离乱，不知所之。或云归终于乡里焉。②

根据这篇传记，可知王棨生平中多次有试赋之事。其一，大中十一年(858)解试，作《三箭定天山赋》。其二，咸通二年(861)参加进士考试，试《盛德日新赋》，考落。其三，咸通三年(862)试《倒载干戈赋》，进士及第。其四，咸通六年(865)参加博学宏词科考试，试《玉不去身赋》。据《旧唐书》卷一九上《懿宗本纪》："(咸通六年二月)，以吏部尚书崔慎由、吏部侍郎郑从谠、吏部侍郎王铎、兵部员外郎崔谨、张颜远等考宏词选人"。郑从谠为王棨座主，王棨当在此年乞假入关，宏词再捷，试《玉不去

① 徐松：《登科记考》，中华书局1984年版，第840页。

② 黄璞：《王郎中传》卷首，附载《天壤阁丛书》本《麟角集》，光绪十年刻本。

身赋》、《春水绿波诗》、《古公去邠论》。兹据《全唐文》卷七六九录王棨《倒载干戈赋》于下：

王棨《倒载干戈赋》，以“圣功克彰兵器斯戢”为韵：

欲廓文德，先韬武功。倒干戈而是载，铸剑戟以攸同。千里还师，回刃于戎车之上；一朝偃伯，垂仁于王道之中。

皇上以心宅八弦，威加四极。有罪必伐，无征不克。旌旗西向，竟纳欵于中原；鼙鼓东临，咸献俘于上国。(轻隔)

然后轸宸虑，恻皇情。万姓苟宜于子视，三边可俟其尘清。由是罢师旅，休甲兵。千櫓势倾，压双轮而委积；戈铤色寝，满十乘以纵横。

盖以战乃危事，兵惟凶器。欲令永脱于祸机，必使先离乎死地。所以前镈俄睹，回辕继至。虞舜舞而曾用，比此寍同；鲁阳挥以负来，于斯则异。

既不授其豹略，乃长苞于虎皮。谅櫜弓而若此，讵返旆以如斯。征彼礼经，拆轴苟闻于山立；考诸易象，盈车徒见其离为。

岂虑自焚，诚同载戢。五兵从此以皆弭，七德于焉而复立。遂使顽凶之子，无日可寻；更怜忠烈之臣，徒云能执。

故得杀气潜息，嘉猷孔彰。以此怀柔，而何人不至；以此亭育，而何俗不康。罢刃销金，道无惭于齐帝；放牛归马，德宁愧于周王。

大矣哉！因尔仁天，用藏兵柄。得东征西怨之体，见师出凯旋之盛。小臣伏睹乎櫜鞬，敢不歌扬于明圣。①

“倒载干戈”谓胜战之后，将兵甲收藏于武库，偃兵息武。典出《礼记·乐记》：“倒载干戈，包之以虎皮；将帅之士，使为诸侯，名之为建櫜，然后天下知武王之不复用兵也。”郑玄注：“建，读为键，字之误也。兵甲之衣曰櫜。键櫜，言闭藏兵甲也。”孔颖达疏：“名之曰建櫜者，键钥，牝也；櫜，兵铠之櫜也；言铠及兵戈悉櫜韬之置于府库而键闭之，故云名之曰建櫜也。”②王引之《经义述闻·礼记中》云：“建当读为鞬。《方言》曰：‘所以藏弓谓之鞬。’《说文》曰：‘鞬，所以戢弓矢也。’”③此赋末段用“櫜鞬”一词，与王引之阐释相合。

三、咸通四年(863)进士试《谦光赋》

徐松《登科记考》卷二三咸通四年“进士三十五人”注：“《五百家韩注》引任注：‘咸通四年，右常侍萧仿知举，试《谦光赋》、《澄心如水诗》。’”伦按：此为《柳子厚墓志

① 王棨：《麟角集》，文渊阁《四库全书》，第43~44页。

② 郑玄等：《礼记注疏》卷三九，文渊阁《四库全书》，第18页。

③ 王引之：《经义述闻》卷一五，清道光刻本。

铭》注语，见《五百家注昌黎文集》卷三二。

《谦光赋》未见传本，命题之典故出自《易经·谦卦》：“谦，尊而光，卑而不可逾。”孔颖达疏：“尊者有谦而更光明盛大，卑谦而不可逾越。”①谓尊者谦虚而显示其光明美德，卑者谦虚而不逾越其本分。

《文苑英华》卷一九〇载卢肇《江陵府初试澄心如水》诗，卢肇是会昌三年(843)进士，其参加江陵府试当在此前。萧仿将二十年前的府试题目作为进士试题，也可备科场故事。

四、Δ咸通六年(865)宏词试《玉不去身赋》

徐松《登科记考》卷二三咸通六年未载宏词赋题。伦按：王棨于咸通三年(862)中进士，据《唐文粹》载陈黯《送王棨序》云：“今春果擢上第，夏六月告归省于闽，命序送行。”②因知王棨“成名归觐”之时为咸通三年六月。黄璞《王郎中传》记载：“成名归觐，廉使杜公宣猷请署团练巡官，景慕意深，将有瑶席之选；公辞以旧与同年陈郎中翚有要约，就陈氏婚好。”③据《旧唐书》卷一九上《懿宗本纪》：“(咸通六年二月)以吏部尚书崔慎由，吏部侍郎郑从谠，吏部侍郎王铎，兵部员外郎崔瑾、张彦远等考宏词选人。”④郑从谠为王棨中进士座主，王棨当在此年乞假入关，参加博学宏词科考试，寻又首捷。试题三篇，据《王郎中传》记载，为《玉不去身赋》、《春水绿波诗》、《古公去邠论》。

“玉不去身”的典故出自《礼记》卷九《玉藻》：“君子无故，玉不去身。君子于玉比德焉。”赋作今不传。

附记：《文苑英华》卷一八三载朱休《春水绿波》诗，可补朱休咸通六年宏词中科。贾岛有《送朱休归剑南》诗：“剑南归受贺，太学赋声雄。山路长江岸，朝阳十月中。芽新抽雪茗，枝重集猿枫。卓氏琴台废，深芜想径通。”由此诗可知朱休为蜀人，“太学赋声雄”句，指朱休作《驾幸太学赋》，以“人安国泰，大播儒风”为韵，载《文苑英华》卷五十九。

五、咸通七年(866)进士试《被衮以象天赋》

徐松《登科记考》卷二三咸通七年“进士二十五人”注：“是年试《被衮以象天赋》，见《摭言》。”⑤陈尚君《〈登科记考〉正补》云：“本年试《被衮以象天赋》、《新蒲含紫茸诗》，见《韩子年谱》引《讳行录》。”⑥

---

① 李道平：《周易集解纂疏》卷三，清道光刻本。

② 姚铉：《唐文粹》卷九八，《四部丛刊》本。

③ 黄璞：《王郎中传》卷首，附载《天壤阁丛书》本《麟角集》，光绪十年刻本。

④ 刘昫：《旧唐书》卷一九上，文渊阁《四库全书》，第12页。

⑤ 徐松：《登科记考》，中华书局1984年版，第851页。

⑥ 陈尚君：《陈尚君自选集》，广西师范大学出版社2000年版，第250页。

《唐摭言》卷一四："赵隲试《被衮以象天赋》，更放韩衮为状元。或为中贵语之曰：'侍郎既试《王者被衮以象天》，更放韩衮状元，得无意乎？'隲由是求出华州。"①伦按：赵隲命题"被衮以象天赋"，在礼制中存在争议。王应麟《困学纪闻》卷二："《虞书》作服，天子自日月而下十二章，郑康成注：《周礼》谓：'周以日月星辰画于旌旗。'而冕服九章注：《礼记·郊特牲》'祭之日，王被衮以象天，谓有日月星辰之章。此鲁礼也。'二礼之说，自相背驰。鲁秉周礼，周、鲁之礼其有异乎？"②这个礼制上具有争议性质的题目，如果是在议论一类文体中，那完全是正常的，但在赋类文体中却很难处理。所以赵隲试后求出华州，恐怕不仅仅是牵涉放韩衮状元而已。

六、咸通九年(868)进士试《天下为家赋》

徐松《登科记考》卷二三咸通九年"进士三十人"注："是年试《天下为家赋》，见《摭言》。"③伦按：见《唐摭言》卷一三《无名子谤议》："刘允章试《天下为家赋》，为拾遗杜裔休驳奏，允章词穷，乃谓与裔休对。时允章出江夏，裔休寻亦改官。"④又见《太平广记》卷一三八引《卢氏杂说》："刘允章题目《天下为家赋》，给事中杜裔体进疏论，事虽不行，时以为当。"⑤

《天下为家赋》未见流传。赋题出自蔡邕《独断》卷上："天家，百官小吏之所称，天子无外，以天下为家，故称天家。"又云："天子以天下为家，不以京师宫室为常处，则当乘车舆以行天下，故群臣托乘舆以言之，或谓之车驾。"⑥

七、※咸通十二年(871)进士试《明皇再见阿蛮舞赋》

徐松《登科记考》卷二三咸通十二年未载试赋题。辛文房《唐才子传》卷九："公乘亿，字寿山，咸通十二年进士。善作赋，擅名场屋间，时取进者，法之命中。有赋集十二卷，诗集一卷，今传。"⑦李昉《文苑英华》卷二六五载罗隐《寄易定公乘亿侍郎》诗，题下小注云："侍郎有《明皇再见阿蛮舞》及《龙池柳》赋，时称魁绝也。"诗云："谢舞仍宫柳，高奇世少双。侍中生不到，园令死须降。班秩通乌府，尊罍近碧幢。昭王有余烈，试为祷迷邦。"⑧伦按：《唐摭言》卷二《置等第》："乾符四年(877)，崔淯为京兆尹，复置等第。差万年县尉公乘亿为试官。试《火中寒暑退赋》，《残月如新月诗》。李

① 王定保：《唐摭言》，古典文学出版社1957年版，第153页。
② 王应麟：《困学纪闻》卷二，《四部丛刊三编》景元本。
③ 徐松：《登科记考》，中华书局1984年版，第855页。
④ 王定保：《唐摭言》，古典文学出版社1957年版，第153页。
⑤ 李昉等：《太平广记》卷一三八，文渊阁《四库全书》，第3页。
⑥ 蔡邕：《独断》卷上，文渊阁《四库全书》，第3页。
⑦ 傅璇琮等校笺：《唐才子传校笺》卷九，第四册，中华书局1990年版，第31~34页。
⑧ 李昉等：《文苑英华》卷一八三，文渊阁《四库全书》，第3页。

特、韦硎、沈驾、罗隐、刘纂、倪曙、唐骈、周繁、吴廷隐、贾涉(等十人等第)。”①罗隐由公乘亿取解，可见，他所记载公乘亿为“魁绝”是有根据的。所谓“明皇再见阿蛮舞”当是赋名，“龙池柳”当是诗名。晚唐黄滔有《明皇回驾经马嵬赋》，以“程及晓留芳魂顾迹”为韵，说明以明皇为题材在晚唐赋作中是常见之事。李白有《侍从宜春苑，奉诏赋龙池柳色初青，听新莺百啭歌》，钱起《赠阙下裴舍人》有“长乐钟声花外尽，龙池柳色雨中深”之句。《明皇再见阿蛮舞赋》未见流传，观罗隐诗句“谢舞仍宫柳”知其铺叙杨贵妃故事。《太真外传》：“女伶谢阿蛮善舞凌波曲，为贵妃所钟念，尝命侍儿红桃取红粟玉臂支赐之。及妃死后，上皇追悼不已，一日诏令阿蛮舞罢，阿蛮乃进金粟装臂环曰：‘此贵妃所赐。’上持之，凄然垂涕曰：‘此我祖破高丽时所获红玉支也，朕以赐妃子，今睹之，但兴悲念。’”②

八、Δ咸通十三年(872)进士试《禹拜昌言赋》

徐松《登科记考》卷二三咸通十三年未载试赋题。孟二冬《登科记考补正》卷二三咸通十五年(874)将《禹拜昌言赋》定为该年试题。王士祥《唐代试赋研究》认为，《禹拜昌言赋》应为咸通十三年试题。检查其立论依据：黄滔《答陈磻隐论诗书》：“咸通季，初贡于小宗伯，试《禹拜昌言赋》。”③又据《登科记考》卷二四乾宁二年(895)引《黄御史集》后《年考》云：“滔以咸通壬辰登荐，年三十三，又越二十三年，乃登第。”④王士祥据上述两证，考定《禹拜昌言赋》为本年试题。⑤ 确凿可信。但王士祥以为本年赋作不存，则失考。《文苑英华》卷四三载佚名《禹拜昌言赋》，《全唐文》卷七五八将其收入谢观名下，《古今图书集成·明伦汇编·皇极典》卷二六六则将其收入杨乃名下。按：孟二冬《登科记考补正》已据岑仲勉《登科记考订补》定谢观为开成二年(837)进士，自非此赋作者。杨乃生平无考，《古今图书集成》盖涉上首《舜歌南风赋》而将其收入杨乃名下。为稳妥起见，仍宜维持此赋作者佚名。兹据《文苑英华》录赋作于下：

佚名《禹拜昌言赋》，以“圣人之心，闻善必拜”为韵：

大禹君临，勤求意深。苟一言之入耳，必载拜以明心。盖以励华夷，形古今，所以旨酒盈前，莫纵弹丝之响；美词将贡，俄闻撼玉之音。

岂不以询彼刍荛，防乎骄逸。既可大而可久，亦无固而无必。所以嘉谋乍听，当業業以折腰；直语才聆，复虔虔而屈膝。

盖以广乎所见，求其所闻。欲使善恶之源自别，贤愚之路斯分。

况乎传舜之规，受尧之命。得不固社稷根本，察风俗利病。是以臣不能谏君兮

---

① 王定保：《唐摭言》，古典文学出版社1957年版，第14~15页。

② 王初桐：《奁史》卷七〇引，清嘉庆刻本。

③ 董诰等：《全唐文》，中华书局1983年版，第8671页。

④ 徐松：《登科记考》，中华书局1984年版，第908页。

⑤ 王士祥：《唐代试赋研究》，上海古籍出版社2012年版，第196~197页。

非曰忠，君不能纳谏兮非曰圣。

执至理以垂教，采昌言而化人。苟有言可佐王道，正人伦。陶也不得不进，禹也不得不遵。所以闻妙略以开容，拖冕旒而拂地；览宏谟而致敬，低珩佩以锵身。

惧沟洫之未通，忧礼乐以将坏。以正直为龟镜，以忠谠为规戒。是以蕴昌言兮不可不陈，闻昌言兮不得不拜。

遂使共守丕业，上光帝基。若鱼水相逢之日，同云龙会合之时。符郊畤以陈仪，固难比矣；望竹宫而设礼，曷可方之。

我皇绍九圣之雄图，举百王之令典。急于求士，乐于闻善。所以献昌言之忠臣，必待之台铉。①

这是一个主张君王纳谏的命题。昌言指善言，明理正当的言论。《尚书·皋陶谟》："禹拜昌言曰：'俞!'"孔颖达疏："禹乃拜受其当理之言。"②此赋押韵实际以"心必闻圣人拜之善"为序，四平四仄，相间而行。赋作从君臣两边立说，指出："臣不能谏君兮非曰忠，君不能纳谏兮非曰圣。""蕴昌言兮不可不陈，闻昌言兮不得不拜。"说理透辟。

"禹拜昌言"其后也曾作为应试诗体。宋曾慥《类说》卷七引韩偓《金銮密记》"召入院试文"条："昭宗召渥入院，试文五篇：《万邦咸宁赋》、《禹拜昌言诗》、《武臣授东川节度制》、《答佛誓国王进贡书》、《批三功臣让图形表》，缴状云：'臣才不迈群，器非拔俗。待价既殊于椟玉，穷经有愧于囊萤。遭遇清时，涵濡睿泽。峨冠振佩，已尘象阙之班；舐笔和铅，更辱金门之召。击钵谢犍，纂组非工。抚已循崖，以荣为惧。'"清代和亲王弘昼也有一篇《禹拜昌言赋》，以"虚己下贤"为韵，见《稽古斋全集》卷六。

九、Δ咸通十五年(874)进士试《咏晓赋》

徐松《登科记考》咸通十五年未载诗赋试题，孟二冬《登科记考补正》卷二三咸通十五年将《禹拜昌言赋》定为本年试题，非是，详见咸通十三年(872)考。伦按：咸通十五年进士有新罗人崔致远(857—?)③，其《咏晓赋》当为本年试题。

崔致远《桂苑笔耕集序》云："右臣自年十二离家西泛，当乘桴之际，亡父诫之曰：'十年不第进士，则勿谓吾儿，吾亦不谓有儿，往矣勤哉，无隳乃力!'臣佩服严训，不敢弭忘，悬刺无遑，冀谐养志，实得人百之己千之。观光六年，金名榜尾。"④崔致远《前湖南观察巡官裴瑑启》云："前湖南观察巡官裴瑑是某座主侍郎再从弟，某去乾符三

① 李昉等：《文苑英华》卷四三，文渊阁《四库全书》，第8~9页。

② 孔安国等：《尚书注疏》卷三，文渊阁《四库全书》，第24页。

③ 崔致远生卒年依据韩国中央研究院所《韩国历代人物数据库》。

④ 崔致远：《桂苑笔耕集序》，《韩国文集丛刊》第一辑，第5页。

年冬到湖南起居座主侍郎之时，见于诸院弟兄中，偏所记念。”①崔致远《吏部裴瓒尚书》之一：“昔年掌贡，搜海岳以皆空；今日抡材，酌淄渑而不混。清通所莅，淆乱必除。历居六郡之峻资，终补三台之缺位。远祈迩祷，匪夕伊朝。某早仰仙标，遥钦懿范。”又《吏部裴瓒尚书》之二：“伏以礼称选士，实资秀孝之科；书贵知人，允属铨衡之职。君命既将历试，物情固得佥谐。而况侍郎云鹤性情，天骥行止。璅窗近日，高批帝语于笔端；绛帐生风，妙选群才于门下。……某每思玉昆金季。皆辱眷知。松茂竹苞。深敦交契。祷祝瞻恋。并同众诚。”②根据上述材料，可知崔致远于新罗景文王八年(868，唐懿宗咸通九年)12岁入唐，在唐都长安观光求学，于咸通十五年(874，十一月唐僖宗改元乾符)18岁时进士及第，座主为礼部侍郎裴瓒。

崔致远《孤云先生集》卷一载《咏晓赋》云：

玉漏犹滴，银河已回。仿佛而山川渐变，参差而物像将开。高低之烟景微分，认云间之宫殿；远近之轩车齐动，生陌上之尘埃。(平声灰韵咍韵同用)

晃荡天隅，葱笼日域。残星映远林之梢，宿雾敛长郊之色。华亭风里，依依而鹤唳犹闻；巴峡月中，迢迢而猿啼已息。(入声职韵)

隐映青帘，村迥而鸡鸣茅屋；熹微朱阁，巢空而燕语雕梁。罢刁斗于柳营之内，俨簪笏于桂殿之傍。边城之牧马频嘶，平沙漠漠；远江之孤帆尽去，古岸苍苍。渔篴声浏，蓬草露瀼。(平声阳韵唐韵合用)

千山之翠岚高下，四野之风烟深浅。谁家碧槛，莺啼而罗幕犹垂；几处华堂，梦觉而珠帘未卷。(上声狝韵)

是夜寰萦霁，天地晴。苍茫千里，曈昽八纮。潦水泛红霞之影，疏钟传紫禁之声。置思妇于深闺，纱窗渐白；卧愁人于古屋，暗牖才明。(平声庚耕清韵同用)

俄而曙色微分，晨光欲发。数行南飞之雁，一片西倾之月。动商路独行之子，旅馆犹扃；驻孤城百战之师，胡笳未歇。(入声月韵)

砧杵声寒，林峦影疏。断蛩音于四壁，肃霜华于远墟。妆成金屋之中，青蛾正画；宴罢琼楼之上，红烛空余。(平声鱼韵)

及其气爽清晨，魂澄碧落。蔼高影于夷夏，荡回阴于岩壑。千门万户兮始开，洞乾坤之寥廓。③（入声铎韵）

这篇律赋以四平四仄押韵，分为八段，题下限韵虽然脱落，但将各段押韵字排比，可推测出此赋应当是以“明月疏落，苍色浅开”为韵。此赋之妙处在于，全篇不出“晓”字，但字字句句都是写“晓”景。赋作写景清丽，音韵和谐，置身唐人作品中也允称佳

① 崔致远：《桂苑笔耕集》卷一八，《韩国文集丛刊》第一辑，第111页。

② 崔致远：《桂苑笔耕集》卷七，《韩国文集丛刊》第一辑，第38页。

③ 崔致远：《咏晓赋》，《孤云先生文集》卷一，《韩国文集丛刊》第一辑，第150页。

作。这样优质的作品传回东国，自然可以为一代律赋树立表率。此赋《全唐文》失载，应当收入补遗。

第五节　乾符年间试赋考察

一、乾符二年(875)进士试《王者之道如龙首赋》

徐松《登科记考》卷二三乾符二年未载赋题。孟二冬《登科记考补正》云：乾符三年(876)进士科目下徐氏考云："试《王者之道如龙首赋》，以'龙之视听，有符君德'为韵，《一一吹竽诗》，又试《涨曲江池诗》，以春字为韵，见《黄御史集》。按《黄御史集》作'乾符二年'，《文苑英华》于《涨曲江池诗》下注云：'乾符丙申岁春。'是《黄御史集》之二年为三年之误也，今改正。"孟二冬按："《王者之道如龙首赋》、《一一吹竽诗》当为本年试题。《英华》所载'乾符丙申岁春'，仅可纠正《黄御史集》所载《涨曲江池诗》下注'乾符二年'之误。《黄御史集》卷一载《省试王者之道如龙首赋》，原注：以'龙之视听，有符君德'为韵。乾符二年下第。"①陈尚君《〈登科记考〉正补》亦云："按黄滔《黄御史公集》卷四《省试一一吹竽》注：'乾符二年。'因知本年试《一一吹竽》，滔试而未第。"②王士祥《唐代试赋研究》未留意孟二冬、陈尚君本年试题之新考证，仍据徐松《登科记考》之说，以为乾符三年(876)试《王者之道如龙首赋》③，非是。兹据《黄御史集》卷一，录《王者之道如龙首赋》于下。

黄滔《省试王者之道如龙首赋》，以"龙之视听，有符君德"为韵：

王者以御彼万国，居于九重。既体天而立制，遂如首以犹龙。视听无偏，四海自看其波凑；聪明罔失，兆民咸睹其云从。

岂非祖述圣明，披陈道德。以王者为天下之大，域中之式。非澄耳目，不可以烛暗通幽；非审细微，不可以开基建极。

于是设谕斯异，微文特殊。以端拱之尊比义，取产泽之灵合符。则而象之，既不雷同于形质；区以别矣，爰将首冠于寰区。

然后则岳岳高居，颙颙克定。翼左右而何惭角耸，镜远近而宛同神莹。虽云黈纩，洪纤之状咸观；纵使垂旒，巨细之音毕听。

则知播雍熙之化，为昭圣之君。遽配腾骧于水物，益彰超迈于人群。浚恩波而固类兴雨，呈瑞气而非同召云。俾其矫举之形，无幽不鉴；媲彼孤标之貌，有象皆分。

---

① 孟二冬：《登科记考补正》，燕山出版社2003年版，第972页。
② 陈尚君：《陈尚君自选集》，广西师范大学出版社2000年版，第252页。
③ 王士祥：《唐代试赋研究》，上海古籍出版社2012年版，第197页。

故得迥拔可观，感通自有。散皇明而珠耀于颔，扬德泽而浪生于口。宁同荀爽，只擅美于弟兄；更异华歆，但垂名于朋友。

所谓表有截，播无私。乃蔼然而同德，非蠢尔以呈姿。言乎汉祖之颜，方能比也；念彼伯阳之道，未可方之。

今我后变见乘时，飞翔叶理。四方尽入于倾听，陆海无遗于俯视。夫如是，则龙之首兮，未可论功而较美。①

命题出自传为吕望《六韬》卷一《上贤》篇："夫王者之道如龙首，高居而远望。深视而审听，示其形，隐其情。若天之高，不可极也；若渊之深，不可测也。故可怒而不怒，奸臣乃作；可杀而不杀，大贼乃发。兵势不行，敌国乃强。"②黄滔此赋未依官韵次第，改以"龙德符听君有之视"为序，平仄相间而行。此赋写作手法纯熟，相当流畅，但似乎未能充分体现《六韬·上贤》篇所述"王者之道"的沉稳威严态势，故试而未第。

二、Δ乾符四年(877)府试《火中寒暑退赋》

王定保《唐摭言》卷二《置等第》："乾符四年，崔涓为京兆尹，复置等第。差万年县尉公乘亿为试官，试《火中寒暑退赋》、《残月如新月诗》。李时(文公孙)、韦硎、沈驾、罗隐、刘纂、倪曙、唐骈、周繁(池人，善赋)、吴廷隐、贾涉(其年所试八韵，涉擅场，而屈其等第)。"③

清梁廷枏《南汉书》卷九《倪曙传》："倪曙字孟曦，福州侯官人。唐乾符四年举进士，试于京兆。故事：神州解选，自开元天宝之际，率以在上十人谓之等第。必求名实相副者，送小宗伯，倚而选之。时制已久停，至是崔淯为京兆尹，复置焉。以万年县尉为试官，试《火中寒暑退赋》、《残月如新月诗》。曙名列第五，至中和时乃再举及第，除太学博士。文字雅为唐僖宗所知。当时制词有'萤雪服勤，属词清妙'之语。黄巢作乱，弃官归福州。会闽太祖从子延彬为泉州刺史，广招宾客。曙与进士徐寅、陈郯等并游幕中，赋诗酣酒为乐。居久之，出游岭表。烈宗耳熟其名，既至，延接殷洽，因止就幕属。高祖即位，擢工部侍郎，进尚书左丞。乾亨五年，诏同平章事。卒官，曙工科举之学，有赋名，著有赋一卷。"④

附记：《文苑英华》卷一八一载郑谷《京兆府试残月如新月》诗："荣落何相似，初终却一般。犹疑和夕照，谁信堕朝寒。水国辉华别，诗家比象难。佳人应误拜，栖鸟反求安。屈指期轮满，何心谓影残。庾楼清赏处，吟彻曙钟看。"因知郑谷亦本年取解。

《火中寒暑退赋》，未见传本。赋题典出《诗·豳风·七月》："七月流火，九月授

---

① 黄滔：《黄御史集》卷一，文渊阁《四库全书》，第23~24页。

② 吕望：《六韬》卷一，清《平津馆丛书》本。

③ 王定保：《唐摭言》，古典文学出版社1957年版，第14~15页。

④ 梁廷枏：《南汉书》卷九，清《藤花亭十五种》本。

衣。”毛传：“火，大火也；流，下也。九月霜始降，妇功成，可以授冬衣矣。”郑笺云：“大火者，寒暑之候也。火星中而寒暑退，故将言寒，先著火所在。”①

三、乾符五年(878)进士试《以至仁伐至不仁赋》

徐松《登科记考》卷二三乾符五年“进士三十人”注：“试《以至仁伐至不仁赋》，见《摭言》。”②伦按：《唐摭言》卷一三《无名子谤议》：“崔淡试《以至仁伐至不仁赋》，时黄巢方炽，因为无名子嘲曰：‘主司何事厌我皇，解把黄巢比武王。’”③劳格《唐尚书省郎官石柱题名考》卷五：“崔澹：《新表》‘博陵第二房，崔氏河中节度使玙子。澹字知止，吏部侍郎。’《旧·崔玙传》：‘子淡，大中十三年登进士第，累迁礼部员外郎，位终吏部侍郎。’《新传》同。《旧·僖宗纪》：‘乾符二年二月，以翰林学士崔淡为中书舍人。学士如故。四年九月，以中书舍人崔淡权知贡举。’”④

《以至仁伐至不仁赋》，未见传本。“至仁”指最有仁德的人，赋题出自《孟子·尽心下》：“仁人无敌于天下。以至仁伐至不仁，而何其血之流杵也？”⑤

第六节　景福、乾宁、光化年间试赋考察

一、Δ景福二年(893)京兆府试《入国知教赋》

据下节考订，徐寅为乾宁元年(894)进士，则其京兆府取解当在景福二年(893)。《文苑英华》卷六九载徐寅京兆府试《入国知教赋》，据录于下：

徐寅京兆府试《入国知教赋》，以“观光上国，化洽文明”为韵：

天辟区宇，人尊帝王。国将入于封部，教先知于典章。不宰成功，乃合乾坤之德；无私鉴物，能齐日月之光。

多士之操修，六经之楷式。将欲明其教，必在游于国。温柔敦厚，出风雅之咏歌；比事属词，本春秋之黜陟。

协彼典教，谐斯礼文。广博而乐章具有，精微而易象爰分。先王所以总斯，御物体彼为君。遂使足历四门，亲爱之仪已睹；身由万户民，从之义皆闻。

莫不周览金汤，潜量王霸。审乐知政以攸类，陈诗观风而相亚。是以逢耕让畔，得先人后己之规；察鸟安巢，验恶杀好生之化。

今吾君兴帝业，赫皇明。以谦柔而教蛮貊，以朴素而教公卿。以节俭而教百

① 毛亨等：《毛诗注疏》卷一五，文渊阁《四库全书》，第4页。
② 徐松：《登科记考》，中华书局1984年版，第875页。
③ 王定保：《唐摭言》，古典文学出版社1957年版，第150页。
④ 劳格：《唐尚书省郎官石柱题名考》卷五，清光绪刻《月河精舍丛钞》本。
⑤ 赵岐等：《孟子注疏》卷一四上，文渊阁《四库全书》，第4页。

姓，以农耕而教五兵。自然八方走响，六合飞声。岂俟入乎阛阓，方能知彼规程。

其或跋扈未殲，陆梁未向。可使拜天阙而俯听，趍帝阍而引望。俾其退而补过，警干羽之舞阶；进以尽忠，报圣明之在上。

士有负书剑，出林峦。谒九门而教化斯仰，瞻百辟而威仪可观。则知不上泰山，岂觉寰区之大；不浮东海，宁知溟渤之宽。

敢不广义路，怀忠甲。开阊阖以听声诗，贺仁沾而恩洽。①

此赋题目出自《礼记·经解》：孔子曰："入其国，其教可知也。其为人也，温柔敦厚，《诗》教也；疏通知远，《书》教也；广博易良，《乐》教也；洁静精微，《易》教也；恭俭庄敬，《礼》教也；属辞比事，《春秋》教也。"②赋作未依官韵次第，改以"光国文化明上观洽"为序，平仄相间而行。

二、乾宁元年(894)进士试《止戈为武赋》

徐松《登科记考》卷二四将徐寅列入景福元年(892)进士。孟二冬《登科记考补正》认为，徐寅为乾宁元年(894)进士，试《止戈为武赋》、《东风解冻诗》。其依据的主要材料如下：黄滔《司直陈公墓志铭》云："(公)讳峤，字延封。……闽岳江山，莆阳为灵秀之最。贞元中林端公藻冠东南之科，第十年而许员外稷继翔。……公追二贤之后，七年而徐正字寅捷，八年而愚捷。"③据《登科记考》卷二二，陈峤于僖宗光启二年(886)登进士第，下推七年即是昭宗乾宁元年(894)。又黄滔自称在徐寅后一年登第，而黄滔于乾宁二年(895)中进士，上推一年亦为乾宁元年。《永乐大典》引宋《莆阳志》云："乾宁元年，徐寅、陈乘登进士第。"(《登科记考》卷二四乾宁元年甲寅陈乘名下引)刘克庄《跋徐先辈集》也说："公元年登乾宁进士第。"(伦按：刘克庄《后村集》卷九六作："公元年乾宁登第。")综合以上材料，可以断定徐寅当在乾宁元年举进士第。徐寅有《止戈为武赋》(《钓矶文集》卷四)、《东风解冻省试诗》(《钓矶文集》卷六)，即是本年省试诗赋。④ 孟二冬考订详细可从。兹据《钓矶文集》录赋作于下。

徐寅《止戈为武赋》，以"和众安人，是为武德"为韵：

书契天设，文明日新。将究止戈之义，式彰为武之仁。足还太素，以寿生灵。志肃三军，欲至理而生乎至理；论归八法，见古人兮教以今人。

昔者楚庄，薄诸晋国。小臣请筑于京观，厥王乃陈乎道德。谓临戎制胜，诚不在乎干戈；示子传孙，事宜规于翰墨。

---

① 李昉等：《文苑英华》卷六九，文渊阁《四库全书》，第10~13页。

② 郑玄注，孔颖达疏：《礼记注疏》卷五〇，文渊阁《四库全书》，第1页。

③ 黄滔：《黄御史集》卷六，文渊阁《四库全书》，第3页。原缺"捷"字，据《唐才子传校笺》卷一〇，第四册，第290页。

④ 孟二冬：《登科记考补正》，燕山出版社2003年版，第1015~1016页。

且武也者，战而不阵，师克在和。考其字以因明所字，止其戈而焉用其戈。愿剑戟而弃于农耕，贤哉若彼；问军旅而对以俎豆，圣也如何。

矧乎伏羲画卦以穷微，苍颉造书而允中。于会意以无怠，实临文而可讽。下破山而加点，理绝乘危；上拟戍以无人，诚难动众。

以五兵为武者，非武之资；合两字为武者，是武之奇。当用究言而不用，有为讵及于无为。鸟迹斯验，人情可窥。亦由月并日而明焉，其仪不昧；秋悬心而愁矣，厥义咸知。

是宜遵史籀之文，赞升平之主。两阶屡舞以称圣，七德交修而曰武。亦何异威而不猛，宥刑而扰楼宁施；舍之而藏，得象而筌蹄奚睹。

今我后洞穷经之旨，知为君之难。功不宰而八蛮自服，书同文而万国咸安。列圣摧凶，我则怀远而柔迩；前王伐罪，我则去杀而胜残。

故得文物重新，妖氛自弭。庐人之百炼宁问，吕望之六韬可委。士有偶明试而赋止戈，获赞皇风而之是。

“武”字从“止”从“戈”。意谓能平息战乱，停止使用武器，才是真正的武功。赋题典出《左传·宣公十二年》：“潘党曰：‘……臣闻克敌必示子孙，以无忘武功。’楚子曰：‘非尔所知也。夫文，止戈为武。’”①又见班固《汉书·武五子传赞》：“是以仓颉作书，‘止’‘戈’为‘武’。圣人以武禁暴整乱，止息干戈，非以为残而兴纵之也。”②唐吴兢《贞观政要·征伐》：“今陛下抚养苍生，将士勇锐，力有余而不取之，所谓止戈为武者也。”③

此赋押韵未依官韵次第，改以“人德和众为武安是”为序，平仄相间而行。

吴任臣《十国春秋》记载：“徐寅字昭梦，莆田人。登唐乾宁进士第，试《止戈为武赋》，一烛裁尽，已就有‘破山加点，拟戍无人’之句。礼部侍郎李择览而奇之。是岁释褐，授秘书省正字。”④李俊甫《莆阳比事》引《采花集·人物志》：“徐寅以能赋为唐末知名进士，渤海高元固来闽中求识寅，言本国得《斩蛇赋》、《人生几何赋》，家家以金书屏幛云。”⑤此事又见徐寅《钓矶文集》卷九《渤海宾贡高元固先辈闽中相访，云本国人写得寅〈斩蛇剑〉、〈御沟水〉、〈人生几何赋〉，家皆以金书列为屏障，因而有赠》：“折桂何年下月中，闽山来问我雕虫。肯销金翠书屏上，谁把，蓊荛过日东。郯子昔时遭孔圣，由余往代讽秦宫。嗟嗟大国金门士，几个人能振素风。”⑥宋人王观国《学林》记载：“元祐中，京师试《止戈为武赋》，张弼首选，颇以此赋驰名。第七韵曰：‘亦犹日并月

① 左丘明等：《春秋左传注疏》卷二三，文渊阁《四库全书》，第28页。

② 班固：《汉书》卷六三，文渊阁《四库全书》，第26页。

③ 吴兢：《贞观政要》卷九，文渊阁《四库全书》，第8页。

④ 吴任臣：《十国春秋》卷九五，文渊阁《四库全书》，第4页。

⑤ 李俊甫：《莆阳比事》卷二，清嘉庆《宛委别藏》本。

⑥ 徐寅：《钓矶文集》卷九，《四部丛刊三编》景述古堂钞本。

以为明，纪天之象；王居门而曰闰，重岁之余。'”①可见宋代科场也曾用此题考试。

三、乾宁二年(895)进士试《人文化天下赋》，覆试二赋

徐松《登科记考》卷二四乾宁二年“进士二十五人”注：“试《人文化天下赋》，以‘观彼人文，以化天下’为韵，《内出白鹿宣示百官诗》，见《黄御史集》。”②

洪迈《容斋随笔·四笔》：“唐昭宗乾宁二年，进士二十五人，覆试但放十五人，自状头张贻宪以下重落，其六人许再入举场，四人所试最下，不许再入。苏楷其一也，故挟此恨，至于驳昭宗圣文之谥。是时国祚如赘疣，悍镇强藩请隧问鼎之不暇，顾惓惓若此。贻宪等六人，讫唐末不复缀榜。盖是时不糊名，一黜之后，主司不敢再收拾也。有黄滔者，是年及第，闽人也，九世孙沃为吉州永丰宰。刊其遗文，初试、覆试，凡三赋皆在。考《曲直不相入赋》，以题中‘曲直’二字为韵，释云‘邪正殊途，各有好恶’，终篇只押两韵。《良弓献问赋》，取五声字次第用，各随声为赋格。于是第一韵尾句云‘资国祚之崇崇’，上平声也；第二韵‘乘宝祚之绵绵’，下平声也；第三韵‘曾非唯唯’，上声也；第四韵‘露其言而粲粲’，去声也；而阙入声一韵。赋韵如是，前所未有。国将亡必多制，亦云可笑矣。”③

《全唐诗》载《御试二首》：“昭宗乾宁二年，崔凝考定进士张贻宪等二十五人。复命所司覆试，内出四题，乃《曲直不相入赋》、《良弓献问赋》、《询于蒭荛诗》、《品物咸熙诗》，赵观文、程晏、崔赏、崔仁宝等四人，并卢瞻、韦说、封渭、韦希震、张蠙、黄滔、卢鼎、王贞白、沈崧、陈晓、李龟祯等十一人，并与及第。其张贻宪、孙溥、李光序、李枢、李途等五人，且令落下，许后再举。其崔砺、苏楷、杜承昭、郑稼等四人，不令再举。内一人卢赓，称疾不至，宣令舁入，又云华阴省亲，其父渥进状，乞落下。故就试止二十四人也。”④

《黄御史集》引《昭宗实录》：“丙申，试新及第进士张贻宪等于武德殿东廊内。……分二十五铺分，不许往来。内出四题：《曲直不相入赋》，取‘曲直’二字为韵。《良弓献问赋》，以太宗问工人，木心不正，脉理皆邪，若何道理？取五声字轮次各双用为韵。(按《容斋四笔》引作皆取五声依轮次，以双周隔句为韵。)限三百二十字成。《询于蒭荛诗》，回纹，正以蒭字，倒以荛字为韵。《品物咸熙》，七言八韵成。令至九日午后一刻进纳。”⑤

黄滔《省试人文化天下赋》，以“观彼人文，以化天下”为韵(乾宁二年及第)：

明彼今古，闻诸圣贤。易垂言而著在八卦，人有文而形于普天。用以成章，既

---

① 王观国：《学林》卷九，文渊阁《四库全书》，第20页。
② 徐松：《登科记考》，中华书局1984年版，第906页。
③ 洪迈：《容斋随笔·四笔》卷六，文渊阁《四库全书》，第8页。
④ 彭定求等：《全唐诗》卷七〇五，文渊阁《四库全书》，第8页。
⑤ 黄滔：《黄御史集》卷八，文渊阁《四库全书》，第10~11页。

验斯风之肃穆；瞩之于物，乃知厥德之昭宣。

吾君秉此格言，恢乎至理。以为文在天而苟可鉴，文在人而诚足视。在天则时变从之，在人则化成有以。

故体此以御宇，取兹而教人。且文也肇自河龟见，洛书陈。道德故，仁义新。出无为而入有象，齐父子而一君臣。

既而上古遐，中古迩。苟流播之如此，乃弛张而若彼。始则六十四位，演自周王；旋则三百五篇，删于孔氏。

故得有国之君，准绳斯文。诗书礼乐以表里，干戚俎豆以区分。莫不经天纬地，仿佛氤氲。布彼寰瀛，风行而草偃；被于亿兆，玉洁而兰熏。

然后铿作咸韶，散为风雅。调畅动植，周通夷夏。车书得以合矣，贵贱与而同也。遂使九州四海，皆瞻黼黻于朝端；墨客词人，交露锋铓于笔下。

大哉人文之义也，焕矣赫矣，可名可观。唯圣朝之所擅，岂悖德之能干。推其时而时或异，论其道而道斯完。故将垂百王而作范，岂唯充万国以咸欢者也。

夫如是，则肩比三王，威销五霸。弘彰驭马之成政，克俾雕龙之擅价。彬彬乎哉，郁郁乎哉，有以见我唐之至化。①

此赋题目出自《易经·贲卦·彖辞》："观乎天文，以察时变；观乎人文，以化成天下。"②赋作未依官韵次第，改以"天以人彼文下观化"为序，平仄相间而行。

黄滔《御试曲直不相入赋》，题中"曲直"两字为韵（释云：邪正殊途，各有好恶。乾宁二年覆试）：

曲也者，厥理惟何？直也者，其词可属。一则见回邪之所自，一则非平正而不欲。故圣人立此格言，为乎懿躅。俾有家而有国，不与混同；令自高而自卑，靡相参触。

至如木也，或表从绳之直，或叠来巢之曲。虽则含烟带雨，共呈苍翠于岩间；而耸本盘根，各禀规模于山足。勿言同地而错杂，固乃殊途而瞻瞩。所以方能中矩，俟良匠之所知；劲不为轮，信奇材而可录。莫不分彼邪正，镇于时俗。

且木之理兮，犹不差忒；人之道兮，切在忠直。直也不可以曲从，曲也不可以直饰。行于己而己有异，施于人而人是测。繇是屈原在楚，铺其糟而不为；比干相殷，剖其心而可得。

顾惟忠谠之受性，岂与邪谀而同域。其不相入也，理苟如是，俗奚以惑。小人曲媚，或乘造次以得时；君子直诚，可仗英明而辅国。

今我后恢睿哲以御乾，澄圣心而立极。恶似钩而在物，乐如弦而比德。惟曲是

---

① 黄滔：《黄御史集》卷一，文渊阁《四库全书》，第13~14页。

② 王弼等：《周易注疏》卷四，文渊阁《四库全书》，第35页。

斥，彰万乘之准绳；惟直是求，示百王之楷式。微臣之获咏歌，敢不佩之于取则。①

赋题出自《韩非子·说林下》："孔子谓弟子曰：'孰能导子西之钓名也？'子贡曰：'赐也能乃导之，不复疑也。'孔子曰：'宽哉，不被于利洁哉，民性有恒，曲为曲，直为直。'"②此赋仅押两韵，但仍需写出起承转合次第。全赋可划分为五段，首段从"曲、直"两段破题，次段论木之曲，第三段论木之直，第四段论人之忠直，第五段论人之曲邪，最后第六段表彰当今帝王"惟曲是斥"、"惟直是求"的英明果决。

《御试良弓献问赋》(释云：太宗问工人，木心不正则脉理皆邪于理道。取五声字次第用，各双声为赋格。乾宁二年覆试)：

文皇帝以精求要义，下访良弓。以木心之邪正既别，将理道之比方乃同。木若有邪，奚副准绳之一一；理如无苟，必资国祚之崇崇。(上平声)

斯盖体元立制，启圣乘乾。与禹汤而接轸，将尧舜以差肩。睹于物也，必有诚焉。言念为弓，尚穷玄于脉理；岂于有国，不注意于英贤。否则何以宏丕图于赫赫，垂宝祚于绵绵者哉！(下平声)

则知黄帝造舟车之旨，其难为比。周武倒干戈之文，殊不称美。观草木而尚此烛幽，统寰区而足彰致理。遂使度木抡材之子，每自依依；献可替否之臣，曾非唯唯。(上声)

今吾皇播声教以锵洋，浚恩波而浩汗。乾坤与之而合德，夷夏有之而一贯。斯弓不制，洞其理以明明；斯问克兴，露其言而粲粲。(去声)

儒有生在江岭，来趋辇毂。波涛久慕于化鲲兮……(四库馆臣按语："查洪迈《容斋四笔》谓此赋有五声，后阙一入声。")③

赋题出自《贞观政要·政体第二》："贞观初太宗谓萧瑀曰：朕少好弓矢，自谓能尽其妙。近得良弓十数，以示弓工，乃曰：皆非良材也。朕问其故，工曰：木心不正，则脉理皆邪。弓虽刚劲，而遣箭不直，非良弓也。朕始悟焉。朕以弧矢定四方，用弓多矣，而犹不得其理，况朕有天下之日浅，得为理之意固未及于弓，弓犹失之，而况于理乎？"④此赋官韵规定"取五声字次第用"，是指上平声、下平声、上声、去声、入声依次押韵。黄滔赋第五韵虽然残缺，但仍然保留了押"毂"字一联，属于入声屋韵。

---

① 黄滔：《黄御史集》卷一，文渊阁《四库全书》，第25~26页。

② 韩非：《韩非子》卷八，《四部丛刊》本。

③ 黄滔：《黄御史集》卷一，文渊阁《四库全书》，第26~27页。

④ 吴兢：《贞观政要》卷一，文渊阁《四库全书》，第14页。

四、Δ乾宁三年(896)府试《画狗马难于画鬼神赋》

徐松《登科记考》卷二四乾宁四年进士有韦彖，则韦彖府试取解当在乾宁三年。王定保《唐摭言》卷五《切磋》条："羊绍素夏课，有《画狗马难为功赋》，其实取画狗马难于画鬼神之意也。投表兄吴子华，子华览之，谓绍素曰：'吾子此赋未嘉，赋题无鬼神而赋中言鬼神，子盍为《画狗马难于画鬼神赋》，即善矣。'绍素未及改易，子华一夕成于腹笥。有进士韦彖，池州九华人，始以赋卷谒子华。子华闻之，甚喜。彖居数日，贡一篇于子华，其破题曰：'有丹青二人，一则矜能于狗马，一则夸妙于鬼神。'子华大奇之，遂焚所著，而绍素竟不能以己下之。其年子华为彖取府解。"①

五、乾宁四年(897)进士试《未明求衣赋》

徐松《登科记考》卷二四乾宁四年"进士二十人"注："试《未明求衣赋》，见《唐诗纪事》。"②孟二冬《登科记考补正》："《驾在华州诗》、《问善如扣钟诗》，亦当为本年试题。"③

《唐诗纪事》卷六七"薛昭纬"条："昭纬以侍郎掌贡举，试《未明求衣赋》，王赞图为榜首。"④伦按：据王仲镛先生考订，此"王赞图"当为"杨赞图"之误，见《广卓异记》引《登科记》："杨赞禹，大顺元年状元及第；弟赞图，乾宁四年状元及第。"⑤凌迪知《万姓统谱》卷一一四："卓云，河南人。乾宁中及第，作《未明求衣赋》、《驾在华州诗》、《问善如扣钟诗》。"⑥

"未明求衣"是表彰帝王勤于政事的典故。《梁书·顾协传》："伏惟陛下未明求衣，思贤如渴，爰发明诏，各举所知。"《周书·乐运传》："天子未明求衣，日旰忘食，犹恐万机不理，天下拥滞。"《未明求衣赋》在宋朝也曾作为进士试题。李攸《宋朝事实》卷一四记载："开宝六年，翰林学士李昉知贡举，放进士及诸科及第者凡三十八人。下第进士徐士廉自陈屈抑，即诏贡部以人等进士并终场经学人，并亲覆于殿廷。内出《未明求衣赋》、《悬爵待士诗》。进士宋准等一百二十七人并放及第。"⑦

六、光化四年(901)进士试《天得一以清赋》

徐松《登科记考》卷二四光化四年"进士二十六人"注："试《天得一以清赋》、《武德

---

① 王定保：《唐摭言》卷五，古典文学出版社1954年版，第56页。

② 徐松：《登科记考》，中华书局1984年版，第915页。

③ 孟二冬：《登科记考补正》，燕山出版社2003年版，第1030页。

④ 王仲镛校笺：《唐诗纪事校笺》卷六七，巴蜀书社1989年版，第1813页。

⑤ 乐史：《广卓异记》卷一九，江苏广陵古籍刊印社1983年版，第3页。

⑥ 凌迪知：《万姓统谱》卷一一四，文渊阁《四库全书》，第10页。

⑦ 李攸：《宋朝事实》卷一四，清《武英殿聚珍版丛书》。

殿退朝望九衢春色诗》，见《永乐大典》引《瑞阳志》载《登科记》。"①孟二冬按："《文苑英华》卷一八九《省试十》载曹松《武德殿朝退望九衢春色》诗，是为本年应试所作。"②

唐人《天得一以清赋》不传，然而宋仁宗时期，也曾以此题试士。宋佚名《分门古今类事》卷一二卜兆门下"文泰言命"条记载："司天春官正丁文泰，彭门人，精陶隐居三命，言灾福多验。李虞部畋景祐二年(1035)赴南省试，访询之。丁曰：'子之命，金水正在高强，金水必主文学，然凡五星虽得位，以时占之，则有顺有伏有逆，子之命，水在日前伏，但有声无实，若顺则有科名也。'畋问：'逆又如何?'曰：'虽在宫分得力而多患难。'又谓畋曰：'子虽无科名，而官至五品，寿仅百年。'畋后南省，试《天得一以清赋》，破题云：'冲者道之用也，气者一之本焉。一既生于无体，清亦出于先天。'是年过省，至御前试后切，闻复考官将畋家状与彼亲之家状互粘于卷子上(其年未有弥封之制)，彼亲寻及第一，命授职官，卒。畋今员郎致仕，爵上护军，年已耄期矣。丁生之言，何神验如是?"③

---

① 徐松：《登科记考》，中华书局1984年版，第924页。

② 孟二冬：《登科记考补正》，燕山出版社2003年版，第1041页。

③ 佚名：《分门古今类事》卷一二，文渊阁《四库全书》，第12~13页。

第十一章　五代十国科举与试赋

五代包括后梁、后唐、后晋、后汉、后周共五个朝代，从后梁开平元年(907)起到后周显德六年(959)止，共有53年。虽然在战乱年间，但各代仍然实行唐以来的科举取士制度，几乎年年举行科举。其间除了5年[乾化四年(916)、龙德元年(921)、同光元年(923)、天福四年(939)、天福五年(940)]停举，其余47年(不计后梁元年，因为后梁开国在四月，其年科举已放榜，归入唐天祐四年)均开科取士。可惜乱世资料散失，仅将知道试赋题目的年份考述如下。

第一节　后梁试赋考察

Δ 开平二年(908)进士试《人生几何赋》

公元907年，朱温受禅称帝，成为后梁太祖，改名为晃，改元开平，改国号梁，史称后梁，以开封为东都，洛阳为西都。后梁的建立，揭开了五代十国的大幕。

李俊甫《莆阳比事》记载："徐寅字昭梦，登唐乾宁第。梁祖受禅，再试进士第一。梁祖曰：'是赋《人生几何》者耶？三皇五帝，不死何归？此为何语？盍改之?'寅曰：'臣宁无官，不可改赋。'遂拂衣归闽。梁祖怒削其名。至皇朝，其孙铎复魁天下。徐著作师仁序其父《刑部集》曰：'五代国朝，吾宗廷试擢第一者二人：正字寅，吾家之伯祖也；尚书铎，吾先君之诸昆也。'故咏莆阳盛事者有云：'龙虎榜头孙嗣祖，凤凰池上弟联兄。'"①梁主与徐寅在廷上讨论修改《人生几何赋》，说明此赋正是当年的试题，若是早已流传之赋，则无修改之必要。兹据徐寅《钓矶文集》录此赋于下：

徐寅《人生几何赋》，限韵脱落：

> 叶落辞柯，人生几何。六国战而谩为流血，三神山而杳隔鲸波。任夸百斛之明珠，岂延遐寿；或有一卮之芳酒，且共高歌。

① 李俊甫：《莆阳比事》卷一，《宛委别藏》本。

岂不以天地为炉，日星为纪。虽有圣而有智，不无生而无死。生则浮萍，死则流水。七十战争如虎豹，竟刎乌江；三千宾客若鸳鸿，难寻朱履。

扰扰匆匆，晨鸡暮钟。命宁保兮霜与露，年不禁兮椿与松。问青天兮何惨何舒，拘人否泰；叹白日兮东生西没，夺我颜容。

可惜繁华，堪惊倚伏。有寒暑兮促君寿，有鬼神兮蠹君福。不觉南邻公子，绿鬓改而华发生；北里豪家，昨日歌而今日哭。

梦幻吞侵，朝浮夕沉。三光有影谴谁系，万事无根何处寻。易服猛兽，难降寸心。眼看西晋之荆榛，犹经白刃；身属北邙之狐兔，尚惜黄金。

亦何荒色嗜音，雕墙峻宇。君不见，息夫人兮悄长默，金谷园兮阒无睹。香阁之罗纨未脱，已别承恩；春风之桃李方开，早闻移主。

丘垄累累，金章布衣。白羊青草只堪恨，逐利争名何太非。尝闻萧史王乔，长生孰见；任是三皇五帝，不死何归。

吾欲挹元酒于东溟，举嘉肴于西岳。命北帝以指荣枯，召南华而讲清浊。饮大道以醉平生，冀陶陶而返朴。①

此赋题下限韵脱落，排比各段押韵字，可以推定是以“何纪容福，心主归朴”八字限韵。“容福”为古人习语，宋祁《咏史》诗云：“古有容容福，人讥龊龊员。”②

“人生几何”的慨叹最早见于魏武帝曹操《短歌行》：“对酒当歌，人生几何。”徐寅此赋则进而总结历史，归结到返璞归真的道家境界，成为表达旷达应世人生态度的名作。此赋中招惹梁祖的赋句“任是三皇五帝，不死何归”，表达即使是圣君贤王也有一死的客观规律，力度甚大，但在《四库全书》本的《徐正字诗赋》中已改为“任是秦皇汉武，不没何归”，应是后人妄改。

此赋曾经成为送终的赋作。陈元靓《岁时广记》引《郡合雅谈》记载：“沈道士，筠州高安人，故吏部郎中彬第三子也。性孤僻，形貌秀彻，初名有邻，弃妻入道，居玉笥山，易名庭瑞。遇深山古洞，竟日不返。严寒风雪，常单衣危坐。或绝食经月，或纵酒行歌。缘峭壁，升乔木，若猿猱之状。骨肉相寻，便却走避。忘情世俗，人莫测之。往往为同道者困。雍熙二年正月内于玉笥山，先不食七日，至上元日早辰，辞道侣，归所居院集仙亭，念《人生几何赋》毕，无病而终。”③还曾外传到邻国，徐寅有诗题云《渤海宾贡高元固先辈闽中相访，云本国人写得寅〈斩蛇剑〉〈御沟水〉〈人生几何赋〉，家皆以金书列为屏障，因而有赠》。④

---

① 徐寅：《钓矶文集》卷一，《四部丛刊三编》景述古堂钞本。

② 宋祁：《景文集》卷二一，文渊阁《四库全书》，第5页。

③ 陈元靓：《岁时广记》卷一二，清《十万卷楼丛书》本。

④ 徐寅：《钓矶文集》卷九，《四部丛刊三编》景述古堂钞本。

第二节　后唐试赋考察

一、同光三年(925)进士覆试《君从谏则圣赋》

本年进士，有一场覆试的风波。先是礼部侍郎裴皞知举，取进士符蒙、成僚、王彻、桑维翰四人。裴皞本精选其文，但遭到时议谮毁。后唐庄宗为展示公正，于同光三年三月发出敕令："今年新及第进士符蒙正等，宜令翰林学士承旨卢质就本院覆试，仍令学士使杨彦珞监试。"①于是卢质受命覆试进士于翰林院，"试《君从谏则圣赋》，以'尧舜禹汤，倾心求过'为韵，《臣事君以忠诗》"。但卢质的试题仍然遭到非议："质为赋韵五平声三仄声，且逾常式。覆试之日，中外誊口，议者非之。"②好在庄宗以帝王之尊，亲自对新进士诗赋作出评论，并调整名次，摆平此事："及再览符蒙正、成僚等呈试诗赋，果有瑕疵。今若便有去留，虑乖激劝。傥无升降，即昧甄明。况王彻体物可嘉，属辞甚妙。细披制作，最异侪流。但应试以效成，或求对而不切。桑维翰若无纰缪，稍有功夫，止当属对之间，每失求妍之美。须推事艺，各定否臧。贵叶允平，庶谐公共。其王彻改为第一，桑维翰第二，符蒙正第三，成僚第四。礼部侍郎裴皞在抡材之际，虽匪阿私；当定名之时，颇亏优劣。但缘符蒙正等既无绌落，裴皞特议宽容，勿负忧疑，已从释放。自今后，应礼部常年所试举人杂文策等，候过堂日委中书门下准本朝故事，细加详覆，方可奏闻，不得辄徇人情，有隳事实。"③

然而，卢质出题限韵的风波却并未就此平息，后世学者多议论此事。薛居正《旧五代史·卢质传》："改金紫光禄大夫，兵部尚书，知制诰，翰林学士承旨，仍赐论思匡佐功臣。会覆试进士，质以《后从谏则圣》为赋题，以'尧舜禹汤，倾心求过'为韵。旧例赋韵四平四侧，质所出韵乃五平三侧，由是大为识者所诮。"④宋人孔平仲《续世说》卷一一："卢质为翰林学士承旨，赐论思注佐功臣，会覆试进士，质以《后从谏则圣》为题，'尧舜禹汤，倾心求过'为韵。旧例赋韵四平四侧，质乃五平三侧，大为识者所诮。"⑤洪迈《容斋续笔》卷一三"试赋用韵"条："唐庄宗时尝覆试进士，翰林学士承旨卢质以《后从谏则圣》为赋题，以'尧舜禹汤，倾心求过'为韵。旧例赋韵四平四侧，质所出韵乃五平三侧，大为识者所诮。岂非是时已有定格乎？国朝太平兴国三年(978)九月，始诏自今广文馆及诸州府礼部试进士律赋，并以平侧次用韵。其后又有不依次者，至今循之。"⑥直到清代徐松编写《登科记考》，仍然就此事发言："按彭叔夏《文苑英华

① 王钦若等：《册府元龟》卷六五一，文渊阁《四库全书》，第11页。
② 王钦若等：《册府元龟》卷六四一，文渊阁《四库全书》，第16页。
③ 王钦若等：《册府元龟》卷六四一，文渊阁《四库全书》，第16页。
④ 薛居正：《旧五代史》卷九三，文渊阁《四库全书》，第2页。
⑤ 孔平仲：《续世说》卷一一，清嘉庆《宛委别藏》本。
⑥ 洪迈：《容斋随笔·续笔》卷一三，文渊阁《四库全书》，第3页。

辨证》载唐时赋韵之制，八韵者以四平四侧为定格，然亦有三平五侧者，有五平三侧者，有二平六侧者，有六平二侧者，《册府元龟》、薛《史》似未详考。”①其实，洪迈的说法很有道理，唐代律赋限韵，虽然有长期发展的过程，但到后唐庄宗的时代，八韵赋限韵以四平四仄为定格，已成为当时科场的共识。不过，这一共识在当时尚未经官方明文规定，所以卢质出题可以破例，庄宗评点进士赋作，亦仅就体物、对仗、属辞等方面作出评判，并未论及限韵平仄问题。试赋四平四仄依次用韵，是直到北宋太平兴国三年(978)九月，才经帝王下诏规定的，毋庸置疑。

二、长兴元年(930)依诗格赋枢考试进士

《册府元龟》卷六四二记载：“(后唐明宗长兴元年)六月，中书门下奏：敕新及第进士所试新文，委中书门下细览详覆，方具奏闻，不得辄徇人情，有隳事体。中书于今年四月二十九日帖贡院，准元敕指挥，中书量重具详覆者：李飞赋内三处犯韵。李穀一处犯韵，兼诗内错书‘青’字为‘清’字，并以词翰可嘉，望特恕此误。今后举人词赋属对，并须要切，或有犯韵及诸杂违格，不得放及第。仍望付翰林，别撰律诗、赋各一首，具体式一一晓示。将来举人合作者，即与及第。其李飞、樊吉、夏侯珙、吴洄、王德柔、李穀等六人，望放及第。卢价赋内‘薄伐’字合使平声字，今使仄声字，犯格。孙澄赋内‘御’字韵使‘宇’字，已落韵；又使‘膂’字，是上声；‘有’字韵中押‘售’字，是去声；又有‘朽’字犯韵；诗内‘田’字犯韵。李象赋内一句‘六石庆兮’，并合使此‘奚’字；‘道之以礼’，合使此‘导’字；及错下事；‘尝’字韵内使‘方’字；诗中言‘十千’，‘十’字处合使平声字；‘偏’字犯韵。杨文龟赋内‘均’字韵内使‘民’字，以君上为骖騑之士，失奉上之体；兼善字是上声，合押遍字，是去声；‘如’字(韵)内使‘舆’字，诗中遍字犯韵。师均赋内‘仁’字犯韵；晏如书晏，又如河清海晏，‘晏’字不合韵，又无理，晏字即落韵。杨仁远赋内‘赏罚’字书‘伐’字，‘衔勒’字书‘针’字；诗内‘莲蒲’字合着平声字，兼黍粱不律。王谷赋内‘御’字韵押‘处’字，上声则落韵，去声则失理；‘善’字韵内，使‘显’字犯韵；‘如’字韵押‘殊’字落韵。其卢价等七人望许令将来就试，仍放再取文解。高策赋内‘于’字韵内使‘依’字，疑其海外音讹，文意稍可，望特恕此。其郑朴赋内言‘肱股’，诗中‘十千’字犯韵，又言玉珠，其郑朴许令将来就试，亦放取解。仍自此宾贡，每年只放一人，仍须事艺精奇。张文宝试士，不得精当，望罚一季俸。今后知举官，如敢因循，当行严典。伏以国设高科，人贪上第，所望不小，其业须精。实以丧乱年多，苦辛人少，半失宣尼之道，倍劳宗伯之心。不望超群，且须合格。今逢圣运，大阐皇猷。设官共革于时讹，选士实期于岁胜。又朝廷较艺为择贤，或臣下收恩，岂成公道？时论以贡举官为丘门、恩门，及以登第为门生。门生者，门弟子也。颜、闵、游、夏等并受仲尼之训，即是师门。大朝所命春官，不曾教诲举子。举子是国家贡士，非宗伯门。徒况又斥先圣之名，失为儒之体。今后及第人放榜时，并须据

① 徐松：《登科记考》，中华书局1984年版，第950页。

才艺高低，从上依次第安排，不得以只科取鼎岛岳斗之名为贵。冀从敦实，以息浮浇。兼不得呼春官为恩门师门，不得自称门生。除赐宴外，不得辄有率敛别谋欢会。曾赴举落第人，无故不得改名。将来举人，并依据地理远近，于十月三旬下纳文解。如违，不在收受之限。敕旨从之。”①

伦按：本年试赋的题目虽未见文献披露，但这篇奏文中提到七个限韵字“御、有、尝、均、善、如、于”，评点诸赋有使用“衔勒”、“骖騑”等字样，大概与“御民之术有如御马之术”之类题目有关。参考王肃《孔子家语》卷六《执辔》篇所云：“闵子骞为费宰，问政于孔子。孔子曰：‘以德以法。夫德法者御民之具，犹御马之有衔勒也。君者，人也；吏者，辔也；刑者，策也。夫人君之政，执其辔策而已。’子骞曰：‘敢问古之为政。’孔子曰：‘古者天子以内史为左右手，以德法为衔勒，以百官为辔，以刑罚为策，以万民为马，故御天下数百年而不失。善御马者，正衔勒，齐辔策，均马力，和马心，故口无声而马应辔，策不举而极千里。善御民者，一其德法，正其百官，均齐民力，和安民心，故令不再而民顺从，刑不用而天下化治，是以天地德之，而兆民怀之。’”便知出题者希望士子在赋中讨论御民之术。

《册府元龟》又载：“（后唐明宗长兴元年）十二月，每年贡举人所试诗赋，多不依体式。中书奏请下翰林院，命学士撰诗、赋各一首，下贡院，以为举人模式。学士院奏，伏以体物缘情，文士各推其工拙；抡材校艺，词场素有其规程，凡务策名，合遵常式。况圣君御宇，奥学盈朝。傥令明示其规模，或虑众贻其臧否。历代作者，垂范相传。将期绝彼微瑕，未若举其旧制。伏乞下所司，依《诗格》、《赋枢》考试进士，庶令职分互展，恪勤从之。”②

这里提出用旧制的《诗格》、《赋枢》考试进士，可加申论。唐人流传“诗格”类著述颇多，如王昌龄《诗格》、白居易《金针诗格》等，难以确指五代进士考试采用何书。唐人流传的《赋枢》则只有一部，那就是《新唐书·艺文志》著录的张仲素《赋枢》三卷。其他同类著述，尚有范传正《赋诀》一卷、浩虚舟《赋门》一卷等。可惜这些著作今皆不传，唯一流传的是唐抄本《赋谱》，现已由日本回流中国，可参见笔者《唐宋赋学研究》所载《赋谱校注》③。

三、长兴二年（931）进士试《铸鼎象物赋》

徐松《登科记考》卷二五长兴二年“进士四人”注：“是年试《铸鼎象物赋》，见《玉壶清话》。”④释文莹《玉壶清话》卷二：“艾侍郎颖，少年赴举。逆旅中遇一村儒，状极茸阘，顾谓艾曰：‘君此行登第必矣。’艾曰：‘贱子家于郓，无师友，加之汶上少典籍，

---

① 王钦若等：《册府元龟》卷六四二，文渊阁《四库全书》，第2~4页。

② 王钦若等：《册府元龟》卷六四二，文渊阁《四库全书》，第5页。

③ 詹杭伦：《唐宋赋学研究》，中国社会科学出版社、华龄出版社2004年版，第53~88页。

④ 徐松：《登科记考》卷二五，中华书局1984年版，第977页。

今学疏寡，聊观场屋尔，安敢俯拾耶？'儒者曰：'吾有书一卷，以授君，宜少俟于此，诘旦奉纳。'翌日果持至，乃《左传》第十卷也，谓艾曰：'此卷书不独取富贵，后四十年亦有人因此书登科甲，然龄禄俱不及君，记之。'艾颇为异，时亦讽诵。果会李愚知举，试《铸鼎象物赋》，事在卷中，一挥而就。愚爱之，擢甲科。后四十年，当祥符五年，御前放进士，亦试此题，徐奭为状元。后艾果以户部侍郎致仕，七十八岁，薨于汶。徐年四十四，为翰林学士，卒。"①徐松按："长兴二年(931)至祥符五年(1012)，凡八十二年，言四十年，误。"②

"铸鼎象物"指禹收九州之金铸九鼎而象百物，后用此称颂君王功德。《左传·宣公三年》："昔夏之方有德也，远方图物，贡金九牧，铸鼎象物，百物而为之备，使民知神奸。"杜预注："象所图物，著之于鼎。"③

艾颖的《铸鼎象物赋》未见传世，徐奭的《铸鼎象物赋》亦仅传一联。李调元《雨村赋话》卷五："徐奭《铸鼎象物赋》云：'足唯下正，讵闻公悚之倾欹；铉乃上居，实取王臣之威重。'真宗好文，虽以文词取士，然必视其器识，每御崇政殿赐进士及第，必召其高等三四人并列于庭，更察其形神磊落者，始赐第一人及第；或取其所试文辞有理趣者。奭以此赋得置第一，盖特赏也。"④

四、※长兴三年(932)进士试《土牛赋》

徐松《登科记考》卷二五长兴三年进士有江文蔚。江文蔚与高越以能赋擅名。陆游《南唐书》记载："高越字冲远，幽州人。精词赋，有名燕赵间。卢文进镇上党，具礼币致之。初以客从，及文进徙安州，越又从之，遂为其掌书记。文进仲女有才色，能属文，号女学士，因以妻越。文进奔吴，亦与俱行，吴以为秘书郎。烈祖受禅，迁水部员外郎，改祠部，浙西营田判官。与江文蔚俱以能赋擅名江表，时人谓之江高。"⑤沈括《梦溪笔谈》："晚唐五代间，士人作赋用事亦有甚工者，如江文蔚《天窗赋》：'一窍初启，如凿开混沌之时；两瓦鸳飞，类化作鸳鸯之后。'又《土牛赋》：'饮渚俄临，讶盟津之捧塞；度关倪许，疑函谷之丸封。"⑥伦按：《文苑英华》载三篇《土牛赋》，第一篇为陈仲师所作，以"示农耕之早晚"为韵；第二篇阙名所作，以四声为韵，与江文蔚所作无关。第三篇亦阙名所作，似与江文蔚所作有关，兹过录于下：

阙名《土牛赋》：

土牛所置，惟民是利。将立表以劝农，胜陶冶而为器。相牵之状，或垂象而在

① 释文莹：《玉壶清话》卷二，清《知不足斋丛书》本。

② 徐松：《登科记考》卷二五，中华书局1984年版，第977页。

③ 杜预等：《春秋左传注疏》卷二一，文渊阁《四库全书》，第23页。

④ 詹杭伦等校证：《雨村赋话校证》，新文丰出版公司1993年版，第75页。

⑤ 陆游：《南唐书》卷九，文渊阁《四库全书》，第3页。

⑥ 沈括：《梦溪笔谈》卷一五，《四部丛刊续编》景明本。

天；观出之期，谅成形而在地。所以无刍豢之损，殊死生之类。实大块之所资，岂一撮之所致。故乃用为恒典，蕆其成事。执农政之后先，因策人以相示。

观夫出康庄之际，当立春之期。既合土而成象矣，还服箱而似之。诚鞭策而无用，信耒耜之是持。异彼土龙，每因旱而方致；同夫刍狗，表至仁而无私。若非农为国本，曷能敬授人时。

原其事始，诚则有以。图白巫以侔形，每葱帻而在视。宁同日夕，与群羊而下来；谅在月穷，惟御人之所指。

是以先春斯举，农正是供。察之者觉顺时而行令，观之者知有事于上农。

既惟人而是瞻，岂与犊而同皂。足以符务农之政，足以叶劝人之道。立之于后，讶春事之尚迟；御之于前，悟农功之在早。

令出惟行，百姓昭明。既有象而垂则，表得时而亲耕。立以示农，岂忧燧尾之祸；莫由而饭，奚闻扣角之声。

事有开而必先，义任重而致远。既遵之而为早，方验之而知晚。

非同金锁入寒渚而无踪，有异绀辕行籍田而方垦。夫然则土牛之出也，可以为农政之本。①

此赋无题下限韵，但排比各段用字，可知其是以“农耕之本，示以早晚”为韵，实际押韵则以“示之以农早耕晚本”为序。江文蔚之赋残存押“封”字韵一联，与此赋押“农”字韵一联用韵相同，在《广韵》中属于“冬钟同用”。由此可知，此篇阙名所作之赋，有可能是与江文蔚同年登第士人的作品。

立春时，造土牛以劝农耕，是一种官方举办的仪式。《后汉书·礼仪志上》：“立春之日，夜漏未尽五刻，京师百官皆衣青衣，郡国县道官下至斗食令史，皆服青帻，立青幡，施土牛耕人于门外，以示兆民，至立夏。”②考官以此出题是正常之事。

第三节　后周试赋考察

显德六年(959)进士试《元后作民父母赋》

徐松《登科记考》卷二六显德六年“进士十人”未载试赋题。孟二冬按：“《元后作民父母赋》为本年试题。”赵昌言撰《石熙载墓志》：“公讳熙载，字凝积，本洛阳人也。……二十七举进士，时周故翰林学士扶风窦公俨以人伦公共之称，持乎文柄，试

① 李昉等：《文苑英华》卷二五，文渊阁《四库全书》，第12~14页。

② 范晔：《后汉书》卷一四，文渊阁《四库全书》，第2页。

《元后作民父母赋》，公独以威惠致民畏爱之理比父母之义，窦公称之，第公殊级。”①

此赋未见流传，赋题典出《尚书·泰誓上》：“惟天地，万物父母；惟人，万物之灵。亶聪明，作元后，元后作民父母。”

第四节 南唐试赋考察

南唐自后晋天福二年(937)建国，至宋太祖开宝八年(975)灭亡，存在凡39年。南唐是一个重视文化的朝代。马令《南唐书·儒者传序》云：“五代之乱也，礼乐崩坏，文献俱亡，而儒衣书服盛于南唐，岂斯文之未丧而天将有所寓欤？不然，则圣王之大典扫地尽矣。南唐累世好儒，而儒者之盛见于载籍，灿然可观。如韩熙载之不羁，江文蔚之高才，徐锴之典赡，高越之华藻，潘佑之清逸，皆能擅价于一时。而徐铉、汤悦、张洎之徒，又足以争名于天下。其余落落，不可胜数。故曰江左三十年间文物有元和之风，岂虚言乎！”②

南唐也是一个科举兴盛的朝代。李焘《续资治通鉴长编》记载：“自保大十年(952)开贡举，讫于是岁(开宝八年，975)凡十七榜，放进士及第者九十三人，九经一人。”③陆游《南唐书》记载：“(保大十年春二月)，以翰林学士江文蔚知礼部贡举，放进士王克贞等三人及第。”④

兹将南唐科举试赋年份题目可考者分述于下：

一、Δ保大十二年(954)进士试《南有嘉鱼赋》

徐铉《和印先辈及第后献座主朱舍人郊居之作》：“成名郊外掩柴扉，树影蝉声共息机。积雨暗封青藓径，好风轻透白练衣。嘉鱼始赋人争诵，荆王频收国自肥。独坐公厅正烦暑，喜吟新咏见玄微。”诗后小注：“印以《南有嘉鱼赋》及第。”⑤

伦按：此诗题中印先辈，盖即印崇粲，见徐铉《骑省集》卷一六《唐故印府君墓志》。朱舍人，盖即知贡举吏部侍郎朱巩。陆游《南唐书》卷二《元宗本纪》：“保大十二年春正月，有大星霣于西北声如雷。二月，命吏部侍郎朱巩知礼部贡举。”⑥吴任臣《十国春秋》卷一六亦载此事，只是加了一条小注：“巩素无学术，元宗常会从臣赋诗，巩惟进一联，不能终篇，曰：‘好物不在多。’左右掩口。”⑦据本书考订，《南有嘉鱼赋》本是开

① 北京图书馆金石组编：《北京图书馆藏中国历代石刻拓本汇编》第37册，中州古籍出版社1991年版，第185页。

② 马令：《南唐书》卷一三，文渊阁《四库全书》，第1页。

③ 李焘：《续资治通鉴长编》卷一六，文渊阁《四库全书》，第5页。

④ 陆游：《南唐书》卷二，文渊阁《四库全书》，第7页。

⑤ 徐铉：《骑省集》卷四，文渊阁《四库全书》，第10页。

⑥ 陆游：《南唐书》卷二，文渊阁《四库全书》，第9页。

⑦ 吴任臣：《十国春秋》卷一六，文渊阁《四库全书》，第17页。

元四年(716)进士赋题，朱巩再出此题，其用意一是乐得贤者，二是图个方便。

二、Δ保大十三年(955)进士试《画八卦赋》

明嘉靖《池州府志》卷七："伍乔，保大十三年状元。"①马令《南唐书》记载："伍乔，庐江人也，性嗜学，以淮人无出己右者，遂渡江入庐山国学，苦节自励。一夕见人掌自牖隙入中有'读易'二字，倏尔而却。乔默审其祥，取《易》读之，探索精微。迨数年，山下有僧夜梦人指大星曰：'此伍乔星也。'僧与乔初不相知，达旦入国学访问，得乔喜甚，勉之进取。乔以匮乏告僧，辄罄橐予之。乔出与郡计，明年春，试《画八卦赋》、《霁后望钟山诗》。是岁同试数百人初中有司之选者，必延之升堂而加慰饮焉。先是宋贞观登坐，张洎续至，主司览程文，遂揖贞观南坐，而引洎西首。酒数行，乔始上卷。主司读之惊叹，乃以贞观处席北，辟洎居南，登乔为宾首。覆考榜出，乔果第一，洎第二，贞观第三。时称主司精于衡鉴。元宗命勒乔程文于石，以为永式。署宣州幕府，考满，迁考功郎，卒于官。"②

伦按：本年知贡举为中书舍人韩熙载。郑文宝《南唐近事》："张洎计偕之岁，为闰师燕王冀所荐，首谒韩熙载。韩一见待之如故，谓曰：'子好一中书舍人。'顷之，韩主文，洎擢第，不十年果主纶闱之任。"③

三、Δ乾德元年(963)进士试《德厚载物赋》

马令《南唐书》记载："丘旭字孟阳，宣城农家子也，少以畜产为事，弱冠始读书，学为词章。因随计金陵，凡九举而曳白者六七，然自励弥笃，不以为耻。既而困窘，无进取意。秋试将迩，寡嫂刘敬问行期，旭以匮乏告。刘曰：'苟济荣望，虽孤儿可鬻，况赀用乎？'于是罄橐遣之。旭不得已，再就乡举，明年春，试《德厚载物赋》，旭为第一。释褐归乡，而家人犹疑其未调。暨乡老酋长谒贺，郡吏改署里名，乃知上第。及金陵平，例归于京师，补镇。将数年，诣南曹叙理会吕公蒙正判铨。闻旭名，问曰：'汝非能为赋者乎？'对曰：'江南献赋，适为第一。'吕公曰：'久闻尔名，谓为古人，乃并世邪？'因令取所集。旭初著文，多为人取去，无留巾笥者，辄于书肆访之，获旧本献焉。吕公怜之，荐授令，录迁京秩，卒于衡州。旭尝纂自古贤俊遗言，为《宾朋宴语》行于世。其为词赋，得有唐程度体，后人以为法。"④

赵德麟《侯鲭录》记载："南唐给事中乔(匡)舜知举，进士及第者五人，即丘旭、乐史、王则、程渥、陈皋也，皆数举升降等甲。无名子以为乔之榜类陈橘皮，年高者居上。"⑤

---

① 王崇：《池州府志》卷七，明嘉靖刻本。
② 马令：《南唐书》卷一四，文渊阁《四库全书》，第6页。
③ 郑文宝：《南唐近事》卷二，文渊阁《四库全书》，第12页。
④ 马令：《南唐书》卷二三，文渊阁《四库全书》，第6~7页。
⑤ 赵德麟：《侯鲭录》卷八，文渊阁《四库全书》，第1页。

徐铉《唐故朝请大夫守尚书刑部侍郎柱国赐紫金鱼袋乔公墓志铭并序》："今上即位，征为水部员外郎，改司农少卿，判太常寺，转殿中监修国史，拜给事中，权知贡举。又兼献纳使，迁刑部侍郎。公自征还数年间，联历清望。"①

伦按：宋建隆二年(961年)六月李璟去世，李煜嗣位于金陵，是为后主。乔匡舜在后主即位后由水部员外郎至给事中权知贡举，官阶升迁至少需要两三年时间，而乾德二年(964)知贡举已改为韩熙载，故可定乔匡舜知举在乾德元年(963)，邱旭等五人本年登第。

四、Δ乾德三年(965)进士试《王度如金玉赋》

马令《南唐书》记载："卢郢，金陵人也。好学有才艺而膂力过人，善吹铁笛。乾德中，后主以韩德霸为在城烽火使，常督无赖辈，旦暮巡警，诸科士人微犯禁，往往罹鞭朴。会德露出，郢调笛不辍。使数卒捕郢，郢奋肱搏之，卒不能逼，郢遂去。后与黄梦锡等自国子监出，行遇德霸，不避其呵导，德霸驻骑诟曰：'汝等乞索辈，殊不知宪制，敢无礼邪?'因叱左右收郢等，郢等争投瓦石，击走其导，从殴德霸，伤目。德霸诣后主诉之，后主让曰：'国子监，先帝教育贤材之地，孤亦赖此辈，与之共治。汝斗监前，是必越分陵辱士人，既为戎帅，不能自扞，宜其见殴。'遂罢德霸职，郢由是横肆益甚。明年春，试《王度如金玉赋》，郢唱第为第一。徐铉娶郢妹，铉尝受后主旨撰文，数日不能就，因语郢。郢曰：'愿试为之。'因弄百钧石球以较力，少顷引一卮酒，复弄如初，若是者数四。铉视之曰：'非吾徒也，其何能为?'且试诘之，郢曰：'既就矣。'命笔吏口授而书之。铉大惊，遂以郢文进。后主谓铉曰：'语势遒健，似非卿作。'铉以实对，郢由是知名。归皇朝，累迁南全守，颇著治迹，病卒。"②

吴任臣《十国春秋》记载："卢郢，金陵人能文章，有勇力，好吹铁笛。乾德中，后主命韩德霸为都城烽火使警，察非常怙权暴横。国人望其前驱，莫不奔避。郢遇之，调笛自若。德霸叱左右捕执，郢奋臂击十余人，皆颠蹶直前，捽德霸坠马殴之，败面伤目。德霸忿忿，入诉，后主叱之出，顾近侍笑曰：'戎帅遇一措大，不能自全面目，尚敢诉耶?'遂罢其职。明年郢举进士，试《王度如金玉赋》，擢第一。徐铉为郢姊婿，常受后主命撰文，累日未就。郢曰：当为君抒思，适庭下有石，十夫不能举，郢戏弄之，有顷索酒，顿饮数升，复弄如初。忽顾笔吏，口占使书，不窜易一字。铉服其工，遂以郢文进。后主谓铉曰：'语势遒俊，似非卿作。'铉以实对。郢由是知名，一云擢任近职。国亡入宋，知全州卒。"③

伦按：上引二书皆谓卢郢乾德中举进士第一，乾德凡五年，乾德二年(964)状元为王崇古(陆游《南唐书》卷三《后主本纪》记载："(乾德二年)三月，命吏部侍郎修国史韩熙载

---

① 徐铉：《徐公文集》卷一六，《四部丛刊》景黄丕烈校宋本。

② 马令：《南唐书》卷二三，文渊阁《四库全书》，第5~6页。

③ 吴任臣：《十国春秋》卷二八，文渊阁《四库全书》，第16~17页。

知贡举，放进士王崇古等九人。”），四年状元为任光（《全唐文》卷八七二小传：“任光，南唐乾德四年进士第一，任将仕郎县尉。”），则卢郢为状元，只能系于乾德三年。

五、Δ开宝四年（971）进士试《销刑鼎赋》

马令《南唐书》记载：“罗颖，南昌人也。经传涉猎，与里人彭会友善，皆以词赋称。开宝中诣金陵举进士第，例以黄衣守选，及王师问罪，后主衔璧。颖再应乡举，下第。道经汉高祖庙，颖题诗，其落句云：‘嫚侮群豪夸大度，可怜容得辟阳侯。’少顷辄自免冠，鞠伏庙庭，口陈自咎之言，掖而去，数日卒。颖初就举金陵，试《销刑鼎赋》、《儒术之本论》，有司以邓及为第一，颖为末缀。榜既上，后主迁颖第二，手笔圈其名。颖是夕，梦黑气环身，有长人自上，挽而出之。”①

伦按：开宝凡八年，此谓“开宝中”当即开宝四年或开宝五年（972），而开宝五年试题已知（详下），故可定罗颖为本年进士。本年知贡举为右内史舍人徐锴。陆游《南唐书·徐锴传》：“锴凡四知贡举，号得人。”②

六、Δ开宝五年（972）进士试《天鸡弄和风赋》

陆游《南唐书》卷三：“开宝五年春二月……内史舍人张佖知礼部贡举，放进士杨遂等三人。清耀殿学士张洎言：‘佖多遗才。’国主命洎考覆遗不中第者，于是又放王伦等五人。”③

阮阅《诗话总龟》卷二九引《谈苑》：“淮南张佖知举，进士试《天鸡弄和风》，佖但以《文选》中诗句为题，未尝详究也。有进士白试官云：‘《尔雅》：螒，天鸡；鶾，天鸡。天鸡有二，未知孰是？’佖大惊不能对，亟取《尔雅》，检《释虫》有：‘螒，天鸡。小虫，黑身赤头，一名莎鸡，一名樗鸡。’《释鸟》有：‘鶾，天鸡，赤羽。’《逸周书》曰：‘文鶾若彩鸡，成王时蜀人献之。’江东士人深于学问有如此。”④

陈鸿墀《全唐文纪事》卷八四引《十国春秋拾遗》：“南唐张佖知贡举，试《天鸡弄和风赋》。佖但以《文选》中选句为题，未尝详究也。”⑤张英《渊鉴类函》卷一三八：“天鸡有二，《天中记》云：‘淮南张佖知举进士，试《天鸡弄和风赋》。佖但以《文选》中选句为题，未尝详究也。”⑥

伦按：赋题出自谢灵运《于南山往北山经湖中瞻眺》诗：“海鸥戏春岸，天鸡弄和风。”自当以《尔雅·释鸟》为准，与《释虫》无关。某些文献以此为诗题，如曾慥《类说》卷五三、王应麟《困学纪闻》卷一七即是，然而据唐人科场惯例，以六朝人诗句作赋题者居多，仍以作赋题为宜。

---

① 马令：《南唐书》卷二三，文渊阁《四库全书》，第5页。
② 陆游：《南唐书》卷五，文渊阁《四库全书》，第4页。
③ 陆游：《南唐书》卷三，文渊阁《四库全书》，第4~5页。
④ 阮阅：《诗话总龟》卷二九，文渊阁《四库全书》，第13页。
⑤ 陈鸿墀：《全唐文纪事》卷八四，清同治十二年方功惠广州刻本。
⑥ 张英：《渊鉴类函》卷一三八，文渊阁《四库全书》，第9页。

第十二章　唐代科举试赋的解镫韵

唐代科举试赋之官定限韵，从开元二年(714)以后，多数采用八字韵脚，如宋人吴曾《能改斋漫录》卷二《试赋八字韵脚》条所说：“赋家者流，由汉晋历隋唐之初，专以取士，止命以题，初无定韵。至开元二年，王邱员外知贡举，试《旗赋》，始有八字韵脚。所谓‘风日云浮，军国清肃’。见伪蜀冯鉴所记《文体指要》。”①又徐松《登科记考》卷五引《永乐大典》“赋”字韵注：“开元二年，王邱员外知贡举，始有八字韵脚。是年试《旗赋》，以‘风日云野，军国清肃’为韵。”②此年试赋限韵八字，吴曾《能改斋漫录》与徐松所引《永乐大典》赋字韵注所记有一字之差，检查《文苑英华》卷六四所载当年状元李昂《旗赋》押韵，可知《永乐大典》所载是正确的，李昂《旗赋》已经采用了四平四仄相间而行的押韵方式。一般唐律赋用韵之例，可参见洪迈《容斋续笔》卷一三《试赋用韵》、彭叔夏《文苑英华辨证》卷一等文献，当代学者亦有丰富的研究。然而，对于某些特殊的用韵方式，如唐代科举试赋中的“解镫韵”，则学者研究不多，甚至有所误解，本章拟就此作专门的探讨。

第一节　“解镫”本义溯源

何谓“解镫”？中国古代学者在拟定学术名词时，往往采用“近取诸身，远取诸物”③的方法，即或用人的身体器官来作譬喻，或用自然界合适的物体来作譬喻。所以，我们理解一个古人习用的学术名词，既要了解其本义，又要了解其引申义，才能既知其然，又知其所以然。“解镫”的“镫”字有平声、去声两读，作平声时，与“灯”字通用，与本章讨论的义项无关；作去声时，即为马镫之镫，乃本章讨论关注点之所在。马镫是挂在马鞍两旁的脚踏，多用铁制成，亦有用铜或用银制成的。《南齐书·庐陵王子卿传》有云：“纯银乘具，乃复可尔，何以作镫亦是银？可即坏之。”④齐世祖认为用纯银

---

① 吴曾：《能改斋漫录》卷二，文渊阁《四库全书》，第12页。又，中华书局1984年版《丛书集成初编》本《能改斋漫录》已将此条改为以“风日云野，军国清肃”为韵，见第25页。

② 徐松：《登科记考》，中华书局1984年版，第172页。

③ 王弼等：《周易注》卷八，文渊阁《四库全书》，第2页。

④ 萧子显：《南齐书》卷四〇，文渊阁《四库全书》，第16页。

做马鞍尚可，做马镫则是奢侈之举。唐人杜甫《清明》诗云："金镫下山红日晚，牙樯捩柁青楼远。"①金镫指金色的马镫，可能是用铜制成，打磨得很光亮，在夕阳的照射下，金光闪闪。宋人孟元老《东京梦华录·驾登宝津楼诸军呈百戏》："或留左脚着镫，右脚出镫，离鞍横身在鞍一边，左手捉鞍，右手把鬃存身，直一脚顺马而走，谓之'飞仙膊马'；又存身拳曲在鞍一边，谓之'镫里藏身'。"②这种杂技的表演技巧是借助一边的马镫托住身体，用马身作为掩护。

镫字作为去声使用，即指马镫，解镫的本义有二：

其一，"解除马镫"。据北宋丁度等编《武经总要》记载，宋太宗在位时，曾经御制一种阵法，名为"平戎万全阵"："东西稍阵，各用骑兵万人，解镫分为两行，前行配五十骑为一队，计一百二十五队。"③明王鸣盛《登坛必究》在引录这段话时，在"解镫"下加了小注："不用马镫。"④说明宋太宗阵法的"解镫"就是"解除马镫"，可能是因为此阵法骑兵排列紧密，若用马镫则不方便；加之此阵主要是用于防守，骑兵只需短途出击，无需长途奔袭，暂时不用马镫也不影响战斗力。"解除马镫"也可以引申理解为"解除束缚"。

其二，"状若连环"。《武经总要》记载："太宗时患北戎侵轶，亦尝置开方田，使以陷胡骑。咸平中，上封人孙士龙及静戎军王能并言方田之利，请置于北边，能请于军城东新河之北开之，广袤相去皆五尺，深七尺，状若连锁。"⑤在"状若连锁"句下，编者加了小注："俗谓之解镫。"意谓宋太宗在城墙周围开凿了许多水池，作为防止敌人骑兵突袭的陷马坑，这些陷马坑状若连环，起到了护城的作用。"状若连环"也可引申理解为"勾连紧密"。

以上的资料虽然出自宋代，但以今律古，可以用来理解唐人的用词含义。唐人段公路《北户录》卷二"斑皮竹笋"条云："裴州宜城县木香村有庄，咸通初忽生异竹，作深栀黄色，每节及枝上并抹绿解镫，其笋甚美。"⑥这里的"解镫"也是"连环"的意思。所以，"解镫"的两项互相联系的本义"解除马镫"和"状若连环"可以用来帮助我们厘清诗学术语的含义。

第二节　《文镜秘府论》中的"长解镫病"

日僧遍照金刚编写《文镜秘府论》一书中引录了许多唐人的诗学论述，如《西卷》论"文二十八种病"，第十九为"长撷腰病"：

---

① 仇兆鳌：《杜诗详注》卷二三，文渊阁《四库全书》，第35页。

② 孟元老：《东京梦华录》卷七，文渊阁《四库全书》，第10页。

③ 丁度等：《武经总要》前集卷七，文渊阁《四库全书》，第7页。

④ 王鸣盛：《登坛必究》卷三四，清刻本，第60页。

⑤ 丁度等：《武经总要·前集》卷一六上，文渊阁《四库全书》，第34~35页。

⑥ 段公路：《北户录》卷二，清十万卷楼丛书本，第20页。

每句第三字撷上下两字，故曰撷腰，若无解镫相间，则是长撷腰病也。如上官仪诗曰：“曙色随行漏，早吹入繁笳。旗文萦桂叶，骑影拂桃华。碧潭写春照，青山笼雪花。”上句“随”，次句“入”，次句“萦”，次句“拂”，次句“写”，次句“笼”，皆单字，撷其腰于中，无有解镫者，故曰长撷腰也（此病或名束）。①

第二十为“长解镫病”：

第一、二字意相连，第三、四字意相连，第五单一字成其意，是解镫；不与撷腰相间，是长解镫病也。如上官仪诗曰：“池牖风月清，闲居游客情。兰泛樽中色，松吟弦上声。”“池牖”二字意相连，“风月”二字意相连，“清”一字成四字之意，以下三句，皆无有撷腰相间，故曰长解镫之病也（此病亦名散）。②

《文镜秘府论》还引元兢的评论说：“撷腰、解镫并非病，文中自宜有之，不间则为病。然解镫须与撷腰相间，则屡迁其体。不可得句相间，但时然之，近文人篇中有然，相间者偶然耳。然悟之而为诗者，不亦尽善者乎？”③

根据《文镜秘府论》的解说，可以清楚地知道，所谓避免“长撷腰病”和“长解镫病”，是要克服诗句音节结构的雷同，追求错综变化。如上官仪的“曙色随行漏”一诗，全部都是二一二句式，中间的动词好像一根腰带紧紧地束缚在腰间，没有变化，所以被称为“长撷腰病”。又如上官仪的“池牖风月清”一诗，全部都是二二一句式，好像一匹战马，解除了腰间的马镫，变得自由而松散，缺乏战斗力，所以被称为“长解镫病”。元兢的评论很重要，撷腰句、解镫句原是律诗的基本句法，本来并非诗病，但需要相间使用；如果不懂得变化句式，音节单调，陈陈相因，那就变成了“长撷腰病”、“长解镫病”。用解镫句与撷腰句相间，如同为战马解除马镫的束缚一样。显然，古人之所以用“解镫”给二二一句式命名，完全是从“解除马镫”的本义引申出来的，是“远取诸物”的结果。从审美的角度来看，撷腰句式的特点是紧凑，解镫句式的特点是舒缓，若相间而行，一紧一松，疏密相间，就能得到错综变化的审美观感。

诗、赋都是韵文，诗歌的专用术语自然会影响到赋学。《文镜秘府论》西卷引《文笔十病得失》即称：“赋颂有第一、第二、第三、第四或至第六句相随同类韵者，如此文句，倘或有焉，但可时时解镫耳，非是常式，五三文内，时一安之，亦无伤也。”④此所谓“解镫”，指的是采用随机应变的押韵方法，以破除千篇一律的板滞句式。接下来，

① 遍照金刚著，周维德校点：《文镜秘府论》，人民文学出版社 1975 年版，第 206 页。
② 遍照金刚著，周维德校点：《文镜秘府论》，人民文学出版社 1975 年版，第 206 页。
③ 遍照金刚著，周维德校点：《文镜秘府论》，人民文学出版社 1975 年版，第 206~207 页。
④ 遍照金刚著，周维德校点：《文镜秘府论》，人民文学出版社 1975 年版，第 219 页。

我们拟专门讨论律赋中的“解镫韵”。

第三节　唐抄本《赋谱》论“解镫韵”

唐抄本《赋谱》本是中唐时期一位佚名文人的作品，由晚于遍照金刚入唐的另一日本名僧圆仁(796—864)带回日本，现作为日本国宝珍藏在东京五岛美术馆。《赋谱》凡四处征引中唐浩虚舟的《木鸡赋》，可知其必定作于浩虚舟登第的长庆二年(822)之后，圆仁归国的847年(当唐宣宗大中元年、日本仁明天皇承和十四年)之前。《赋谱》作于中唐时期，它在当时的主要用途是为应举士子提供写作律赋的格式和方法。流传到日本后，它不仅为日本文人撰写汉文辞赋提供了指导，而且成为日本僧人学习骈体文的指南。回传中国之后，它则成为我们解析唐人律赋的一把最佳钥匙。目前，方便利用的《赋谱》版本主要有两种，一是张伯伟教授出版《唐五代诗格校考》所附《赋谱》全文①，二是笔者所著《唐宋赋学研究》所载《赋谱校注》②。兹引《赋谱》论“解镫韵”于下：

> 近来官韵多勒八字，而赋体八段，宜乎一韵管一段，则转韵必待发语，递相牵缀，实得其便，若《木鸡》是也。若韵有宽窄，词有长短，则转韵不必待发语，发语不必由转韵，逐文理体制以缀属耳。若“泉泛珠盘”韵是宽，故四对中含发。“用”韵窄，故二对而已，下不待发之类是也。又有连数句为一对，即押官韵两个尽者，若《驷不及舌》云：“嗟夫，以骎骎之足，追言言之辱，岂能之而不欲；盖喋喋之喧，喻骏骏之奔，在戒之而不言。”是则“言”与“欲”并官韵，而“欲”字故以“足”、“辱”叶，即与“言”为一对。如此之辈，赋之解镫，时复有之，必巧乃可。若不然者，恐职为乱阶。③

此《驷不及舌》乃唐人陈仲师之赋，见《文苑英华》卷九二。《文苑英华》所载此赋文字与《赋谱》略有不同，云：“嗟夫，以骎骎之足，追言言之速，岂能之而不欲；盖窒喋喋之喧，喻骏骏之奔，在诫之而不言。”④按：此赋以“是故先圣予欲无言”为韵，“足”、“欲”在《广韵》中属于入声“烛韵”，是为窄韵，故本隔句对上联用“足”协“欲”(按照《赋谱》的版本则是以“足”、“辱”协“欲”)，下联用“喧”协“言”，以一个隔句对解决了两个限韵字。

根据《赋谱》之说，赋家采用“解镫韵”是为了克服“宽韵”、“窄韵”的矛盾。“宽韵”，《广韵》中字数较多的韵部为宽韵，字数多就比较容易选用，例如：支、真、先、

---

① 张伯伟：《唐五代诗格校考》，陕西人民教育出版社1996年版，第531~548页。

② 詹杭伦：《唐宋赋学研究》，中国社会科学出版社、华龄出版社2004年版，第53~88页。

③ 詹杭伦：《唐宋赋学研究》，中国社会科学出版社、华龄出版社2004年版，第73页。张伯伟《唐五代诗格校考》第542页“解镫”误作“解证”，且无注解。

④ 李昉等：《文苑英华》卷九二，文渊阁《四库全书》，第13页。

阳、庚、尤、东、虞等韵目之下都有二四百个字。《赋谱》指出，“泉泛珠盘”都是宽韵，如“盘”字在《广韵》属于上平声二十六“桓”韵，与上平声二十五“寒”韵同用，押韵时可选择的字很多，就属于宽韵。“仄韵”，《广韵》中字数少且较难选用的韵部为“窄韵”，例如：微、文、删、青、蒸、覃、盐、侵、冬等韵目之下字数较少，特别是去声或入声韵部字数一般较少，且难以组合成词，皆可视为窄韵。如《赋谱》指出，“用”韵为《广韵》去声第三，字数较少，即属于窄韵。

一首科举律赋大约三百六十字，若押八韵，平均分配，每一段大约四十五字。若宽韵，多写一联两联，不是难事；若遇到窄韵，则很难找到足够的韵字来构成一段，所以，巧妙地利用“解镫韵”法，就可以有效地克服窄韵带来的困扰。不过，某些才气大、性格倔强的文人喜欢因难见巧，如欧阳修《六一诗话》所说：“圣俞戏曰：前史言退之为人木强，若宽韵可自足，而辄傍出；窄韵难独用而反不出。岂非其拗强而然欤？”韩愈就属于这类敢于亮剑的文人，他的用韵尝试令后人惊叹。

第四节　唐代科举试赋中的“解镫韵”举例

唐代科举试赋中“解镫韵”的使用非常普遍，其原因固然在于解决遇到窄韵的难题，但也不排除士子有意地因难见巧，以巧妙的“解镫韵”法让考官高看一眼。以下即罗列有明确纪年的唐代科举试赋中的“解镫韵”句例，让读者对此有贴切的感受。本节关于唐代科举试赋之纪年，以徐松《登科记考》、孟二冬《登科记考补正》为主，两书未定之纪年，则采用本书的新考订成果。

一、先天二年(713)进士试《出师赋》

本年三篇《出师赋》，其中赵子卿的一篇是一韵到底的古赋，另外两篇赵自励《出师赋》和梁献的《出师赋》，题下虽然也无限韵，但按照《广韵》来检验，都用了八个韵部，仔细排比押韵字，可摘出“圣德跻神，武断出行”八字作为两赋的限韵。王兆鹏《唐代科举考试诗赋用韵研究》认为：“先天二年癸丑(713)进士科试《出师赋》，所试之赋押何韵，押几韵都无明确规定。”①这个说法是可以商榷的。兹据《文苑英华》引录赵自励赋作于下。

赵自励《出师赋》：

> 赫哉帝唐，叶殷累圣。光明乾道，洗清邦政。德所以和怀四夷，教所以平章百姓。

第一段押圣、政、姓三字，在《广韵》中属劲韵，劲韵独用。

---

① 王兆鹏：《唐代科举考试诗赋用韵研究》，齐鲁书社2004年版，第9页。

用能尽奄有于天下，得乐推于群黎。凤符以讴歌而适，龙历以揖让而跻。既神化之无外，何鬼方之独迷。

第二段押黎、跻、迷三字，在《广韵》中属齐韵，齐韵独用。

若乃皇赫斯怒，元戎是出。其制敌也以威，其用师也以律。雕戈电举，铁骑风疾。霜明锋刃，夕曜曜以冲星；火色旌旗，昼炎炎以彗日。横行有同于十里，止步不过于六七。桓桓大将，黄石老之兵符；赳赳武夫，白猿公之剑术。

第三段押出、律、术三字，在《广韵》中属术韵；疾、日、七三字，在《广韵》中属质韵。质韵、术韵通用。

谋无再陈，其来若神。

第四段押陈、神二字，在《广韵》中属真韵，真韵独用。

攻则必取，谅资于武。

第五段押取、武二字，在《广韵》中属麌韵，麌独用。以上第四、五段从句法上看是一个隔句对，采用"解镫"韵法。

既作气以鼓行，受脤者实在乎国英。

第六段押行、英二字，在《广韵》中属庚韵，庚韵独用。

虽假灵于庙筭，决胜者亦关于天断。固将以拒十角之倡狂，岂止扫一隅之陵乱。然后作寰宇之清谧，成皇王之壮观。

第七段押断、乱、观三字，在《广韵》中属换韵，换独用。以上第六、七段用隔句对句式勾勒，亦采用"解镫" 韵法。

别有其仪不忒，诗书是则。鳞翮初就，将腾跃于风波；冠剑未从，尚栖遑于翰墨。愿高阙之气殄，伫燕然之铭勒。优哉悠哉，小臣高歌于帝德。①

---

① 李昉等：《文苑英华》卷六四，文渊阁《四库全书》，第2~3页。

第八段押则、墨、勒、德字，在《广韵》中属德韵，德韵独用。

按照《广韵》来检验，此赋用了八个韵部，如果严格按照用韵划分，可以分成八段；如果按照句法划分，也可将第四、五段合在一起，将第六、七段合在一起。作者在赋中采用了“解镫”的押韵手法，说明考官虽未限韵，但作者本人自有限制，若排比各段押韵字，按照连贯自然，阐释题目的原则还原限韵字，似可摘出“圣德跻神，武断出行”八字作为此赋的限韵。从句法上看，此赋有四联隔句对。由此而论，此赋的体裁在实质上可视为律赋。

另一位作者梁献的《出师赋》与前引赵自励同题赋押韵的八个韵部相同，也可以摘出“圣德跻神，武断出行”八字作为其赋作的限韵。两篇赋作限韵相同，说明考官已列出八字韵脚，不过在本年考试中，只是建议性质，尚未严格加以限制。

特别引起笔者注意的是，赵自励《出师赋》有两个隔句对采用解镫韵：

> 谋无再陈，其来若神。攻则必取，谅资于武。

上联以“陈”协“神”，下联以“取”协“武”，用一个隔句对解决了两个限韵字。

> 既作气以鼓行，受脤者实在乎国英。虽假灵于庙算，决胜者亦关于天断。

上联以“行”协“英”，下联以“算”协“断”，用一个隔句对解决了两个限韵字。作者在赋中采用了“解镫”的押韵手法，说明考官虽未严格限韵，但作者本人自有限制。

先天二年(713)的进士试赋出现这种现象应该不是偶然的，显然本场知贡举的考官既规定了“圣德跻神，武断出行”八字作为限韵，又宽容地同意可以一韵到底。换言之，本年的试赋体裁，既可以用骈赋，又可以用律赋。这种情况显示出一种科举试赋用韵临界点的特征：考官既规定了八字限韵，又宽容地允许一韵到底。这说明，科举试赋严格限定八字韵脚已经呼之欲出了。

二、开元十五年(727)进士试《灞桥赋》

杜頠《灞桥赋》，以“水云辉映，车骑繁杂”为韵：

> 上临烟碕，霞石相辉，过客对兮淡忘归；下近岩径，林峦隐映，渔人去兮恣诵咏。

上联押“辉”字韵。碕、辉、归：平声微韵。下联押“映”字韵，径、映、咏：去声映韵。上联用解镫韵法，其特点是用了三句一联的“股对”，限韵字放在中间一句，形成左右拱卫的态势，非常精巧。

三、大历十四年(779)进士试《寅宾出日赋》

独孤授《寅宾出日赋》，以“大明在天，恒以时授”为韵：

> 惟帝典之明征，示人有常；惟日官之无改，永代斯在。(未见“恒”字官韵)

此赋未见限韵的“恒”字，查赋中第五段有一个隔句对：“惟帝典之明征，示人有常；惟日官之无改，永代斯在。”若将“常”字改为“恒”字，则“恒”与“征”协韵，“在”与“改”协韵。这就是唐抄本《赋谱》所说的“解镫韵”，用一个隔句对，解决了两个限韵字。推测原赋本作“恒”字，宋人为避宋钦宗赵恒讳而改为“常”字。“恒”、“常”二字读音不同而义同，古籍中常互换，如嫦娥又作姮娥，即其显例。在独孤授的时代，试赋限韵已经成熟，恐怕少押一韵已经没有通过的可能性了。

四、大历十四年(779)宏词试《放驯象赋》

独孤授《放驯象赋》，以“珍异禽兽，无育家国”为韵：

> 且彼集于禁林，我则有五色九苞之禽；在于灵囿，我则有双胳共抵之兽。

上联用“解镫韵”，即以“林”协“禽”，以“囿”协“兽”，用一个隔句对，解决了两个限韵字。

独孤良器《放驯象赋》，以“珍异禽兽，无育家国”为韵：

> 然后以儒为林，毓贤哲以为禽；以道为囿，利忠良以为兽。

此隔句对上联亦用“解镫韵”。

独孤授与独孤良器同题同韵共作，在所限官韵“禽、兽”二字之间都用了“解镫韵”，可谓不谋而合。

五、贞元六年(790)进士试《清济贯浊河赋》

李君房赋“状盘涡之瀺灂，不染乎浊；前跳沫之飞惊，不伤夫清”一联，用“解镫韵”法。

许尧佐赋“下流绵邈，愿表清而不浊；上善昭融，故守和而不同”，亦用“解镫韵”法。

李君房和许尧佐同题同韵共作，对所限官韵“浊”字都用了解镫韵，也可谓不谋而合。

六、贞元六年(790)宏词试《南至郊坛有司书云物赋》

崔立之《南至郊坛有司书云物赋》，以题为韵：

且虑乎贤哲尚屈，所以敦于云物；缅乎德化未覃，所以郊于国南。

此上联以“屈”协“物”，下联以“覃”协“南”，用一隔句对解决了两个限韵字，用“解镫韵”法。

七、贞元七年(791)进士试《珠还合浦赋》

尹枢《珠还合浦赋》，以“不贪为宝，神物自还”为韵：

玉非宝，泉戒贪，实为国之司南；诚感神，德繄物，在为政之不咈。

此种句法，属于股对，上联以“南”协“贪”，下联以“咈”协“物”，与常例以前协后不同，反其道而行之，以后协前，亦当属于“解镫韵”的一种形式。

陆复礼《珠还合浦赋》，以“不贪为宝，神物自还”为韵：

且夫彼邦政悖，我则为不居之物；彼邦政闲，我则能应道而还。

上联以“悖”协“物”，下联以“闲”协“还”，用一隔句对，解决了两个限韵字。

尹枢和陆复礼的同题同韵之作，都采用解镫韵法，说明其时律赋用此法已经非常普遍。

八、贞元八年(792)进士试《明水赋》

韩愈《明水赋》，以“玄化无宰，至精感通”为韵：

岂不以德叶于坎，有类则感；形昭在空，气应则通。

此为“解镫韵”，上联以“坎”协“感”，下联以“空” 协“通”，一联解决两个韵字。

九、贞元九年(793)宏词试《太清宫观紫极舞赋》

张复元《太清宫观紫极舞赋》，以“大乐与天地同和”为韵：

徐而匪浊，比上帝钧天之乐；静而不过，小圜丘云门之和。

此用“解镫韵”，上联以“浊”协“乐”，下联以“过”协“和”，“过”字在此作平声。

十、贞元十一年(795)宏词试《朱丝绳赋》

王太真《朱丝绳赋》(原限韵脱落)：

观夫正不与奸色俦，劝吾人之聿修；直不为虚声枉，俾吾人之取象。

此赋限韵字原脱落，对赋中各段押韵字考察排比，可以恢复其限韵为以“修身之道，以直象乎”为韵。此隔句对用“解镫韵”，上联以“俦”协“修”，下联以“枉”协“象”，用一个隔句对解决了两个限韵字。

十一、贞元十三年(797)进士试《西掖瑞柳赋》

郭炯《西掖瑞柳赋》，以“应时呈祥，圣德昭感”为韵：

翠色胖胖，异酒泉嘉柰之祥；轻阴淡淡，同鄱郡枯梓之感。

此隔句对为“解镫韵”，上联以“胖”协“祥”，下联以“淡”协“感”。
陈诩《西掖瑞柳赋》，以“应时呈祥，圣德昭感”为韵：

伟夫瑞发匪遥，成天意之孔昭；德惟可览，结人心之幽感。

此隔句对用“解镫韵”。即“遥”与“昭”协韵，“览”与“感”协韵，用一个隔句对解决两个限韵字。

十二、元和元年(806)进士试《土牛赋》

陈仲师《土牛赋》，以“以示农耕之蚤晚”为韵：

且耒耜斯呈，我则正春扈于农耕；干戈既偃，我则归郊马于岁晚。

此隔句对用“解镫韵”，上联以“呈”协“耕”，下联以“偃”协“晚”。

十三、元和四年(809)进士试《萤光照字赋》

蒋防《萤光照字赋》，以“能励躬，必大成”为韵：

谁谓向乎晦，照篇籍兮无小无大；谁谓藏乎密，随昼夜兮无固无必。

此隔句对用“解镫韵”，上联以“晦”协“大”，下联以“密”协“必”。

唐代律赋中的“解镫韵”，涉及律赋押韵、句式、分段、结构等方面的形式美学问题，应该引起研究唐代律赋学者的特别关注。

结语：唐代科举试赋的几个问题

一、唐代科举试赋的特殊用韵方式

唐代科举试赋采用了一些特殊的押韵方式，尤其是“解镫韵”特别值得加以探讨。“解镫”一词有“解除马镫”和“状若连环”两项互相联系的本义，前者可以引申理解为“解除束缚”，后者可以引申理解为“勾连紧密”。日僧遍照金刚《文镜秘府论》提出的“长撷腰病”和“长解镫病”，要求克服诗句音节结构的雷同，追求错综变化的美感。用解镫句与撷腰句相间，如同为战马解除马镫的束缚一样，可见诗法中的“解镫”句式，完全是从“解除马镫”的本义引申出来的，是“远取诸物”的结果。从审美的角度来看，撷腰句式(二一二)的特点是紧凑，解镫句式(二二一)的特点是舒缓，若相间而行，一紧一松，疏密得当，就能产生错综变化的审美观感。

唐代科举试赋中的“解镫韵”指在律赋的隔句对(包括股对)中，用上下联各押一个官定限韵的特殊押韵方法。赋家用一个隔句对处理两个限韵字，其意义不仅在于可以解决遇到“窄韵”的难题，而且可以因难见巧，形成“状若连环”的审美效果。

诗之“解镫”句式与赋之“解镫” 韵法虽然在含义上有所不同，但在“解除束缚”这一要素上，两者有密切的联系，它们都是作家在受到格律束缚的状况下，灵活运用规则的创新成果。

从先天二年(713)到元和四年(809)，有12年次的科举试赋中采用了“解镫韵”，某些年份的试赋中有多人赋作采用“解镫韵”。这说明在盛唐和中唐时期，“解镫韵”的使用相当普遍。其原因一方面固然在于需要解决遇到窄韵的难题，但也不排除士子有意地因难见巧，以巧妙的“解镫韵”法吸引主考官，让考官高看一眼。“解镫韵”在试赋中使用如此普遍，还让人思考其在律赋的整篇结构中，似乎具有一种转折的效果。如同律诗“起承转合”的结构规律一样，“解镫韵”所组成的隔句对，在律赋的结构中往往出现在束腰的部位，具有紧束与勾连赋体的作用，让整篇赋作在结构与声律上灵动紧促、摇曳生姿。

科举试赋对于整个律赋制作具有指挥棒或标杆的示范作用，一定会影响到科举试赋之外的其他赋作。比如白居易是贞元十六年(800)进士，其《赋赋》并非科举试赋，此赋中间两段：“观夫(原始)义类错综，词彩分布(紧句)。文谐宫律，言中章句(紧句)。华而不艳，美而有度(紧句)。雅音浏亮，必先体物以成章；逸思飘飘，不独登高而能赋(隔句对)。其工者，究精微①，穷旨趣，何惭两京于班固；其妙者，抽秘思，骋妍词，岂谢三都于左思(股对)。掩黄绢之丽藻，吐白凤之奇姿；振金声于寰海，增纸价于京师(平隔)。则长杨羽猎之徒，胡可比也；景福灵光之作，未足多之(重隔)。”②白氏此赋上段押“赋”字韵，下段押“之”字韵，两段之间，设计一个长股对“其工者，究精微，穷旨趣，何惭两京于班固；其妙者，抽秘思，骋妍词，岂谢三都于左思”，分押上下两段之韵。这样构段的意义，已经超越了处理“窄韵”的问题，其目的在于承上启下，让上下两段勾连紧密，形成“状若连环”的排列方式。其对于构成律赋结构形式美的效果，与“解镫韵”一脉相承。可见，律赋中“解镫韵”法的使用，不仅有解除“窄韵”束缚的押韵意义，而且有“状若连环”的形式美追求。

二、唐代科举采用诗赋的争议

唐代科举采用诗赋作为考试文体，一直存在争议。综观唐人关于科举考试诗赋之正面与负面意见，可知反对者主要有两大理由：一是主张德行为本，文艺为末；二是主张实用之学，反对空虚之学。支持试诗赋者也主要有两大理由：一是考试诗赋可以形成专门名家之学；二是通过诗赋作品可以观人学识器业。朝廷在平衡两方面意见之时，偶尔支持反对者，大多数情况下，是以“成法可守，所取得人”③两大理由继续坚持推行考试诗赋。所谓“成法可守”是指隋唐以来推行的科举新法，反对者就此只能提出“乡举里选”的复古主张，历史的车轮其实难以倒退，只能前进。所谓“所取得人”，是实践的效果，有唐以来，通过诗赋考试出身的名臣才士比比皆是。

不算初唐和五代，唐朝自开元元年(713)至天祐四年(907)195 年之间，有六年停止科举；加上建中三年(782)至贞元元年(785)共四年停试诗赋，大和八年(834)一年停试诗赋，总共有 11 年停试诗赋。其他一百八十余年的时间，年年有科举，年年试诗赋。如此长期地坚持，说明诗赋考试制度自有其存在的合理理由。

唐代的科举试赋制度对宋朝和清朝产生了积极影响。由宋至清支持科举考试诗赋的意见有：

宋代严羽《沧浪诗话·诗评》说：“或问唐诗何以胜我朝？唐以诗取士，故多专门之学，我朝之诗所以不及也。”

宋代陈仁子《唐诗序》说：“唐以诗取士，士亦以诗名家。韵人才士，露颖掞奇，或皭若冰霰，或腻若瑚琏，或苍古若岩柏，或眩怪若海涛，或绮丽缜密，若罽帐流苏，千载而下，嚅哜涵泳，竟莫闯其藩世。人观盛唐诗云，是一种言语，晚唐又别是一种，一代制作，果异乎哉？家以诗名，诗以家异。李豪韩赡，韦淡柳遒，白通俗杜浑成，杲杲行世，户刻人诵，它有长篇短联，擅长吟囿，浩如烟海，编缀类刊，人自为集。俾得与

① “精微”，《白氏长庆集》，卷三〇八作“笔精”，此从《文苑英华》本。

② 李昉等：《文苑英华》卷六三，文渊阁《四库全书》，第 7~8 页。

③ 唐文宗大和八年礼部《先试帖经奏》卷六四一，《册府元龟》，文渊阁《四库全书》，第 5 页。

诸老并行宇宙间，饮水知冷暖，当知各为一大家数。”①

以上两条论“以诗取士”可以成就专门名家之学。

宋代洪迈《容斋续笔》卷一三说：“唐以赋取士。而韵数多寡，平侧次叙，元无定格。”

宋代沈作哲《寓简》卷五说：“本朝以词赋取士。虽曰雕虫篆刻，而赋有极工者，往往寓意深远，遣词超诣，其得人亦多矣。自废诗赋以后，无复有高妙之作。昔中书舍人孙何汉公著论曰：‘唐有天下科试愈盛，自武德贞观之后，至贞元元和已还，名儒巨贤比比而出。有宗经立言如丘明、马迁者，有传道行教如孟轲、扬雄者，有驰骋管、晏上下班、范者，有凌轹颜、谢诋诃徐、庾者，如陆宣公、裴晋公皆负王佐之器，而犹以举子事业飞腾声称。韩退之、柳子厚、皇甫持正皆好古者也，尚克意雕琢，曲尽其妙。持文衡者岂不知诗赋不如策问之近古也，盖策问之目，不过礼乐刑政，兵戎赋舆，岁时灾祥，吏治得失，可以备拟，可以蔓衍，故汗漫而难校，泆滥而少工，词多陈熟，理无适莫。惟诗赋之制，非学优才高不能当也。破巨题期于百中，压强韵示有余地，驱驾典故，混然无迹，引用经籍，若已有之，咏轻近之物，则托意雅重，命词峻整，述朴素之事，则立言遒丽，析理明白，其或气焰飞动，而语无孟浪，藻绘交错而体不卑弱，颂国政则金石之奏间发，歌物瑞则云日之华相照。观其命句，可以见学植之深浅；赜其构思，可以见器业之小大。穷体物之妙，极缘情之旨，识春秋之富艳，洞诗人之丽则，能从事于斯者，始可以言赋家流也。’其论作赋之工如此，非过也。”②

以上两条论“以赋取士”可以观人学识器业。

明代叶子奇《草木子·谈薮篇》说：“唐以诗文取士。三百年中，能文者不啻千余家，专其美者，独韩、柳二人而已，柳稍不及，止又一韩。能诗者亦不啻千余家，专其美者，独李、杜二人而已，李颇不及，止又一杜。世之至宝，非独造物所吝惜，而亦造物所难成。呜呼，悕哉！”又说：“十室之邑，必有数家居货财，而无数人能文学。何天工轻彼之付，而啬此之施？诚以文章学问，乃乾坤之清气也。世人类曰德行本也，文艺末也。德则不务而文艺是轻，是何世人之矫枉而过直也？盖文章学问是智德上事，亦德也；行处是仁德上事，亦德也。荆南高士戴如高曰：‘百家之中，不下一二十家有钱粟，而无一二人能文章，可以见造物取与之轻重矣。’香之多者色减，花之盛者实稀，天地于是乎无全功矣。”③

以上两条针对“士先德行而后才艺”之论，以为德行是仁德，才艺是智德，两者都是“德”，只是所表现的层面不同而已。

清代康熙帝在《御制历代赋汇序》中曾指出以赋求才的意义：“至于唐宋，变而为

---

① 陈仁子：《牧莱脞语》卷八，清初景元钞本。

② 沈作哲：《寓简》卷五，清知不足斋丛书本。

③ 叶子奇：《草木子》卷四，清乾隆五十一年刻本。

律，又变而为文。而唐宋则用以取士，其时名臣伟人往往多出其中。”①事实胜于雄辩，所以唐代推行的科举考试诗赋，可以延续到宋代，并在清代复兴，往往与盛世并行，历史的经验不容忽视。

三、唐代科举制度对西方公务员制度的影响

1921年4月4日，孙中山(1866—1925)在广东省教育会的演讲中指出：“英国行考试制度最早，美国行考试制度才不过二三十年，英国的考试制度就是学我们中国的。中国的考试制度是世界上最好的制度。现在各国的考试制度亦都是学英国的。”②

1933年，美籍学者罗纳德·苏(Leonard S. Hsu)在其《孙逸仙的政见和主张》一书中写道：“几乎所有的西方学者都没有注意到当今世界现存的高级公务员制度起源于中国这样一个事实。我们有足够的证据证明中国对这一制度的影响，而它往往被西方学者所忽视。我们认为，中华帝国的科举制度，随着时间的推移得到传播，并成为世界其他国家实施和发展行政精英制度的基础。毫无疑问，美国公务员竞争考试的特点主要受英国的影响，而英国的公务员制度则来源于中国。”③

1942年，美籍学者Y. Z. 常(Y. Z. Chang)在《中国与英国公务员制度改革》一文中论证道：“有证据表明：第一，中国的科举制度在英国广为人知；第二，有关那个时代竞争考试理论的期刊文章和议会辩论均与中国的这一制度相关；第三，议会内外一致认为，科举制度是中国创立的一种制度，而且不容否认；第四，没有一个国家先于中国而使用一种竞争性的官员考试制度。”④

1943年，美籍学者邓嗣禹(Ssu-yu Teng，1906—1988)发表《中国对西方官员考试制度的影响》一文，运用大量实证材料指出：“毋庸置疑，中国的科举考试制度，被介绍给了西欧国家……为各个国家所采用，并得以逐步适应它们自己的特点。”⑤

在上述诸人论证之后，唐代奠定的科举考试制度对西方公务员制度确有影响，逐渐成为西方学术界的共识。当然，这一影响只能算是一种历史文化的渊源，事实上，没有西方法治制度和政党制度的催化，中国的科举制度并不能直接转化为西方的公务员制度，所以，对中国科举制影响西方公务员制度，不能强调过分。⑥

西方借鉴中国的科举制度建立起公务员考试制度，而当代中国则借鉴西方而设置公

---

① 陈元龙编：《历代赋汇》卷首，文渊阁《四库全书》，第2页。

② 孙中山：《在广东省教育会的演讲》，《孙中山全集》第五卷，中华书局1981—1986年版，第498页。

③ Leonard S. Hsu. Sun Yat-sen: His Political and Social ideals. University of Southern California Press, 1933.

④ Y. Z. Chang. “China and English Civil Service Reform”, American Historical Review, 1942, No. 42: 544.

⑤ Ssu-yu Teng. “Chinese Influence on the Western Exarmination System”, Harvard Journal of Asian Sudies, 1943, No. 7: 267-312.

⑥ 参见任爽，石庆环：《科举制度与公务员制度》，商务印书馆2001年版，第1~10页。

务员考试制度，历史绕了一个大圈又回到原点，说明中国当代公务员考试制度的完善，有必要多元取资，一方面需要向西方文明学习，另一方面则可以反躬自求，从唐代以来的科举制度中吸取有用的思想资源和选拔人才的方法。这也是本课题研究成果可以“古为今用”的价值所在。

《中国科举文化通志》书目

历代制举史料汇编
历代律赋校注
七史选举志校注
唐代试律试策校注
八股文总论八种
游戏八股文集成
翰林掌故五种
贡举志五种(上)
贡举志五种(下)
明代科举与文学编年(上)
明代科举与文学编年(中)
明代科举与文学编年(下)
明代状元史料汇编(上)
明代状元史料汇编(下)
四书大全校注(上)
四书大全校注(下)
钦定四书文校注
《游艺塾文规》正续编
钦定学政全书校注
《清实录》科举史料汇编
梁章钜科举文献二种校注
二十世纪科举研究论文选编
《礼部韵略》与宋代科举
科举废止前后的晚清社会与文学
《儒林外史》的现代误读
游戏八股文研究
元明科举与文学考论
明代八股文选家考论
唐代科举与试赋